BIRGIT LUTZ

NACHRUF AUF DIE ARKTIS

Noch können wir die Welt retten

btb

Inhalt

Natur ist   11

Der große Wandel   19

Der Hornsund, I   31
  Professor Stefan Rahmstorf:
    »Wir können es nicht zu weit treiben
    und dann sagen: Oh, jetzt ist es uns
    aber zu ungemütlich geworden hier,
    jetzt aber zurück.
    Zurück geht dann nicht mehr.«   36

Das Marketing der Mythen   57

Spitzbergen   69
  Wolfgang Hübner-Zach:
    »Das war ein Umzug wider Willen.«   74

Der Hornsund, II   85
  Professorin Bodil Bluhm über Fjordökologie:
    »Dass die Gletscher immer weiter abschmelzen,
    hat direkte Folgen für das Leben im Wasser.«   93
  Professorin Bodil Bluhm über die Atlantifizierung:
    »Es gibt Stimmen, die das Zusammenbrechen des
    Nahrungsnetzes im Arktischen Ozean befürchten.«   103

Die Reste der Welt 119
 Dr. Melanie Bergmann:
  »*Die Plastikverschmutzung hat ein für das Leben
  auf der Erde gefährliches Ausmaß erreicht.*« 133

Plastik, nicht fantastisch 141

Happy End für den Sack 155

Bären und Strandgut 163

Ins Eis 175
 Professor Christian Haas:
  »*Wenn wir die Treibhausgaskonzentration
  stabilisieren, stabilisieren wir auch das Meereis.*« 189
 Professor Rolf Gradinger:
  »*Menschen, die vom Meereis abhängig sind,
  merken: Ihr Zuhause ist nicht mehr richtig.*« 207

Klimafragen und philosophische Antworten 227
 Professor Christoph Rehmann-Sutter:
  »*Wenn wir künftigen Generationen keine
  Freiheitseinschränkungen zumuten wollen,
  die wir selber nie akzeptieren würden, müssen
  wir jetzt anders leben. Wir müssen uns
  radikal ändern – und wir können das.*« 229

Das Flüstern des Eises 247

Wenn Küsten zerbrechen 253
 Dr. Thomas Opel:
  »*Ich bewege mich zwischen Faszination,
  Erschrecken und wissenschaftlicher Begeisterung.*« 258

Besuch im Forscherdorf 275
 Gregory Tran und Fieke Rader:

»Wir wollen den Menschen klarmachen,
dass sie etwas tun können.« 281
Dr. Maarten Loonen über die Gänse:
»Die Jahreszeiten verändern sich, und damit auch
die Zeiten, in denen Futter zur Verfügung steht.« 288

Der sterbende Gletscher 309
Dr. Andreas Alexander:
»Wir können nicht mehr so schnell arbeiten,
wie die Gletscher verschwinden.« 323
Dr. Maarten Loonen über den Wandel:
»Wir müssen etwas von dem Schmerz auf uns nehmen,
der den nächsten Generationen blühen wird.« 338

Das Bild von 1918 und ein Ausflug 2022 345

Warum wir es nicht wahrhaben wollen 347
Katharina van Bronswijk über die Leugnung des Klimawandels:
»Die Klimakrise ist als Problem so gestrickt, dass
Menschen sie nicht so gut verarbeiten können.« 351

Die deutsche Energie 365

Im Isfjord 385
Professorin Claudia Kemfert:
»Deutschland muss wieder Vorreiter
beim Klimaschutz werden!« 391

Dranbleiben und mutig neu denken 407
Katharina van Bronswijk über Klima-Angst:
»Klima-Angst ist kein Zeichen von Schwäche,
sondern ein Alarmsignal: Sie zeigt uns,
dass wir jetzt handeln müssen.« 412

Professor Volker Quaschning:
»Die Energiewende ist in 15 Jahren machbar.
Wenn man sie will.«   420

Zurück in Longyearbyen   437

Gemeinsam können wir es schaffen   443
Nikolaus Gelpke:
»Wir brauchen ein neues Wir-Gefühl.«   445

Nach Hause   453

Anhang

Quellen und Möglichkeiten zum Weiterlesen   455

Grafik- und Tabellenverzeichnis   485

Fotonachweis   487

Danke   489

Das Ding ist, dass die Menschen denken,
wir hätten eine Wahl.

Dabei ist es so klar, so eindeutig, so unabänderlich:
Das alles ist nicht verhandelbar.
Jeder Segler weiß, dass man mit dem Wind
nicht feilschen kann.
Der Wind bestimmt.

Natur verhandelt nicht.
Natur ist.

Natur ist

In der Nacht sollten wir an der Ostküste Spitzbergens die Höhe des Hornsunds passieren. Dieser Sund, flankiert von hohen Bergen, wird oft zu einem Windkanal, gewaltige Windgeschwindigkeiten entstehen hier, in die eine oder andere Richtung. Wir wussten vorher, dass das in dieser Nacht auch so kommen konnte. Deswegen wollte Steuermann Moritz rechtzeitig die Segel abnehmen, bevor wir diese Stelle erreichten. Aber der Wind war schneller. Waren wir eben noch sanft gen Süden gesegelt, traf uns der Wind nun mit voller Wucht von der Seite, die *SV Antigua*, unser wunderbarer Dreimaster, legte sich auf die Seite und stieß ihren Bug in tiefe Wellentäler. Moritz kam ins Vorschiff gesprungen, wo wir schliefen, und schrie: Die Schot ist gebrochen! Und Maarten war so schnell in seiner Hose und aus der Kabine, wie das nur Segler können.

Wir bekamen eine kurze Verschnaufpause, als wir erneut den Schutz der Berge Südspitzbergens erreichten. Dann mussten wir um das Südkap herum, gegen den Wind. Das Vorschiff der *Antigua* verschwand während dieser Wende einige Male gänzlich im Wasser, der Klüverbaum bohrte sich in das Meer, wie man es aus Piratenfilmen kennt, Wellen überspülten das Mitteldeck, der Bug bewegte sich drei bis vier Meter nach oben, um dann sieben bis acht Meter nach unten zu sinken, es wäre ein prima Weltraumtraining gewesen, immer wieder schwerelos.

Wir hatten vorher gewusst, dass es so werden würde. Ungemütlich. Machbar. Hinterher verstanden unsere Passagiere, warum wir immer so lange über den Windkarten brüteten, warum wir diesen Tag gewählt hatten für die Umrundung des Südkaps und nicht, wie im ursprünglichen Plan, noch einen Tag später, an dem der Wind noch stärker gewesen wäre. Wir kannten die Grenzen, die der Gäste, die der Crew, die des Schiffs, und wir achteten sie. Wir wussten, dass sich der Wind nicht scherte um unsere Pläne. Wir mussten uns um den Wind scheren.

❆

Das leise »Pling« holte mich aus dem Schlaf. Nach zehn Tagen auf dem Inlandeis hatte mein System gelernt, dass ein metallisches Geräusch nicht dazugehörte, zum normalen Soundtrack einer Grönland-Durchquerung. »Pling« bedeutete, dass die doppelten Zeltstangen gebrochen waren. Weil das Zelt quer zum Wind stand; wir hatten es entweder schlecht aufgestellt, oder der Wind hatte sich gedreht. Eine Windmauer hatten wir nicht gebaut, weil wir zu müde gewesen waren. Wir hatten nicht aufgepasst, und der Wind hatte die Lücke gefunden, die wir ihm gelassen hatten. Es wurde eine der schlimmsten Nächte meines Lebens; zum ersten Mal verspürte ich die reale Gefahr, dass es nun vorbei sein könnte, dass wir alle sterben konnten, mit jeder neuen Böe, die sich wie ein wilder Hund gegen die Zeltwand warf. Nie empfand ich die menschliche Ohnmacht größer, den Menschen kleiner und lächerlicher als in jenen Stunden. Weil der Wind nicht noch stärker wurde, weil wir Glück hatten und das Zelt ganz blieb, ist in dieser Nacht nichts und doch so viel passiert.

❇

In Spitzbergen saßen wir einmal am Strand und überlegten: Können wir das machen? Können wir hundert Gäste hier an Land bringen, in einem immer stärker werdenden Wind? Hundert Gäste, die unruhig waren, seit Tagen war das Wetter schlecht, es wurde Zeit, dass sie mal von Bord kamen. Weiße Schaumkronen tanzten auf den Wellen, wir beobachteten die Brandung. Können wir das machen? Ein guter Expeditionsleiter setzt sich feste Grenzen, es ist wichtig, sie vorher festzulegen, und noch wichtiger ist es, sie zu achten, wenn man unterwegs ist. Sich nicht hinreißen zu lassen, dem Druck – die Gäste müssen doch was erleben! – nicht nachzugeben. Wir fragten per Funk auf dem entfernt liegenden Schiff nach der Windstärke. 26 Knoten mit Böen bis 32 Knoten. 25 war unsere Grenze. Wir müssen abbrechen, sagte ich. Wir machen es nicht. Die Sonne schien, der Ort war ein Traum. Wir machten es nicht. Auf dem Rückweg wurden wir vollkommen durchnässt, das Schlauchboot tanzte so auf den Wellen, dass wir nur mit Mühe wieder auf das Schiff springen konnten, der Wind war nun bei mehr als 30 Knoten, das ist kein Wetter, um in der Arktis Boot zu fahren.

❇

In Grönland und auf dem gefrorenen Polarmeer sagte uns der Himmel, was zu tun war. Wir marschierten vorwärts, die Skier sangen das Lied der Sastrugi, wenn die Kanten über die

Schneeränder schleiften. Wir bemerkten jede Änderung am Horizont, sahen die Wolken aufziehen und griffen nach den dickeren Handschuhen, bevor der Wind bei uns war. Wir zurrten die Schlittenabdeckungen fest und zogen alle Reißverschlüsse zu, wir stülpten die Sturmmasken über, wenn die Wolken schneller über den Himmel jagten, und wenn die Böen bei uns ankamen, fanden sie keine Haut mehr. Der Himmel sagte, was zu tun war, und wir hörten auf ihn.

※

Wer möchte schon dem Himmel widersprechen, den Wind herausfordern, wenn er auf einer Eisscholle, auf einem Eisschild sitzt, mit nichts als einer dünnen Zelthaut zwischen sich und allem anderen.

Würden doch alle Menschen nur ein einziges Mal genau das erleben: wie viel Kraft die Natur hat. Dass sie nicht einmal niesen muss, um uns einfach auszulöschen, fortzuwehen, niederzuwalzen, mit einem klitzekleinen Fingerschnips. Es hilft nicht, derlei nur zu lesen, scheint mir. Wie groß die Natur ist und wie klein wir. Romantische Sätze, die ihre Wirkung doch verfehlen.

Würde ihnen doch bewusst, dass wir alle auf dieser Scholle sitzen mit nichts als einem Zelt. Denn wir hören schon lange nicht mehr auf den Himmel. Wir halten uns nicht mehr an Grenzen. Weil wir denken, dass der Himmel keine Rolle spielt für uns und wir jederzeit alles tun können, was wir wollen, überall. Der Mensch im 21. Jahrhundert sieht sich losgelöst von der Natur. Er hat sich die Erde untertan gemacht.

Denkt er.

Doch keine Spezies der Welt kann sich die Erde untertan machen, kann sich über alle anderen stellen. Weil am Ende alles mit allem zusammenhängt und erst das große Zusammenspiel aller einzelnen Teile ermöglicht, dass alle heute existierenden Arten auf unserem Planeten leben können.

Vielleicht ist eben dies das größte Missverständnis unserer heutigen Zeit: das Denken, dass der Mensch allein existieren kann und über allen Dingen steht. Entwickelt hat sich dieses Denken, weil die Menschen heute in stabilen Häusern leben, und viele davon stehen in Städten. Wenn die Menschen Hunger haben, kaufen sie in gut gefüllten Supermärkten ein, wenn es regnet, sind sie geschützt im Trockenen, wenn es kalt ist, wärmen sie ihre Behausungen, und wenn es warm ist, kühlen sie sie. Egal, was draußen passiert, es ist alles kontrollierbar, ausblendbar, was auch immer geschieht: Der Mensch kann sich eine Komfortzone erhalten, in der es ihm gut geht. Der Mensch hat alles unter Kontrolle. Es kommt immer Wasser aus der Leitung und Strom aus der Steckdose. Meistens. Noch.

Der Mensch, ganz oben. Alles im Griff.

Wenn mich meine Reisen in der Arktis, meine Touren auf Skiern in die kältesten Gebiete der Erde, meine Wanderungen in den heimischen Alpen eines gelehrt haben, dann, dass das nicht so ist. Dass das nie so war und nie so sein wird. Der Mensch, das ist eine so banale wie weitreichende Tatsache, hat gar nichts im Griff.

Auf den Schiffen studieren wir jeden Tag Wetter- und Eiskarten. Wir können Routen anders legen, wir können Stürme aussitzen, uns verstecken, ausweichen. Wir können deuten, vorhersehen, reagieren. Was wir niemals können, ist, an einem Plan festzuhalten, gegen den die Wetterkarte spricht. Wir würden immer verlieren. Jeder Mensch, jedes Kind sollte als Teil seiner Schulbildung ein Gewitter in den Bergen erleben müssen. Einen Sturm auf See.

Denn wer einmal wirklich den Elementen ausgesetzt war, der verinnerlicht, dass auf dieser Erde nicht der Mensch bestimmt. Dass es tatsächlich etwas gibt, dem man sich beugen muss. Wir sind daran gewöhnt, Dinge zu besprechen, zu verhandeln, zu erschaffen und zu verändern. Einen Sturm auf See kann man aber nicht wegplaudern oder -theoretisieren. Er ist da. Er bestimmt die Route. Die einzigen Gesetze der Welt, die unumstößlich sind, sind die der Natur, und wer langfristig Erfolg haben will, muss sie achten.

Wir können nicht erwarten, dass wir diesen Planeten ausbeuten, verunreinigen, natürliche Abläufe in globalem Maß beeinflussen, die Gesetze und Regeln der Natur missachten können – ohne dass das je Folgen haben wird für den Planeten und für uns.

❋❋❋ Der Treibhauseffekt ❋❋❋

Das Leben auf unserer Erde ist nur aufgrund von Treibhausgasen möglich. Die Erde ist umgeben von der Erdatmosphäre, die Gase enthält, die einerseits die Sonnenstrahlung einlassen, andererseits aber die Wärmeabstrahlung der Erde vermindern. Zu diesen Gasen zählen vor allem Wasserdampf und Kohlendioxid. Weil sie die Abstrahlung der Erdwärme absorbieren, entsteht eine globale mittlere Lufttemperatur von +15 °C. Ohne die Treibhausgase läge sie bei -18 °C, der Planet wäre vereist. Seit Beginn der Industrialisierung und dem Einsatz fossiler Brennstoffe erzeugt die Weltbevölkerung zusätzlich zu den natürlich vorkommenden Treibhausgasen selbst Gase, vor allem Kohlendioxid. Der Mensch greift also in das Zusammenspiel vieler Faktoren ein, welches die Erde erst bewohnbar macht. Durch die Zunahme von Gasen in der Atmosphäre wird weni-

> ger Erdwärme in den Weltraum abgestrahlt, und die Erde erwärmt sich. Man spricht hier vom anthropogenen – vom Menschen verursachten – Treibhauseffekt.

Wir Menschen sind abhängig und damit schwach geworden. Die wenigsten jagen sich noch ihr Essen oder bauen es selbst an, die allerwenigsten überleben mit wenigen Hilfsmitteln. Wir brauchen Kleidung, Häuser, Klimaanlagen, Heizungen, Wasserleitungen, Strom und Supermärkte und damit Lastwagen, Flugzeuge, Heerscharen von Menschen und Tieren, die diesen Lebensstil ermöglichen. Einfach ist nichts mehr. Genau das macht uns machtlos.

Immer wieder ist das ein Gedanke, den ich habe, wenn wir Tiere in freier Wildbahn beobachten. Der Eisbär, der allein durch den Sturm wandert und sich zur Ruhe bettet und schläft, ohne sich auch nur eine Höhle zu bauen. Die kleine Dickschnabellumme, die von dem Vogelfelsen springt, aus einer Höhe, dreihundertmal so hoch wie das kleine Vögelchen, mit noch viel zu flugunfähigen Flügeln, und dann prallt es gegen den Felsen und dreht sich um sich selbst, trudelt gegen einen Vorsprung und schlägt dann nicht im Wasser, sondern an einem Abhang auf, von dem es meterweit hinaus in die Wellen katapultiert wird und untergeht. Und nach einigen Sekunden auftaucht, sich rüttelt und schüttelt und ihr Dickschnabellummen-Leben beginnt. Man vergleiche das mit dem Start des Menschen in sein Leben. Von Anfang an brauchen wir Hilfsmittel wie Kleidung, weil wir uns nicht selbst wärmen können. Wir brauchen sehr vieles – aber wer braucht uns?

Selbst der kleine Krill der Antarktis, wenige Millimeter groß, ist wichtiger als wir, weil sich riesengroße Wale allein von ihm ernähren. Der Eisbär von der Robbe. Der Fuchs vom Hasen. Welches Tier hängt vom Menschen ab? Die Existenz welcher Spezies hängt von uns ab?

Gemauerte Häuser und Städte, klimatisierte Innenräume in überhitzten Städten, allzeit verfügbare Waren gaukeln uns eine Sicherheit vor, die wir nicht haben. Die Welt, die wir erschaffen haben, mit all den künstlichen Systemen und Symbolen, Konventionen und Kulturen, die es nur gibt, weil der Mensch das so will, hat unseren Blick auf das Wesentliche verstellt. In dieser künstlichen Welt geht es um Arbeitsplätze, um Kosten, um Rechte und Bequemlichkeiten, um Aktienanteile und Renditen.

Dabei ist das alles längst nicht mehr wichtig. Sich Verlieren in Kleinteiligem ist längst nicht mehr von Bedeutung, sondern höchstens noch Ablenkung. Nicht mal mehr um Regionen oder Nationen geht es.

Jetzt geht es um das große Ganze.
Darum, dass wir überleben.
Ganz einfach.

※

Der große Wandel

Vieles muss sich ändern, damit es bleiben kann, wie es ist.

Giuseppe Tomasi di Lampedusa

Zu spät.

In der Magengrube wohnt dieses beklemmende Gefühl; 2015 hat es sich dort eingenistet. Und seitdem trifft es mich immer wieder wie ein Schlag: Es ist zu spät. Jetzt ist es so weit. Jetzt hat etwas angefangen, das größer ist als wir. Unser Planet verändert sich. Und zwar so, dass der Mensch bald nicht mehr darauf leben kann; der Science-Fiction-Film ist keine Fiktion mehr, unser Film spielt nicht in der Zukunft, er hat begonnen, sogar der Vorspann ist jetzt schon vorbei. Und wir sind selbst die Drehbuchautoren gewesen; wir haben das Skript geschrieben, weil wir nicht auf die Warnungen derer gehört haben, die Messungen machten, die Berechnungen anstellten, die Fakten vortrugen. Es gibt einen Spruch, der heißt: Jeder Katastrophenfilm beginnt mit einem Wissenschaftler, dessen Warnungen nicht gehört werden. Wir erleben das jetzt.

Ich selbst habe das lange nicht sehen wollen. Nicht so ernst genommen. Ich fuhr lange Zeit Jahr für Jahr unbeschwert in die Arktis; nach einer Weile jedoch sah ich die Veränderungen selbst sehr deutlich. Wenn wir mit dem Schiff an Gletschern entlangfuhren, die weit im Meer endeten. Immer in 500 Metern Abstand zur Gletscherkante, aber jedes Jahr lag unsere Route ein Stück näher am Land. Manchmal beinahe 100 Meter näher an Land. Das bedeutete, dass dort, wo wir nun mit dem Schiff fuhren, im Jahr zuvor noch Gletschereis war, eine 50 Meter hohe Front, zwei Kilometer breit. Wir rechneten mit den Gästen aus, wie groß dieser Eiswürfel war, der da innerhalb von zwölf Monaten weggeschmolzen war, es waren unvorstellbare Mengen, das Eisvolumen einfach fort. Wenn wir die Zahl verkündeten, machte sich dieses Gefühl in meinem Bauch breit, ja, schlimm, das sagte ich, und dann verdrängte ich es.

Ich kümmerte mich um Plastik, um eins der anderen großen Probleme, die unser Planet hat. Ich sammelte in meinem Citizen-Science-Projekt für das Alfred-Wegener-Institut für Polar- und Meeresforschung in Bremerhaven Plastik von den Stränden Spitzbergens, zählte, wog, kategorisierte und quantifizierte alles, was wir fanden, damit man mehr darüber erfuhr, wo es herkam, um irgendwann die Quellen anzugehen, denn Strandreinigungen sind nicht die Lösung.

Mit Plastiksammeln machte ich es mir insofern leicht, als dass ich keine Diskussionen darüber führen musste, wer denn nun schuld daran sei, an diesem Müll am Strand. Denn Plastik war ja nicht schon immer da oder vor Jahrmillionen schon mal, und überhaupt eben nicht etwas ganz Natürliches – all diese Argumente, mit denen sich meine Kollegen immer herumschlagen mussten, die sich mit dem Klima beschäftigten und Vorträge darüber hielten. Am Ende stand immer jemand auf, der das alles anzweifelte, das mit dem Kohlendioxid und das mit den fossilen Brennstoffen, der mit dem typischen Duktus des Nichtwissenschaftlers, der die kursierenden Pseudowissenschaftstexte las, reklamierte, dass doch das Klima schon immer schwanke und sogar schwanken müsse, und überhaupt, die Sonnenflecken. Und die Chinesen …

Ich hielt diese Gespräche nicht mehr aus, die sich dann entspannen, in denen meine Kollegen, teils gestandene Wissenschaftler, sich ebenso redlich wie erfolglos mühten, Fakten an den Mann zu bringen, zu informieren, zu erklären, alle noch so absurden Gegenargumente so höflich wie kompetent zu widerlegen und die doch, noch bevor sie den Raum betreten hatten, schon zum Scheitern verurteilt gewesen waren, weil nichts auf der Welt in diesen Zeiten so uneinnehmbar ist wie die Mauer der Überzeugung.

Plastik dagegen ist ziemlich eindeutig sowohl vom Menschen gemacht als auch vom Menschen ins Meer geworfen, das lässt sich schwerlich wegdiskutieren, und das meiste davon übrigens erst in den letzten zwanzig Jahren. In so kurzer Zeit kann der Mensch so immense Probleme erschaffen. Damit hatte ich es einfach, das Plastik lag da, wir sammelten es ein und konnten uns sogar noch gut fühlen dabei. Dieses ganze Klimathema ließ ich also weg, ich tat ja schon was.

Doch jetzt geht das nicht mehr. Weil zu viel geschehen ist. Weil es mittlerweile zu schnell geht. Weil wir in den vergangenen Jahren ungläubig staunten, wenn wir nach dem Winter nach Spitzbergen zurückkamen. Wenn wir im schon fortschreitenden Sommer zum ersten Mal in die Fjorde im Norden einfuhren und sich uns offenbarte, was seit unserem letzten Besuch geschehen war. Ich erschrak als Laie, weil ich Dinge sah, die ich zuvor nie gesehen hatte, und meine wis-

senschaftlichen Kollegen erschraken, weil sie immer wieder feststellen mussten, dass ihre Prognosen übertroffen worden waren. Dass die Schmelze des Eises und das Tauen des Permafrosts, der Anstieg der Temperaturen der Luft und des Wassers, die Veränderungen in der Tierwelt – jetzt viel schneller voranschritten als vorhergesagt.

Es schlich sich ein sehr dumpfes Gefühl an, wie eine langsame, aber sehr große Welle. Und 2015 brach sie.

In jenem Sommer 2015 waren wir im Liefdefjord, im Norden Spitzbergens, im Nebel auf den Monacobreen zugefahren, einen wunderbaren Gletscher, in dessen Hintergrund sich spitze Berge aufbauen. Der Monacobreen vereinigt sich mit einem zweiten Gletscher, dem Seligerbreen, und bildet gemeinsam mit ihm eine große Front am Ende des Fjords. Es lagen noch viele Eisschollen vor uns in jenem Juli, mit unserem Segelschiff fuhren wir behutsam durch den Nebel, die Schollen kratzten manchmal am Bug, Vögel flogen über uns hinweg,

tauchten aus dem Weiß auf und wieder ein, und wir fuhren durch diese geisterhafte Stille, türkisfarbenes Wasser, weißes Eis, leises Gluckern.

Es dauerte lange, bis wir in die Nähe des Gletschers kamen, der immer noch verborgen im Nebel war. Und dann riss es auf, erst über uns, dann vor uns. Wie ein Vorhang auf einer grandiosen Bühne lichtete sich der Dunst. Und dann erschrak ich. Denn der Bergrücken, der bisher im Eis der beiden Gletscher eingeschlossen war und vor dem sich die beiden Gletscher zu einem vereint hatten – er unterbrach die Front jetzt. Die Eismassen hatten sich so weit zurückgezogen, dass es diese eine große Gletscherkante nicht mehr gab. Jetzt gab es diesen schwarzen Felsen im weißen Eis.

In diesem Moment legte sich ein großes Gewicht auf meine Seele, vielleicht beschreibt das dieses Gefühl am ehesten. Ich wusste auch damals, dass der Seligerbreen in den elf Jahren zuvor mehr als anderthalb Kilometer an Länge verloren hatte. Das ist ein immenses Volumen, wenn man bedenkt, dass diese

Gletscherwand etwas 50 Meter hoch und mehrere Kilometer breit ist. Ich wusste auch, dass viele andere Gletscher, die jetzt separiert als Reste aus ihren Tälern krochen, früher zusammengeflossen waren in den Fjorden – dass das, was ich gerade beobachtete, also schon zigmal passiert war. Aber jetzt erlebte ich mit, wie es geschah. Jetzt konnte ich mir nicht mehr vormachen, dass schon noch alles ... irgendwie in Ordnung war. Denn das war es nicht.

Als ich nach jener Reise nach Longyearbyen zurückkam, wechselte ich auf ein anderes Schiff und musste eine Woche im Ort warten. In dieser Woche wurde es so warm, dass ich 1500 Kilometer vom Nordpol entfernt T-Shirt tragen konnte; die Straßen waren staubig, in den Häusern wurde es stickig. Seit 1970 werden an der Station beim Flughafen die Temperaturen gemessen, im August liegen sie durchschnittlich bei 4,8 °C, aber im August 2015 kletterten sie zwei ganze Grad höher. Im Durchschnitt. An manchen Tagen wurden mehr als 16 Grad gemessen. Auch das ist aber nun schon wieder überholt, fast 22 Grad hatte es im August 2020 in Longyearbyen.

Und schließlich kam der Winter. In der Nacht vom 18. auf 19. Dezember 2015 brach ein Sturm über die Inseln, der viel, sehr viel Schnee mitbrachte. So viel Schnee wie früher, als es die ganzen Winter hindurch noch eisig kalt und sehr trocken war, nie auf einmal gefallen war. Am Morgen des 19. Dezember, dem Samstag vor Weihnachten, riss am Sukkertoppen, einem der kleinen Berge, zwischen deren steilen Hängen Longyearbyen liegt, ein Schneebrett ab. Es rutschte hinunter, auf einen Ortsteil Longyearbyens mit bunten Häusern zu. Zweihundert Meter lang war seine Abbruchkante, teilweise bis zu drei Meter hoch. 5000 Tonnen Schnee. Der Schnee traf auf elf Häuser. Er riss sie mit sich, einige drehten sich um ihre eigene Achse; in einem gewaltigen Rauschen schob es die Gebäude zwischen 30 und 80 Meter weiter nach unten, und die Schneemobile und Schlitten und Autos und Skier, die zwischen ihnen gelagert waren, auch. Als die Gebäude zum Stillstand kamen, rauschte die Lawine immer noch weiter und füllte Zimmer um Zimmer mit Schnee. Als das Schneebrett abriss, hatten sich 25 Menschen in den elf Gebäuden aufgehalten, die ihm im Weg standen. Zehn wurden verschüttet. Zwei wachten nie wieder auf, ein 42 Jahre alter Mann und ein kleines Mädchen.

Ich hatte mich schon bei meinem allerersten Besuch in Longyearbyen gefragt, wie man so nahe an so steilen Bergen Häuser bauen konnte, in den Alpen wäre das unmöglich. »Hier gibt es keine Lawinen«, war die Antwort 2008, wenn man Menschen im Dorf fragte. Weil die Luft so trocken, die Niederschläge so wenig waren. Es gab einfach nicht genügend Schnee für Lawinen.

Das war jetzt anders.

Nach dieser Lawine kam ein großer Regen. Die Temperaturen stiegen zu einer Zeit, in der sie sonst bei 30 Grad unter null liegen, auf neun Grad plus. Neun Grad plus im Hochwinter in der Hocharktis. In nur zwei Tagen fiel ein Viertel der Regenmenge, die sonst im ganzen Jahr dort fällt, es riss Dächer weg, und der ganze Schnee verschwand. Innerhalb weniger Tage zweimal Verwüstung. Auf eine Weise, die man an diesem Ort nicht gekannt hatte.

Darauf folgte ein Küstenabbruch, von dem uns ein Bewohner Longyearbyens noch erzählen wird, der deswegen sein Haus versetzen musste. Und als ich im Februar 2017 in Longyearbyen war, kam es wieder zu einem Sturm, er brachte

Schnee, der quer heranflog, sich an die Fenster klebte und die Holzwände der Häuser mit Kristallen überzog, alles wurde weiß, alles versank.

Diesmal traf die Lawine ein Haus mit sechs Wohnungen. Diesmal starb niemand. Aber die Unschuld und Sicherheit waren damit endgültig dahin. Häuser wurden versetzt, der Ort verändert, ein Warnsystem eingerichtet. Vieles, was einmal Gewissheit war, stimmte nicht mehr. Man konnte sich nicht mehr verlassen auf das, was die Natur immer getan hatte. Vielleicht, weil sich die Natur auch nicht auf uns verlassen konnte. Und all das zusammen, das war mein Weckruf. Das dumpfe Gefühl, das damals begann, ist immer noch da. Aber aus dem anfänglich gebannten Beobachten, was nun passiert, ist Aktivität geworden. Dieses Buch hat in jenen Ereignissen des Jahres 2015 seinen Anfang genommen, in meinem Kopf.

Seit 15 Jahren bin ich nun in der Arktis unterwegs, und genauso lange werde ich gefragt, ob ich die Auswirkungen des Klimawandels dort sehen kann und ob wirklich das ganze Meereis schmelze. Anfangs habe ich geantwortet, dass ich das nicht beurteilen könne, dass das gar nicht möglich sei nach so kurzer Zeit und dass außerdem punktuelle Beobachtungen wenig Aussagekraft hätten, wenn es um Klima gehe. Wenn in einer

Region wenig Meereis wäre, könne es an anderer Stelle dennoch gewachsen sein, das hänge immer von vielen Faktoren ab. Heute ist meine Antwort eine andere. Heute kann ich berichten: Ja, ich kann es sehen. So wie es jeder sehen kann, der sich vielleicht auch nur wenige Monate in dieser Region aufhält. So schnell geht es mittlerweile. Das Schmelzen der Gletscher, die Veränderung der Küstenlinien, Lawinen, wo es nie Lawinen gab, prasselnder Regen im Winter und – früher unvorstellbar – T-Shirt-Wetter mit aneinanderklingenden Gläsern auf Terrassen im Sommer, das gehört jetzt zu Longyearbyen, auf 78 Grad Nord. Das Gesicht der Arktis hat sich ebenso verändert wie ihre Geräusche.

❋❋❋ Die Folgen des Klimawandels ❋❋❋

Betrachtet man die gängigen Klimamodelle, wird in den kommenden Jahren ein Erdklima entstehen, das die Menschheit bisher nicht erlebt hat. Diese klimatischen Veränderungen haben vielfältige Folgen; manche haben einschneidende regionale und manche haben globale Auswirkungen. Die Summe all dieser Folgen ergibt: Die Bewohnbarkeit der Erde verändert sich. Ein unvollständiger Überblick über Folgen einer wärmeren Erde:
- Die Kryosphäre verändert sich: Gletscher und Eisschilde schmelzen, das Meereis – und damit ein Lebensraum vieler Tiere und Pflanzen – verschwindet, der Permafrost taut und setzt zusätzliche Treibhausgase frei, was die Erwärmung beschleunigt
- Der Meeresspiegel steigt an: Inseln und küstennahe Gebiete werden unbewohnbar. Bei einem Anstieg des Meeresspiegels um einen Meter sind 600–700 Millionen Menschen betroffen, direkt und indirekt durch eintretende Fluchtbewe-

gungen. Unter anderem liegen 30 der 50 größten Städte der Welt in dieser Zone.
- Die Ozeane »versauern«: Weil der Ozean Kohlendioxid aufnimmt, sinkt der pH-Wert der Meere. Ein niedrigerer pH-Wert hat beispielsweise große Auswirkungen auf Kleintiere mit Kalkschalen, die die Basis der maritimen Nahrungskette bilden.
- Niederschläge verschieben sich: Der Wassermangel in trockenen Gebieten wird größer; Waldbrände häufen sich, Ernten gehen verloren, die Wüstenbildung nimmt zu.
- Extremwetterereignisse häufen sich: Tropische Wirbelstürme, Starkregen und Überflutungen ziehen steigende wirtschaftliche Schäden nach sich, Ernten gehen verloren, die Zahl der Obdachlosen wächst.
- Tiere verändern ihre Verbreitungsgebiete und Zugzeiten, Pflanzen ihre Vegetationszeiten: Nahrungsketten reißen ab, weil Jäger und Beute nicht mehr aufeinandertreffen. Tropische Insekten, die Krankheiten übertragen, kommen zunehmend in gemäßigten Breiten vor.
- Pflanzen und Tiere scheitern an einer Anpassung und sterben aus: Man spricht heute bereits vom Beginn des sechsten Massensterbens der Weltgeschichte, mit bis zu 130 aussterbenden Arten pro Tag.

Und das möchte ich euch zeigen. Ich möchte euch mitnehmen in diese Welt, wie ich sie sehe, diese fantastische, wunderbare arktische Welt – und ich möchte euch mit mir die Veränderungen erkennen lassen. Ich möchte euch teilhaben lassen an meiner Trauer, wenn ich Wanderungen, Gletscher, Eiswände, Landschaften verschwinden sehe. Wenn die Welt aufhört, so zu sein, wie wir sie kennen. Wenn die Schönheit verschwindet. Wenn die Arktis aufhört, Arktis zu sein.

Ich will Euch das aber nicht nur zeigen, weil es mich traurig macht. Sondern weil all dies auch ein Vorbote ist. Es geht in der Arktis ja nur schneller. So umfassend, wie sich dort jetzt alles verändert, wird sich auch die restliche Welt verändern. Die Arktis kann uns heute das Ausmaß der Veränderung zeigen, das auch in gemäßigten Breiten auf unsere Kinder zukommt. Ich will dabei weder dramatisieren noch moralisieren. Sondern beschreiben, was passiert. Ich beleuchte deswegen nicht nur naturwissenschaftliche Aspekte, sondern auch gesellschaftliche und spreche nicht nur mit renommierten Wissenschaftlern und Menschen, die selbst betroffen sind, sondern auch mit einem Philosophen über die ethischen Fragen des Klimawandels und mit einer Psychologin darüber, warum uns der Klimawandel so herausfordert. Und so werde ich in diesem Buch auch auf einige unbequeme Wahrheiten eingehen: Wer beeinflusst bereits unbemerkt unser Denken über den Klimawandel? Und was sind die Gründe dafür? Denn auch ich musste feststellen, dass ich in der Vergangenheit auf manche absichtlich gestreute Mythen hereingefallen war. Und schließlich, und das ist das Allerwichtigste, geht es auch darum, wie diesen Veränderungen begegnet werden kann. Denn es kann ja etwas getan werden, und wie wir sehen werden, gar nicht so wenig. Es ist immer noch nicht zu spät. Wir können die Bewohnbarkeit unseres Raumschiffs Erde ja immer noch erhalten. Das ist das Gute, das Motivierende!

Ich habe mir wieder allerlei kompetente Menschen gesucht, die diese Veränderungen, Zusammenhänge und Lösungswege sehr gut zu erklären vermögen. Und wie immer haben mich in den Gesprächen mit ihnen nicht nur die bloßen Fakten interessiert. Bald bemerkte ich die große Betroffenheit der Wissenschaftler, mit denen ich sprach. Gestandene Männer, die vor mir saßen und weinten. Ja, weinten. Nicht nur, weil sie sich tagtäglich mit unerfreulichen Daten konfrontiert sehen. Sondern vor allem auch, weil sie mit dem, was sie herausfinden, seit Jahrzehnten nicht oder nur unzureichend gehört werden, während die Daten gleichzeitig immer alarmierender werden. Was macht das mit diesen Menschen? Auch das habe ich gefragt, um den Forschenden auch eine private Stimme zu geben. Um zu zeigen, wie es den Menschen hinter den Nachrichten, Klimamodellen und Forschungsberichten geht. Jenen Wissenschaftlerinnen und Wissenschaftlern, die dieses Gebiet teilweise seit Jahrzehnten erforschen, bin ich sehr dankbar. Für ihre Arbeit und dafür, dass sie ihr Wissen für dieses Buch mit uns teilen, für ihre Zeit und ihre Offenheit. Sie geben uns alles in die Hand, was wir wissen müssen. Handeln können wir.

❄

Der Hornsund, I

Ich habe Glück, ich sitze auf der richtigen Seite. Wir fliegen östlich an der Südspitze Spitzbergens vorbei, und ich sitze so, dass ich gute Sicht habe. Ich kann die ersten Gipfel sehen, die ersten Gletscher, das typische Dunkel-hell-Muster Spitzbergens im Sommer, wenn weite

Flächen der Tundra schneefrei sind. Zwei Jahre war ich nicht hier. Durch eine sehr glückliche Fügung bin ich nun wieder auf dem Weg nach Longyearbyen, dem Hauptort der Inselgruppe. Ich kann es noch immer nicht glauben, dass das nun tatsächlich passiert.

Und dann erschrecke ich. Ich blicke von Osten in den Hornsund hinein. Der Hornsund ist der südlichste Fjord Spitzbergens, der von Westen nach Osten in die Südspitze der Insel schneidet. Mehrere große Gletscher fließen in diesen Fjord.

✶✶✶ **Sund** ✶✶✶

Ein Sund ist eine Meeresstraße, die eine Landmasse von einer anderen trennt; in der Ostsee trennt beispielsweise der Fehmarnsund die Insel Fehmarn vom Festland oder der Öresund Schweden von Dänemark. Sunde sind also an beiden Seiten offen, man kann sie mit Schiffen durchfahren.

✶✶✶ **Fjord** ✶✶✶

Fjorde sind Vertiefungen, die Gletscher in die Landschaft erodiert haben, die einst im Meer endeten. Nach dem Abschmelzen der Gletscher blieben diese Vertiefungen, die sich mit Meerwasser gefüllt haben, zurück. An den Eingängen von Fjorden ist das Wasser häufig flacher – dort befand sich oft die Endmoräne des Gletschers. In Fjorde kann man mit dem Schiff hineinfahren, aber man kann sie nicht durchfahren. Sie enden dort, wo einst der Gletscher vom Land ins Meer floss.

✶✶✶ **Breen** ✶✶✶

Norwegisch *bre* heißt: ein Gletscher. Im Norwegischen wird der bestimmte Artikel als Endung an das Substantiv angehängt. Die Endung für männliche Substantive im Singular lautet: *-en,* deswegen bedeutet *breen:* der Gletscher. Hornbreen heißt auf deutsch also: der Horngletscher.

Einer davon ist der Hornbreen, der Horngletscher, er hat bisher zusammen mit dem Hambergbreen dafür gesorgt, dass der Hornsund, obwohl er doch so heißt, gar kein Sund war. Keine offene Wasserstraße also, denn Horn- und Hambergbreen hatten zusammen eine Eisbarriere gebildet, an deren Westseite eben der Hornsund lag, und an der Ostseite die Hambergbukta.

Der Hornsund hat eine sehr markante Geografie, mit gletschergefüllten Buchten, Landzungen, die in den Sund hineinschneiden, hohen Bergen, die alles überragen. Viele Male war ich in diesem Sund; ich kann von oben sehen, wo ich gewandert bin, wo wir in Schlauchbooten umherfuhren.

Aber diese Eisbarriere ist seltsam schmal geworden. Die einstige kilometerlange Gletscherzunge, die sich hier ins Meer geschoben hat, ist jetzt nur noch, wie soll man das sagen, eine nur noch temporär wirkende, dünne Brücke. Sie ist so dünn, dass ich vergesse, weiterzuatmen. Das ist der Hornbreen? Dieser einst so gewaltige Gletscher, der den Sund zu weiten Teilen anfüllte?

Aber sosehr ich meine Augen auch anstrenge, dort, wo vor Kurzem noch Eis war, ist jetzt nur noch dunkles Wasser. Und während ich noch dabei bin, dieses Bild zu verarbeiten, das sich mir da bietet, sehe ich plötzlich, dass diese dünne Barriere durchlässig zu werden scheint: Am südlichen Rand des Gletschers zeichnet sich ein langer, dunkler Einschnitt ab, der aussieht wie eine große Spalte. Wenn sich diese Spalte weiterzieht, dann bricht diese Front auseinander. Dann wird der Hornsund wirklich ein Sund sein. Das Südkappland, wie der südliche Teil Spitzbergens heißt, wird dann keine Verbindung mehr zur Insel haben, sondern selbst eine neue Insel sein.

Wir alle wissen seit Langem, dass das passieren wird. Wir hatten dabei immer an Jahrzehnte gedacht … irgendwann wird das einmal passieren.

Heute sehe ich, dass sich dieser Prozess nun in seiner Endphase befindet. Der Sund wird viel früher frei sein, als wir alle dachten. Und wieder einmal ist dies ein Moment, wie es sie in den vergangenen beiden Jahren so oft gegeben hat. Dass ich etwas aufschreibe, von dem ich nicht mehr weiß, ob es noch so sein wird, wenn das Geschriebene gelesen wird. Waren es früher Jahre, in denen sich derlei Dinge verändert haben, sind es heute Monate. Es ist bisher alles so gekommen wie vorhergesagt. Nur schneller. Ich befreie mich aus meinem regungslosen Staunen und krame nun hektisch nach meiner Kamera. Ich fotografiere den Hornsund mit dem Rest Hornbreen darin.

Als ich mich auf den Weg machte, in jenem Sommer 2021, zwei Jahre nach meinem letzten Spitzbergen-Besuch, hatte ich mich gefragt, was mich erwarten würde. Ob sich der Blomstrandbreen nun vollkommen ans Land zurückgezogen, der Monacobreen noch weiter zerteilt hat, ob am Alkhornet neue Löcher im Boden aufgetaucht sind, weil der Permafrost auftaut, und ob die Küste noch weiter weggerissen worden war, südlich des Flughafens. An den Hornbreen und die Frage, wann der Sund ein Sund sein wird, hatte ich nicht gedacht.

Ich schaue aus dem Fenster, bis sich Wolkenfetzen vor die Berge schieben und der Gletscher milchig hinter dem Dunst verschwindet.

Was wartet auf mich?

Was wartet auf uns?

❄

Eines der ersten Gespräche für dieses Buch führe ich mit einem der renommiertesten Klimatologen der Welt: dem Potsdamer Klimafolgenforscher Professor Stefan Rahmstorf. Ihn habe ich über die grundlegenden Veränderungen befragt, in Deutschland und der Welt. Rahmstorf beschäftigt sich schon sein ganzes Leben mit dem sich ändernden Klima und den daraus entstehenden Folgen für das Leben auf der Erde. Das Gespräch gibt einen ersten Überblick über das Problem, mit dem wir es zu tun haben, aber auch über den Umgang der Menschen damit.

Professor Stefan Rahmstorf,
Klimafolgenforscher

»Wir können es nicht zu weit treiben und dann sagen: Oh, jetzt ist es uns aber zu ungemütlich geworden hier, jetzt wollen wir wieder zurück. Zurück geht dann nicht mehr.«

Stefan Rahmstorf hat in den Siebzigerjahren in seiner niederländischen Grundschule an einem Projekt über das Ozonloch teilgenommen und danach nicht nur seine Eltern alle FCKW-haltigen Spraydosen aus dem Haushalt entfernen lassen, sondern sich von da an besonders für den Klimawandel interessiert. Seit 2000 lehrt Rahmstorf als Professor im Fach »Physik der Ozeane« an der Universität Potsdam. Er war von 2004–2013 Teil des Wissenschaftlichen Beirats Globale Umweltveränderungen (WBGU) der Bundes-

regierung und einer der Leitautoren des 4. IPCC-Berichts. Stefan Rahmstorf hat mehr als 130 Fachpublikationen veröffentlicht und ist einer der meistzitierten Wissenschaftler der Welt.

Wie werden wir in Deutschland die Klimaveränderungen zu spüren bekommen?
Auf vielfältige Weise – und wir spüren sie ja bereits. Da sind zum einen Hitzeextreme – jeder Laie sagt natürlich, das ist klar, dass Hitzeextreme zu- und Kälteextreme abnehmen, wenn es allgemein wärmer wird, und so ist es auch. Die Zahl der Hitzerekorde hat sich in den vergangenen zehn Jahren beinahe verdoppelt. Zusätzlich treten inzwischen neue Rekorde in den Monatsmittelwerten weltweit etwa achtmal häufiger auf, als es ohne Erderwärmung der Fall wäre. Die allermeisten Hitzerekorde sind jetzt eine Folge der Klimaerwärmung. Und jeder neue Rekord muss ja alle alten Rekorde übertreffen – das bedeutet, dass diese Hitzerekorde also nicht nur häufiger, sondern auch immer heißer werden. So sieht man, wie jedes weitere Zehntelgrad Erwärmung die Extreme sehr stark nach oben treibt.

Wie haben sich die Niederschläge verändert?
Auch bei den Niederschlagsextremen beobachten wir eine Zunahme. Bei den Hitzerekorden sind auch deshalb die Monatsmittel interessant, weil die Sterblichkeit sehr hoch ist, wenn die Hitzewellen länger anhalten. Bei den Niederschlägen dagegen sind vor allem die Tagesrekorde aussagekräftig, weil es hier eher auf kürzere Zeiträume ankommt, manchmal sogar wenige Stunden, wie bei Gewitterstarkregen, die verheerende Überflutungen auslösen können. Bei den Tagesrekorden an Niederschlägen also gibt es in den vergangenen zehn Jahren eine Zunahme um etwa ein Drittel im Vergleich dazu, was ohne Erderwärmung zu erwarten wäre.

Der neue IPCC-Bericht hat diese Analysen regional aufgeschlüsselt und gerade für Mittel- und Nordeuropa eine Zunahme von Extremregenereignissen konstatiert. Konkret sind das Ereignisse wie die Flutkatastrophe im Ahrtal. Es ist also nicht mehr nur zu erwarten, dass diese Ereignisse zunehmen. Sie haben bereits zugenommen, das ist in den Beobachtungsdaten statistisch signifikant nachgewiesen.

❋❋❋ IPCC-Report ❋❋❋

Der IPCC-Report oder IPCC-Bericht ist der Klimabericht der Vereinten Nationen. Er wird erstellt von der UN-Institution »Intergovernmental Panel on Climate Change« (IPCC), dem »Zwischenstaatlichen Ausschuss für Klima-Änderungen«, der oft auch als Weltklimarat bezeichnet wird. Im Auftrag dieses Rats tragen Fachleute weltweit regelmäßig den aktuellen Kenntnisstand zum Klimawandel zusammen und bewerten ihn aus wissenschaftlicher Sicht. Ihre Ergebnisse veröffentlichen die Fachleute in regelmäßigen Abständen in den IPCC-Berichten. Gegründet wurde der IPCC 1988 gemeinsam vom Umweltprogramm der Vereinten Nationen und der Weltorganisation für Meteorologie, weil Forscherinnen und Forscher seit Mitte des 20. Jahrhunderts immer mehr Anzeichen dafür festgestellt hatten, dass sich die Atmosphäre der Erde erwärmt und dass menschliche Aktivitäten die Ursache dafür sein könnten. Der IPCC sitzt in Genf. Im August 2021, während der Recherchereise zu diesem Buch, erschien der sechste IPCC-Bericht.

Warum ist das so?
Der Hauptgrund für diese Zunahme ist mit elementarer Physik zu erklären: Der Sättigungsdampfdruck von Wasserdampf steigt mit der Temperatur exponentiell an. Pro Grad Erwärmung enthält

eine gesättigte Luftmasse sieben Prozent mehr Wasserdampf – also diejenigen Luftmassen, aus denen die Niederschläge fallen.

Das heißt: Wenn es ein Grad wärmer würde – und ansonsten in der Wetterdynamik alles gleich bliebe –, würden die entsprechenden Niederschläge einfach sieben Prozent mehr Wasser enthalten.

Als Zusatzeffekt kommt aber noch hinzu, dass sich auch die Dynamik in der Atmosphäre verändert: Bei Gewitterniederschlägen – das sind typischerweise Ereignisse von einer Stunde – ist die Zunahme stärker als diese sieben Prozent. So ein Gewitter ist ja wie ein Schornstein, in dem Warmluft nach oben aufsteigt und durch den nach oben abnehmenden Luftdruck aus dem kondensierenden Wasserdampf Regen entsteht. Und diese Luftschornsteine werden intensiver und ziehen aus einem weiteren Umkreis feuchte Luftmassen an, sodass die Gewitter auch durch ihre Bewegungsdynamik – also durch die aufsteigende Luftmenge – intensiver werden.

Als Grund für die starken Niederschläge wird häufig auch eine Verlangsamung des Jetstreams genannt. Was hat es damit auf sich?

Das ist eine weitere Veränderung in der Atmosphärendynamik: Der Jetstream, der normalerweise in rund zehn Kilometern Höhe die Nordhalbkugel umkreist – wenn wir vom polaren Jetstream der Nordhalbkugel reden –, ist im Sommer in der Tat langsamer geworden.

※※※ **Der Jetstream** ※※※

Der Jetstream ist eines jener Phänomene auf unserer Erde, die es so schwer machen, die Tragweite von Veränderungen zu veranschaulichen. Denn wenn der Jetstream tut, was er immer tat, be-

merken wir ihn gar nicht – obwohl er eine der stärksten Luftbewegungen formt, die es auf der Welt überhaupt gibt. Wenn der Jetstream aber aufhört, zu tun, was er immer tat – dann hat das sehr gravierende bis verheerende Auswirkungen auf das Wetter, auf die Ernten und auf das Leben auf der Erde.
Was also ist der Jetstream?
Jetstreams sind rohrförmige Windströme, auch Strahlströme genannt, die in der oberen Troposphäre oder unteren Stratosphäre mit Geschwindigkeiten von mehr als 400 Kilometern pro Stunde wehen. Es gibt nicht nur einen Jetstream, sondern mehrere.
Wie entstehen Jetstreams?
Die Sonne scheint nicht gleichmäßig auf die Oberfläche der Erde, die Sonnenenergie nimmt vom Äquator zu den Polen ab. Über dem Äquator ist die Luft warm, sie steigt nach oben. An den Polen ist die Luft kälter, dadurch schwerer und dichter – deshalb staut sich die Luft in Bodennähe. Deswegen bildet sich ein mit der Höhe immer stärker zunehmendes Druckgefälle: Der Druck in fünf Kilometern Höhe ist in den Subtropen höher als in den Polregionen. Infolgedessen entsteht ein Wind vom hohen zum tiefen Druck, also vom Äquator zum Pol.
Warum ist der Jetstream ein Westwind?
Weil sich die Erde dreht, wird der Wind auf seinem Weg nach Norden aufgrund der Corioliskraft nach Osten abgelenkt.
Warum verläuft die Bahn des Jetstreams nicht in einer geraden Linie?
Der Jetstream verläuft über Meer, Land, Gebirge hinweg – Regionen mit unterschiedlicher Geografie, Temperaturen und Druckzuständen. Diese Unterschiede lenken den Jetstream ab, und es entwickelt sich eine Wellenform, die sogenannten Rossby-Wellen.
Was ist der Polarfrontjet?
Das ist derjenige Jetstream, der das Wetter in Mitteleuropa maßgeblich beeinflusst. Die Polarfront verläuft je nach Jahres-

zeit in unterschiedlichen Breitengraden – im Sommer bei etwa 65 Grad, im Winter bei etwa 45 Grad, also relativ weit im Süden. Am schnellsten ist er im Winter, weil dann die Temperaturunterschiede von den Polregionen zum Äquator größer sind.
Was hat der Polarjet mit unserem Wetter zu tun?
Obwohl der Jetstream in sieben bis zwölf Kilometern Höhe weht, hat er Auswirkungen auf die Druckverhältnisse am Boden. Die Luft vor, in und nach den Mäandern bewegt sich nicht gleichmäßig schnell (ähnlich einem Auto, das um eine enge Kurve fährt). Dadurch wird die Luft an bestimmten Stellen dichter und an anderen dünner. So entstehen dynamische Hoch- und Tiefdruckgebiete entlang des Jetstreams. Diese Hochs und Tiefs wandern mit dem Jetstream von West nach Ost über Europa und bringen das entsprechende Wetter mit sich.
Wenn im Herbst die Sonnenenergie abnimmt, nimmt das Temperaturgefälle zwischen den Polen und den Subtropen zu, und der Jetstream bewegt sich Richtung Süden – sodass schließlich Polarluft in den Süden fließen und auch in mittleren Breiten für kühle Winter sorgen kann.

Das lässt sich darauf zurückführen, dass sich die Arktis stärker erwärmt hat als der Rest des Globus, und zwar in den letzten Jahrzehnten etwa dreimal so stark. Dadurch wird das Temperaturgefälle von den Subtropen in Richtung Pol schwächer.

Auf einer rotierenden Kugel bewegen sich Meeresströmungen und Winde aber immer entlang solcher Dichte- oder Luftmassegrenzen – und wenn der Unterschied schwächer wird, dann wird entsprechend auch der Wind schwächer. Das allein führt schon dazu, dass Wetterlagen tendenziell länger anhalten können, konkret also dazu, dass eine bestimmte Wetterlage mit Starkregen länger auf einer Stelle verharrt. Wenn der Regen tagelang auf

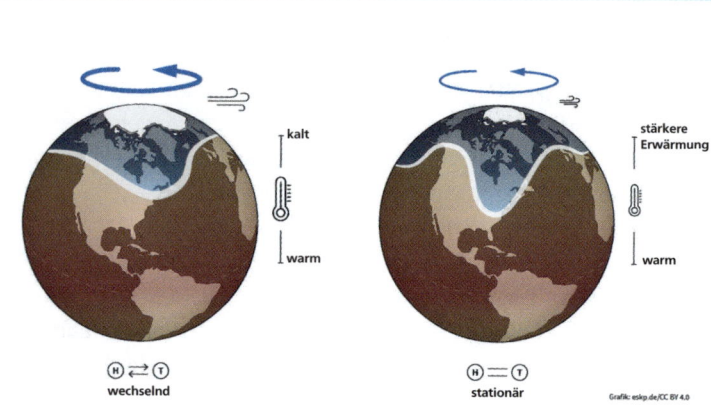

Die Grafik zeigt die Auswirkungen eines starken (links) und schwachen Jetstreams (rechts) auf das Winterwetter der Nordhalbkugel. Links: Durch hohe Temperaturunterschiede zwischen den Tropen und der Arktis ist der Jetstream stark ausgeprägt. Er mäandert nur wenig und die arktische Kaltluft bleibt im Norden. Die Winter in Nordamerika und Europa sind dann durch wechselnde Hoch- und Tiefdruckgebiete gekennzeichnet. Rechts: Erwärmt sich die Arktis, sind die Temperaturunterschiede zwischen Tropen und Arktis geringer. Der Jetstream ist dann schwächer ausgeprägt und verläuft in sehr ausgeprägten Wellen. Die Kaltluft dringt weit nach Süden vor, und die Druckgebiete sind oft über Wochen stationär.

dieselbe Gegend fällt, anstatt weiterzuziehen, sammelt sich in dieser Gegend natürlich viel Wasser an, auch so viel, dass es zur Überflutung kommt.

Genau das war beispielsweise bei der Katastrophe im Ahrtal der Fall. Der Regen hat sich nicht weiterbewegt mit dem bekannten Resultat.

In einer Studie für Europa ist nachgewiesen, dass solche lang anhaltenden Niederschlagsereignisse zunehmen, und wir sehen leider immer wieder, dass das tatsächlich so ist. Im Oktober 2021 wurde bei Genua der Europarekord in der Tagessumme der Niederschläge gebrochen. Dort fiel ein absoluter Rekordregen, der zu erheblichen Überschwemmungen führte. *(Anm. d. Autorin: Am*

4. Oktober 2021 fielen in Rossoglione nördlich von Genua 848 Liter Regen innerhalb von 24 Stunden, 700 davon innerhalb von 12 Stunden. Das entspricht etwa der Regenmenge, die in Deutschland in einem ganzen Jahr fällt.)

Es gibt noch eine weitere klimawandelbedingte Veränderung beim Jetstream: Sowohl im Ozean als auch in der Atmosphäre gibt es Wellenbewegungen, die spezifisch sind für das Geschehen auf einer rotierenden Kugel – das sind die sogenannten Rossby-Wellen, planetare Wellen, die sich normalerweise von Westen nach Osten bewegen und die sich im Jetstream durch Mäander von Norden nach Süden bemerkbar machen. In diese Wellen sind die Hoch- und Tiefdruckgebiete eingebettet. Mein Kollege Vladimir Pethoukov hat nun vor knapp zehn Jahren gezeigt, dass es ein Resonanzphänomen dieser Wellen gibt.

Was heißt das?
Man muss sich das vorstellen wie Meereswellen zwischen zwei Hafenbeckenmauern, die hin- und herschwappen und sich immer weiter aufschaukeln. Genau das passiert mit den Rossby-Wellen, nur eben nicht in einem Hafenbecken, sondern um unseren ganzen Globus herum. Durch eine Art Resonanzverstärkung schaukeln sich die Wellen auf; sie werden dann sehr groß und recht regelmäßig. Sie bleiben auf der gesamten Nordhalbkugel auf der Stelle stehen, bewegen sich nicht mehr von Westen nach Osten voran – und das führt dann zu Wetterextremen um die ganze Nordhemisphäre herum. Das ist zum Beispiel im Sommer 2018 passiert: Gleichzeitig sind Hitze und Feuer in Kalifornien und Starkregen an der Ostküste der USA aufgetreten, und Hitzewellen in Westeuropa, Skandinavien und Japan – das Wetter, das eine Region schlussendlich bekommt, hängt bei diesem Phänomen davon ab, ob sie in einer Nord- oder Südschlaufe dieser Wellenbewegung liegt.

Die Daten sprechen dafür, dass dieses Phänomen immer häufiger wird. Auch hier liegt die Erklärung wahrscheinlich darin, dass sich im Zuge der globalen Erwärmung der Temperaturkontrast zwischen der Arktis und den mittleren Breiten abgeschwächt und zwischen Land- und Ozeangebieten verstärkt hat.

Kann man diese Entwicklung noch umdrehen?
Wir können die globale Erwärmung nicht rückgängig machen. Wir können sie nur aufhalten und verhindern, dass es schlimmer wird. Um das, was bereits passiert ist, rückgängig zu machen, müssten wir das gesamte CO_2 wieder aus der Atmosphäre entnehmen, das wir seit Beginn der Industrialisierung ausgestoßen haben. Das CO_2 sammelt sich ja in der Atmosphäre an und verweilt zu einem erheblichen Teil Zehntausende von Jahren darin.

Theoretisch ist es denkbar, dass man der Atmosphäre mit technischen Methoden CO_2 wieder entzieht. Aber wir emittieren jedes Jahr weltweit 40 Milliarden Tonnen CO_2. Man muss sich einmal bildlich vorstellen, wie riesig eine Tonne Gas ist! Das sind unvorstellbar große Mengen, die wir in die Atmosphäre pumpen – und vielleicht deshalb auch so schwer zu begreifen.

Auch wenn man theoretisch wieder etwas extrahieren kann, wird das niemals in den gigantischen Mengen der Fall sein, die wir jetzt schon in die Atmosphäre gepustet haben.

Und selbst *wenn* wir alles CO_2 wieder entnehmen könnten, gebe es dennoch auch jetzt schon bereits ausgelöste unumkehrbare Effekte. Nehmen wir die Veränderungen der Eisschilde: In der Vergangenheit ist bei den natürlichen Klimaveränderungen das Eis am Ende einer Eiszeit innerhalb von 10 000 Jahren verschwunden. Aber es brauchte dann etwa 100 000 Jahre, um das Eis wieder aufzubauen. Warum ist das so? Das Eis verschwindet, indem es abschmilzt und ins Meer abrutscht, der Aufbau dagegen geschieht durch Schneefälle. Das sind zwei völlig unterschiedliche physikalische Prozesse, die auch nur unterschiedlich schnell ablaufen können. Folglich wird man das, was wir jetzt schon im Klimasystem verursacht haben, in den nächsten 100 000 Jahren nicht wieder rückgängig machen können.

Das ist einer der wichtigsten Aspekte des Klimawandels, den wir verursachen: Er ist unumkehrbar, auf Zehntausende Jahre in die Zukunft. Deswegen können wir es auch nicht zu weit treiben und dann sagen: Oh, jetzt ist uns aber hier zu ungemütlich geworden, jetzt aber zurück – das geht dann nicht mehr. Wir können hier nur mit dem Vorsorgeprinzip arbeiten, um Schlimmeres zu verhindern.

Was kommt nun auf uns zu?
Wir werden eine weitere Zunahme von Extremereignissen erleben. Extremniederschläge und Tropenstürme werden noch weiter zunehmen, verbunden mit entsprechenden Überflutungen und Verwüstungen. Und Tropenstürme werden häufiger auch Europas Küsten erreichen. Bisher haben solche Stürme sehr selten auch die Küste Portugals getroffen, aber künftig wird das Wasser auch nördlicher warm genug, um Tropenstürme zu unterstützen.

Im Ahrtal sind 170 Menschen gestorben, aber die wirklichen Killer sind Hitzewellen. Der sogenannte Jahrhundertsommer 2003 hat europaweit 70 000 Hitzetote gefordert. In Paris mussten am Stadtrand gekühlte Zelte für die vielen Särge aufgestellt werden, weil die Leichenhäuser überfüllt waren. Daran erinnert sich kaum noch jemand. Das ist aber das, was die Sterblichkeit wirklich hochtreibt – die Hitze.

Auch Dürren werden zunehmen. Ein Alptraumszenario ist, dass es gerade aufgrund der beschriebenen Jetstream-Resonanz-Phänomene gleichzeitig zu verheerenden Dürren in den verschiedenen Kornkammern Nordamerikas, Europas und Asiens kommt und eine weltweite Hungerkrise entsteht.

Das sind Dinge, die zu befürchten sind. Ganz abgesehen davon, dass es durch solche Wetterextreme auch zu politischer Instabilität und sehr großen Flüchtlingsbewegungen kommen dürfte. Einen Vorgeschmack haben wir in Syrien gesehen – Syrien ist in den Bürgerkrieg abgerutscht nach der schlimmsten Dürre der syrischen Geschichte. Die Ernten fielen aus, und anderthalb Millionen Menschen wurden zu Binnenflüchtlingen im Land, weil die Bauern ihre Dörfer verlassen mussten.

Solche politischen Instabilitäten werden uns in Zukunft noch sehr zu schaffen machen, wenn wir die globale Erwärmung nicht zügig stoppen.

Wie können wir diese Szenarien vermeiden und den Klimawandel aufhalten?
Das Zauberwort heißt Klimaneutralität. Wir müssen unser Energiesystem, aber auch unsere Landwirtschaft so umgestalten, dass wir den Klimawandel nicht weiter anheizen. Wir müssen klimaneutral werden, nur dann wird die Erwärmung nicht weitergehen. Das kann man auch im neuen IPCC-Bericht nachlesen. Wir können die globale Temperatur stabilisieren, ab dem Punkt, wo wir die Nullemission an Treibhausgasen erreicht haben – also genau das tun, was das Pariser Abkommen einhellig beschlossen hat, von allen Staaten weltweit.

Das Entscheidende ist, diesen Beschluss auch umzusetzen.

Hier muss jeder in seinem eigenen Land Druck ausüben auf die Regierung, sich an die Vorgaben und Ziele des Pariser Abkommens zu halten. Die jungen Menschen der *Fridays for Future*-Bewegung fordern ja zu Recht genau das und werden deshalb auch breit unterstützt von der Wissenschaft: Haltet das Pariser Abkommen ein! Deutschland muss seinen fairen Beitrag zu den Emissionsminderungen leisten, denn leider sind wir ja keineswegs Vorreiter, sondern ins Hintertreffen geraten, was die Emissionsminderung angeht.

❋❋❋ Das Pariser Klimaschutzabkommen von 2015 ❋❋❋

197 Staaten haben sich im Dezember 2015 bei der UN-Klimakonferenz in Paris auf ein globales Klimaschutzabkommen geeinigt, das am 4. November 2016 in Kraft trat. Es verfolgt drei Ziele:
Die Staaten setzen sich das globale Ziel, die Erderwärmung im Vergleich zum vorindustriellen Zeitalter auf »deutlich unter« zwei Grad Celsius zu begrenzen, dabei aber Anstrengungen zu unternehmen für eine Beschränkung auf 1,5 Grad Celsius.
Als gleichberechtigtes Ziel neben der Minderung der Treibhausgasemissionen wird etabliert, dass die Fähigkeit zur Anpassung an den Klimawandel gestärkt werden soll.
Die Finanzmittelflüsse sollen mit den Klimazielen in Einklang gebracht werden.
Der Moment, in dem die weltweiten Treibhausgasemissionen zu sinken beginnen, soll so bald wie möglich erreicht werden. In der zweiten Hälfte des Jahrhunderts soll ein Gleichgewicht zwischen Emissionen und deren Abbau durch Senken (Neutralität) erreicht werden.
Um die Ziele zu erreichen, legen die jeweiligen Staaten ihre nationalen Klimaschutzbeiträge selbst fest. Um die Erfüllung der Ziele sicherzustellen, findet alle fünf Jahre, beginnend 2018, eine globale Bestandsaufnahme statt. Die nationalen Klimaschutzbeiträge müssen ab 2025 alle fünf Jahre fortgeschrieben und gesteigert werden (»Ambitionsmechanismus«). Alle Staaten werden darüber hinaus aufgefordert, bis 2020 Langfriststrategien für eine treibhausgasarme Entwicklung vorzulegen.

Was antworten Sie auf das gerne gehörte Argument, das kleine Deutschland könne ja nichts machen, solange Länder wie China weiter Kohlekraftwerke bauen?

Nun, China hat eine Milliarde Einwohner und Deutschland 80 Millionen. Wir sind aber in Deutschland wegen unserer hohen CO_2-Emissionen auf Rang vier der Länder, die historisch für die globale Erwärmung verantwortlich sind. Nur die USA, China und Russland haben noch mehr CO_2 emittiert als wir.

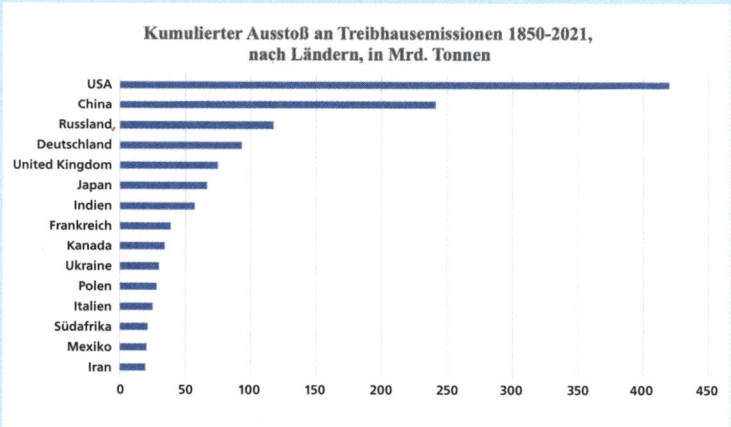

Aber: Das sind ja alles Länder mit viel größerer Bevölkerung! Wir sind historisch also weit überproportional verantwortlich – und auch heute noch stoßen wir pro Kopf doppelt so viel CO_2 aus wie der globale Durchschnitt.

Mit der angeblich mangelnden Relevanz des Klimaschutzbeitrags eines kleinen Landes zu argumentieren ist in etwa so logisch, wie zu sagen: Meine wenigen Steuern brauche ich ja gar nicht zu bezahlen. Das ist natürlich Unsinn. Das sind auch keine ethisch vertretbaren Positionen.

Kann Geo-Engineering eine Lösung sein?
Da muss man zwei Dinge unterscheiden. Zum einen wird auch der Versuch, CO_2 wieder aus der Atmosphäre zu extrahieren, oft als Geo-Engineering bezeichnet. Das ist quasi die gute Variante, weil man dort das Übel an der Wurzel packt.

Zum anderen ist da der Eingriff in die Strahlungsbilanz der Erde. Der bekannteste Vorschlag dazu ist, Partikel in die Stratosphäre zu schießen, die Sonnenlicht reflektieren. Damit würde man das an der Oberfläche ankommende Sonnenlicht reduzieren und hätte einen kühlenden Effekt.

Das ist der böse Teil des Geo-Engineerings, weil er völlig unkalkulierbare Nebenwirkungen mit sich bringt. Die Produktivität der Landwirtschaft würde ebenfalls reduziert, weil weniger Photosynthese geschehen kann. Man würde außerdem völlig unvorhersehbare Veränderungen der atmosphärischen Zirkulation, also der Winde und damit des Wettergeschehens und der Niederschlagsverteilung, auslösen.

Zu bedenken wären hier außerdem zwei sehr wichtige Faktoren: Die Partikel, die man in die Atmosphäre schießt, verweilen dort einige Wochen und rieseln dann wieder herunter. Aber das CO_2 bleibt Zehntausende Jahre in der Luft. Emittiert man also weiterhin CO_2 und gibt als »Medizin« diese kühlenden Partikel in die Stratosphäre, muss man die Dosis ständig erhöhen. Und das muss man dann über Zehntausende Jahre ohne Unterbrechung durchhalten, denn wenn man einmal einige Wochen damit aufhört – weil es gerade einen Weltkrieg gibt auf der Erde oder so etwas, irgendwann in den nächsten Jahrtausenden –, dann schlägt unvermittelt die gesamte durch CO_2 verursachte Erwärmung zu. Denn diese Erwärmung *ist* ja im System und wird lediglich unterdrückt durch diese Abschaltung der Sonneneinstrahlung. Das ist also wirklich Teufelszeug, wovon man unter allen Umständen die Finger lassen sollte.

Ich halte es für ziemlich unwahrscheinlich, dass wir diese Maßnahmen ergreifen werden. Weil ich glaube, dass es darüber relativ rasch zu massiven internationalen Konflikten, wenn nicht sogar Kriegen, kommen würde. Wenn irgendein Land anfängt, am Wetter herumzumanipulieren und anderswo eine Riesendürre auftritt und die Leute verhungern – zum Beispiel.

Was sagen Sie zu dem Standardargument, dass sich das Klima immer verändert hat und es früher auch schon so warm war?
Natürlich hat sich das Klima in der Erdgeschichte geändert. Wir können inzwischen alle Eiszeitzyklen der letzten drei Millionen Jahre nachsimulieren in unserem Klimamodell, nur angetrieben durch die Erdbahnzyklen – die ja die Ursache der Eiszeiten sind. Wer daraus folgert, der Mensch sei nicht für den modernen Klimawandel verantwortlich und könne deswegen auch nichts dagegen tun, der irrt sich einfach.

Es ist einfach so – das kann man auch im letzten IPCC-Bericht nachlesen –, dass der Mensch für 100 Prozent der globalen Erwärmung seit dem 19. Jahrhundert verantwortlich ist. Und das ist ja die gute Nachricht! Weil wir es verursachen, können wir es auch stoppen. Sonst wären wir ja hilflos ausgeliefert. Das ist aber definitiv nicht der Fall.

Auch die Folgerung »Weil es früher auch schon Klimaveränderungen gegeben hat, können die Folgen nicht so schlimm sein« ist natürlich komplett falsch. Wenn man sich die letzte größere Erwärmung anschaut, also den Übergang von der letzten Eiszeit ins Holozän, tja, da ist der globale Meeresspiegel um 120 Meter angestiegen. Das hat natürlich unsere Urahnen während der Eiszeit nicht weiter belastet. Aber heute haben wir acht Milliarden Menschen auf der Erde, die zum großen Teil in Küstenregionen leben. Wir können uns nicht einmal einen oder zwei Meter Meeresspiegelanstieg leisten ohne katastrophale Folgen.

Und das gilt für andere Aspekte wie zunehmende Dürren ebenso. Die Erde war natürlich auch einmal eisfrei, das ist viele Millionen Jahre her. Der antarktische Eisschild hat sich vor etwa 35 Millionen Jahren gebildet, und davor gab es keine Kontinentaleismassen – da war der globale Meeresspiegel noch mal 65 Meter höher. Das ist das, was wir verursachen würden, wenn wir jetzt das ganze Kontinentaleis abschmelzen: 65 Meter Meeresspiegelanstieg. Das hat die Dinosaurier nicht gestört damals, aber für uns wäre es ein Desaster.

Die Folgen wären aber nicht nur für die menschliche Gesellschaft, sondern auch für die Ökosysteme und die Artenvielfalt verheerend. Gerade auch, weil das Klima in den letzten drei Millionen Jahren immer nur zwischen deutlich kälter und etwa so warm wie vor 100 Jahren gependelt ist. Das heißt, die Ökosysteme und die meisten Arten, die heute auf der Erde leben, sind angepasst an ein eher kälteres Klima. Wenn es jetzt tatsächlich auf einmal drei Grad wärmer wird, wird es ein Massensterben der Arten geben. Nicht nur die menschliche Zivilisation ist dann gefährdet, es wäre auch für die gesamte Biosphäre ein massiver Rückschlag. Die würde sich aber im Lauf der nächsten Jahrmillionen wieder davon erholen – also das Leben kriegen wir nicht kaputt. Aber die menschliche Zivilisation können wir zerstören.

Was kann der Einzelne tun?
Die Hauptverantwortung, etwas gegen den Klimawandel zu tun, liegt bei der Regierung. Das ist ein kollektives Problem, dessen Lösung man nicht dem Einzelnen zuschieben kann. Man sollte das, was man machen kann, natürlich trotzdem tun, aber die Hauptsache ist, die Politik zum gemeinsamen Gegensteuern zu bewegen. Man ist ja auch Wähler. Selbst wenn man nichts anderes macht, als nur für Klimaschutz zu wählen, hat man schon viel getan.

Warum wird das Klimaproblem so massiv verdrängt?
Ein sehr großes Problem sind massive Desinformationskampagnen von Interessensgruppen der fossilen Energiewirtschaft. Dass es diese gibt, ist mittlerweile ja bestens belegt. In den USA sind innerhalb weniger Jahre eine halbe Milliarde Dollar ausgegeben worden für solche Desinformationskampagnen. In den USA ist das transparenter als bei uns, weil es dort gesetzlich geregelt ist, dass sichtbar wird, wer wofür Geld gespendet hat. Dadurch sieht man, was die fossilen Energiefirmen für Lobbygelder ausgeben und dass sie pseudowissenschaftliche Thinktanks wie das Heartland Institute finanzieren *(siehe folgendes Kapitel)*. Diese erfinden und verbreiten dann diese ganzen Klimawandelleugner-Argumente, die für den Laien plausibel klingen. Und so schaffen sie es, den Eindruck zu erwecken, der menschengemachte Klimawandel sei wissenschaftlich umstritten – was er überhaupt nicht ist.

Aber leider gibt es auch unter Journalisten willfährige Helfer, die derlei weiterverbreiten und damit nichts weiter als das Handwerk der fossilen Energielobby betreiben, wenn sie immer wieder solche Klimaskeptiker-Artikel mit Behauptungen schreiben, die von einem Fachwissenschaftler sofort widerlegt werden können. Das ist tragisch.

Dass Pseudowissenschaften so viel Beachtung finden, ist dadurch zustande gekommen, dass professionelle PR-Agenturen gezielt Zweifel an der Wissenschaft wecken. Es gibt dieses berühmte Strategiepapier »Doubt is our product«, »Zweifel ist unser Produkt« *(siehe folgendes Kapitel)*. Man muss in der Öffentlichkeit nur wenige Dissidenten als Experten aufbauen, um diesen Eindruck der Umstrittenheit zu wecken.

Dass das so erfolgreich ist, liegt auch an den sozialen Medien. Wir haben nicht mehr diesen Filter von Redaktionen, die Informationen bewerten – wobei es hier auch konservative Medien gibt, die verantwortlich dafür sind, dass sie immer wieder systematisch Zweifel an der Klimawissenschaft geweckt haben. Aber mit den sozialen Medien können sich natürlich ganze Parallelgesellschaften mit ihren Filterblasen Parallelwahrnehmungen der Welt und der Wissenschaften bilden. Das wird jetzt sehr deutlich. Die Leute bekommen nur jene Informationen, die ihr eigenes Weltbild bestätigen, die sie gerne glauben wollen und ohne zu hinterfragen aufnehmen und deren Aussagen dann womöglich noch radikaler formuliert weiterverbreitet werden.

Die schwierige Aufgabe wird sein: Wie können wir als menschliche Gemeinschaft soziale Medien so gestalten, dass der gemeinsame Boden der Realitätswahrnehmung nicht verloren geht.

Was macht der Klimawandel und seine zögerliche Bekämpfung mit Ihnen?
Ich bin immer noch motiviert. Wenn man sich Jahrzehnte mit dem Thema beschäftigt hat, versucht man natürlich, das nicht so an sich heranzulassen. Ähnlich wie ein Notarzt, der ständig mit schrecklichen Verkehrsunfällen konfrontiert ist. Man darf auch nicht aufgeben. Und, ganz wichtig: Wir haben den Kampf gegen die Erderwärmung ja nicht verloren! Diesen Eindruck sollte man nicht haben. Noch haben wir die Chance, sie bei etwa 1,5 Grad zu stoppen, wie das in Paris beschlossen wurde. Dafür kämpfen wir, und solange noch Hoffnung besteht, werde ich natürlich nicht aufgeben. Und auch wenn wir die 1,5 Grad überschreiten, müssen wir versuchen, die Erwärmung bei 1,6 oder 1,7 Grad zu stoppen. Je früher, desto besser, je später, desto mehr irreparable Schäden und Leid werden wir verursachen.

✳✳✳ 1,5 Grad ✳✳✳

Am 9. Mai 2022 veröffentlichte die Weltorganisation für Meteorologie (WMO), dass nun eine 50:50-Chance bestehe, dass die globale Durchschnittstemperatur in mindestens einem der kommenden fünf Jahre temporär auf 1,5 Grad Celsius über dem vorindustriellen Niveau ansteigen werde, und dass die Wahrscheinlichkeit zunehme, dass dies eintrete. Es gebe eine Wahrscheinlichkeit von 93 Prozent, dass mindestens eines der Jahre zwischen 2022 und 2026 das wärmste Jahr seit Beginn der Aufzeichnungen werde, und damit wärmer als das bisherige Rekordjahr 2016. Noch 2015 war die Wahrscheinlichkeit dieses temporären Überschreitens nahe null gewesen, seitdem aber stetig angestiegen. WMO-Generalsekretär Professor Petteri Taalas: »Die Studie zeigt – auf einem sehr hohen wissenschaftlichen Niveau –, dass wir messbar näher an den Punkt kommen, an dem wir zeitweise die Untergrenze des Pariser Abkommens erreichen werden. Die 1,5-Grad-Grenze ist keine zufällig gewählte Zahl, sondern vielmehr ein Indikator des Punkts, ab dem die Folgen des Klimawandels für die Menschen und den gesamten Planeten immer schädlicher werden.«
Diese Nachricht ist nur eines der Beispiele, dass sich während der Arbeit an diesem Buch die Prognosen ständig weiter verschlechterten.

Natürlich habe aber auch ich durchaus psychisch damit zu kämpfen. Es gibt auch deprimierende Zeiten; natürlich ist das auch ein Auf und Ab im Laufe der 30 Jahre, die ich mich jetzt mit dem Klimawandel beschäftige. Momentan ist gerade auch durch die *Fridays for Future*-Bewegung in der politischen Diskussion vieles in Bewegung geraten, und wir befinden uns eher in einer Phase der Hoffnung, das Ruder noch herumreißen zu können.

Was ich mir als junger Wissenschaftler aber nie und nimmer hätte vorstellen können, ist das Ausmaß aktiver und auch wirklich aggressiver Verleugnung der Realität. Ich werde als Klimaforscher beschimpft, bedroht und angegriffen, nur, weil ich über wissenschaftliche Tatsachen aufkläre. Ich konnte mir damals nicht vorstellen, dass Menschen so irrational reagieren, die klare Evidenz nicht wahrhaben wollen. Das ist eigentlich das, was mich am meisten deprimiert.

Ebenso deprimierend ist natürlich das, was ich seit mindestens zehn Jahren in der deutschen Politik beobachte: Lippenbekenntnisse zum Klimaschutz und gegenteiliges Handeln. Diese Verlogenheit, dass alle sagen: Ja, wir sind total für Klimaschutz, natürlich stehen wir zur 1,5-Grad-Grenze und dem Pariser Abkommen – aber man tut dann genau das Gegenteil. Man macht in Brüssel Lobbyarbeit gegen schärfere Emissionsstandards für Autos und subventioniert weiterhin die Kohle. Das ist einfach sehr frustrierend.

Was mich jedes Mal aufs Neue mitnimmt, ist, wenn zum Beispiel eine Dürre oder ein Tropensturm dann gerade die Ärmsten der Armen und ihre Kinder in den Entwicklungsländern trifft und man weiß, letztlich sind wir in den reichen Industriestaaten dafür hauptsächlich verantwortlich. Diese Menschen können gar nichts dafür, sind ohnehin arm und haben am meisten darunter zu leiden. Und gleichzeitig sagen hier die Leute: Ich will aber SUV fahren, und schaffen es dabei nicht mal, sich ein sparsameres Auto anzuschaffen, weil das schon zu viel Freiheitseinschränkung wäre, genauso wie ein Tempolimit. Das sind Sachen, die einen wütend und traurig machen.

❄

Das Marketing der Mythen

Komplex also. Sowohl das Weltklima als auch der Umgang der Welt damit. Wetterereignisse, die es noch nie gegeben hat, immer realer werdende Katastrophenszenarien, engagierte Wissenschaftler, die dafür kämpfen, Handlungen hervorzurufen, und Thinktanks, die den Menschen erfolgreich weismachen, das sei alles nicht so schlimm oder alles schon mal da gewesen.

Das macht das Thema Klimawandel so vielschichtig und den Umgang der Menschheit damit gleichermaßen spannend wie deprimierend: wenn man mittlerweile fortwährend mit Auswirkungen eines bereits veränderten Klimas konfrontiert wird, gleichzeitig aber immer wieder beobachten muss, wie erfolgreich der Kampf derjenigen ist, die Klimaschutz aktiv verhindern wollen. Dieses Paradox, werde ich feststellen, macht auch vielen meiner Gesprächspartner zu schaffen.

Deswegen lohnt sich hier gleich zu Anfang ein genauerer Blick auf das von Stefan Rahmstorf erwähnte Heartland Institute. Dieses Institut sei aber nur exemplarisch genauer betrachtet – es gibt noch unzählige weitere PR- und Lobby-Organisationen, die genauso agieren. Zum ersten Mal ist mir dieses Institut in Naomi Kleins Buch *Die Entscheidung – Klima versus Kapitalis-*

mus begegnet. Wenn man genauer hinschaut, begegnet einem dieses Institut aber beinahe täglich. Beispielsweise jedes Mal, wenn man im Internet die Kommentare unter Artikeln über den Klimawandel liest oder wenn man sich mit politisch konservativ eingestellten Menschen über den Klimawandel unterhält. Denn dann werden unweigerlich die Mythen wiedergegeben, deren Verbreitung die Daseinsberechtigung und das Ziel dieses Instituts und ähnlicher Organisationen sind: das Säen von Zweifeln dort, wo wissenschaftliche Eindeutigkeit herrscht; ein Meinungsklima zu schaffen, in dem der Klimawandel unbedeutend und der Klimaschutz nicht nur eine Bedrohung für die Wirtschaft ist, sondern in Wahrheit eine Hintertür, durch die der Sozialismus Einzug halten soll. In dieser »Wahrheit« steht nichts weniger als die Freiheit auf dem Spiel, die »Klima-Alarmisten« rechtschaffenen Bürgern stehlen wollen. Und was mich überrascht bis schockiert hat: Einige dieser Mythen oder Taktiken hatten auch schon mein eigenes Denken und Handeln beeinflusst.

Was ist das Heartland Institute?
Das Heartland Institute ist ein einflussreicher Thinktank, eine Denkfabrik, mit Sitz im US-Bundesstaat Illinois, die auch Verbindungen nach Deutschland pflegt und die deutsche Politik zu beeinflussen versucht, worum es später noch gehen wird. Gegründet wurde das Heartland Institute im Jahr 1984, damals hatte es gemeinsam mit der Tabakfirma Philipp Morris das Ziel, Rauchen als nicht krebserregend darzustellen. In den Neunzigerjahren veränderte sich der Fokus des Instituts hin zum Leugnen des Klimawandels. Interessant ist – wie Stefan Rahmstorf bereits anmerkte –, wer dieses Institut finanziert. Einen Teil der Geldgeber kann man nicht nachvollziehen, da

die Spenden an den rechtskonservativen Fonds *Donors Trust* bezahlt werden, der die Spenden dann an bestimmte Organisationen weiterleitet, ohne offenzulegen, woher die Spenden ursprünglich kommen. Nachforschungen des Recherchezentrums *Correctiv* haben aber ergeben, dass es unter anderem die gleichen Spender sind, die auch für Donald Trumps Wahlkampf gespendet hatten, wie zum Beispiel die *Mercer Family Foundation*, die entscheidend zu seinem Wahlerfolg beigetragen hatte. Mithilfe dieser Stiftung nimmt der rechte Hedgefonds-Milliardär Robert Mercer seit 2004 aktiv Einfluss auf politische Entscheidungen, indem er Lobbyisten und Interessenvertretungen unterstützt, die seinen Zwecken dienen. Schätzungen zufolge hat Robert Mercer mittlerweile mehr als 100 Millionen Dollar an rechte Gruppierungen bezahlt; wenig überraschend pflegt die Familie auch enge Verbindungen zu Trump-Beratern wie Stephen Bannon oder Kellyanne Conway. Nicht nur deswegen muss man sich also auch als Europäer für dieses und ähnliche Institute interessieren, da sie in der Lage sind, nicht weniger als die Weltpolitik zu beeinflussen.

Und natürlich sind da die Unternehmen der Fossilindustrie wie ExxonMobil oder die Stiftungen der Koch Brothers. Die Kochs sind ein milliardenschwerer Industriellenclan, dessen Unternehmen Erdöl, Erdgas, Kohle und Plastik produzieren und auf der Liste der hundert größten Einzelverschmutzer stehen, die das Political Economy Research Institute der Universität von Massachusetts jährlich herausgibt. Laut *Correctiv* haben die konzerneigenen Stiftungen seit 1980 konservative und neoliberale Thinktanks wie das Heartland Institute, aber auch die rechtspopulistische Protestbewegung Tea Party mit mehr als 100 Millionen Dollar unterstützt.

Wie agiert das Heartland Institute, und warum?

Das vordergründige Ziel des Instituts ist es, den Klimawandel zu leugnen. Sieht man sich auf der Website des Instituts um, wird dieses Ziel sehr schnell deutlich. Ebenso deutlich wird auch, auf welch vielfältige Weise das Institut agiert. Da gibt es die Broschüre »Climate at a Glance for Teachers and Students – Facts for Climate Realists on 30 Prominent Climate Topics«, das bereits hunderttausendfach an US-amerikanische Schulen verschickt wurde. In diesem wird beispielsweise behauptet, der Masseverlust des grönländischen Eisschildes sei so verschwindend gering, dass er kaum messbar sei. Auf der Seite findet man auch zahlreiche Videos mit Titeln wie »Why Scientists Disagree About Global Warming« oder einen wöchentlichen Newsletter namens »Climate Change Weekly«, der am 17. März 2022 zum Beispiel den Titel trägt: »Climate Change Poses No Existential Threat. Nada. Not Any.«, und in dem in Bezug auf eine obskure Studie behauptet wird, der Klimawandel habe in den vergangenen 20 Jahren etwa drei Millionen Menschen das Leben gerettet, da nachweislich mehr Menschen durch Kälte als durch Hitze stürben. Dies sind wohl einige der eigentlich recht leicht zu durchschauenden Falschnachrichten, die aber dennoch sehr wirksam Verbreitung finden.

Um einiges schwieriger zu durchschauen ist die enorme Einflussnahme dieser PR- und Lobby-Organisation auf politische Entscheidungsträger und die Presse. Allein 2017 hat das Institut nach eigenen Angaben mehr als eine Million Mal gewählte Politikerinnen und Politiker kontaktiert. Parallel zu dem Klimabericht der Vereinten Nationen (IPCC) wird ein eigener Klimabericht mit ganz anderen Ergebnissen veröffentlicht (NIPCC – Non-Governmental International Panel on Climate Change) sowie regelmäßig eigene Klimakonferenzen abgehalten, unter anderem auch parallel zu den UN-Konferenzen. Zu diesen werden politische Entscheidungsträger meist in sehr luxuriöse Umgebungen eingeladen.

Das Heartland Institute ist dabei natürlich nur das prominenteste Beispiel unter einer Vielzahl von Lobby-Organisationen weltweit, die Geld von emissionsintensiven Industrien erhalten: Das zeigt der internationale Thinktank *InfluenceMap*, der sich mit globalen Geldflüssen von Unternehmen zu Lobby- und PR-Organisationen beschäftigt. *InfluenceMap* hat 2019 belegt, dass die fünf größten Mineralölkonzerne (ExxonMobil, Royal Dutch Shell, Chevron, BP und Total) mehr als eine Milliarde Dollar in irreführende klimabezogene Lobby-Arbeit gesteckt haben – allein in den drei auf das Pariser Abkommen folgenden Jahren. Eine Milliarde in drei Jahren. Und das ist nur das Geld, dessen Weg offengelegt werden konnte.

All diese Aktivitäten haben dasselbe (Zwischen-)Ziel, das Stefan Rahmstorf bereits erwähnt hat: Zweifel zu säen – eine überall auf der Welt immer wieder aufgehende Strategie. Der berühmte Ausspruch »Doubt is our product«, »Zweifel ist unser Produkt«, stammt aus der Rede eines Tabakmanagers. So ging es in der Rede weiter: »… weil er das beste Mittel ist, um mit den ›Fakten‹ zu konkurrieren, die in den Köpfen der breiten Öffentlichkeit existieren. Er ist auch das Mittel, um eine Kontroverse zu etablieren.« Eine Kontroverse dort also, wo in Wahrheit gar keine Kontroverse besteht. Doch durch das künstliche und gelenkte Generieren von Gegenpositionen mit seriös wirkendem wissenschaftlichem Anstrich wird in der Öffentlichkeit ein Anschein der Uneindeutigkeit von wissenschaftlichen Fakten erweckt, mit weitreichenden Folgen. Denn durch die scheinbar mangelnde Einigkeit verändert sich in der öffentlichen Wahrnehmung auch das Problembewusstsein drastisch: »Wenn sich die Wissenschaftler selbst noch nicht einig sind«, so die fatale Schlussfolgerung vieler Menschen, »dann wird es schon nicht so schlimm sein.« Handlungen und Maßnahmen gegen den Klimawandel verlieren daraufhin ihre Dringlichkeit oder bekommen sie erst gar nicht, es wird kein Druck auf politische Entscheidungsträger aufgebaut, und im schlimmsten Fall werden die gestreuten Falschinformationen als wahr angenommen – da sie oftmals auch bequemer sind. Beim Rauchen beispielsweise war es deutlich bequemer, weiterhin zu glauben, der eigene Zigarettenkonsum würde keinen Krebs verursachen, und es sei weder im eigenen Interesse noch unter Umständen im Interesse der passiv mitrauchenden Familienmitglieder, mit dem Rauchen aufzuhören. Mit dieser Strategie konnten die Tabakkonzerne erfolgreich noch Jahrzehnte nachdem die Kanzerogenität von Tabak erwiesen war, Milliardengewinne erwirtschaften und Entschädigungszahlungen hinauszögern. *(Mit den interessanten psychologischen Implikationen im Umgang mit unbequemen Wahrheiten befasse ich mich später noch in einem eigenen Kapitel.)*

Dass auch die Mineralölkonzerne – ebenso wie einst die Tabakkonzerne – seit Jahrzehnten wider besseres Wissen agieren, ist mittlerweile bewiesen: Schon im Juli 1977 erklärte der Klimaforscher James F. Black, der rund 40 Jahre lang für Exxon arbeitete, in einem Vortrag vor der Geschäftsleitung des Konzerns die Folgen des CO_2-Ausstoßes für das Klima. In dem Vortrag heißt es:

»Es besteht allgemeiner wissenschaftlicher Konsens darüber, dass die wahrscheinlichste Art und Weise, wie die Menschheit

das globale Klima beeinflusst, die Freisetzung von Kohlendioxid aus der Verbrennung fossiler Brennstoffe ist. Es wird geschätzt, dass eine Verdopplung des Kohlendioxids die durchschnittliche globale Temperatur um 1 bis 3 Grad Celsius erhöhen kann, wobei an den Polen ein Anstieg von 10 Grad Celsius erwartet wird.«

Als sich dieser wissenschaftliche Konsens zu den Effekten der CO_2-Emissionen abzeichnete, wurde dieser aber nicht bekannt gemacht, sondern die sehr erfolgreiche Strategie des Zweifelstreuens der Tabakkonzerne angewandt. Heute kommt diese Strategie häufig zum Einsatz, nicht nur in Branchen oder bei Produkten, bei denen umweltschädliche Stoffe oder Emissionen ausgestoßen werden.

Ein ganz simples, aber konkretes Beispiel:
Man stößt auf einen Artikel, im Internet, einer Zeitung, vielleicht sogar in einem Medium, das sich viel mit ökologischen Themen beschäftigt. In dem Artikel geht es um das Verbot von Plastiktüten, das erst einmal für gut befunden wird. Dann werden allerdings sehr detailliert die Alternativen unter die Lupe genommen, anhand vieler Studien. Alle kommen zum Schluss, dass (leider!) sämtliche Alternativen die Umwelt nicht weniger, sondern sogar noch mehr belasten. Papiertüten, die man nur einmal verwendet, Jutetüten, die man nicht oft genug verwendet, und so weiter und so weiter. Am Ende kommt dieser Text also zu dem Schluss, dass Plastik doch (leider!) häufig das geringste Übel und ein generelles Verbot von Plastiktüten nicht die Lösung sei. Gute Absichten verkehrten sich laut diesem Text also ins Gegenteil – und deshalb solle man lieber vorsichtig sein mit dem Überdenken bewährter Gewohnheiten, wenn man es gut meine mit der Natur.

Haben wir solche Texte nicht alle schon gelesen? Texte, in

denen eine umweltfreundliche Idee vordergründig willkommen geheißen wird, in denen dann aber im Sinne von angeblich noch besserem Umweltschutz bedauernd erklärt wird, warum genau das leider doch keine gute Idee ist? Der Vogelschlag oder der Infraschall bei der Windkraft oder die problematische Herstellung und Entsorgung von E-Auto-Batterien wären andere Themenbeispiele.

Was bewirken solche Anstöße zu Debatten? Sie bewirken, dass ein vermeintlich klares Thema (Plastiktüten belasten die Umwelt und sollten verboten werden) plötzlich komplex und nicht mehr eindeutig wird. Das Thema beginnt anzustrengen, und man hat vielleicht keine Lust mehr, sich weiter damit zu beschäftigen. Verwendet man weiterhin Plastiktüten, könne man das ja mit ruhigem Gewissen tun, so wird suggeriert. Nimmt man die Anstrengung allerdings auf sich und hinterfragt den Inhalt des Textes, wird man es genauer wissen wollen: Stimmt das? Sind die Behauptungen verifizierbar? Man wird also weiter nachforschen, abwägen, recherchieren, kurz, man ist erst einmal abgelenkt und beschäftigt.

Was man deswegen vermutlich erst einmal nicht tun wird: mit Inbrunst weiter ein Verbot fordern. Und damit ist das Ziel erreicht: Es wird nicht gehandelt.

Die Plastiktüte ist ein simples Beispiel. Aber ich selbst bin dieser Verzögerungstaktik schon etliche Male auf den Leim gegangen, habe ich in den letzten Monaten erkannt. Ich versenke mich mit besten Absichten in Details, um es auf jeden Fall richtig zu machen – anstatt einfach zu handeln. Als ich von diesen Verzögerungstaktiken las und meine eigene Reaktion darauf erkannte, erinnerte ich mich an einen Lehrer auf der Seefahrtschule. In einem Kurs, der sich mit Krisenmanagement bei Notfällen zur See beschäftigte, ging es um Handlungsfähigkeit und Entscheidungen. Er sagte: »Egal, was ihr entscheidet – entscheidet und handelt! Denn das Schlimmste, was man tun kann, ist Nichtstun.«

Damit wollte weder der Lehrer an der Seefahrtschule noch ich hier blinden Aktionismus als logisches Vorgehen beim Lösen aller dringenden Probleme propagieren. Aber wenn man zu lange über die perfekte Lösung nachdenkt, kann das Schiff eben schon gesunken sein. Besser wäre doch, die Passagiere im Notfall auch unperfekt von Bord zu holen.

Das Geschickte an diesen PR-Strategien ist, dass sie häufig selbst im Gewand des Umweltschutzes daherkommen. Die richtigen Gedanken der Konsumenten (Plastiktüten sind schlecht) werden aufgenommen, lobend sogar – aber dann in die Richtung gelenkt, die genau den Erhalt des Status quo zum Ziel hat. PR-Organisationen, deren Namen selbst auf einen Naturschutzcharakter hindeuten, senden beispielsweise Pressemitteilungen an Zeitungen und andere Medien. In diesen Pressemitteilungen werden vermeintliche Studienergebnisse verkündet (Papiertüte ist noch schlechter als Plastik). Weil der Name des Versenders nach Umweltschutz klingt und weil in vielen Medien der Inhalt von Pressemitteilungen auch nicht so genau geprüft wird, wird (oft sogar in bester Absicht!) der Inhalt so übernommen und schwupp wird die Botschaft, wer wirklich Umwelt schützen wolle, nehme doch lieber weiter Plastiktüten, weiterverbreitet. Zweifel sind gestreut, Ablenkung erreicht, Zeit gewonnen – eine Strategie, so einfach wie genial.

Was ist aber nun das Ziel, das hinter all dem steht, warum werden so viele Gedanken, solch enorme finanzielle Mittel in derlei Strategien investiert? Das Leitmotiv des Heartland Institute und anderer vergleichbarer Organisationen ist der neoliberale Gedanke, dass die unternehmerische Freiheit über allem steht. Allein der Markt soll regulieren, Eingriffe des Staats dagegen auf ein Minimum beschränkt sein. Dementsprechend hart arbeiten die Lobbyisten dafür, Regelungen zum Umwelt- und Verbraucherschutz – wie zum Beispiel Grenzwerte bei Inhaltsstoffen oder Emissionen – oder in der Arbeitssicherheit zu verhindern oder aufzuweichen. Der Erfolg von Organisationen wie dem Heartland Institute bemisst sich also daran, inwiefern sie ihre Kunden oder Spender – die bereits angeführten Mineralölkonzerne beispielsweise – vor Gesetzen und Regulierungen bewahren können, die deren Milliardengewinne beschneiden könnten.

Es geht schlussendlich also einzig und allein um Geld.

Es geht nicht um den Klimawandel, und ob es ihn nun gibt oder nicht. Sondern einfach nur darum, Konzerne davor zu bewahren, kostspielige Maßnahmen umzusetzen, die ihre Gewinne schmälern oder für ganze Branchen wie die Mineralölindustrie zur Existenzbedrohung würden. Und der Klimawandel ist da schlicht und einfach hinderlich.

Wenig überraschend werden auf der Seite des Heartland Institute in diesem kostensparenden Zusammenhang auch Themen wie die allgemeine Krankenversicherung aufgenommen, (die wirklich freie Menschen natürlich nicht brauchen), ein in den USA traditionell strittiges und ideologiebeladenes Gebiet. Das übergeordnete Narrativ dieser Organisationen ist schließlich, dass unter dem Deckmantel des Klimaschutzes nichts anderes als der Sozialismus durchgesetzt werden solle. So heißt es in einem Horrorszenario beispielsweise, man müsse wachsam sein und den Klimaschützern nicht zu viel Raum geben, damit man nicht morgen in einer Welt aufwache, in der man in einem Einheitshaus wohnt, morgens mit einem fabrikeigenen Bus (weil niemand mehr Autos haben darf) in eine Fabrik zur Arbeit gekarrt würde, um nach Feierabend Einheitsfernsehen auf Einheitssofas anzuschauen. Um diese Szenarien zu verhindern, gibt es zum Beispiel das Henry Dearborn Institute und die Initiative »Stopping Socialism«, beide direkt verbunden mit dem Heartland Institute.

Und so ist bei Organisationen wie dem Heartland Institute auch immer viel von Freiheit die Rede: Klimaschutz ist ein sozialistischer Angriff auf die Freiheit, den es mit allen Mächten abzuwehren gilt. Somit haben diese Organisationen nicht nur die Eindeutigkeit der Wissenschaft beschädigt, sondern auch den Freiheitsbegriff auf eine ganz bestimmte Weise definiert und für sich instrumentalisiert. Denn Freiheit ist in dieser Sichtweise nur die Freiheit der Konzerne, das Recht, zu tun und zu lassen, was man will, ohne Rücksicht auf Konsequenzen für die Allgemeinheit.

Diesen PR-Maschinen ist es somit gelungen, die unternehmerische Freiheit, und möge sie auch noch so sehr den Interessen der Allgemeinheit zuwiderlaufen (wie beispielsweise dem Interesse, saubere Luft oder sauberes Trinkwasser zur Verfügung zu haben), zur Freiheit aller zu erklären, die es zu verteidigen gilt. Weil dies sehr geschickt gemacht wird, ist es für viele Menschen nicht leicht durchschaubar. Und so kämpfen kurioserweise also häufig gerade auch diejenigen Menschen für diese Art der Freiheit, deren Rechte und Interessen ja gerade durch ein vollkommen unreguliertes unternehmerisches Handeln beschnitten werden. Und das ist dann schon ziemlich schlau eingefädelt.

Wer jetzt denkt, das alles geschehe so ja nur in den USA, der darf auf das Kapitel über Deutschland gespannt sein. Zunächst aber machen wir uns nun auf die Weiterreise durch Spitzbergen.

❉

Spitzbergen

Longyearbyen. Als ich aus dem Flugzeug steige und die kühle Luft mich trifft, muss ich fast gegen meine Rührung kämpfen. Dieser Ort mit dem seltsamen Namen ist für mich über die Jahre wie zu einer zweiten Heimat geworden. Ich habe so viel erlebt hier, intensive Tage verbracht, vollkommen neue Erfahrungen machen dürfen, angefangen von meiner Nordpol-Skitour 2010 bis hin zu jenem ersten Mal, als ich auf einem »großen« Schiff Expeditionsleiterin war. Liebe Freunde von mir leben oder lebten hier. Und nicht erst seit Kurzem stelle ich mir die Frage, wie ökologisch vertretbar es noch ist hierherzufliegen. Umso kostbarer ist dieser Moment. Auf dem Flugfeld bleibe ich kurz stehen und schaue den Berg hinauf, drehe mich einmal und schaue die Küste entlang. Es ist so wunderbar, wieder hier zu sein, wenn eine neue Reise beginnt!

Diesmal bin ich nicht die Expeditionsleiterin – ich darf an Bord der *Cape Race* rund um Spitzbergen fahren, weil ich somit mein seit zwei Jahren ruhendes Strandmüll-Projekt für das Alfred-Wegener-Institut für Polar- und Meeresforschung in Bremerhaven fortsetzen kann; außerdem will ich für mein Buch recherchieren.

Andreas Alexander, ein Freund und Kollege von mir, wartet bereits auf mich in der Ankunftshalle des Flughafens, vor allem aber auf die zehn Gäste, die auf der *Cape Race* mitfahren werden. Andreas ist frisch promovierter Glaziologe und wird diese Tour leiten – und auch das ist einer der Gründe, warum ich hier bin. Denn Andreas hat den ganzen Sommer auf einem Gletscher im Kongsfjord verbracht. Und diesen Gletscher will ich mit ihm besuchen. Im Schaukelbus fahren wir zum Hafen, in dem die *Cape Race* an der kleinen Pier für kleine Schiffe liegt und gerade noch geputzt und betankt wird.

Und wie das hier immer so ist, treffe ich auch gleich eine alte Bekannte, Michelle van Dijk kommt zum Bus spaziert. In der Umarmung, die darauf folgt, liegen die ganzen anderthalb Jahre, in denen unser Arktisleben wegen der Corona-Pandemie unmöglich war. Es ist auch jetzt noch bis auf wenige Ausnahmen unmöglich, denn bisher sind nur einige der kleinen Schiffe zurückgekehrt, die Dreimaster aus den Niederlanden mit nur dreißig Gästen zum Beispiel oder die schwedischen Expeditionsschiffchen, die wie die *Cape Race* sogar nur zwölf Passagiere an Bord haben. Die anderen, in den letzten Jahren mit häufig mehr als 200 Gästen immer größer werdenden Schiffe, sind noch nicht hier; Spitzbergen kann noch immer aufatmen. Das wird diese Reise zu etwas Einmaligem machen; wir werden unterwegs sein wie vor 20 Jahren – ohne, dass wir uns ständig mit anderen Schiffen wegen Landeplätzen absprechen und darauf achten müssen, nur ja niemandem zu begegnen, um für die Gäste die Illusion des unberührten Archipels aufrechtzuerhalten. Denn in den letzten Jahren war man nicht mehr allein unterwegs in Spitzbergen. Der Schiffstourismus war sehr rasant gewachsen, in einem Maß, das viele Menschen kritisch fanden. Und zum Leidwesen vieler hatte sich auch die Art des Tourismus verändert. Ging es früher darum, auf kleinen, einfachen Schiffen mit viel Neugier diese großartige Landschaft zu erkunden, dient heute auf den mit einigem Luxus ausgestatteten Schiffen die Landschaft oftmals nur noch als zu konsumierende Kulisse. Auf den dann meist kurzen Landgängen macht es aber dennoch einen Unterschied für die Tundra, ob nun 20 oder 200 Menschen auf ihr spazieren gehen.

Michelle, der der Campingplatz Longyearbyens gehört, hat soeben eine Reise auf der *Cape Race* beendet; sie drückt mir eine orangefarbene Tasche in die Hand – darin sind die Federwaagen, die ich bei ihr am Campingplatz deponiert hatte und

mit denen ich den Müll wiegen werde, den ich auf der kommenden Reise am Strand einsammle.

Und dann geht es über die schwankende Pier auf das Schiff zu, die kräftige kleine *Cape Race,* mein Zuhause für die kommenden beiden Wochen.

Ich springe an Bord und begrüße die Mannschaft, beziehe mein Bett im Crewbereich und mache mich dann daran, meine Strandmüll-Ausrüstung zusammenzusuchen – zum Glück hat Kapitän Ali mir extra Säcke vom Gouverneur geholt, allerdings gab es dieses Jahr nur die kleinen. Also hatte ich in Deutschland zwei der riesigen weißen Behälter bestellt und sie auch noch in mein leichtes Gepäck eingepackt. Alles ist bereit.

Bevor wir ablegen, geht es für mich aber noch einmal hinaus. Ich will mich in Longyearbyen mit einem Bekannten treffen, dem Deutschen Wolfgang Hübner-Zach. Wolfgang lebt mit seiner Familie seit neun Jahren in Longyearbyen; er hat sich dort als Schreinermeister selbstständig gemacht und fertigt neben nötigen Möbeln auch allerlei wunderschöne Objekte aus Treibholz oder Utensilien mit Arktisbezug an. Wolfgangs Haus steht außerhalb Longyearbyens. 2016 haben wir einmal bei ihm gegrillt, nach unserer Ankunft auf Spitzbergen. Mit dem Segelschiff *Antigua* waren wir damals von den Niederlanden bis in die Arktis gesegelt, an Bord, man staune: Sandkastensand für Wolfgangs Sohn. Sand gibt es nicht auf Spitzbergen. So kamen wir in den Genuss einiger saftiger Steaks am Strand. Wir saßen vor seinem Haus; auf dem Grill brutzelte es duftend vor sich hin. Der Fjord lag vor uns wie ein Geschenk, von der weichen Nachtsonne pastellfarben angemalt. Sogar wir sahen alle besser aus in diesem warmen Licht. Die Biere zischten mit dem Fleisch um die Wette, und wir staunten den Abend fort.

Als ich nun auf der staubigen Straße zu ihm angerumpelt komme, wartet er bereits auf mich – aber nicht an dem Grillplatz. Denn den Grillplatz gibt es nicht mehr, genauso wenig wie sein Haus an dieser Stelle. Im November 2016 mussten er und seine Familie fluchtartig anderswo Schutz suchen, als während des Sturms die Küste begann, immer weiter abzubrechen. Heute steht Wolfgangs Haus 70 Meter vom Ufer entfernt, in vorerst sicherem Abstand. Auf den Abbruch blickend beginnt er zu erzählen, von jener Nacht im November.

※

Wolfgang Hübner-Zach,
Küstenbewohner Longyearbyens

»Das war ein Umzug wider Willen.«

Wolfgang lebt mit seiner Familie auf Spitzbergen. Seine Frau Christiane ist Wissenschaftlerin und hat einige Jahre die norwegische Station in Ny-Ålesund geleitet.

Wir haben 2015 diese Hütte hier am Vestpynten gekauft, weil wir im Ort keine Wohnung finden konnten. Unser neues Zuhause stand ungefähr zehn Meter von einer etwa sieben Meter hohen Stufe zum Meer hinunter entfernt; Klippe wäre dafür ein zu großer Ausdruck. Und da wohnten wir dann und fanden es großartig. Wir konnten aus dem Wohnzimmerfenster sehen, wie Belugas hier durch den Fjord schwammen.

2016 waren der Herbst und Winteranfang relativ mild, trotz der hier ja zu dieser Zeit sehr rapide schwindenden Sonne. Der Boden war nicht gefroren, und es regnete viel. **Die ganze Küste war wie ein Schwamm,** es war alles durchweicht und ohne Halt, nicht so starr und fest wie sonst, wenn alles gefroren ist. Im November geht die Sonne hier gar nicht mehr auf, anfangs wird es um die Mittagszeit noch dämmrig, aber dann bleibt es dunkel. Anfang November also hatte es nach diesem schon sehr feuchten Herbst noch einmal tagelang geregnet, und dann kam am 7. November ein relativ starker Sturm. Zusätzlich war Hochwasser, denn es war Vollmond. Ja, und dann hat es in dieser einen Nacht fast vier Meter Küste weggerissen.

Das Wasser der Wellen ist auf einmal bis an unsere Fensterscheiben gebrandet. Als der Sturm immer stärker wurde, sind wir hinausgegangen und haben mit den Stirnlampen versucht zu verstehen, was da eigentlich passiert – das war ja in der Dunkelheit nur ganz schwer zu erkennen –, und dann haben wir gesehen, was da alles weggebrochen ist. Und wie die Wellen hier immer weiter drandonnerten. Da standen wir dann in diesem Sturm und dachten: Das ist jetzt in den letzten paar Stunden passiert. Wenn das so weitergeht, dann bricht uns womöglich das ganze Haus weg. Das ist ja schwer einzuschätzen, wie so was dann weitergeht.

Christiane war schneller zu sagen, **komm, lass uns packen** und gehen. Wir hatten ja hier ein kleines Kind – unser Sohn war zwei –, da willst du ja auch kein Abenteuer erleben. Von dem Moment, in dem wir gemerkt haben, dass jetzt wirklich die Küste wegbricht und das Meer uns bedrohlich nahe kommt, bis wir aufgebrochen sind, sind vielleicht zwei Stunden vergangen.

Diese Situation zu sagen, wir gehen jetzt, wir schnappen nur das, was wir brauchen – das ist schon komisch. Dass man plötzlich sein Haus verlassen muss, weil die Natur sich bemerkbar macht.

Diese Entscheidung zu treffen, das hat uns ... nicht unbedingt in den Grundfesten erschüttert, aber irgendwie ist schon was kaputtgegangen. **Weil das unser Zuhause gewesen ist. Und da konnten wir jetzt einfach nicht mehr sein.**

Es ist natürlich schön zu sehen, dass man mitten in der Nacht bei Freunden klingeln kann, und dann hat man jemanden, der einen aufnimmt.

Aber insgesamt war das schon belastend.

In den nächsten Tagen wurde deutlich, dass wir nicht mehr zurückkonnten in das Haus. Vor diesem Sturm war zum Meer hinunter ein terrassierter Abbruch, auf dem man fast wie auf Stufen zum Meer hinuntersteigen konnte. Nach diesem 7. November ging es 90 Grad nach unten, quasi direkt neben dem Haus. Das war uns einfach zu gefährlich, für unser Kind und für uns selbst. Auch die Verwaltung hier hat gesagt, dass wir nicht länger dortbleiben können. Zwei Tage nach dieser Sturmnacht haben wir also unsere restlichen Sachen aus dem Haus geholt.

Glücklicherweise war aber danach relativ schnell klar, dass wir das Haus versetzen konnten, einfach ein Stück weiter landeinwärts. Dann war die ganze Sache auch schnell wieder positiv besetzt. Jetzt sehen wir die Belugas eben von ein bisschen weiter weg im Fjord schwimmen.

Seit jener Nacht sind hier noch zwei Meter Küste weggebrochen. Es wäre jetzt nur noch ein Meter bis zu unserer ehemaligen Terrasse.

In der Situation selbst haben wir nur gedacht: Jetzt müssen wir hier weg. Erst später habe ich realisiert, **dass wir hier Zeugen der Folgen von Erwärmung und fehlender Meereisdecke geworden sind.** Es ändert sich sehr viel hier. Meine Frau Christiane konnte vor 15 Jahren noch mit dem Scooter über den Isfjord fahren. Das kann ich mir gar nicht vorstellen. Denn hier waren, wenn überhaupt, immer nur ein paar Eisschollen zu sehen. Hier friert überhaupt nichts mehr zu.

Das ist wichtig zu erwähnen, denn das fehlende Meereis ist ja der Grund für unser Erlebnis mit dem Haus: Das Meereis hat früher die Küste beschützt, da konnten Stürme dagegendonnern, aber das Meer war unter einem Eisdeckel. Somit entstanden keine Wellen, und es konnte gar keine Erosion stattfinden. Das war 2016 nicht so, und auch nicht in den Folgejahren. Es war einfach nicht mehr lang anhaltend kalt genug. Da wird Klimaveränderung also sehr greifbar.

Unsere Hütte war deshalb nicht die erste, die versetzt werden musste. Und es wird auch bald die ein oder andere dazukommen.

❄

Was Wolfgang erzählt, geschieht an vielen Orten der Arktis. Der fehlende Schutz des Eises lässt die Wellen tiefe Wunden in die Küsten schlagen, überall dort, wo die wütenden Winterstürme nun ungebremst hineinfahren können in das zu warme Meer, es aufwühlen und gegen die Ufer werfen.

Als wir uns bei einem Kaffee aufwärmen, sagt Wolfgang, er würde aber gerne auch noch etwas anderes loswerden, was ihn mittlerweile sehr bedrücke. Denn mit dem Klimawandel würden sich in Spitzbergen auch noch andere Dinge verändern, die die Einwohner Longyearbyens mit viel Sorge oder teils auch konsterniert beobachten würden. Spitzbergen, erzählt er, werde neuerdings von Norwegen mit immer nationalistischerer Herangehensweise verwaltet und Nicht-Norwegern das Leben mit etlichen Hürden immer schwerer gemacht. Das ist mir nicht neu, in unserer Schiffsarbeit bekommen auch wir das immer deutlicher zu spüren. Es sei bitter, sagt Wolfgang, dass auf diese Weise heute schon daran gearbeitet würde, sich den Zugriff auf die Ressourcen zu sichern, die in einem eisfreien Polarmeer künftig zugänglich sein werden. Hier werde man konkret Zeuge, wie künftig die Einflussnahme anderer Staaten, vor allem China oder Russland, um jeden Preis verhindert werden solle. »Es gibt hier also auch noch ganz andere Auswirkungen auf eine andere Art von Klima«, sagt er, als ich gehe, und zum Ufer deutend fügt er hinzu: »Der Küstenabbruch ist nur das, was man leicht sehen kann.«

Nun muss ich zum Schiff zurück, ein Glück, gibt es hier immer jemanden, der einem ein Auto leiht. Auf dem Weg denke ich über Wolfgangs abschließende Worte nach. Wir leben in interessanten Zeiten. Wir haben mit dem Verbrennen fossiler Stoffe ein Klima geschaffen, das das Eis schwinden lässt. Und schon ringen verschiedene Nationen im Hintergrund darum, das größte Stück des dadurch bald zugänglichen Ressourcenkuchens zu bekommen. Ressourcen, deren Verbrauch schließlich wiederum zur Erwärmung des Klimas beitragen wird.

Spitzbergen ist nicht nur wegen seiner Lage so hoch im Norden ein einmaliger Ort. Er wird zwar von Norwegen verwaltet, aber unterliegt dem Spitzbergenvertrag, demzufolge keine der unterzeichnenden Nationen einen Nachteil haben darf, beispielsweise bei der Eröffnung eines Geschäfts in Longyearbyen. Für die Einreise nach Spitzbergen bedarf es keines Visums. Alle Personen, die drei Jahre lang in Spitzbergen gelebt haben, durften bisher an den Wahlen zum Gemeinderat teilnehmen, egal, woher sie kamen – eine nicht unwichtige Regelung bei einem Anteil von Nicht-Norwegern von ganzen 47 Prozent! Dementsprechend groß war der Aufschrei, als im Sommer 2021 neue Pläne verkündet wurden: Künftig sollte nur noch wählen dürfen, wer vor der Übersiedlung nach Spitzbergen drei Jahre lang auf dem norwegischen Festland gelebt hatte. Im Juni 2022 wurde genau das dann auch beschlossen. Fast alle Nicht-Norweger Longyearbyens haben nun also ihr Wahlrecht verloren. Dies ist nur ein Beispiel einer langen Reihe von Dingen, die den Nicht-Norwegern mittlerweile das Leben in Longyearbyen erschweren. Das ist doppelt traurig, weil so auch die Einmaligkeit dieses Ortes leidet, eines Ortes mit vielen Nationen, ein offener Ort mit besonderer Atmosphäre. Auf einmal sind nicht mehr alle gleich, egal, woher sie kommen – es wird dann Menschen mit mehr und Menschen mit weniger Rechten geben. Wie so oft.

An Bord ist für derlei Gedanken erst einmal kein Platz mehr. Es herrscht nun geschäftige Betriebsamkeit; der Moment rückt

näher, in dem wir ablegen, und damit kommen auch die Aufgeregtheit und Nervosität wieder, die Vorfreude, die in den Adern blubbert. Wenn die letzte Leine eingeholt ist und uns nichts mehr festhält, wenn man nicht mehr einfach so an Land springen kann, wenn das Schiff zur Insel wird und man weiß: Es wird jetzt diese zwei Wochen dauern, bis wir wieder im Hafen zurück sind; Abbrechen oder Aussteigen ist nicht möglich, bald gibt es auch kein Handynetz mehr, von jetzt an ist dieses Schiff die Welt.

Wir fahren den Adventfjord hinaus, ins Abendlicht hinein, das die ganze Nacht so schön weich bleiben wird, jetzt im August. Vorbei am Campingplatz, am Flughafen und an Wolfgangs Haus, lassen wir bald die letzten Hütten hinter uns und schaukeln durch den Isfjord nach Westen. Manchmal warten die ersten Erlebnisse gleich zu Beginn der Reise. Am Eingang des Isfjords habe ich in den vergangenen Jahren immer wieder Blauwale gesehen.

Einen Blauwal erkennt man von weitem schon, so hoch und buschig und voll ist sein Blas, so heißt die Atem-Wasserwolke, die Wale beim Auftauchen und Luftholen ausstoßen. Jedes Mal halte ich in dieser Gegend also Ausschau, oft lässt er sich blicken. Diesmal leider nicht. Wir nehmen Kurs nach Süden, und bald verschwindet der letzte Empfangsstrich auf den Mobiltelefonen. Jetzt gibt es nur noch das Hier und Jetzt.

Wir sind dann mal weg.

❄

Der Hornsund, II

Wenige Tage später fahren wir mit der *Cape Race* in den Hornsund hinein, den Sund, den ich beim Anflug schon gesehen hatte. Die Wolken hängen tief, einer der schönsten Berge Spitzbergens, der Hornsundtind, der hier aufragt, ist nicht einmal zu erahnen. Der markante, mehr als 1400 Meter hohe Berg zeigt sich ohnehin nur selten in seiner ganzen Pracht – nur wenige Male ist uns das auf früheren Reisen gelungen.

Langsam tuckert die *Cape Race* immer weiter in den Fjord; ich schaue das Foto aus dem Flugzeug noch einmal an, dort bin ich also jetzt, in dem großen dunklen Wasser vor dem kleinen weißen Eis. In dieser Perspektive allerdings, Schiff statt Flugzeug, sieht das Eis gar nicht so wenig aus. In allen Buchten ringsum fließen Gletscher die Hänge hinab, deren Fronten viel höher sind als unser Schiffchen.

Andreas versammelt die Gäste um sich und erklärt ihnen die Veränderungen, die hier stattgefunden haben. Wir befinden uns nun in dem Bereich des Sunds, der Brepollen heißt; ursprünglich waren hier vier Gletscher weit in den Sund

hineingeflossen und hatten sich zu einer großen Eisfront zusammengefügt, Stor-, Horn-, Svalis- und Mendelejevbreen. Durch den Rückzug sind die Eismassen durch darunter hervorkommende Bergrücken voneinander getrennt worden – anstatt auf eine vereinigte, große Front in der Mitte des Sundes blicken wir nun also auf mehrere Buchten, in denen zum Teil erst weit hinten noch Gletscher zu sehen sind.

Ich versuche an diesen Orten oft, mir vorzustellen, wie es einmal gewesen sein muss, wie es früher ausgesehen haben muss. Wo unser Schiff nun liegt, wären noch viele Meter Eis über uns. Kratzspuren an den umliegenden Bergen zeigen noch heute, wo sich das Eis einst entlanggeschoben hat. Wie niedrig die Bergspitzen damals waren, die noch herausgeragt haben aus dem weißen Meer! Und auch sie werden weiß gewesen sein, über weite Strecken des Jahres. Wie still es gewesen sein muss.

Wenn man den Menschen nun nichts erzählen würde, den Menschen, die noch nie hier waren, die nicht wissen, wie dieser Ort noch vor wenigen Jahren ausgesehen hat – dann kann man hier, wenn man das will, immer noch ein arktisches Wunderland heraufbeschwören, das Ewige-Eis-Disneyland, mit Partys an Deck und tanzenden Eisbären, denn es liegt ja einfach immer noch richtig viel Eis vor uns. Dass es trotzdem nur noch ein Bruchteil dessen ist, was es einst war – solche Details kann man ja auch weglassen.

Andreas lässt solche Details glücklicherweise nicht weg, sondern macht sie im Gegenteil zum Zentrum seiner Ausführungen. Und glücklicherweise hat er ein interessiertes Publikum, das auch genau diese Ausführungen hören will. Als Glaziologe hat Andreas den undankbaren Job, beinahe ausschließlich schlechte Nachrichten zu verkünden, und die erzählt er mit relativ wenig Blumenranken um seine Sätze herum. Eben so, wie es ist.

Und so berichtet er, dass in Spitzbergen diejenigen Gletscher, die ins Wasser ragen, seit einiger Zeit besonders schnell schmelzen, weil wärmeres Ozeanwasser immer weiter nach Norden vordringt.

»Bei lokaler Betrachtung sieht man, dass einzelne Gletscher auch heute noch wachsen«, sagt er. Das könne an vielen Faktoren liegen, kurioserweise auch am Klimawandel: Etwa, wenn die Luft wärmer und dadurch feuchter wird, es deswegen zu mehr Niederschlägen kommt und dadurch der Gletscher wieder mehr »Futter« bekommt. »Betrachtet man aber ganze Regionen, so sieht das anders aus«, fährt er fort. »Es gibt heute global keine einzige Region mehr, in der die Vereisung noch zunimmt. Die Gletscher nehmen weltweit ab. Überall.«

Über die Gletscher im Hornsund nun weiß man ziemlich viel – weil Polen hier eine Forschungsstation unterhält und die Gletscher im Sund seit Jahren von Wissenschaftlern beobachtet und untersucht werden. Die Eisbarriere im Sund, das haben diese Wissenschaftler vermessen, war im Herbst 2020 noch 4,8 Kilometer breit. Andreas zeigt das Foto, das ich auf dem Hinflug gemacht habe. »Es sieht so aus, als seien auch die 4,8 Kilometer schon Geschichte«, sagt er.

Noch 2017 hatten die polnischen Wissenschaftler aufgrund bisheriger Schmelzraten prognostiziert, dass die Eisbrücke zwischen dem Hornsund und der Hambergbukta im Osten irgendwann zwischen 2055 und 2065 verschwunden sein wird. Zu diesem Ergebnis waren sie gekommen, weil sich der Hornbreen von 2000 bis 2015 jedes Jahr im Durchschnitt um 106 Meter zurückgezogen hatte. Und auch bei diesen Unter-

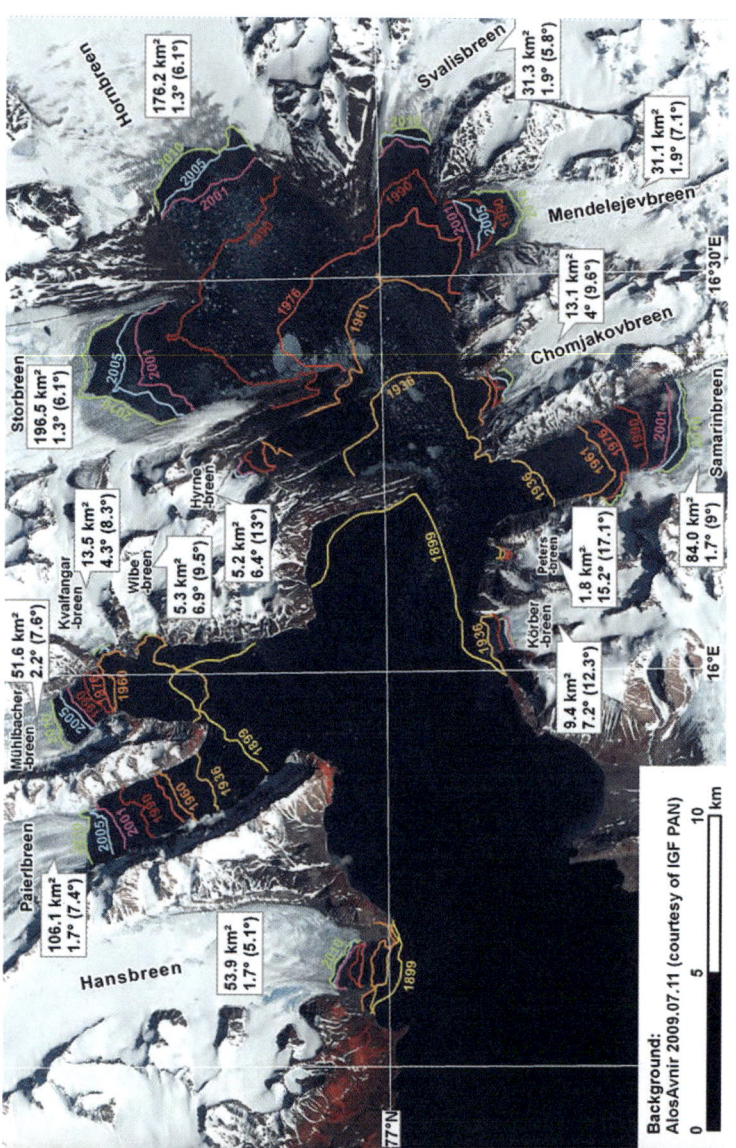

Die Grafik von Blaszyczyk et al., Forschern der polnischen Station im Hornsund, zeigt den Rückgang der Gletscher im Hornsund im 20. Jahrhundert bis 2010. Bis heute sind die Gletscher noch weiter zurückgewichen.

suchungen wurde deutlich, welch großen Einfluss die Temperatur des Meeres auf die Schmelzgeschwindigkeit hat: Denn die Eisbarriere wich an ihrer westlichen Front deutlich schneller zurück als an ihrer östlichen. Der Grund dafür: Im Westen fließt der Westspitzbergenstrom, der warme Ausläufer des Golfstroms, an der Insel vorbei und in den Hornsund hinein. Und diese warmen Wassermassen griffen nun die Gletscher an. Spitzbergen hat den östlichen Teil der Barentssee bisher abgeschirmt gegen die warmen Wassermassen. Auch das würde sich wohl verändern, wenn der Hornbreen nicht mehr da ist – dann hat diese Abschirmung ein Loch. 2015 ist noch nicht lange her und doch in Bezug auf die Veränderungen heute eine Ewigkeit.

»Aber das ist ja eine Konstante in unserem Beruf«, sagt Andreas, »dass unsere Prognosen ständig von der Wirklichkeit überholt werden.« Wie lange es wirklich noch dauern wird, weiß niemand. Aber mehrere Jahrzehnte werden es nicht mehr sein.

Dass es wohl deutlich schneller gehen wird, zeigt auch eine andere Studie der polnischen Glaziologen: Der Süßwassereintrag in den Fjord hat sich, verglichen mit Daten aus den Jahren 1970 bis 1990, heute verdoppelt – und der weitaus größte Anteil des Süßwassers, das in den Hornsund fließt, stammt von den Gletschern. Es schmilzt also nicht jedes Jahr die gleiche Menge ab, sondern jedes Jahr immer mehr.

Mittlerweile sind wir bis auf etwa einen Kilometer an den Storbreen herangefahren, den großen Gletscher im Hornsund. Dass man noch so weit von der Gletscherkante entfernt ist, glaubt man nicht, es wirkt, als sei der Gletscher nur noch 200 Meter entfernt. Das liegt an den fehlenden Referenzmöglichkeiten und der sauberen Luft hier, alles scheint immer viel näher, und doch ist es fern. Ein Umstand, den man bei Wanderungen nicht vergessen sollte.

Von hier allerdings haben wir einen schönen Überblick über die ganze Gletscherkante, und durch das Fernglas sehen wir eine Unmenge Dreizehenmöwen vor der Eiswand umherfliegen und ein ums andere Mal ins Wasser eintauchen. Während sich hier bei uns kaum was rührt, ist nahe an der Gletscherkante richtig was los. Das ist vor den ins Wasser kalbenden Gletschern immer so – und deswegen sind diese Gletscher von großer Bedeutung für das Leben im Fjord. Warum das so ist, erklärt mir die Biologin Bodil Bluhm, die sich seit Jahrzehnten mit arktischen Gewässern und ihren Getieren beschäftigt.

❄

Professorin Bodil Bluhm,
Biologin, über die Bedeutung von Gletschern
für das Leben in Fjorden

»Dass die Gletscher immer weiter abschmelzen,
hat direkte Folgen für das Leben im Wasser.«

Mit Bodil Bluhm spreche ich in ihrem Homeoffice in Tromsø und bekomme von dort eine Vorlesung über die Abläufe im marinen Ökosystem. Bodil, Professorin am Department für Arktische und Meeresbiologie an Norwegens Arktischer Universität in Tromsø (UiT), hat ihre liebe Mühe, mir diese Komplexitäten so einfach wie möglich zu schildern, und malt deswegen auch ein ums andere bunte Bildchen auf den Schirm.

Ganz charakteristisch für Gletscherkanten ist ja, dass dort sehr viele Vögel zu finden sind, häufig auch Robben oder Eisbären, und im Wasser viele Ruderfußkrebse oder Copepoden. Warum ist das so?

Man muss sich das so vorstellen: **Das Schmelzwasser des Gletschers fließt an mehreren Stellen ab.** Oben zum Beispiel – dann hat man häufig Wasserfälle an der Abbruchkante. Es fließt auch mitten hindurch, dann sieht man manchmal Wasser mitten aus der Eiswand schießen. Und einiges fließt unten, also zwischen Gletscher und Land, ab. Und das ist der Schmelzwasserabfluss, der uns jetzt mal interessiert. Denn die Eismassen vieler Gletscher fließen bisher in vielen Fjorden noch bis ins Meerwasser und brechen oder kalben dort erst in einiger Entfernung vom Land ab. Das bedeutet: Das Schmelzwasser fließt unter dem Eis in den Fjord hinein. Schmelzwasser ist natürlich Süßwasser und damit leichter als das Salzwasser des Meeres. Das Süßwasser will also, sobald es

So sehen Copepoden (Ruderfußkrebse), aus. Faszinierende kleine Tierchen, die einen großen Anteil des Zooplanktons im Meer ausmachen. Rund 13 000 verschiedene Arten gibt es von ihnen, und diejenigen, die in der Arktis leben, sind – der Umgebung angepasst – etwas fetter.

an der Gletscherunterkante entlang bis zur Abbruchkante geflossen ist, nach oben. Und mit dem Wasser kommen dann auch viele Nährstoffe mit, die sich in dem bodennahen Wasser befinden.

Diese Nährstoffe sorgen dann an der Meeresoberfläche, an der es auch hell genug ist, dafür, dass mikroskopische Algen wachsen können und dass die Copepoden und andere Kleinstlebewesen und Fische etwas zu fressen haben – dass eben überhaupt Leben entsteht, Meeresbiologen sagen: dass das Meer hier produktiv ist.

Mit dem Schmelzwasser kommt manchmal auch allerhand Landabrieb mit, braune Partikel, einfach eine richtige Brühe. Die nimmt Licht weg, und das kann die Produktivität wiederum beeinträchtigen, denn um produktiv sein zu können, braucht es beides: Nährstoffe und Licht. Wie viel Leben tatsächlich vor einer Gletscherkante entsteht, hängt also immer von den Gegebenheiten ab und ist nie gleich.

In den letzten Jahren aber nun passiert Folgendes: Viele Gletscher liegen nicht mehr auf dem Meerwasser auf. Sie sind schon so weit abgeschmolzen, dass sie bereits an Land aufhören. Was bedeutet das für unseren Schmelzwassereintrag, der vorher ja auch von unten passierte? **Das Schmelzwasser fließt nun vom Gletscher über Land und dann ins Meer ein.**

Weil es leichter ist, legt es sich dann oben auf die Wasseroberfläche und bleibt oben. Von unten kommt natürlich nichts mehr. Es gibt dann also keinen Auftrieb, keine Durchmischung des Wassers mehr. Man hat dann eine starke Schichtung, **diese Schicht Süßwasser liegt obenauf wie ein Deckel.**

Dort gibt es wenige Nährstoffe, die schnell aufgebraucht sind von den Algen. Neue kommen dann aber keine nach, weil ja keine Nährstoffe mehr mit dem Schmelzwasser nach oben transportiert werden. Die besondere Produktivität, die wir vor den Gletscherkanten bisher sehen, entsteht dadurch nicht mehr.

In der Fjordökologie gibt es momentan eine große Diskussion, welche Änderungen das bewirken wird, wenn immer mehr Süßwasser von den Gletschern abfließt, aber dann eine stabile oberste Schicht bildet, anstatt Nährstoffe nach oben zu wirbeln.

❄

Was Bodil erklärt, ist eines jener vielen kleinen Puzzlestücke, die unsere Welt ausmachen und die bisher so herrlich ineinanderpassten. Aber wenn jetzt die Ränder abschmelzen, dann halten die Teile nicht mehr so gut zusammen, scheint es, auch wenn wir noch viel zu wenig darüber wissen, was dann wirklich alles passieren wird – auch das wird in dem Gespräch deutlich. Klar ist aber, dass diese Gletscher eine Aufgabe haben in unserem Ökosystem, oder anders gesagt: Dass sie da sind, bewirkt etwas. Sie sind nicht nur schön anzusehen, sie tragen nicht nur zur Kühlung des Planeten bei, indem sie Sonnenstrahlen mit gleißender Wucht zurückwerfen. Sie haben auch noch viele andere Wirkungen, die den meisten von uns unbekannt sind.

*

Das große Glück an der *Cape Race* ist, dass dieses Schiff einen Meeresbiologen als Eigner hat, Nikolaus Gelpke, der Verleger des Mareverlags in Hamburg. Er hat es sich zur Lebensaufgabe gemacht, Wissen über die Meere zu vermitteln, deswegen hat er nicht nur den Verlag gegründet, sondern auch dieses Schiff erworben. Auf diesem wird den Gästen nicht nur über das Meer erzählt – wir blicken auch in seine Tiefen, damit wir ein Verständnis dafür entwickeln, wie wichtig die Ozeane für das Leben auf unserem blauen Planeten sind. Zu diesem Zweck haben wir einige voluminöse Boxen an Bord, die jede Menge wissenschaftlicher Ausrüstung enthalten.

Wir installieren also eine Winde an der Bordwand, benennen unter den Gästen Kurbler, Schriftführer, Salzgehalt- und Temperaturmesser. Und dann geht es los: Jetzt wollen wir mal ein bisschen abtauchen.

Wir lassen den Behälter an dem Stahlseil langsam nach unten; an der Kurbel zeigt es uns die Tiefe an, die er erreicht hat. In mehreren Etappen holen wir immer wieder Wasser aus verschiedenen Tiefen nach oben. Dazu legen wir einen sogenannten Bleikorken um das Seil, der dann am Seil entlang nach unten fällt und den Behälter abdichtet. Wir lauschen dem Sirren des Bleiverschlusses, das bei jeder Probennahme länger wird, je tiefer der Behälter unter uns schwebt. Es klingt, als würde das Seil einen Gesang aus der Tiefe wiedergeben, und am Ende des Gesangs ertönt ein Pling, dann ist es still und der Behälter verschlossen.

Währenddessen wird oben das Licht immer diffuser. Eisschollen treiben an uns vorbei, das Meer liegt schwer und dunkel um das Schiff und der Himmel wie ein nasses Tuch darüber. Immer wieder blicke ich mich um. Das Wetter ist nicht schön, nach gängigen Auffassungen. Was wir sehen, ist dennoch wunderbar, das Eis in in allen Schattierungen von Blau-, Grau- und Grüntönen. Gerade weil die Sonne nicht scheint.

Und dann stellen wir das ganz Banale fest, das für jeden Meeresbiologen klar ist, für den normalen Menschen aber gar nicht: Wasser ist gar nicht gleich Wasser und Meerwasser nicht überall gleich. Nicht einmal am gleichen Ort in verschiedenen Tiefen.

Hier vor dem Storbreen sind wir in einem Gebiet, das in einer nordwärts gerichteten Bucht des Hornbreen liegt – in die das Wasser also nicht ganz ungehindert einfach vom offenen Meer einströmt. Hier zeigt das Thermometer, dass das Wasser in einem halben Meter Tiefe 4,6 Grad warm ist, in 70 Metern Tiefe genau 1 Grad. Wir fahren dann weiter, vor den Hornbreen, der am Ende des Hornsunds liegt. In einem Gebiet, in welches das Wasser sehr leicht vom offenen Meer einfach bis zum Ende des Sunds einfließt. Und prompt sind unsere Messungen vor dem Hornbreen anders als zuvor beim Storbreen: Hier zeigt das Thermometer in einem halben Meter Tiefe 4,9 Grad und in 70 Metern Tiefe 1,4 Grad an. Das Wasser ist hier sowohl an der Oberfläche als auch in der Tiefe wärmer.

Was wir hier messen, kann der Unterschied sein, den der Einfluss des wärmeren Westspitzbergenstroms ausmacht, den Andreas zuvor beschrieben hatte. Dieses wärmere Wasser plitscht gegen die Gletscherwände, spült um die Spalten und lässt sie kleiner und kleiner werden, erodieren, abbrechen, verschwinden. Wir beugen uns alle über das Klemmbrett mit der Tabelle, die einer der Gäste mit notiert hat. Marginal erscheinen die Unterschiede ja eigentlich, immer nur ein paar Zehntelgrad. Aber auch scheinbar kleine Unterschiede können in unseren so perfekt aufeinander abgestimmten Ökosystemen eine große Wirkung entfalten. Keine Veränderung in diesen Netzen, in denen alles miteinander verwoben ist, bleibt ohne Wirkung, und die kleinste Veränderung kann am Ende einer langen Kette enorme Folgen haben. Das ist das Wunderbare an unserer Welt, aber auch das Fatale.

In dem Wasser flirrt und wimmelt es außerdem, dass es eine Freude ist. Wir haben auch ein wunderbares Mikroskop an Bord, das wir sogleich aufbauen. Ein paar Löffel des Meerwassers tröpfeln wir in eine Petrischale. Unter dem Mikroskop erkennen wir viele Ruderfußkrebse und sogar eine kleine Qualle, und an einem Ruderfußkrebs klebt ein Parasit. Metergroß prangen die kleinen Tierchen auf der Leinwand, auf die wir die Bilder des Mikroskops projizieren, sodass man zuerst erschrickt. Aber dann fasziniert uns dieser Anblick. Wir sehen die Vielfalt des Meeres!

Aber auch hier hat sich bereits etwas verändert: Das wärmere Atlantikwasser nagt nicht nur an den Gletschern in den Fjorden. Es befördert auch immer öfter Tierarten nach Norden, die es vorher in diesen kalten Gewässern nicht gab. Mittlerweile beobachtet man im Norden Spitzbergens Arten, die bis vor Kurzem nur in Festlandnähe Nordnorwegens zu fin-

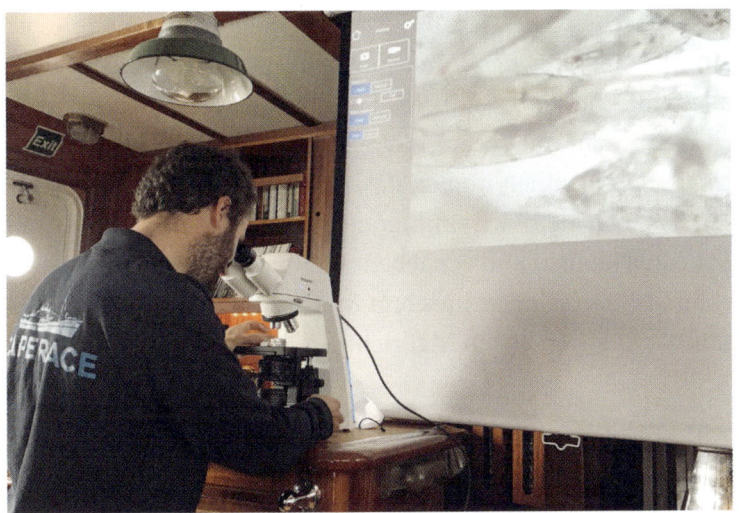

den gewesen waren, und so überrascht es uns nicht, dass wir hier einige *Calanus finmarchicus* entdecken, einen Ruderfußkrebs, dessen Art auf einer unaufhaltbaren Reise nach Norden ist. Was das bedeutet, wird gleich noch Bodil Bluhm erklären.

Als ich wieder hinaustrete an Deck, schaue ich über das graublau-schwarze Wasser, die Eisberge, die ruhig darin driften, die kleinen Eisbröckelchen, die auf den Wellen schaukeln. Nirgendwo auf der Welt, denke ich mir, weicht der Eindruck, den die Natur macht, so von der Wirklichkeit ab. Es sieht leblos aus hier, gerade an einem so nebligdunstignassen Tag wie heute. Einzig einige Vögel beleben das Bild, aber sogar sie segeln beinahe lautlos an uns vorbei, als wollten sie die Grabesruhe nicht stören. Und dabei tobt unter Wasser das Leben, es wimmelt und flirrt, paddelt und schwirrt, reproduziert und stirbt und düngt und frisst und wird gefressen, dass es nur so eine Freude ist. Der Laie denkt ja immer, die Kälte der Arktis sei lebensfeindlich. Das ist sie aber nur für den unangepassten Menschen. Die Tiere der Arktis brauchen diese Kälte, es ist ein von menschlichen Vorstellungen geprägtes Bild, dass doch alles einfacher und schöner ist, wenn es etwas wärmer ist.

Wenn man mit Meeresbiologen spricht, dann erzählen sie als Erstes eigentlich immer, dass so viel Leben in diesen Meeren ist, von dem wir immer noch nur einen klitzekleinen Bruchteil kennen und verstehen. Wenn ich auf das kleine Gläschen blicke, das unter unserem Mikroskop liegt, kann ich diesen Worten zum ersten Mal richtig folgen.

Das Polarmeer wird also immer wärmer, weil immer wärmeres Wasser nach Norden einströmt, das wärmere Wasser knabbert am Eis der Gletscher, es knabbert am Meereis oder lässt es erst gar nicht mehr wachsen, ein blauer Ozean erwärmt sich schneller als ein mit weißem Eis bedeckter, und das nordwärts strömende Wasser bringt neue Arten mit sich – all das zusammen hat mittlerweile einen Namen: die »Atlantifizierung« des Polarmeers. Geografisch gesehen wird der Arktische Ozean natürlich nicht kleiner. Aber in seinen Eigenschaften nähert er sich immer mehr dem Atlantik an, und dadurch nimmt die Fläche, in denen noch wirklich arktisches Wasser und arktisches Leben zu finden ist, konstant ab. Und was das genau bedeutet – auch das frage ich Bodil Bluhm.

❄

Professorin Bodil Bluhm,
Biologin, über die Atlantifizierung
des Arktischen Ozeans

»Es gibt Stimmen, die das Zusammenbrechen des
Nahrungsnetzes im Arktischen Ozean befürchten.«

Der Begriff Atlantifizierung bedeutet, dass das Wasser mit seinen Eigenschaften »atlantischer« wird und auch das organische, lebende Material darin mehr dem Material im Atlantik gleicht. Und das hat Auswirkungen auf die Biodiversität.

Bisher war die Situation im Arktischen Ozean so: In den Arktischen Ozean fließen große Mengen Süßwasser ein, zum einen aus den großen Flüssen Kanadas und Sibiriens, zum anderen aus abschmelzendem Meereis. Dieses Süßwasser ist, wie schon beschrieben, leichter und bleibt deshalb an der Oberfläche.

Das über den Westspitzbergenstrom einfließende Atlantikwasser ist dagegen wärmer und salziger und deswegen schwerer – es sinkt unter das kalte Wasser.

Es ist also überhaupt nichts Neues, dass Atlantikwasser in den Arktischen Ozean einfließt. Es füllt sogar das ganze Arktische Tiefbecken aus. Neu ist aber, *wo* es fließt und wie warm es ist. Bisher war der Arktische Ozean sehr stabil geschichtet – unten floss das wärmere Wasser, aber das war oben nicht zu spüren. Diese stabile Schichtung verhinderte zum Beispiel bisher in Spitzbergen, dass warmes Wasser in die Fjorde einfließen konnte. Deren Eingänge sind durch eine Schwelle relativ flach, und das warme Wasser floss weitgehend außen darunter vorbei.

Jetzt aber passiert Folgendes: Die wärmer werdende Erde lässt das Meereis immer weiter schmelzen, und immer größere Teile des eisfreien Arktischen Ozeans wärmen sich immer mehr auf. Zusätzlich können die Winterstürme wegen des fehlenden (oder kleineren) Eisdeckels nun ungehindert auf das Wasser einpeitschen und eine weitere Durchmischung der Wasserschichten verursachen. Das hat zur Folge, **dass das warme (und inzwischen noch wärmere) atlantische Wasser nun an Stellen auftaucht, an denen es nie zuvor beobachtet worden ist:** an der Wasseroberfläche, nördlich von Spitzbergen beispielsweise in geringen Tiefen viel weiter nördlich im Arktischen Ozean als früher oder im westlichen Spitzbergen auch tief in den Fjorden.

Deshalb gibt es jetzt beispielsweise in der Karasee *(Anm. d. Autorin: an der russischen Nordmeerküste)* am Schelfhang entlang auf einmal atlantischen Heilbutt, und viele atlantische Zooplanktonarten dringen weiter in die Arktis vor. Zum Teil gab es hier schon immer atlantische Arten wie den *Calanus finmarchicus*, den kleinen Ruderfußkrebs. Nur – bisher starben diese Tiere schnell ab, weil es ihnen zu kalt war. Und nun wird interessant, was bei den steigenden Temperaturen passiert: Können diese

Arten dort überleben? Und: Was passiert mit ihrem Fettgehalt? Denn der *Calanus glacialis*, der dort eigentlich vorherrschende arktische Ruderfußkrebs, hat viel mehr Fett in sich, und an diesem Fett dieser Copepoden hängt das arktische Nahrungsnetz. Was passiert also, wenn die fetten *Calanus glacialis* durch die viel weniger fetten *Calanus finmarchicus* ersetzt werden? Reicht es dann weiter oben in der Nahrungskette auch noch für die ganzen Säuger, die letztlich davon abhängig sind – viele Robben beispielsweise fressen den Polardorsch, und der wiederum ernährt sich von Copepoden –, oder geht das ganze Nahrungsnetz zu Bruch?

Es gibt Stimmen, die genau das vermuten.

Andere sagen, dass sich diese nordatlantischen Copepoden, sobald sie in der Arktis in kälteres Wasser kommen, auch fetter machen – sich also an das Habitat anpassen. Darüber gibt es große Debatten. Auch bei den marinen Säugern gibt es nun beispielsweise vermehrt Sichtungen von Orcas bei Spitzbergen oder auch auf der pazifischen Seite viel weiter nördlich als früher. Solche Veränderungen können das Nahrungsgefüge verändern.

Was genau passiert, wenn andere Arten hinzukommen oder wandern, ist schwer vorhersagbar. In manchen Gebieten, in denen sich boreale und arktische Arten treffen, können die Arten dann über einen gewissen Zeitraum auch mehr werden.

Einige von den arktischen Arten ziehen sich weiter zurück, um im arktischen Wasser zu bleiben. Wenn man nun aber eine Art betrachtet, die im flachen Schelfbereich beheimatet ist – wohin soll sich die zurückziehen? Weiter nördlich gibt es ja nur noch dieses 3000 Meter tiefe Bassin – und das ist nun nicht die Umgebung für eine Schelfart.

Und noch etwas wird beobachtet: Auch Parasiten wandern natürlich mit dem sich verändernden Habitat. Es wurde nun beispielsweise das Sterben von Seevögeln und Robben auf pazifischer Seite beobachtet. Auch das wird debattiert: dass ganz andere Flora und Fauna von Parasiten weiter nördlich eingebracht werden und dort auf Arten treffen, die nicht daran angepasst sind. **Wie all das ausgehen wird, ist noch nicht klar.** Auch nicht die Konsequenzen für das Nahrungsnetz als gesamtes.

❖

Und damit fehlt im globalen Meeressystem bald eine ganze Meeres-Art – oder sie wird zumindest immer kleiner – mit ganz spezifischen Eigenschaften und auch Aufgaben. Und das ist dann keine kleine Veränderung. Sondern eine dieser großen Folgen von nur einigen Zehntelgraden Unterschied, die wiederum noch viel größere Auswirkungen nach sich ziehen. Einige davon werden wir noch sehen.

❅

Als wir den Hornsund wieder hinausfahren, schaue ich mit dem Fernglas die Küste entlang. Wie viele Stunden ich schon so verbracht habe, Arme aufgestützt, Fernglas vor Augen, Horizont und Küstenlinien absuchend. Und immer, immer wieder werde ich irgendwann belohnt. So auch jetzt. In der Ferne erkenne ich weiße Rücken, die sich wie Halbmonde immer wieder aus dem Wasser schieben. Erst einige, dann immer mehr und schließlich ist es eine ziemlich große Schule Belugas. Weißwale. Wie schön!

Das Wunderbare an Weißwalen ist, dass sie in den Fjorden immer an der Küste entlangziehen. Wenn man sie also in einem guten Moment entdeckt, kann man sich in ihren Weg stellen, alle unnötigen Geräuschquellen ausmachen und einfach nur warten.

Und dann kommen sie, pfeifend, trillernd, prustend. Belugas kann man über der Wasseroberfläche sehr gut hören, es sind sehr gesprächige Tiere. Und damit nicht genug, packen wir jetzt unser nigelnagelneues Hydrofon aus, unser Unterwassermikro. In Windeseile stöpseln wir die Kabel zusammen, Kapitän Ali stoppt die Maschine, und wir lassen das Mikro ins Wasser.

Was dann kommt, ist so schön, dass allein diese Minuten schon wert sind, nach Spitzbergen gekommen zu sein. Wir hören die Wale. Wir sehen sie durch das Fenster des Salons, wo das Mikro aufgebaut ist, nah am Schiff vorbeischwimmen, wir hören durch die offene Türe das Prusten an der Oberfläche und über das Hydrophon immer wieder langes Trillern und Pfeifen von unter Wasser.

Ich mache die Augen zu und höre das Gluckern, das Pfeifen, lang gezogenes, ja, wie nennt man das, Singen? Zum Teil klingt es wie Juchzen, kurze, hohe, irgendwie erfreut klingende Töne, und dann wieder ein laaaanges Pfeifen. Was das wohl bedeutet? Was sie sich hier wohl erzählen? »Hey, nix zu futtern hier, lasst uns wieder rausschwimmen? Das Schiff hier nervt auch.« Oder rufen die Mütter die Jungen zur Ordnung mit den kurzen, energischen Pfeifern? Denn zwischen den großen weißen Rücken sehen wir immer wieder auch kleine graue – das sind Jungtiere, die nah bei ihren Müttern schwimmen.

Ich höre all das zum allerersten Mal live, genau in dem Moment, in dem es passiert und in dem ich die Wale auch sehen kann. Das Hydrophon öffnet noch einmal eine neue Tür zu den Tieren. Es ist ein wunderbares Erlebnis.

Es dauert eine ganze Weile, bis diese riesige Schule an uns vorbeigetrillert ist. Immer wieder scheinen ihre weißen Rücken über der Wasseroberfläche auf, und kleine graue daneben. Das

Singen bleibt erstaunlich lange gut zu hören. Im dunstigen Zwielicht schaue ich dann zurück auf diese Bucht. Wo die Belugas wohl hinziehen?

*

Wir haben noch ein Ziel im Hornsund, Gåshamna, die Gänsebucht. Schon fast am Fjordausgang liegt diese weite Bucht, umkränzt von steil aufragenden Bergen. Wie weit die Bucht ist! Sie ist ein schönes Beispiel dafür, wie man sich in einer Umgebung ohne Bezugspunkte in den Distanzen verschätzt. Blickt man von der einen Seite der Bucht zur anderen hinüber, so denken viele Gäste, man könne doch in einem Stündchen hin und her strandspazieren, gemütlich Muscheln suchend. Doch in diesem Stündchen müsste man dann in dem weichen Uferbereich mit etlichen Flussmündungen glatte sechs Kilometer zurücklegen, hin und zurück, was, na ja, sportlich wäre. Was so nahe scheint, ist in Wahrheit ziemlich fern.

Ich gehe hier mit Andreas und den Gästen an Land, um eine meiner Plastik-Strand-Untersuchungen zu unternehmen. Erfahrungsgemäß ist in dieser Bucht auf der Südseite des Fjords wenig Unrat zu finden, was daran liegen mag, dass der Westspitzbergenstrom viel Müll am Hornsund vorbeifließen lässt.

Am Strand messe ich einen Bereich aus, den ich auf Müll absuchen will. Wie erwartet, entdecke ich keinen Müll in diesem Areal, ein sehr einfaches und in Spitzbergen auch sehr ungewöhnliches Ergebnis. In der Mitte des Bereichs knie ich mich dann auf den Boden und schaufle vorsichtig Sand in einen mitgebrachten Behälter. Diese Behälter werde ich später zum AWI nach Deutschland schicken, wo sie auf Mikroplastik untersucht werden. Vorsichtig kippe ich den Sand in die Schale und überlege bei jedem Löffel, ob die teils bunten Sandkörner wirklich Sandkörner sind – oder etwas anderes. Gewissenhaft schließe ich den Behälter und richte mich auf.

Die beiden Gästegruppen sind aus meinem Blickfeld verschwunden. Ganz allein stehe ich in der Bucht, vor mir das Meer mit der darin ruhenden *Cape Race.* Hinter mir ein gluckerndes Schmelzflussdelta und entfernt leuchtende Gletscher. Sonst nichts. Ich atme tief ein, die klare, ein bisschen feuchtkalte Sommerluft Spitzbergens.

Dann gehe ich ein paar Schritte zu dem, was die Menschen hier vor etwa 400 Jahren hinterlassen haben. Walknochen. Hier im Hornsund waren es wohl die Engländer, die Jagd machten auf Wale, des Öls und der Barten wegen, die den Wal zu diesen Zeiten zu einer Art Gemischtwarenladen machten. Das aus dem Fett gewonnene Öl erleuchtete die Städte und schmierte die Maschinen. Die Barten, biegsam und geschmei-

dig, schmiegten sich in Korsetten um Frauenkörper oder spannten Regenschirme auf. Die Barten dieser stolzen Tiere, man stelle sich vor, endeten als Regenschirm.

Ein niedriger Hügel ist alles, was von einem solchen Tranofen noch übrig geblieben ist. Darauf türmen sich die Knochen eines Grönlandwals, bewachsen von grünem Moos, noch immer von den Nährstoffen zehrend, die die Walschlachtung hinterlassen hat.

Es war die Anfangszeit der Waljagd, als die großen Wale noch unerreichbar waren und die Tiere noch an Land geflenst wurden, so heißt das, wenn den Tieren die Fettschicht abgeschnitten wird. Nur in dieser Zeit wurden Tranöfen errichtet, später, als man die notwendigen Gerätschaften weiterentwickelt hatte, verarbeitete man die Wale auf großen Fabrikschiffen.

Die Überreste einer Hütte staksen daneben auch noch in den Himmel, und ein Stück weiter ragt sogar ein Sarg aus

einem der Öfen. Ein Seemann wurde hier begraben. Ein recht übliches Bild auf Spitzbergen.

Wie immer an Orten wie diesem stelle ich mir vor, wie es hier gewesen sein muss, damals. Die Wale tun mir leid, genauso aber auch die Männer, die diese Arbeit verrichteten und in großer Zahl nicht mehr nach Hause kamen. In der Hoffnung auf das große Geld – Walfänger verdienten gut! – fuhren sie nach Norden, die Wale nur als Einkommensquelle wahrnehmend, und vielleicht war es genau diese Haltung, die so viele das Leben kostete. Gegen die Gewalt der arktischen Natur traten sie an mit Harpunen, mit einem martialischen Tötungswillen und dem unbedingten Streben nach Profit, doch nur sockenlos in Halbschuhen, mit dürftigen Mützen und Handschuhen ausgestattet. Die Natur musste oft nicht einmal niesen, um die derart bekleideten Männer umzuwehen. Wie muss es gestunken haben hier, nach schmelzendem Walfett, und wie kalt muss es gewesen sein, wenn es mich nun schon fröstelt, in meiner Luxusbekleidung. Wie jämmerlich ein Tod an diesem Ort.

Ich rufe per Funk nach einem Zodiac, und Steuermann Philipp kommt angefahren. Die Bucht entlang tuckern wir auf die andere Seite hinüber, wo ich noch eine zweite Sandprobe einschaufle. Dann verlassen wir den Ort wieder, an dem wenige Menschen tiefe Spuren hinterlassen haben.

Auch die nächsten beiden Sammlungen haben so ein schönes Ergebnis: Wir umrunden die Südspitze Spitzbergens, wenden uns an der Ostküste wieder nach Norden und gehen im Storfjord am Boltodden an Land, einem der wenigen Orte der Ostküste, an denen das möglich ist.

Während sich die Gruppe aufmacht, die Gegend zu erkunden und nach den dort zu findenden Dinosaurierspuren zu suchen, inspiziere ich ein Stück Strand, auf dem ich kein Fitzelchen Plastik finde. Ich schaufle also wieder eine Aluschale Sand für die Mikroplastik-Untersuchung ein, nehme die Koordinaten und balanciere die Probe ins Boot zurück.

Es ist einer jener Traumsommertage, an denen dann sogar der Kapitän mal sein Schiff verlässt und ins Schlauchboot steigt. Die Luft ist so klar und dünn, der Himmel spannt sich blau über den braunen Fels, die Farben leuchten. Ali holt mich von der Landestelle ab, und ich tuckere mit ihm langsam die Küste entlang. Wir schauen, wo es hier noch Anlandestellen geben würde, an denen das Ein- und Aussteigen auch bei

Niedrigwasser noch gut möglich wäre. In der letzten Bucht der Landzunge springen wir noch einmal aus dem Boot. Wir laufen die gesamte Bucht ab und finden in dem feinen Sand auch hier kein Plastik. Wie schön. Wieder fülle ich eine Schale mit kleinen Körnern, von denen ich hoffe, dass sie wirklich allesamt Sandkörner sind. Und weil wir so hart gearbeitet haben, fahren wir mit dem Boot noch eine ganze Ecke an der Küste entlang, schauen uns die ausgespülten Felsen an, entdecken brütende Eismöwen und schauen dieser Welt zu, die so hervorragend ohne uns zurechtkommt.

Dann geht es zurück zur *Cape Race*.

Den zurückkehrenden Gästen erkläre ich später mein AWI-Plastik-Projekt. Ich zeige ihnen Bilder vergangener Reisen, von Tieren, die sich in Fischernetzen verheddert haben, Robben, Eisbären, Seevögel. Ich zeige ihnen Aufnahmen der Strände, an denen wir bereits gesammelt haben, und ein Raunen geht durch den Raum. So sieht das aus? Ja, leider, so sieht das aus. Diese Reaktion ist immer gleich. Die Menschen, die nun – vielleicht zum ersten Mal – in einer solch scheinbar unberührten Landschaft wie Spitzbergen unterwegs sind, haben in den letzten Tagen viel Natur gesehen, keine Anzeichen von anderen Menschen oder überhaupt von Zivilisation; gerade das macht den Zauber dieser Regionen ja aus. Dass das nicht überall so sein soll, dass hier so viel Müll herumliegt, obwohl es kaum Menschen gibt, diese Vorstellung ist schwer zu vereinen mit dem wunderbaren Eindruck, den sie bisher haben. Diese Fotos haben in dieser Umgebung eine um ein Vielfaches größere Wirkung, stelle ich immer wieder fest. Wenn ich dann auch noch die globalen Zusammenhänge der Plastikverschmutzung erkläre, und auch, was wir selbst in Deutschland dazu beitragen – dann ist auch hier die Reaktion immer die gleiche, glück-

licherweise: Dann wollen alle Zuhörer am liebsten sofort einen Strand reinigen. Den Vortrag hat Andreas mich nicht zufällig an diesem Abend halten lassen – denn morgen werden wir genau das tun: einen Strand von Müll befreien, mit vereinten Kräften.

✳

Die Reste der Welt

Wir fahren weiter um Spitzbergen herum, auf der Route, die den kleinen Schiffen vorbehalten ist: den weiten Storfjord hinauf nach Norden, vorbei an den gewaltigen Gletschern Negri- und Sonklarbreen und dann durch die enge Straße, den Heleysund, zwischen der Barentsøya und der Hauptinsel hindurch.

In diesem Sund liegt auch noch eine weitläufige Insel, die Kükenthaløya, die die Durchfahrt noch enger und spannender macht.

Der Himmel spannt sich sirrend blau über uns, und die Sonne lässt den dunklen Dolerit der Inseln seltsam leuchten. Keine Wolke steht am Himmel, wie so oft hier. Wir fahren auf die Durchfahrt zu, und das Wasser beginnt, sich zu verändern. Kleine Eisbröckchen driften uns nahe am Schiff entgegen, während in einiger Entfernung größere Stücke kurioserweise in die entgegengesetzte Richtung reisen. Strudel und richtige Stufen in der Wasseroberfläche sind zu sehen.

Hier spüren wir die Bewegungen des ganzen Ozeans, die Gezeitenströmung, und welche Energie sie hat. Sie hat so viel

Kraft, dass jeder Durchfahrt viele Berechnungen vorausgehen: Wann ist hier Ebbe, und wann ist Flut? Denn mit den Gezeiten ändert sich die Richtung des Wassers, und wenn die Strömung am stärksten ist, will man weder mit ihr noch gegen sie fahren. Noch wichtiger wird das in den Zeiten der Springfluten. Macht man hier einen Fehler und fährt ein, wenn die Strömung am stärksten ist, kann es passieren, dass man die Durchfahrt entweder gar nicht schafft oder unkontrolliert durch das Gewässer gespült wird. Kein anderes Schiff ist zu sehen, als wir um die Kükenthaløya herum und in den Sund einfahren. Das blaue Wasser, der blaue Himmel, der schwarze Dolerit, dahinter die gletscherbedeckten Höhen. Die Welt ist so wunderbar.

Sogar unter Deck hört man, dass wir in einer besonderen Unterwassergegend sind, es plitscht und gurgelt und klingt ganz anders als sonst. Wir reiten durch diesen Strom, Ali und die Steuerleute behalten konzentriert die Instrumente im Blick. Und dann sind wir hindurch und in einer nicht weniger

spannenden Region angekommen: Jetzt liegt die Hinlopenstraße vor uns, jene Durchfahrt zwischen Spitzbergens Hauptinsel und dem Nordaustlandet, der großen Insel im Osten des Archipels. Das Wasser ist flach, der Blick weit. In der Ferne sehen wir schon die gewaltigen Eiskappen des Nordaustlandet. Wunderbare Stimmungen haben wir hier schon erlebt, ein Licht, in dem Wasser und Himmel ineinanderfließen, oft konnten wir ohne Motor einfach hindurchgleiten durch dieses Wunderland, als wir auf der *Antigua* unterwegs waren.

Hier, in dieser so friedvollen, wunderbar ruhigen Umgebung, steuern wir nun auf Kiepertøya zu, eine kleine Doleritinsel, die kaum jemand je besucht.

Die Reste der Welt

Ich kenne diese Insel, 2017 hatten wir uns mit dem Segelschiff *Antigua* in ihren Schatten retten müssen, weil ein Sturm tobte, zu stark für unseren wackeren Dreimaster. Einen Abend und eine Nacht hatten wir dort ausgeharrt, das Heulen des Winds um uns, tief hängender Wolkennebel nahm uns die Sicht. Wie so oft war am nächsten Morgen alles vorbei, und wir sahen die Insel, und wie schön sie war. Wenn wir schon hier sind!, sagten wir – und gingen an Land, wo noch keiner von uns je gewesen war.

Die Schönheit, die wir damals von Ferne vermuteten, bekam von nahem schnell einen Fehler. Die schwarze Felsenküste der Insel war gesäumt von buntem Plastikmüll, gelbe, orangefarbene Fischernetzkugeln gellten uns anklagend ihre Farben entgegen, grüne Netze umschlangen die Basaltsteine; Fischkästen, Kanister und allerlei denkbarer Unrat machten das Bild noch hässlicher. Wir gingen die Insel erkunden, blieben aber so entsetzt, dass wir beschlossen, auch den Nachmittag hier zu verbringen und eine Bucht von diesem Müll zu befreien. Und weil der Ort so ungewöhnlich war, wollte ich diesen Müll zum AWI nach Bremerhaven transportieren. Die Wissenschaftler dort hatten sich gewünscht, ich möge ihnen einmal das Ergebnis einer Sammlung schicken, damit sie es im Labor in Ruhe und genau analysieren konnten. Der Sack, den ich 2017 gefüllt hatte, wurde dann sogar zur Grundlage einer wissenschaftlichen Veröffentlichung.

Auch 2021 nun soll ich wieder Müll versenden – und wo, wenn nicht hier, haben wir gute Chancen auf eine interessante Mischung allerlei Abfalls? Wir fahren also hinüber an Land und finden an der nicht überall sehr gastlichen Küste auch einen Fleck, an dem wir aus den Schlauchbooten direkt auf die Felsen aussteigen können – in der Bucht neben der, die wir 2017 gereinigt hatten. Der Anblick, der sich uns hier bietet, ist ebenso deprimierend, wie er es damals gewesen war. In die-

ser wunderbaren Kulisse liegt so viel Müll, dass man an manchen Stellen kaum noch den Fels darunter sieht, so viel Unrat hat sich in einigen Spalten angesammelt. Unsere Gäste waren nun zwar vorbereitet auf dieses Szenario, ihr Entsetzen mindert es nicht.

Ich messe vom Ufer ab etwa 15 Meter – in diesem Bereich soll alles aufgesammelt werden. Wichtig ist bei diesen wissenschaftlichen Sammlungen immer, dass wir die Fläche angeben können, in der wir den Müll finden. Wenn die Forscher am AWI später alle Teile sortiert, gewogen und gezählt haben, werden wir dann nicht nur wissen, was genau hierliegt, sondern auch, wie viel Müll pro Quadratmeter es ist – und genau das macht unsere Daten wertvoll: Denn dadurch können sie mit Daten von anderen Orten der Welt verglichen werden. Mit immer mehr solcher Sammlungen, die weltweit ausgeführt werden, kann man also immer genauer feststellen, woraus der global auftretende Müll besteht, und vor allem: auch immer besser feststellen, wo er herkommt. Das Ziel unseres Projekts ist nicht nur, Strände zu reinigen, sondern sowohl die Größe als auch die Verursacher dieses Problems benennen zu können. Denn nur so kann gezielt daran gearbeitet werden, dass weniger Müll in die Meere gelangt, oder im utopischen Idealfall gar keiner mehr.

Wir gehen mit unseren Säcken also ans Ende des vermessenen Abschnitts und bewegen uns dann sammelnd zurück zur Landestelle. Dabei müssen wir viel liegen lassen. Unzählige Kleinteile. Es ist unmöglich

geworden, Strände noch vollständig zu säubern, zu dieser sehr traurigen Erkenntnis bin ich schon vor Jahren gekommen. Oft liegt der Müll nicht mehr nur an der Oberfläche, sondern hat sich durch Wind und Brandung eingegraben. Oft ist das Plastik so zerrieben, dass man es gar nicht mehr aufheben kann, und oft zerfallen größere Stücke, kaum dass man sie anfasst. Große Plastikteile erodieren unaufhaltsam zu kleinen und noch kleineren, und häufig ist gar nicht mehr zu erkennen, ob man Plastik oder Natur in der Hand hat.

Wollte man einen Strand wirklich sauber machen, dann müsste man mittlerweile den Sand bis in etwa einen Meter Tiefe abtragen, man müsste ihn sieben und sehr genau anschauen, ob die einzelnen Körner wirklich kein Plastik sind, und danach könnte man den sauberen Sand wieder an den Strand bringen. Und das müsste man dann jedes Jahr aufs Neue erledigen. Denn auch das ist eine sehr traurige Erkenntnis unseres Projekts: Wir können einen Strand in einem Jahr noch so sauber hinterlassen. Schon im nächsten Jahr sieht er aus wie zuvor. Dass das so ist, sehe ich auch hier auf Kiepertøya wieder: Ich laufe kurz in die benachbarte Bucht, in der wir 2017 aktiv gewesen waren. Sie liegt voller Netze und Kanister. Als wären wir nie hier gewesen.

Unsere Gäste bemerken nun, wie anstrengend so eine Strandreinigung ist. Das ständige Bücken in unserer Winterkleidung und mit den Gummistiefeln ist ermüdend, und die vielen Kleinteile sind mühsam aufzuheben. Die meisten Netze müssen erst befreit werden, weil sie sich an Holz oder Felsen verhakt haben. Kanister sind voller Wasser und müssen geleert werden. Ein Netz ist besonders widerspenstig. Zu fünft bearbeiten wir das große Teil, mit Messern, einem Baumstamm als Hebel und vereinten Kräften.

Ich bin dabei immer wieder aufs Neue erstaunt und ehrlich beeindruckt, mit welcher Zielstrebigkeit und welch eisernem Willen manche unserer Gäste solche wirklich schwierig zu lösenden Netze vom Strand losreißen, ausgraben, abschnei-

den. Die Sammelei gerät durch diese Herausforderungen häufig auch zu einem Teambuilding-Event. So auch jetzt; es gelingt, das Netz ist dank vereinter Anstrengungen irgendwann frei, und wir jubeln! Dann schleppen wir es zu fünft an eine Stelle, an die hoffentlich das Schlauchboot heranfahren kann. Das Netz ist so schwer, dass es keiner von uns bis zur Landestelle hieven will.

Nach zwei Stunden haben wir zwölf Säcke gefüllt, und noch viele Kästen, in denen auf den Fischereischiffen die Fische verpackt werden, Kanister und andere große Teile angehäuft. Und damit reicht es auch. Auch deswegen, weil wir unter etwas erschwerten Bedingungen arbeiten: Wir befinden uns im Eisbärenland. Und just auf dieser Insel ist 1995 ein Besatzungsmitglied eines ähnlich kleinen Expeditionsschiffs durch einen Eisbären getötet worden. Wir dürfen uns also nie zu sehr auf das Plastik konzentrieren, sondern müssen immer auch unsere Umgebung im Blick behalten. Auch das ist ein Grund, warum wir bei Sammelaktionen nicht mit der gleichen akribischen

Gelassenheit vorgehen können, wie das an der Adria möglich ist, wo einem vielleicht ein Eisverkäufer in die Quere kommt, aber kein Bär.

Wir beladen also mit vereinten Kräften das Müllabfuhr-Boot, mit dem Steuermann Mario schon bereitsteht. Andreas geht dann mit den Gästen noch eine Runde über die Insel, während wir mit einer zweiten Fahrt das deponierte Netz abholen, was glücklicherweise gelingt.

Die einzelnen, an Bord gehievten Säcke leere ich dann mit der Besatzung an Deck in einen großen, der seine Reise nach Bremerhaven antreten wird. Dann geht es ans Saubermachen. Mit Mülleinsammeln ist es nie getan, denn wir bringen so viele Steinchen und Sand mit, dass danach jedes Mal das Boot und das Schiffsdeck geschrubbt werden müssen. Deswegen bin ich so froh um unsere großartigen Schiffscrews. Ich komme mit diesem Projekt an Bord, und bereitwillig arbeiten die allermeisten immer mit. Manche Crewmitglieder gehen in ihren Ruhezeiten sogar mit zum Sammeln, sie verzichten dafür auf Schlaf und helfen tragen und umfüllen und zurren die Ladungen fest, und am Ende machen sie noch alles sauber. Obwohl das alles nicht ihre Aufgabe ist. Ohne diese Unterstützung wäre das ganze Projekt niemals möglich, denn allein könnte ich all das nie schaffen.

Auf der Wanderung sieht unsere Gruppe noch unendlich viel mehr Müll. Auch das gehört zu diesem Projekt: Wir müssen die Aufmerksamkeit der Gäste auch wieder zurück auf die schönen Dinge lenken. Denn manche von ihnen werden angesichts der Müllmenge und der Aussichtslosigkeit, die Landschaft von diesem je wieder zu befreien, deprimiert und sehen bei jeder Landung nur noch Müll. Das ist einerseits gut so, wenn das Problem erfasst wird. Andererseits hilft es ja nicht.

Wir können nicht alles mitnehmen. Wir können doch alle nur tun, was wir können – und das haben wir an diesem Tag. Und wir können zu Hause unser Verhalten ändern und die Botschaft weitertragen. Das geschieht nach diesem Projekt, das berichten mir ehemalige Teilnehmer immer wieder. Ein sehr, sehr schöner Nebeneffekt.

✳

Mit Plastik allerdings gehen noch viel mehr Probleme einher. Nicht nur dass der Unrat die Strände vermüllt, sondern die Tiere verstricken sich darin und verschlucken ihn auch. Tiere und Pflanzen verenden daran. Das ist nur das, was wir sehen. Plastik trägt außerdem in jedem Stadium seines Daseins zum Klimawandel bei. Und Plastik ist schon an vielen Stellen gar nicht mehr sichtbar, aber trotzdem da.

Die Person in Deutschland, die wohl am meisten über Plastik im Meer weiß, ist Dr. Melanie Bergmann, jene Forscherin, der ich am AWI die Daten unserer Sammlungen liefere. Seit 2016 arbeiten wir auf diese Weise zusammen; am Anfang mussten wir erst einmal einen Weg finden, den hohen wissenschaftlichen theoretischen Anspruch mit unseren sehr praktischen Gegebenheiten in Spitzbergen wie den zahlenden Gästen und der gebotenen Vorsicht im Eisbärenland in Einklang zu bringen. Das sind die klassischen Herausforderungen von sogenannten Citizen-Science-Projekten, die es heutzutage immer häufiger gibt – dass also Nichtwissenschaftler Daten sammeln. Die Wissenschaft macht sich hier zunutze, dass Touristen mittlerweile regelmäßig an Orte kommen, die nur schwer oder kostspielig zu erreichen sind. Es war sehr interessant, diese unterschiedlichen Anforderungen so zu verquicken, dass es am Ende möglich wurde, mit vertretbarem Aufwand wissenschaftlich valide Daten zu liefern – und das nun schon seit sechs Jahren.

Melanie Bergmann ist mehrere Wochen pro Jahr auf dem deutschen Forschungseisbrecher *Polarstern* unterwegs; sie forscht unter anderem auch in der Tiefsee zwischen Grönland und Island und nimmt Mikroplastikproben von Meereis weit im Norden.

❆

Dr. Melanie Bergmann,
Polar- und Tiefseeforscherin

»Die Plastikverschmutzung hat ein für das Leben
auf der Erde gefährliches Ausmaß erreicht.«

Melanie Bergmann beschäftigt sich am AWI seit 2012 vor allem mit der Plastikverschmutzung der Meere. Sogar in ihren Urlauben zählt sie noch Müll beim Schnorcheln. Mit ihr spreche ich im Januar 2022 über Zoom, vom Homeoffice in Bremerhaven zum Homeoffice in Schliersee.

Das Problem von Plastik in Bezug auf den Klimawandel ist folgendes: Die Emissionen aus Plastik – wenn wir diesen Stoff weiter so produzieren wie bisher – werden bis zum Jahr 2050 **zehn bis 13 Prozent unseres gesamten CO_2-Budgets** aufbrauchen, das wir noch zur Verfügung haben, wenn wir unter 1,5 Grad Erwärmung bleiben wollen. Das ist eine ordentliche Menge.

Der Grund dafür: **Entlang der gesamten Lebenskette von Plastik entstehen Treibhausgasemissionen,** angefangen bei der Produktion über den Transport bis zur Entsorgung. Bereits heute schlägt Plastik so mit 4,5 Prozent des globalen CO_2-Ausstoßes zu Buche. Gerade das Ende der Lebenskette ist problematisch. Plastik wird häufig verbrannt, weil neues Plastik immer noch günstiger ist als recyceltes Plastik oder weil es technisch schlicht nicht möglich ist, bestimmte Verpackungen oder Plastikgegenstände zu recyceln. Plastik besteht leider oft aus sehr vielen verschiedenen Kunststoffschichten oder ist gefärbt und kann so gar nicht mehr in einen Kreislauf überführt werden.

DIE BEDROHUNG DES WELTKLIMAS DURCH PLASTIK
Anteil des CO_2-Ausstoßes der weltweiten Kunststoffproduktion am Maximalbudget zur Einhaltung des **1,5-Grad-Ziels*** bis 2050.

insgesamt
420 – 570 Milliarden Tonnen CO_2

Plastik
56 Milliarden Tonnen CO_2e**
= 10 – 13 %

* Im Klimavertrag von 2015 hat sich die Staatengemeinschaft geeinigt, die Erderwärmung gegenüber der vorindustriellen Zeit auf möglichst 1,5 Grad zu begrenzen. ** CO_2-Äquivalente: Maßeinheit zur Vereinheitlichung der Klimawirkung unterschiedlicher Treibhausgase.

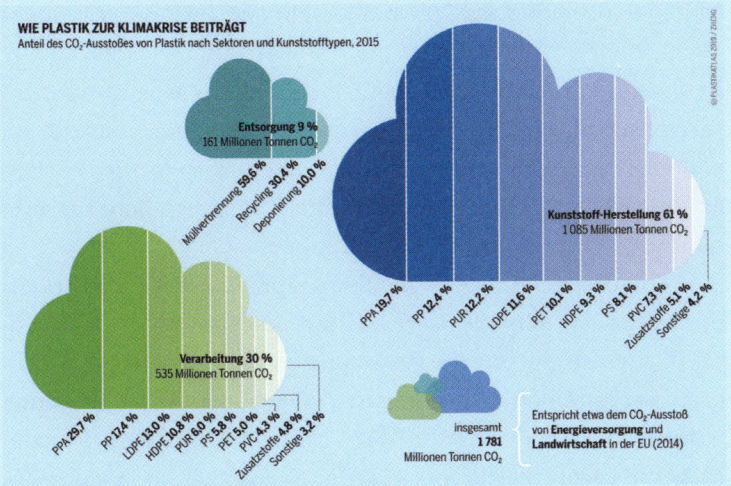

Auch, wenn es nicht verbrannt wird, sondern an Land oder im Meer verrottet, trägt Plastik zum Klimawandel bei: Bei diesem Zersetzungsprozess werden beispielsweise Methan und Ethylen freigesetzt – sehr potente Treibhausgase. Emissionen wie diese gehen aber noch gar nicht in die Statistiken zu den CO_2-Emissionen ein.

Dieser Effekt von Plastik ist vielen Menschen nicht bekannt. Viele Menschen denken, in Mitteleuropa hätten wir kein Plastikproblem, weil unsere Entsorgung so gut funktioniert. Sie denken, weil in unseren Verbrennungsanlagen alles sehr gut gefiltert wird, sei die Verbrennung kein Problem, sondern durch die Heizkraft sogar noch eine gute Sache. Aber zum einen werden Treibhausgase eben nicht »ausgefiltert«. Und zum anderen ist auch die Vorstellung von Filtern, in denen so ein bisschen was hängen bleibt, falsch. Die Reste aus dieser sogenannten thermischen Verwertung werden zum Beispiel auch in Salzstöcken gelagert, wie unser Atommüll: tonnenweise hochgiftige Stoffe.

Neben den Treibhausgasemissionen können auch die Mikroplastikemissionen aus dem Plastik für unser Erdsystem Folgen haben. **In unserer Luft sind mittlerweile viele Mikroplastikpartikel unterwegs.** Partikel in der Luft dienen als Kondensationspunkte und können Niederschläge beeinflussen. Und solche Prozesse können Einfluss auf unser Wetter und bei anhaltend hohen Konzentrationen langfristig auch auf das Klima haben.

Wenn dunkle Partikel – wie Reifenabrieb – schließlich auf Eis und Schneeflächen fallen, schwächen sie den Albedo-Effekt dieser Flächen ab, also die Rückstrahlung von Wärmeenergie, die bei einer weißen Oberfläche höher ist. Das Eis nimmt so mehr Wärme auf und schmilzt, was eine Rückkopplung bedingt. Denn die dann dunklere Meeresfläche reflektiert noch weniger, sodass sich das Meer stärker erwärmt. Dass diese Auswirkung nicht weit hergeholt ist, zeigen unsere Untersuchungen in der Arktis, bei denen wir sehr hohe Konzentrationen gefunden haben, mit mehr als 10 000 dieser Partikel pro Liter Meereis. Zur Klärung dieser Prozesse braucht es aber noch weit mehr Forschung.

Als ich meine Studie zu Mikroplastik im arktischen Schnee veröffentlicht habe, konnten mir die Luftphysiker das häufig gar nicht glauben. Sie meinten, die Teilchen seien zu groß, die könnten doch nicht so weit fliegen. Aber wir haben sie gefunden. Diese Ergebnisse haben mich selbst sehr schockiert, denn bis dahin gab es noch nicht viele Studien zu Mikroplastik in der Luft, insofern hatten wir das hoch im Norden nicht erwartet. Selbst dort, wo keine direkten Quellen vorhanden sind, so große Mengen zu finden – das hat mich schockiert.

Die Herkunft dieser Partikel ist schwer festzustellen. Wenn man einen Joghurtbecher aus dem Meer fischt, kann man eher einschätzen, wo er herkommt. Bei Mikroplastik kann ich im besten Fall die Kunststoffart feststellen, Polypropylen oder Polyethylen etc. Polyethylen zum Beispiel wird für sehr viele verschiedene

Zwecke eingesetzt, insofern ist es zwar sehr wahrscheinlich, dass es aus Verpackungen stammt, aber es könnte eben auch aus einer anderen Verwendung stammen.

Viele der gefundenen Partikel bestanden aus Kunststoffteilchen, die wir der Gruppe von Lacken und Acrylaten zuordnen würden. Diese Teilchen könnten vom Windabrieb von Gebäudefassaden oder Autos stammen. Man weiß ja, dass man nach einigen Jahren seine Hausfassade oder seine Fenster neu streichen muss – und die alte, bröckelige Farbe bleibt eben irgendwo.

Genauso ist es beim Abrieb von Sportanlagen, Kunstrasen oder Schuhsohlen. Es ist verrückt, wo das Plastik überall herkommt. Und leider gibt es auch sehr schwierige Herkunftsformen. Plastikverpackung zu reduzieren wäre vergleichsweise einfach, doch selbst hier tun wir uns schon schwer. Nun allerdings alle Gebäudefassaden, Autolacke und Ähnliches umzustellen, diese vielen diffusen Plastikpartikelquellen in den Griff zu bekommen – das ist richtig schwierig. Aber gerade der Reifenabrieb ist die größte Mikroplastikquelle in Deutschland.

Für unverzichtbare Dinge kann ich nur hoffen, dass bald Kunststoffe erzeugt werden, die wirklich abbaubar sind. Aber auch die sollten wir dann nur für wichtige Zwecke einsetzen und ansonsten reduzieren, wo immer es geht.

Mikroplastik sinkt auch häufig auf den Meeresboden ab. Das geschieht auf verschiedene Arten. Tiere, die an der Meeresoberfläche leben, scheiden Kot aus, der auf den Meeresboden sinkt und dort eine wichtige Nahrungsquelle für Tiere ist, die auf dem Meeresboden leben. Wenn Tiere an der Meeresoberfläche nun Mikroplastik aufnehmen und in ihren Kotballen wieder ausscheiden, sinken diese Partikel wie in einem Fahrstuhl mit nach unten. Unter Umständen aber wird der Kot zu leicht, um abzusinken, oder schwerer. Kommt mit Plastik noch genauso viel Nahrung unten an wie ohne? Plastik könnte all die Stoffwechselkreisläufe, die für unser Erdsystem so wichtig sind, verändern. Viele Mikroplastikpartikel im Wasser könnten es auch eintrüben, sodass weniger Licht zu den Algen dringt und sie weniger Photosynthese betreiben und so weniger CO_2 binden können. Aber da stehen wir mit der Forschung noch relativ am Anfang. Wir nehmen auch an, dass in der Arktis die Eisalgen, die in Klumpen aus dem schmelzenden Eis entlassen werden, diese Fahrstuhlfunktion übernehmen. Wir haben deswegen 2021 erste Proben von Eisalgen genommen, die wir nun auf Mikroplastik untersuchen.

Es gibt mittlerweile einige Flecken auf der Erde wie das Ost- und Südchinesische Meer und das Mittelmeer, von denen angenommen wird, dass wir hier **Schwellenwerte überschritten haben, in denen also aus der bestehenden Plastikkonzentration bereits ein Schaden für das Ökosystem entstanden ist.** Dieses Problem wird mit zunehmender Plastikproduktion noch größer werden, denn je mehr Plastik produziert wird, desto mehr landet auch in der Umwelt. Selbst wenn wir jetzt sofort aufhören würden, noch weiteres Plastik zu produzieren, würde das Problem noch eine ganze Zeit lang größer. Weil alles, was bereits im Meer ist, immer noch weiter zerfällt und dadurch die Mikroplastikmenge im Meer weiter wächst.

Wie groß das Problem mit den Plastikpartikeln bereits ist, können wir im Grunde aber gar nicht richtig einschätzen. Weil in vielen Fällen die Forschung die kleinsten Partikel gar nicht messen kann. Diese Messungen sind sehr aufwändig, und viele Labore sind nicht dafür ausgestattet. Unsere schon, und deswegen finden wir häufig höhere Konzentrationen als andere. Und leider ist es dann auch meistens so, dass 80 bis 90 Prozent der Teilchen, die wir finden, genau in diesem allerkleinsten Teilchenbereich sind. Das bedeutet, dass das wirkliche Vorhandensein in den meisten Studien bis zu einem Faktor 1000 unterschätzt wird.

Würde man diesen Umstand in Risikoabwägungen miteinbeziehen, käme man zu anderen Ergebnissen. Es sind vermutlich mittlerweile also nicht mehr nur drei solcher Gebiete, in denen Schwellenwerte überschritten sind.

Vor Kurzem gab es einen Fachartikel von Kolleg*innen darüber, dass das Ausmaß der Plastik- und Chemikalienverschmutzung außerhalb der planetaren Leitplanken liegt – also außerhalb dessen, was noch als sicher gilt für das Leben auf der Erde. Mich erstaunt immer wieder, dass solche Ergebnisse nicht berichtet werden. **Das ist echtes Medienversagen.** Bei dem Kinofilm *Don't look up,* der ja auch dieses konsequente Ignorieren der Wissenschaft und der Fakten zum Thema hat, konnte ich deswegen auch nicht lachen – denn wir erleben diesen Film gerade in der Realität.

Ich selbst erlebe das als ein Auf und Ab. Momentan fühle ich mich eher hoffnungslos. Leider. Weil wir uns zu langsam oder eigentlich noch gar nicht richtig bewegen. Wir sind viel zu träge, wenn man sich anschaut, wie schnell sich der Wandel in der Umwelt gerade vollzieht: wie schnell die Gletscher schmelzen, wie schnell sich die Wasserbewegungen im Atlantik verlangsamen, wie viele Arten jeden Tag aussterben, all diese verschiedenen Dinge. Insofern lässt mich das momentan sehr verzweifeln, weil ich auch Kinder habe und ihnen die Welt nicht in diesem Zustand hinterlassen möchte. Es macht mich sehr traurig, wann immer ich zum Beispiel einen Tierfilm anschaue *(weint)*, weil am Ende immer der Klimawandel steht. Ich versuche, dagegen anzugehen, indem ich mich engagiere. Weil ja jedes Zehntelgrad hilft. *(weint)* Aufgeben kommt nicht infrage, aber das ist schwierig, weil man ja Optimismus ausstrahlen muss, wenn man Leute mitnehmen will – und wir müssen ja nun mal proaktiv werden. Wenn alle nur noch sagen, wir können ja sowieso nichts mehr machen, und jetzt noch die letzte Party feiern – dann ist das fatal.

Was mich auch motiviert, ist die Schönheit unserer Welt, die ich während meiner Arbeit sehen darf. Ich arbeite seit 2004 in polaren Regionen und kann mich immer noch nicht an dem Eis sattsehen. Wann immer ich die Gelegenheit habe, selbst aufs Meereis zu gehen – ist das einfach unglaublich. Auch, wenn ich mir in solchen Momenten natürlich bewusst bin, wie vergänglich das alles ist. Und welch Privileg es ist, diese Erfahrung zu machen.

❄

Plastik, nicht fantastisch

Wie schon in anderen Gesprächen gelingt es Melanie Bergmann auch dieses Mal nicht, ihre Tränen zurückzuhalten. Das wundert mich nicht. Seit Jahren werden sie und ihre Kollegen immer wieder von den Ergebnissen ihrer eigenen Forschungsprojekte überrascht. Häufig finden sie viel mehr Plastik in der Umwelt vor, als sie erwarten, auch an Orten, an denen sie nicht damit rechnen. Wenn sie mit ihren Ergebnissen dann aber an die Öffentlichkeit gehen, finden sie kaum Gehör. Dabei ist Melanie sehr aktiv, wenn es darum geht, ihre Botschaft zu verbreiten. Dennoch werden viele, eigentlich schockierende Ergebnisse nicht einmal von den Medien aufgenommen. Wir hören alle immer wieder von Plastikverschmutzung – aber wem ist bewusst, dass wir uns bei diesem Thema bereits »außerhalb der planetaren Sicherheit« bewegen? Das sind Sätze von großer Bedeutung. Für uns, aber vor allem für die nächsten Generationen. Es bedeutet, dass das Leben auf diesem Planeten nicht mehr sicher ist für die Menschen. Sätze wie diese scheinen aber auf seltsame Weise von den meisten Menschen abzuperlen. Ihre Aussage kommt gar nicht an. Also folgen auf derartige Berichte auch nicht die Aufschreie, die es bräuchte, und schon gar keine adäquaten Handlungen, die der Tragweite dieser Aussagen und vor allem Entwicklungen angemessen wären.

Gerade aber beim Plastik müsste man schnell und sehr umfassend handeln. Denn die Verunreinigung unserer Umwelt mit Plastik ist ein Problem, das wir noch schneller vorangetrieben haben als den Klimawandel. Die globale Plastikproduktion hat erst nach dem Zweiten Weltkrieg langsam begonnen; Fahrt aufgenommen hat sie in den Sechziger- und Siebzigerjahren. Aber mehr als die Hälfte allen jemals hergestellten Plastiks ist nach dem Jahr 2000 produziert worden. In 22 Jahren. Das ist ein enorm kurzer Zeitraum angesichts der immensen Größe des Problems, das wir erschaffen haben. Und noch schlimmer:

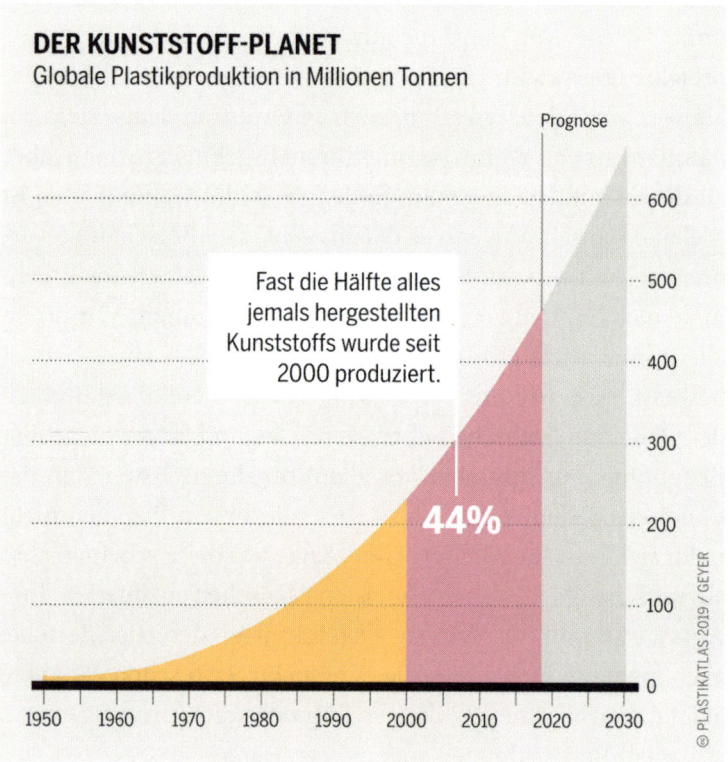

Das bedeutet auch, dass dieses Problem nach Ablauf von weiteren 22 Jahren noch viel, viel größer sein wird. Wenn wir so weitermachen.

Dabei ist Plastik nicht per se zu verteufeln. Plastik, das sage ich auch in all meinen Vorträgen, ist ein guter Werkstoff, wenn er sinnvoll eingesetzt wird. Die große Stärke von Plastik ist seine Langlebigkeit und relative Unkaputtbarkeit, und dementsprechend sollte es Verwendung finden. So, wie wir Plastik derzeit verwenden, ist es nicht sinnvoll. Vor allem Einwegplastik ist falsch, weil Produkte, die nur kurz verwendet werden, keine 400 Jahre halten müssen. Vor allem aber sollte es ohnehin deutlich weniger Einwegprodukte geben.

Plastik ist auch an den Stellen falsch eingesetzt, an denen es besonders in Berührung mit dem menschlichen Körper kommt, bei Lebensmittel- und Getränkeverpackungen zum Beispiel oder in Zahnpasten und Cremes. Es ist immer dann falsch verwendet, wenn Stoffe aus dem Plastik ihren Weg in den menschlichen Körper finden können. Und diese Wege sind vielfältig. Nach Mikroplastik in Urin und Stuhl wurde 2022 nun auch erstmals Mikroplastik im menschlichen Blut nachgewiesen. Ob und wie schädlich es ist, Mikroplastik im Blut zu haben, ist noch nicht erwiesen. Dass verschiedene Inhaltsstoffe aus dem Plastik schädlich sind, ist jedoch nicht mehr umstritten. Besonders im Fokus stehen dabei die Weichmacher.

✾✾✾ Weichmacher ✾✾✾

Weichmacher wurden vor einigen Jahren berühmt, als bekannt wurde, dass unter anderem das als fortpflanzungsgefährdend eingestufte Bisphenol A in Babyschnullern zum Einsatz kam. Bisphenol A gehört zur Gruppe der Phthalate; diese Stoffe sorgen dafür, dass Plastik biegsam ist. Sie sind darüber hinaus aber auch an vielen Orten anzutreffen, wo man sie nicht sofort vermuten würde: In Bodenbelägen wie PVC, Deodorants oder Cremes, sogar als Überzug für Tabletten werden sie verwendet. Das Problem dieser Stoffe: Sie sind häufig fettlöslich oder dünsten aus ihrem Einsatzobjekt aus, beispielsweise, wenn man Wurst in eine Plastikdose legt oder eine Plastikwasserflasche in

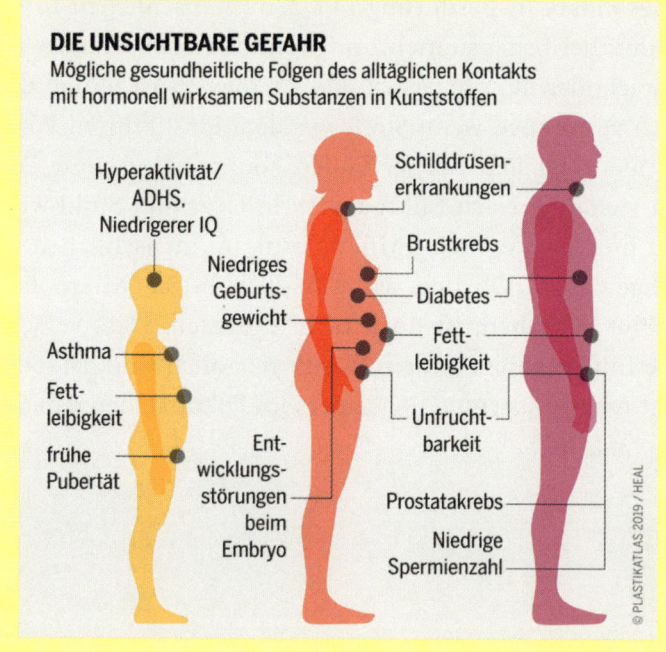

die Sonne – oder sie gelangen aus einem Bodenbelag über den Hausstaub in die Raumluft. Heute sind bei nahezu allen Menschen diese Weichmacher im Blut und Urin nachweisbar. Einige der am häufigsten verwendeten Weichmacher sind in der EU mittlerweile verboten.

Diese Stoffe stehen im Verdacht, dass sie in das Hormon- und Fortpflanzungssystem des Menschen eingreifen. Wie immer aber ist es bei Umweltgiften schwierig, eine direkte Kausalität herzustellen.

Erwiesen ist beispielsweise, dass die Spermienanzahl bei Männern in westlichen Ländern (Nordamerika, Europa, Australien und Neuseeland) zwischen 1973 und 2011 um bis zu 60 Prozent gesunken ist. Und von einigen Forschern als noch besorgniserregender eingestuft, nehmen die Entwicklungsstörungen im männlichen Fortpflanzungssystem deutlich zu, und auch Hodenkrebs wird häufiger. In einer Studie an einer Universität in China, deren Trinkwasser stark mit Phthalaten belastet war, wurde die Samenqualität der Studenten untersucht. Einen Monat nach Beginn der Studie zogen die Studenten an einen Ort mit weniger belastetem Wasser um. Es zeigte sich, dass die Qualität der Samenzellen bei Männern mit hohen Phthalatwerten geringer war. Nach dem Umzug sank die Belastung, und die Qualität verbesserte sich.

Auch bei Frauen stehen Weichmacher im Verdacht, die Fruchtbarkeit zu verringern, unter anderem auch durch die mögliche Verursachung des polyzystischen Ovarialsyndroms, eine Hormonstörung, durch die Frauen einen erhöhten Spiegel männlicher Geschlechtshormone haben, was zu Zyklusstörungen und Veränderungen der Eierstöcke führt. Schwangere mit erhöhten Phthalatkonzentrationen im Urin haben ein drei- bis fünffach erhöhtes Risiko für eine Frühgeburt. Je höher die Belastung, umso höher erwies sich das Risiko. Bisphenol A wird außerdem auch mit Störungen des Fett- und Zuckerstoffwechsels in Ver-

> bindung gebracht, was Diabetes und Übergewicht verursachen kann.
>
> Ein ganz anderes, aber immer häufiger werdendes Phänomen sind Kreidezähne – bis zu 28 Prozent der Kinder sind mittlerweile von dieser Fehlentwicklung in der Zahnschmelzbildung betroffen, die die Zähne sehr empfindlich macht. Auch hier stehen unter anderem Weichmacher im Verdacht, diese Fehlbildung möglicherweise mit zu verursachen.

Plastik ist also nicht nur deswegen gefährlich, weil sich Tiere an Land und im Wasser darin verheddern können, was immer zu deren Tod führt. Das Problem liegt tiefer und ist fast unkontrollierbar – das Problem sind die Inhaltsstoffe im Plastik. Deswegen ist auch der Gedanke, dass wir in Deutschland wegen unserer angeblich so vorbildlichen Mülltrennung kein Plastikproblem haben, ein fataler Irrglaube. Denn erstens verursacht wohl auch wegen dieses Glaubens gerade Deutschland eine enorme Menge an Plastikmüll, von dem nur sehr wenig recycelt wird: 632 Kilogramm Abfall verursachte laut Statistischem Bundesamt jeder Deutsche pro Kopf im Jahr 2020. Der EU-Durchschnitt liegt bei 505 Kilo, mehr als Deutschland verursachen nur noch Dänemark, Luxemburg und Malta. Europameister ist Deutschland schließlich, wenn es um Müllexporte geht: Kein Land Europas exportiert so viel Müll wie wir, 2020 war es eine Million Tonnen, vor allem nach Malaysia und in die Niederlande.

Und zweitens kommen wir mit den Inhaltsstoffen in Berührung, wann immer wir Produkte aus Plastik verwenden, und mehr noch: Sogar, wenn wir selbst überhaupt kein Plastik besäßen, kämen diese Stoffe mittlerweile über die Luft zu uns.

Recycling ist also keinesfalls die Antwort. Die Antwort ist

Vermeidung – der Einsatz von Plastik mit diesen Inhaltsstoffen muss, wo nur möglich, vermieden werden.

Warum höre ich beispielsweise bei meinen Vorträgen aber so häufig das Argument, das Plastik-Problem sei in Deutschland ja mit Recycling gelöst und liege jetzt vor allem in Asien? Warum also müssen wir angeblich nichts ändern, wenn auch dort nichts Grundlegendes passiert? Auch hier sind wieder Mythen-Maschinen am Werk, die mit denen der Klima-Mythen vergleichbar sind. Das wundert nicht, denn ein wichtiger Inhaltsstoff von Plastik ist Mineralöl – und wer hat demzufolge großes Interesse am steigenden Einsatz von Plastik, vor allem in Zeiten, in denen fossile Brennstoffe immer unattraktiver werden? Richtig. Die Mineralölindustrie. Denn die Kunststoffindustrie ist ein nachgelagerter Zweig der gigantischen petrochemischen Industrie.

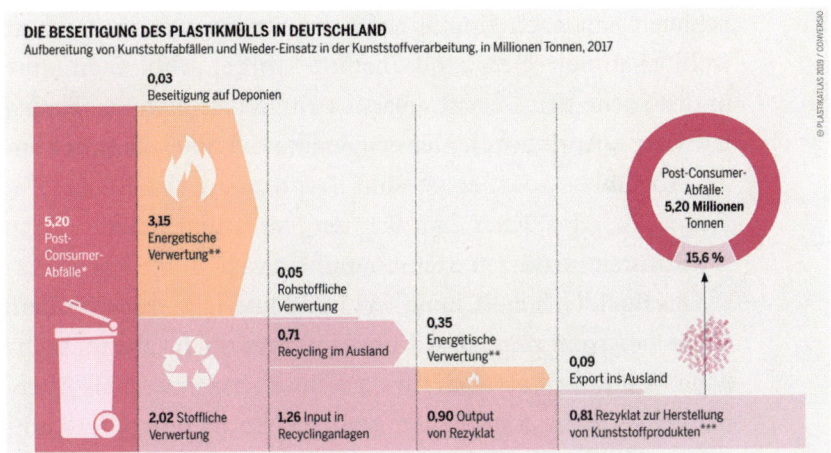

* Endverbraucherabfälle, die nach dem Gebrauch aus gewerblichen und haushaltsnahen Bereichen anfallen
** Müllverbrennung/Ersatzbrennstoffe, da nicht recycelbar
*** Inklusive ca. 0,135 Millionen Tonnen Rezyklat bei Recyclern mit eigener Produktherstellung (Werte für Darstellung gerundet)

Plastik, nicht fantastisch

✳✳✳ Erdöl in Plastik ✳✳✳

Dass Plastik auch aus Erdöl produziert wird, ist den meisten Menschen bekannt. Den wenigsten aber dürfte klar sein, wie viel Erdöl in unseren Plastikprodukten steckt. Polyethylen (PE) zum Beispiel ist der wohl gebräuchlichste Kunststoff in unseren Alltagsprodukten. Plastiktüten, Plastikflaschen, Schläuche, Küchengeschirr, Folien und die beliebten Tupperdosen sind aus Polyethylen. Eine 250-Milliliter-Shampooflasche enthält laut Angaben des BUND beispielsweise 1,1 Liter Erdöl.
Auch sehr verbreitet ist das chemisch ähnliche Polyethylenterephtalat (PET). PET-Flaschen sind aus heutigen Getränkemärkten nicht mehr wegzudenken, auch Kosmetik ist oft in PET-Verpackungen. In einer vollständig aus Erdölvarianten bestehenden 75-Milliliter-PET-Flasche sind 0,3 Liter Erdöl enthalten.

Schauen wir noch einmal auf der Seite des uns jetzt schon wohlbekannten Heartland Institute vorbei. Gibt man dort in der Suche den Begriff »plastic« ein, erhält man 463 Resultate (am 7. April 2022). Der erstgenannte Artikel stammt vom 24. November 2021; er ist eine Besprechung des Buchs *The Plastics Paradox: Facts for a Brighter Future* und lautet:
»Kunststoffe nützen Mensch und Umwelt
Das Buch (…) des Chemikers und Materialwissenschaftlers Chris DeArmitt zeigt, dass Kunststoffe sowohl für die menschliche Gesundheit als auch für die Umwelt besser sind als Alternativen. Andere Materialien verbrauchen mehr Energie und produzieren mehr Abfall. Weder Städte, Länder noch die Bundesregierung sollten von der Verwendung von Plastiktüten, Strohhalmen, jeglichen Utensilien oder Verpackungen abraten. Behauptungen, Plastik sei schlecht für die Umwelt, beruhen

auf Mythen. Es gibt keine Forschung, die solche Behauptungen untermauert (…)«

Nun bin ich ziemlich sicher, dass Melanie Bergmann und sehr viele Forscher nicht nur der letzten Behauptung deutlich widersprechen würden. Auch all die Robben und Delfine und Meeresvögel, die bereits an Plastikmüll verendet sind, weil sie ihn entweder fressen oder sich darin verheddern, hätten vermutlich eine andere Meinung.

Auch die anderen Suchergebnisse auf der Seite hatten den gleichen Tenor. Kurz zusammengefasst werden auch hier wieder Thesen gestreut, die dort eine Kontroverse entfachen, wo in der Wissenschaft Einigkeit herrscht. Indem man Diskussionen darüber anzettelt, ob nun Papier- besser sind als Plastiktüten oder Glas- besser als Plastikflaschen, werden, genau wie bei der Klimadebatte, vor allem Zweifel gestreut und somit Zeit gewonnen. Politiker diskutieren, selbst informierte Konsumenten zweifeln, diskutieren und binden Energie in Abwägungen – wie mache ich es denn wirklich richtig? –, anstatt einfach zu handeln, anstatt gezielt und sofort an einer Veränderung zu arbeiten. Ein banales und sehr gutes Beispiel sind hier wieder die Plastiktüten: Jahrelang wurde debattiert und abgewogen, was denn nun besser ist, dünne Plastik-, dicke Plastik-, Papier-, Jute- oder Hanfnetztüten, bis man sich in Deutschland endlich zu einem Verbot der Plastik-Einkaufstüten durchrang. Der zahlenmäßig größte Anteil an Plastiktüten, die dünnen Obsttüten, ist jedoch weiterhin unreguliert. Dreieinhalb Milliarden solcher Säckchen verbrauchen die Deutschen davon jedes Jahr, und sie kosten nicht einmal was. Seit es die Einkaufstüten nicht mehr gibt, steigt diese Zahl sogar.

Dabei ist es interessant, auch einmal zu beleuchten, wer diese ganzen Stoffe eigentlich produziert. Und da wird man schnell feststellen, dass es tatsächlich nur wenige Unternehmen sind, die den Großteil genau jener Produkte herstellen, die den Löwenanteil an Abfall generieren. Und genauso wenige Konzerne stellen Plastikpellets her, die Rohform der Kunststoffe. Das verleiht diesen wenigen Konzernen eine machtvolle Position.

Laut Plastikatlas Deutschland, herausgegeben von der Heinrich-Böll-Stiftung, beschäftigt jeder dieser Plastik-Konzerne für seine Lobbyarbeit eigene Teams, um Einfluss auf Politik und Regierungen zu nehmen. Sehr erfolgreich wurde das Plastik-Problem dadurch in unseren Köpfen zu einem Entsorgungs- und nicht zu einem Herstellungsproblem. Gerade in Deutschland kann man sich unendlich viele Mülltonnen nebeneinanderstellen, um vorbildlich Müll zu trennen, der dann, so die Hoffnung, recycelt wird und unser Gewissen nicht mehr belastet. Dabei wäre es doch naheliegender, bei der Herstellung anzusetzen und Inhaltsstoffe und Einsatzbereiche einer kritischen Beurteilung zu unterziehen – damit die vielen Mülltonnen gar nicht erst nötig wären, oder aber auch, um die Hersteller in die Verantwortung zu nehmen. Coca-Cola beispielsweise, das haben zahlreiche Strandmüllzählungen ergeben, ist der Konzern, der am meisten zum Strandmüll beiträgt. (Die drei nächsten Plätze belegen Pepsi, Nestlé und Danone.) Er verkauft gewinnbringend Flaschen, aber die Kosten, die nach Gebrauch seines Produkts entstehen, überlässt er zur Gänze der Allgemeinheit. Statt am Anfang des Prozesses wird also am Ende angesetzt, es werden ganze Recyclingindustrien gegründet und schließlich auch noch aus dem Müll Profit geschlagen, indem man Abfall zum Exportgut macht. Anstatt Coca-Cola aufzuerlegen, seine Produkte anders zu gestalten.

Jegliche Plastik-Diskussionen wurden in der Vergangenheit so gelenkt, dass Lösungen im Bereich der Entsorgung, nicht aber in einer Reduzierung der Produktion vorgeschlagen und verfolgt wurden. Indem man den Diskussionsraum auf diese Weise dominiert, kommen andere Diskussionen erst gar nicht auf. Der Leitgedanke von Konsumvermeidung soll um jeden Preis – vermieden werden.

Mithilfe der Lobby-Organisationen werden auch enorme Geldflüsse gelenkt – laut Plastikatlas wurden beispielsweise in mehreren US-Bundesstaaten Frackingbohrungen von Steuern befreit, was den Konzernen Hunderte Millionen Dollar einspart, genauso wie in Großbritannien der Chemiekonzern Ineos von Abgaben befreit wurde, mit denen eigentlich die Abkehr von fossilen Brennstoffen hätte finanziert werden sollen.

Das Problem, genauso wie bei den Klimaleugnung-Maschinen, ist: Sowohl die politischen Mandatsträger als auch die Organisationen, die sich für Klimaschutz oder Plastik-Regulierung einsetzen würden, sind zahlen- und ausstattungsmäßig den Lobbyisten weit unterlegen.

Umso erstaunlicher ist vor diesem Hintergrund, dass auf der 5. UN-Umweltkonferenz im März 2022 in Nairobi tatsäch-

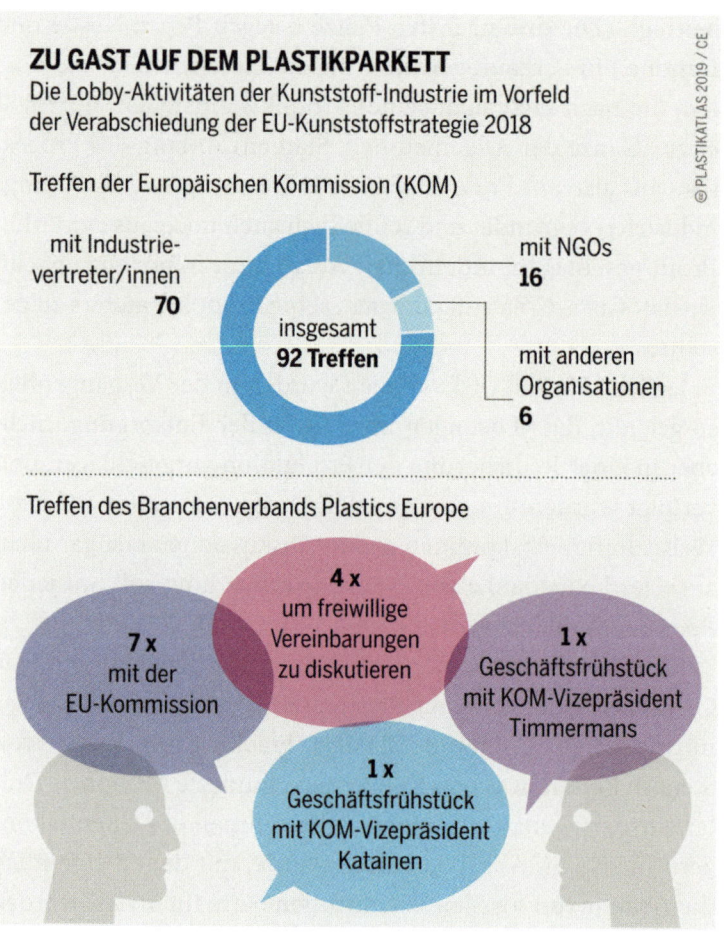

lich beschlossen wurde, bis 2024 ein rechtlich verbindliches Abkommen zur Reduktion von Meeresmüll und der durch ihn verursachten Umweltbelastung auszuhandeln. Der Resolutionsentwurf »End Plastic Pollution – Towards a Legally Binding Agreement« sieht vor, den gesamten Lebenszyklus von Plastikprodukten zu beleuchten, mit dem Ziel einer nachhaltigen Kreislaufwirtschaft und eines effizienteren Umgangs mit Ressourcen. Das sind sehr hohe Ziele, in nur zwei Jahren Zeit. Die Lobbyisten der petrochemischen Industrie werden sie nutzen.

❄

Happy End für den Sack

Was wurde nun aber aus dem Müll, den wir in der Hinlopenstraße gesammelt haben? Hier ein kleiner Zeitsprung:

Nach unserer Rückkehr nach Longyearbyen holen wir gleich nach dem Anlegen einen der Handwagen, die an der Pier für Transporte bereitstehen, und heben den mittlerweile beschrifteten und mit AWI-Schildern beklebten Sack voll Plastikmüll mit unserem Schiffskran über Bord und bugsieren ihn auf den Wagen. Mit vereinten Kräften ziehen Andreas und ich ihn vom Steg an Land und dann zu dem Logistikunternehmen. Wie ich

das schon einige Male zuvor gemacht habe, stellen wir den Sack hier erst einmal vor die Tür. Mich und meine Müllsäcke kennt man hier jetzt schon. Mittlerweile bleiben diese auch nicht mehr monatelang im Zoll stecken, und wir geraten nicht mehr in den Verdacht, einer Müllmafia anzugehören, aber das ist eine andere Geschichte.

Der Sack kommt also wohlbehalten in Bremerhaven an. Schon vor unserer Sammlung hatte ich Kontakt mit Anna Natalie Meyer, einer Kieler Biologie-Studentin, die sich Plastikverschmutzung zum Schwerpunkt gemacht hat. So kam eines zum anderen, und bald war das Projekt geboren, dass Anna ihre Bachelor-Arbeit über diesen Müll schreiben wird. Eigens für dieses Vorhaben ist Anna von Kiel nach Bremerhaven gezogen, wo sie sich drei Monate lang mit unserem gesammelten Plastikmüll beschäftigte. Am AWI stellte man ihr dafür extra einen gemütlichen Seecontainer zur Verfügung.

Dort sortierte sie erst die großen Teile, bevor sie die Kleinteile im Labor analysierte. Weil uns besonders die Herkunft der Teile interessiert, suchte sie akribisch nach Hinweisen, telefonierte mit Firmen, um herauszufinden, wo bestimmte Gegenstände ins Wasser gelangt sein könnten, und wurde zur Detektivin.

Im April 2022 telefoniere ich mit Anna. Ihre Bachelorarbeit ist noch nicht fertig, aber einiges kann sie mir schon erzählen. Grundsätzlich: Wir haben an jenem Strand auf einer Fläche von 2500 Quadratmetern 5993 Teile Müll eingesammelt, die insgesamt 167 Kilogramm wiegen. Der weitaus größte Teil stammt, wie wir das in Spitzbergen schon gewohnt sind, aus der Fischerei. Allein die 29 Netze summierten sich schon auf rund 80 Kilo, dazu kamen 44 Kilogramm an Tauen, die heute ja auch nicht mehr aus Hanf, sondern aus Plastik sind.

Die Auszählung des auf Kiepertøya gesammelten Mülls

Kategorie	Gegenstand	Anzahl	Gewicht (Gramm)
Plastik aus Fischerei		68	94.753
	Netze	29	79.426,13
	Fischkisten	19	3.153,56
	Andere	6	643,60
	Kugeltreibkörper von Fischernetz	2	8.400,00
	Boje	2	3.000,00
	Treibkörper (Vinylchlorid, Vinylchlorid-Copolymere)	5	90,95
	Teil eines Förderbands	5	38,95
Fischerei/Schifffahrt (Plastik)		770	59.651,62
	Taue	727	44.224,56
	Große Container	37	15.158,98
	Andere	6	268,07
Packbänder (Plastik)		1.819	722,74
Plastikfolie		402	816,02
Plastikartikel		60	627,30
	Feuerzeug	1	13,57
	Patronenhülsen	13	31,73
	Klebeband	1	15,80
	Tuch	1	90,36
	Verschiedenes	13	152,40
	Bau (Plastik)	31	323,46
Schaumstoff		33	18,08
	Styropor	11	1,90
	Plastikschaum	22	16,18
Plastikverpackung		300	3.160,64
	Flaschen	61	2.137,34
	Flaschenverschlüsse	155	562,17
	Taschengriff	1	8,53
	Taschentuchpackung	1	2,62
	Ringe	33	39,13
	Container (Lebensmittel)	46	386,59
	Medizinische Verpackungen	3	24,27
Gummi		15	2.259,40
	Ballonringe	2	0,35
	Ballonteile	1	0,35
	Gummiteile	2	1,20
	Schuhe/Handschuhe	10	2.259,05
Unidentifizierbares (Plastik)		2.477	4.954,63
Metall		2	13,83
	Patronenhülse	1	12,15
	Ring	1	1,68
Bearbeitetes Holz		47	20,86
Summe		5.993	166.998

»Das hat mich am meisten schockiert«, erzählt mir Anna, »nicht nur, dass es so viel ist, sondern, dass so viele Teile aus der Fischerei kommen. Und dass so riesige Teile darunter sind. Ich kann mir das gar nicht vorstellen, dass so große Fischernetze dort einfach in der Natur liegen.« Ebenso wie ich zu Beginn des Projekts ist auch Anna von den Packbändern überrascht, die wir in so großer Anzahl an den Stränden und im Meer eingesammelt haben. »Ich hätte nicht erwartet, diese Bänder überhaupt dort zu finden. Man kennt sie hier von Paketen, die man zugeschickt bekommt, aber dass diese Plastikbänder auch noch in so vielen anderen Sektoren verwendet werden und dann auch im Meer landen, das wurde mir erst jetzt klar.«

Bei der Untersuchung der Herkunft der Teile hat Anna herausgefunden, dass elf Teile aus Deutschland kamen. Dazu wird aber mehr in ihrer Bachelorarbeit zu lesen sein. Anna ist dadurch zu einer Expertin für Plastikteile geworden. Wir finden ja sehr viele Bruchstücke, von denen wir nicht wissen, wovon sie stammen. Anna Natalie und Melanie Bergmann twitterten beispielsweise ein Plastikteil, und die Schwarmintelligenz wusste, dass es sich dabei um einen Teil eines Förderbands handelte. »Wenn ich noch einen Sack sortieren würde«, sagt Anna am Ende im Scherz, »wäre ich jetzt schon viel schneller.«

Nach ihrer Bachelorarbeit wird Anna nun zusammen mit Melanie Bergmann auch noch eine wissenschaftliche Publikation erarbeiten. Studien wie diese sind gerade im Hinblick auf das nun auszuhandelnde Plastik-Abkommen der Vereinten Nationen wichtig: Denn nur aufgrund solcher Veröffentlichungen kann man fundierte Aussagen darüber treffen, wie groß die Verschmutzung ist, wie sie entsteht und wie dringend der Handlungsbedarf ist. Unser Citizen-Science-Projekt, die Arbeit des AWI, viele andere Institute und private Initiativen

sammeln seit Jahren unermüdlich nicht nur den Müll, sondern erheben eben diese Daten. Argumente also können wir mittlerweile genügend liefern, um zum Beispiel ganz andere Regeln und vor allem Strafen für die Fischerei einzuführen.

Der Müll, als er dann ausgezählt, sortiert, gewogen, analysiert war – wird nun auch noch zur Kunst. Melanie und Anna haben Künstlern in Deutschland angeboten, Gegenstände aus dem Sack abzuholen, für Projekte aller Art. Dieser Aufruf wurde zum Erfolg; es ist kein einziges Teil übrig geblieben. Sogar das riesige Fischernetz wurde abgeholt, es ging an die Kunsthochschule Kassel. Bis zur Drucklegung sind schon einige Müllteile in ganz anderer Form wiederaufgetaucht – zum Beispiel in den Werken der Künstlerinnen Swaantje Güntzel und Carolin Seeliger, die unter anderem aus einer Plastiktüte sogenannte Scanogramme erstellt. Auf den ersten Blick erinnern diese an Meeresbewohner, Meereis oder Eisberge – auf den zweiten Blick aber regen sie sehr zum Nachdenken an. Genau das sei auch die Absicht, sagt Seeliger zu mir, als ich sie wegen der Bilder kontaktiere – Bewusstsein noch einmal auf einer ganz anderen Ebene zu schaffen.

Den Müll so zu sehen, ist für mich seltsam berührend. Dass aus diesem einen Anruf beim AWI so viel entstanden ist, von einer Fülle relevanter Daten über wissenschaftliche Veröffentlichungen und viel Aufmerksamkeit für das Müllproblem bis hin zu Kunstwerken und dadurch hoffentlich weiterer Bewusstseinsbildung – das macht mich sehr dankbar. Und es zeigt doch wieder einmal, dass ein jeder einfach mal etwas versuchen kann, an der Stelle, an der er ist, mit den Möglichkeiten, die er hat. Mit ein bisschen Glück wird richtig was draus.

Ich bin gespannt, was wir noch alles an Kunst sehen werden aus dem Müll der Hinlopenstraße.

❋

Bären und Strandgut

Zurück zu unserer Reise: Einige Tage später fahren wir quer über die Hinlopenstraße, die uns schon so reich beschenkt hat mit ihrer Schönheit.

Wir fahren in den Lomfjord ein, einen kleinen Fjord im Nordwesten der Hinlopenstraße. Es ist ein kalter, klarer Tag; wir sitzen gerade beim Mittagessen, als Steuermann Philipp Eisbären auf einem kleinen Inselchen erspäht. Die Suppe kann warten.

Es ist eine kräftige Bärin, die da über die karge Felseninsel schreitet, zwei balgende Junge hinterdrein. Wir bleiben mit der *Cape Race* in einigem Abstand, die Mutter wittert. Dann hat die Bärenfamilie den höchsten Punkt der Insel erreicht, wandert ein Stückchen den Grat entlang. Bärin samt Kinder verschwinden auf die andere Seite, aus unserem Blickfeld. Gelegenheit für Suppe, während die Crew die *Cape Race* durch die Felsen hindurch auf die andere Seite der Insel steuert. Die Bären sehen wir zum Nachtisch wieder.

Auf der kleinen Insel finden wir sie leicht. Sie sind ganz hinuntergeklettert bis zum Strand, wo sie zwischen Felsspalten

etwas Fressbares gefunden haben. Wir können nicht erkennen, was es ist, aber die Bärin hat bald eine etwas blutige Schnauze. Und während die Jungen an der Beute reißen, wacht die witternde Mutter weiter über sie. Nach ein paar Minuten setzen die drei ihre Inselwanderung fort.

An einer einzigen Stelle der Insel, an einem steilen Abhang, ist ein kleines Restchen Schnee übrig. Nur dieses eine Fleckchen – gerade groß genug für drei Bären. Die Bärin steigt hinab zu dem Schneefeld; ihre beiden Jungen springen ihr hinterher. Die Mutter setzt sich. Und dann beginnen die Jungen zu saugen. Das ist nun etwas, das ich in 15 Jahren noch nie gesehen habe. Es ist ein Bild des absoluten Friedens. Die Kameras klicken und klicken. Sogar die *Cape Race* scheint leiser zu tuckern, um dieses Bild nur ja nicht zu stören.

Als die Jungen satt sind, wird gespielt. Die Mutter balgt sich mit ihren Kindern auf dem Schneesitz und nimmt sie mehrmals richtig in die Arme. Wir lassen die Familie aber bald in Ruhe und fahren weiter in den Lomfjord ein. Was für eine schöne Begegnung das gewesen ist. Selig stehen wir alle weiter an Deck und lassen unsere Blicke über den Fjord schweifen. Was für eine Traumregion die Arktis doch ist, immer wieder denke ich mir das, auch nach all der Zeit. Welch ein Privileg, hier arbeiten zu dürfen.

Wir haben an diesem Tag aber kaum genügend Zeit, diese Szene auf uns wirken zu lassen. Wenig später sichten wir einen weiteren Bären, einen sehr massiven, männlichen Bären diesmal. Er wandert den Strand fjordeinwärts, an der Wasserlinie entlang, auf der Suche nach Fressbarem. Eine tote Möwe schleift er eine Weile mit sich, bevor er sich niederlässt und auf ihr herumkaut.

Die magere Möwe gibt aber wohl nicht genügend her für

Bären und Strandgut

eine lange Marschpause, und so macht der Bär sich wieder auf den Weg.

Plötzlich taucht im Wasser, unweit des Bären, eine Robbe auf. Sie schaut vorwitzig aus dem Wasser, und weg ist sie wieder. Der Bär blickt zuerst noch desinteressiert in Richtung der Robbe. Und urplötzlich ändert er seine gesamte Körperhaltung. Er wird flacher, weit ausgreifend geht er nun auf das Ufer zu, den Kopf nach vorne gereckt. So sieht ein Bär aus, der jagt. Ich halte die Luft an. Es ist fantastisch, das zu beobachten. Der Bär springt auf einen türkis schimmernden Eisblock, der am Ufer auf Grund liegt. Er schaut ins Wasser, wirft seinen Kopf witternd nach oben. Immer wieder. Und jetzt schaut er auch uns an.

Hat er nun Interesse an der Robbe oder an uns?

Eine ganze Weile fläzt sich der Bär auf der Scholle, dann haut er mit seinen gewaltigen Pranken einige Stücke davon herunter, lässt sich mit den Vorderbeinen und seinem Oberkörper auf das Eis fallen, als wolle er darunter die Robbe erlegen, die da aber nicht ist. Irgendwann lässt er ab von der Scholle, wuchtet sich auf den Strand zurück und wandert weiter das Ufer entlang.

Und dann, ja, dann sehen wir, wie es ist, wenn Tiere auf Plastik treffen, das einfach so am Strand liegt. Der Eisbär geht auf ein orangefarbenes Fischernetz zu und schnuppert erst daran, dann beißt er hinein. Er lässt sich auf seine Hinterpfoten nieder und kaut auf dem Netz herum, in dem sich eine Vogelfeder oder ein Teil eines Flügels verheddert hat. Er kaut so lange auf dem Netz herum, bis er die Feder herausgefischt hat. Mit der Feder in seiner Schnauze läuft er dann weiter, nach wenigen Schritten spuckt er die Feder aus.

Als Nächstes beißt er in eine durchsichtige dicke Plastik-

plane, wie wir sie häufig an den Stränden finden. Er schleudert sie in die Luft und schlägt sie auf den Boden, dann lässt er sie wieder liegen. Das Gleiche macht er wenige Meter weiter mit einer schwarzen Plane.

Atemlos filme ich diese Szenen, Andreas fotografiert neben mir wie verrückt.

»Irre!«, murmelt er zwischendurch.

Ja, es ist wirklich irre. Wir sind 1000 Kilometer vom Nordpol entfernt, in einer menschenleeren Gegend. Wir beobachten ein Tier, das nicht besonders viele Menschen je in freier Wildbahn zu sehen bekommen, weil das Zuhause dieses Tiers so weit weg und so schwer zu erreichen ist. Aber der Plastikmüll ist schon angekommen. Wir sehen die typischen Fischerkörbe, viele Netze, allerlei undefinierbaren Unrat im Sand. Der Bär schnuppert, inspiziert die Teile, die an der Wasserlinie und

damit mitten in seinem Weg liegen. Es macht zum Glück den Eindruck, als würde er erkennen, dass es sich hier nicht um etwas Fressbares handelt; es sieht zumindest so aus, als habe er nichts von all dem Plastik geschluckt, sondern alles nur auf Genießbarkeit hin untersucht.

Irgendwann lasse ich die Kamera sinken.

Ich schaue die Gäste an, die mit uns diese Szene beobachtet haben und die in hellem Aufruhr sind.

»Was war das Erste?«, fragt jemand.

»Ein Fischernetz«, sagt Andreas.

»Das ist ja unglaublich«, sagt ein anderer, »da denkt man, man fährt in unberührte Natur, und dann sieht man einen Eisbären Plastik fressen.«

»Ja«, sagt ein Dritter, »das ist unglaublich. Es ist unglaublich, dass so weit entfernt von aller Zivilisation so viel Müll an diesen Stränden liegt.«

Ein Gast steht an der Reling, die Hände an dem Metallgeländer. Der Blick unverwandt auf den Bären gerichtet, minutenlang. Und dann sehe ich, wie ihm Tränen über das Gesicht laufen.

In Momenten wie diesen denke ich manchmal, diese Reisen haben einen Sinn. Nirgendwo sonst wird man mit einer solchen Wucht darauf gestoßen, was wir dieser Welt antun. Eben noch schwelgten die Gäste in der Betrachtung dieses wunderschönen Bären; sie konzentrierten sich dabei ganz auf den Bären, dieses schöne Tier, auch noch auf einem Eisblock stehend, auch noch so aktiv. So hatten sie sich das vorgestellt, so hatte das ausgesehen in den Prospekten, in denen immer alles so schön weißblausauber ist, wenn es um die Arktis geht. So sieht das ja fast ein bisschen wie bei David Attenborough aus. Und dafür waren sie ja gekommen: Um Eisbären in freier Wildbahn zu sehen, darauf hatten sie gehofft. Sie wollten Natur sehen und nichts als Natur, in einer Region ohne Menschen.

Und dann das.

Gleichzeitig denke ich aber manchmal, diese Reisen haben eben keinen Sinn mehr. Ich kann bald nicht mehr hier arbeiten. Wie kann ich Gästen noch von der Schönheit dieser Region erzählen, sie ihnen näherbringen, wenn wir ihnen mittlerweile doch häufig nur noch eine Ruine dessen zeigen können, was einst war? Und wenn wir doch vor allem auch dazu beitragen, dass sie bedroht ist, mit unseren Flügen, unserer Anreise, unserem Schiff, so klein es auch sein mag?

In Momenten wie diesen wirbelt häufig alles in mir durcheinander. Zum einen ist da ein Gefühl, fast wie Stolz, oder anders, das Gefühl, meinen Auftrag erfüllt zu haben: kein Disneyland zu zeigen, sondern die Welt, wie sie jetzt ist. Wozu wir sie gemacht haben. Den Menschen dadurch zu ermöglichen, einen anderen Blick auf unsere Welt zu bekommen, und vor allem einen Blick auf ihre Rolle darin. Was ich auf dieser Reise theoretisch über Plastik erklärt habe, mit meinen Grafiken und Zahlen, und was wir praktisch erfahren haben, bei unserer großen Sammlung, das bekommt durch diese Szenen noch viel, viel mehr Nachdruck. Hier ist der Beweis: Es passiert, ich erzähle nicht nur davon. Tiere kommen ständig in Berührung mit unseren Abfällen. Sie verheddern sich darin, sie fressen es, sie sterben daran. Gerade noch Arktiswunder, jetzt Plastiktod, die Fallhöhe ist groß.

Zum anderen habe ich aber auch immer mehr ein Gefühl der Hoffnungslosigkeit und Schuld. Kann eine Reise mit zehn Menschen etwas verändern? Selbst wenn diese zehn Menschen sich nach dieser Reise völlig dem Schutz unserer Welt verschrieben – welchen Unterschied würde das schon machen, im großen Ganzen, in dieser irrsinnigen Welt, die wir geschaffen haben, diese Welt, die Müll produziert und produziert und produziert, deren ganzes Prinzip ja auf dem immer weiter wachsenden Produzieren von Dingen und schlussendlich Müll beruht? Und ist es nötig, für diesen Sinneswandel in die Arktis zu fahren – oder reichte nicht eine Naturdokumentation von David Attenborough? Zwischen diesen beiden Polen also oszilliert mein Gemütszustand, wie ein Sturm in meinem Inneren geht es vom einen zum anderen, von innerer Erfüllung zu innerer Leere, von Stolz zu Schuld, und es wird mir immer unmöglicher, diesen Widerspruch noch aufzulösen.

❋

Zehn Monate später, kurioserweise gerade in den Tagen, als ich diesen Text aufschreibe, ruft mich Melanie Bergmann an. Für eine Pressemitteilung wird noch Bildmaterial benötigt. Ich sende ihr die Videos des Bären, und wieder einmal versendet das AWI eine Mitteilung, diesmal eine Analyse über den momentanen Stand der Plastikverschmutzung der Arktis, mit Fotos und Videos unter anderem auch von unseren Sammlungen. Und diesmal erweckt die Meldung Interesse, Melanie und der Bär mit seiner Plastikplane schaffen es in die *Tagesschau* und einige Regionalsender. Ein paar Sekunden Aufmerksamkeit. Tropfen für Tropfen.

❄

Ins Eis

Nach den Bärenbeobachtungen im Lomfjord fahren wir weiter Richtung Norden. Andreas und Ali beugen sich ausgiebig über die aktuellen Eiskarten. Diese bunten Karten faszinieren mich, seit ich 2007 das erste Mal von ihrer Existenz gehört habe. In verschiedenen Farben wird hier die Dichte des Eises dargestellt; dunkelgrau ist zum Beispiel das landfeste Eis, jenes Eis also, das mit dem Land verbunden und vollkommen geschlossen ist. Knallrot ist das sehr dichte Drifteis dargestellt, das wir mit dem Schiff immer vermeiden müssen, während hellgrüne Flächen Regionen mit sehr offen dahintreibenden Schollen symbolisieren, durch die wir umsichtig navigieren können. Das Interessante an diesen Karten aber ist: Man muss sie ganz anders lesen als Landkarten. Während die Angaben auf einer Landkarte relativ unumstößlich sind, ist eine Eiskarte nur eine Information in einem größeren, dynamischen Geschehen. Denn das Eis der Arktis ist ständig in Bewegung.

✳✳✳ **Die Eisdrift** ✳✳✳

Die Bewegungen des arktischen Meereises folgen zwei großen Mustern: Die transpolare Drift, einst von Fridtjof Nansen auf seiner *Fram-Reise* erstmals nachgewiesen, transportiert das arktische Meereis von Russland hinüber nach Grönland und Kanada.

Deswegen ist das Eis vor der russischen Küste am dünnsten, weil es von dort wegdriftet und immer neues wachsen muss, während es vor Grönland und Kanada am dicksten ist, weil es dort vor den Küsten dann natürlich übereinandergeschoben wird. Zusätzlich gibt es auch noch den Beaufortwirbel, eine kreisförmige Eisströmung nördlich der Küsten Alaskas und Kanadas. Darin zirkuliert das Eis länger, als es mit der Transpolardrift unterwegs ist, und wird deswegen dort auch dicker.

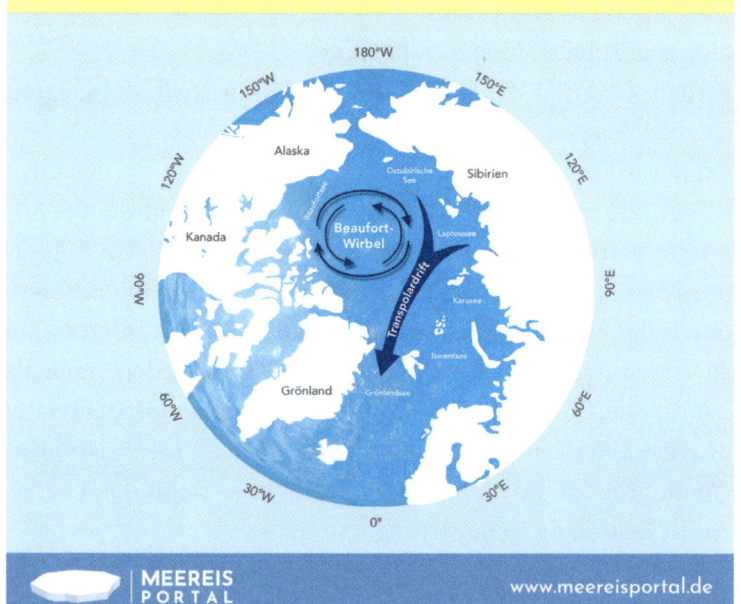

Die ständige Bewegung des Eises sorgt dafür, dass eine Eiskarte kurz nach Erscheinen einen Zustand aus der Vergangenheit zeigt und eigentlich schon wieder veraltet ist. Wie sehr die tatsächliche Situation von dem gezeigten Zustand abweicht, hängt von vielen Faktoren ab, unter anderem von Eisdicke und Wind. Bei starkem Wind kann sich innerhalb sehr kurzer Zeit die Situation in einem Fjord oder einer Wasserstraße stark verändern. Es kann dann auf einmal an Stellen Eis treiben, wo noch vor Kurzem gar keines zu sehen war, oder alles ist auf einmal eisfrei, wo kurz zuvor alles noch relativ dicht geschlossen war.

Die Eiskarten, die durch Messungen per Satellit erstellt, menschlich überprüft und dann versendet werden, zeigen also immer eine Momentaufnahme – und diese Momentaufnahme fügt sich für den Navigator erst nach dem Einbeziehen der herrschenden Bedingungen zu einem Gesamtbild. Die Berücksichtigung der Windstärke und Windrichtung kann dann beispielsweise ausschlaggebend für die Entscheidung sein, ob man in einen Fjord einfährt. Denn man will ja auch immer wieder herauskommen – wenn aber zum Beispiel vor einem Fjord große Eisfelder liegen, die der vorhergesagte Wind voraussichtlich in den Fjord hineinbewegen wird, dann überlegt man sich das schon genauer. Das ist die große Kunst an der Seefahrt in der Arktis, dass man nicht nur mit Wind und Welle umgehen können muss, sondern es kommt noch eine dritte Dimension dazu, die Dimension des Eises: Für eine gute Routenplanung muss man vorhersehen können, wie sich die Eisbedeckung verändern wird.

Die Eiskarte, die Andreas und Ali gerade anschauen, macht es uns in dieser Hinsicht bedauerlich einfach: Es ist leider fast gar kein Eis mehr in unserer Nähe. Wir werden uns auf dieser

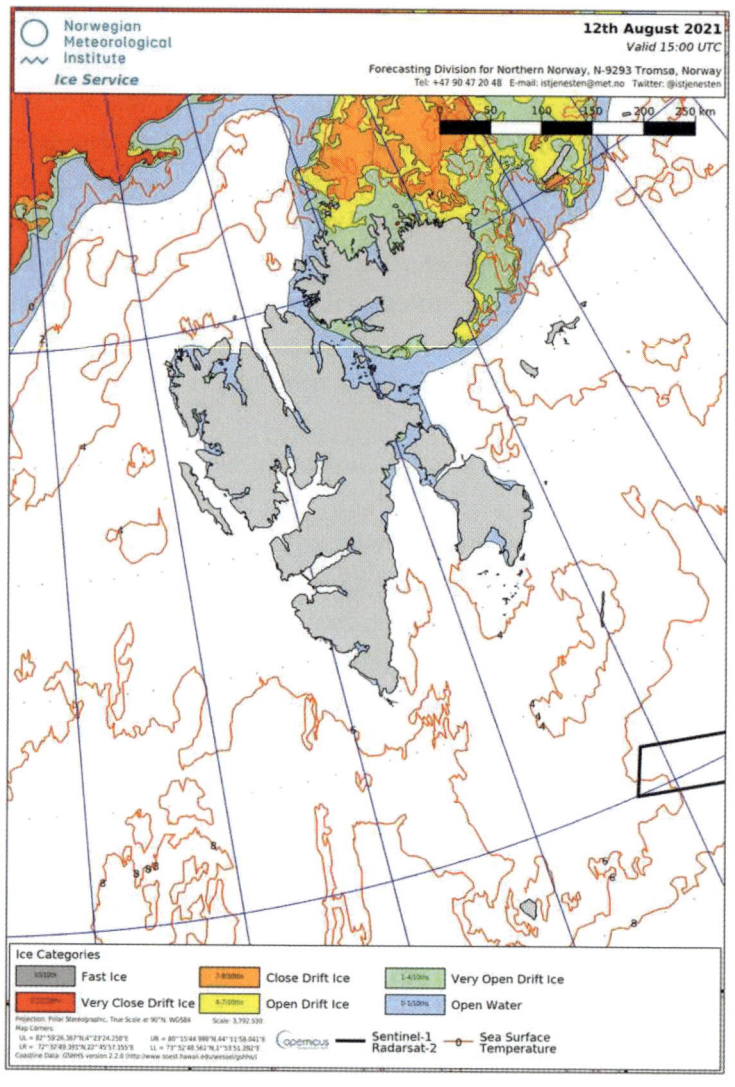

Reise also nicht ins Treibeis begeben können, die nächstgelegenen Felder sind zu weit weg für unseren Routenplan.

Mit der *Cape Race* fahren wir nun also in den Murchisonfjord auf Nordaustlandet ein, während meine Gedanken zu früheren Eisfahrten nach Norden wandern. Für mich ist es das Meereis, das die Arktis ausmacht, nicht die großen Gletscher. Diese Eislandschaft auf dem Meer, der Umstand, dass alles immer in Bewegung ist, selbst im Winter, wenn alles so starr erscheint – das hat mich von der ersten Sekunde an vollkommen in seinen Bann gezogen. Gletscher kannte ich aus den Alpen, aber nie zuvor hatte ich etwas so Absonderliches, Wunderschönes, etwas so Bezauberndes wie Meereis gesehen.

Wir haben uns auf dem Segelschiff *Antigua*, einem niederländischen Dreimaster, oft ein ganzes Stück weit hineingewagt ins Eis. Haben Barrieren langsam, aber beharrlich durchfahren; einer muss dabei immer auf dem Klüverbaum sitzen und per Funkgerät die Richtung durchgeben an den Kapitän im Steuerhaus. Wenn Schollen gestreift werden, gibt es unter Deck ein schabendes, scheuerndes Geräusch, man fühlt die Eiskristalle am Rumpf entlangkratzen und will hinaus, um zu sehen, was man da hört. Manchmal haben wir Löcher in große, stabile Eisschollen gebohrt, Eisanker hineingesetzt und

das Schiff daran festgemacht. So wurden wir zu Passagieren des Eises, wir drifteten mit den Schollen, auf denen wir dann spazieren gingen.

Im Sommer ist das Eis ganz anders als im Winter, es befindet sich in einem Stadium des Zerfalls; spät im Sommer sieht es beinahe grau aus, weil seine Oberfläche so nass und matschig ist. Ganz anders im Winter. Als ich Ende März, Anfang April auf Skiern zum Nordpol unterwegs war, sang das Eis. Wer jemals bei Temperaturen unter minus 20 Grad über Schneeflächen gelaufen ist, weiß, was ich meine. In unseren Breiten knirscht der Schnee unter den Sohlen, er ist meistens einigermaßen feucht, selbst wenn er pulvrig ist. Der Schnee der hohen Arktis ist trocken, er ist nicht aus Pulver, sondern Staub.

Aus ihm kann man keinen Schneemann formen, dafür kann man ihn mit der Schneesäge zu »Ziegelsteinen« schneiden. Wenn man ihn zu Wasser schmelzen will, braucht man viel, sehr viel Schnee, um daraus einen Liter Flüssigkeit zu bekommen, so trocken ist er. Und wenn man darüberläuft, singt er, ich kann das Geräusch nicht anders nennen. Manchmal klingt es hohl, manchmal, als würde man krachend in einen Apfel beißen, ein anderes Mal wie Styropor. Eis klingt immer anders, und es erzählt dir mit seinen Klängen seine Geschichte. Wie es beschaffen ist, wie alt es ist.

Das Meereis der Arktis wächst anders als das Eis aus Frischwasser. Vereinfacht gesagt, bildet es beim Gefrieren Kristalle, und in diesen Kristallen ist für das Salz des Meerwassers kein Platz – die Wassermoleküle verdrängen das Salz aus der entstehenden Kristallstruktur. Dadurch entsteht eine hoch konzentrierte, weiterhin flüssige Salz-Sole, und diese bildet Hohlräume und Kanäle, die das Eis durchziehen.

Junges Eis sieht deswegen immer etwas gräulich oder ver-

waschen aus, es ist porös und nicht besonders kompakt. Wenn das Eis älter wird, wird es immer salzärmer, weil das Salz aus dem Eis ausgewaschen wird. Es kann aber auch passieren, dass die Sole plötzlich ausgestoßen wird: Wenn sich Hohlräume bilden, die sich ganz mit Sole anfüllen, und das wachsende Eis immer mehr Druck auf diese Salztaschen ausübt, platzen diese Kanäle manchmal auf und geben die Sole in einem Schwall ab, was zu wunderschönen Eisblumen führt. Diese Eisblumen habe ich mehrmals auf dem Weg zum Nordpol gesehen, sie waren von solch wunderbar blaufragiler Schönheit, dass sie es wert waren, die Handschuhe auszuziehen, den Akku in die Kamera einzusetzen und diese eisigen Blumenwiesen zu fotografieren.

Der ganze Entstehungsprozess von Meereis ist faszinierend. Meereis muss beispielsweise auch deutlich dicker sein als Süßwassereis, bis es Gewicht tragen kann. Anfangs sieht das Eis auf dem Meerwasser aus wie ein öliger Film, der dann zu einer Art Schlamm wird. Ist das Wetter ruhig, bildet sich der sogenannte Nilas, eine zusammenhängende Neueisdecke, die noch sehr elastisch ist und immer weiterwächst. Ist es windig, entstehen Gebilde, die aussehen wie große Pfannkuchen – Eisschollen mit einem Rand, der wächst, weil immer wieder Eisbrei auf die Schollen schwappt und die Kristalle sich dann am Rand ablagern, während das Wasser wieder abfließt. Am Ende aber entsteht, egal, ob mit oder ohne Wind, eine geschlossene Eisfläche, der man ansieht, unter welchen Bedingungen sie gebildet wurde: Ohne Wind wird sie glatter und ebenmäßiger als mit Wind.

Wenn das Eis weiterwächst und einen Sommer überdauert, heißt es im nächsten Jahr zweijähriges Eis. Wenn es dann noch einen Sommer übersteht, wird mehrjähriges Eis daraus. In diesem Eis sind dann nicht mehr viel Luft und Salz enthalten; es reflektiert das Licht beinahe so blau wie Gletschereis und sieht nicht mehr so graugewaschen aus wie am Anfang.

So faszinierend wie gefährlich ist es, wenn das Meereis bricht – zumindest, wenn man mit Skiern darauf unterwegs ist: Das passiert beispielsweise, wenn der Wind seine Richtung än-

dert oder wenn es stürmt. Auch sehr dicke Eisplatten können sich dann übereinanderschieben und gewaltige Presseisrücken bilden, das sind aufeinander gefrorene Eisschollen, die zu meterhohen Eisbarrieren werden. An anderer Stelle bildet sich dafür offenes Wasser, auch im Winter. Meereis ist also keine gleichmäßige, ebene Fläche, wie man vielleicht denken würde, sondern eine wild gemusterte, faltige, löchrige Decke auf dem Meer, die immer in Bewegung ist.

Wie sehr dieses Eis in Bewegung ist, habe ich bei meinen Skitouren zum Nordpol erlebt. Mit bis zu 1,2 Kilometern in der Stunde bewegte sich das Eis 2010 in die verkehrte Richtung; wir waren unterwegs wie auf einer rückwärtsfahrenden Rolltreppe. Jeden Morgen wachten wir auf und waren wieder ein gutes Stück der tags zuvor gelaufenen Strecke zurückgedriftet, unser Vorhaben glich einer Sisyphosarbeit. Am Ende bewegten wir uns während eines Sturms in unserem Zelt mehr als 40 Kilometer in zwei Tagen. Das war anstrengend, aber meine Faszination hat es nur vergrößert.

Eis ist also, genauso wie Schnee, nie gleich. Eis und Schnee sind immer in einem Prozess, sie verändern sich ständig, sie sind immer anders. In jedem Sommer schmelzen gewaltige Mengen des Meereises, und in jedem Winter formt es sich neu. Jedes Jahr im Februar oder März erreicht das Eis mit dem sogenannten Meereismaximum seine größte Ausdehnung, dann beginnt es wieder zu schmelzen, bis es im September zum Meereisminimum die kleinste Fläche bedeckt und wieder zu wachsen beginnt. Die Schwankung zwischen Maximum und Minimum beträgt rund acht Millionen Quadratkilometer, eine enorme Fläche also, so groß wie Australien – und eine enorme saisonale Veränderung auf unserer Erde. Auch das ist so faszinierend, dieser enorme Unterschied in den Jahreszeiten.

Warum aber ist das Meereis so wichtig für die Erde, warum wird das Abschmelzen des Meereises immer wieder thematisiert?

Zunächst einmal: Wenn alles Meereis schmilzt, wird das am Meeresspiegel nichts verändern. Das ist ein häufig gemachter Denkfehler. Meereis ist ja auch als Eis ein Teil des Meeres. Der Meeresspiegel wird durch das Abschmelzen des Gletschereises verändert, das ja bisher – oder seit der letzten Warmzeit – kein Teil des Meeres war und zu der Wassermenge im Meer hinzukommt.

Die weiße Schnee- und Eisdecke hat eine andere globale Bedeutung: Sie dient als gigantische Klimaanlage, weil sie die einfallenden Sonnenstrahlen reflektiert und somit Wärme zurück ins All abstrahlt – und das natürlich in viel größerem Maß als eine dunkle Wasseroberfläche. Diesen Effekt kennt jeder, der im Sommer eine helle und keine schwarze Sonnenmütze aufsetzt, denn unter einer schwarzen wird es schnell zu heiß. In der Wissenschaft spricht man hierbei von der Albedo oder dem Albedo-Effekt.

✻✻✻ Die Albedo / Der Albedo-Effekt ✻✻✻

Jeder von der Sonne beschienene Körper reflektiert, absorbiert oder transmittiert die solare Strahlung in unterschiedlichem Ausmaß. Wie viel ein Körper reflektiert, hängt von der Art und Beschaffenheit der bestrahlten Fläche und vom Einfallswinkel der Strahlung ab. Der Begriff Albedo ist dem Lateinischen entlehnt und bedeutet »Weißheit«; er benennt, welches Reflexionsvermögen einzelne Körper haben, indem das Verhältnis von reflektierter zu eingestrahlter Strahlung angegeben wird.

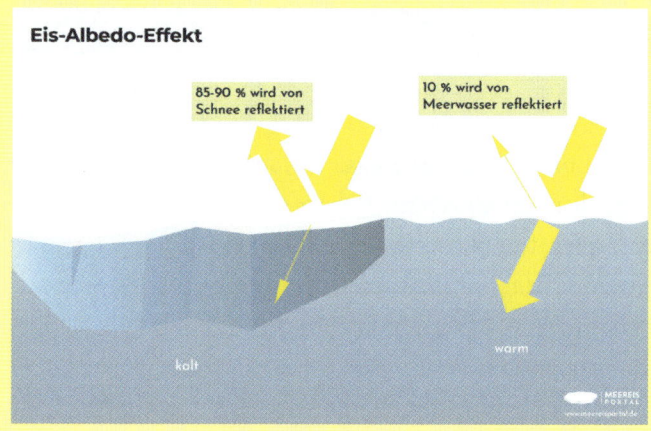

Die Albedo einer freien Wasserfläche liegt beispielsweise bei 0,07 bis 0,1, während eine mit Eis und Schnee bedeckte Wasserfläche 0,8 bis 0,9 beträgt. Das bedeutet, dass die freie Wasserfläche 90 Prozent der Strahlung und mehr absorbiert, während eine mit Eis und Schnee bedeckte Wasserfläche 80 bis 90 Prozent reflektiert.

Die Funktion einer Klimaanlage können die Polgebiete aber immer schlechter erfüllen, weil die Eisbedeckung des Arktischen Ozeans abnimmt. Dieser Vorgang beschleunigt sich selbst: Je mehr Eis schmilzt, umso kleiner wird die helle, Wärme reflektierende Fläche, und umso größer wird die dunkle, Wärme absorbierende Fläche – und dadurch wiederum schmilzt umso mehr Eis. Diese positive Rückkopplung – hier die Eis-Albedo-Rückkopplung – ist einer jener unseligen Rückkopplungsprozesse im Klimasystem, die die globale Erwärmung verstärken.

Die Eis-Albedo-Temperatur-Rückkopplung entfaltet in der Arktis eine große Wirkung. Man spricht hier von der polaren Verstärkung, auf die ich später noch zurückkommen werde.

Vor allem das jährliche Minimum hat sich in der Vergangenheit stark verändert. Seit 1972 hat es sich von sieben auf etwa fünf Millionen Quadratkilometer verringert. Am wenigsten Eis blieb im Jahr des historischen Minimums 2012 übrig: Nur 3,5 Millionen Quadratkilometer waren es am Ende des Sommers noch; das ist nur noch die Hälfte von 1972. Und gleichzeitig natürlich sehr viel mehr dunkles Wasser.

Aber nicht nur die Ausdehnung des Meereises hat so deutlich abgenommen, sondern damit einhergehend auch seine Dicke. Dieser Umstand wird häufig in der breiten Öffentlichkeit übersehen. Mittlerweile wird zwar jedes Frühjahr und jeden Herbst über die Meereismaxima und -minima berichtet – vor allem natürlich, wenn spektakuläre Rekorde zu vermelden sind. Die ebenso abnehmende Eisdicke, und was diese Abnahme bedeutet, ist für die meisten Medien, so scheint es zumindest, entweder zu uninteressant oder zu komplex, um berichtet zu werden. Deswegen wollte ich mich gerade zur Eisdicke mit einem Experten unterhalten und war hocherfreut, als der wohl bekannteste Meereisforscher Deutschlands zu einem

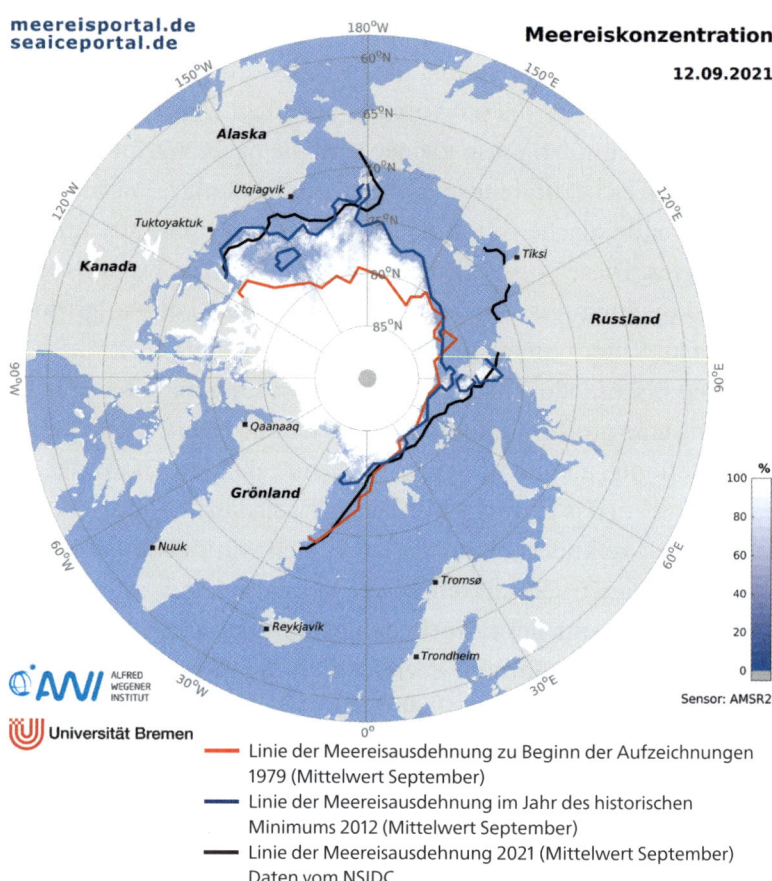

― Linie der Meereisausdehnung zu Beginn der Aufzeichnungen 1979 (Mittelwert September)
― Linie der Meereisausdehnung im Jahr des historischen Minimums 2012 (Mittelwert September)
― Linie der Meereisausdehnung 2021 (Mittelwert September)
Daten vom NSIDC

Gespräch bereit war: Professor Christian Haas leitet seit mehr als 30 Jahren jedes Jahr Feldkampagnen in der Arktis und Antarktis mit Schiffen, Flugzeugen und an Land. Seine Arbeit verfolge ich schon seit 15 Jahren, seit ich mich selbst mit Meereis und seinen Ausdehnungen und Eigenheiten beschäftige. Mit ihm spreche ich im April 2022 über Zoom.

❄

Professor Christian Haas,
Meereisphysiker

»Wenn wir die Treibhausgaskonzentration stabilisieren, stabilisieren wir auch das Meereis.«

Christian Haas ist Polar- und Eisforscher und Professor am Institut für Umweltphysik der Universität Bremen. Außerdem leitet er die Sektion Meereis-Geophysik und -Fernerkundung am Alfred-Wegener-Institut in Bremerhaven. Sein Forschungsschwerpunkt ist die Rolle des arktischen und antarktischen Meereises im globalen Klima- und Ökosystem sowie seine Nutzung durch Menschen. 2007 trug er als Autor zu jenem IPCC-Bericht bei, der zusammen mit Al Gore den Friedensnobelpreis erhielt. Als ich mit ihm spreche, kommt er gerade aus seinem Osterurlaub, den er zumindest teilweise auch im Schnee verbrachte: auf einigen Alpengletschern und -gipfeln.

Beim Meereis im Arktischen Ozean – behaupte ich nach wie vor – kann man visuell nicht so richtig sehen, was sich verändert hat. Deswegen machen wir Messungen. Man sieht visuell nicht objektiv, und vor allem sieht man ja immer nur einen Ausschnitt. Wir fahren für unsere Forschung nie mehrmals in das exakt gleiche Gebiet oder eine Eisrandzone, sondern arbeiten in der hohen Arktis, mitten im Polarmeer. Wenn man Referenzpunkte hat oder in küstennahen Gebieten arbeitet, ist es sicher deutlicher. Ich habe beispielsweise Anfang der 2000er im Kongsfjord in Spitzbergen einige Feldarbeiten gemacht – das wäre jetzt nicht mehr möglich. Es gibt aber auch Berichte, dass am Nordpol im Sommer Wasser gesehen wurde, oder nur sehr dünnes Eis – das kann wenig später ja wieder ganz anders sein, da sich das Eis bewegt.

Im subjektiven Erleben unserer Arbeit hat sich eigentlich nur eine Sache verändert: Als ich in den Neunzigerjahren anfing, auf Forschungsschiffen zu arbeiten, haben wir längere Bohrstangen

benötigt, um die Eisdicke zu messen – weil das Eis dicker war. Wir mussten den Bohrvorgang immer wieder unterbrechen, ein neues, jeweils ein Meter langes Bohrstangenstück einsetzen und weiterbohren. Heute können wir einfach zwei dieser Stangen zusammensetzen und in einem Vorgang durchbohren, und manchmal reicht sogar schon eine. Durch das dünnere Eis ist das Messen mit Bohrungen also einfacher geworden, und dadurch kann man mehr Messungen machen.

Unsere Forschung basiert heute auf vier verschiedenen Ansätzen: die Messungen auf den Fahrten mit der *Polarstern* und Flugzeugmessungen in der hohen Arktis – weil dort die Eisdickenmessungen am relevantesten sind – und auf Satellitenfernerkundungen und Modellierungen.

Die am besten beobachtete Eigenschaft des Meereises ist die **Eisausdehnung,** also die vom Meereis bedeckte Fläche; sie wird seit 40 Jahren mit hoher Genauigkeit täglich von Satelliten beobachtet. **Die Eisausdehnung hat sich in dieser Zeit in der Arktis stark reduziert, im Sommer fast um die Hälfte und im Winter um etwa 25 Prozent.** Das ist eines der prominentesten und klarsten Klimasignale, die man beobachtet. Die Tatsache, dass der Rückgang im Sommer am stärksten ist, und im Winter viel weniger stark, steht im Zusammenhang mit der Eis-Albedo-Rückkopplung und den besonderen Bedingungen während des Sommers, in dem es Sonnenstrahlung gibt, die es im Winter nicht gibt.

Es zeigt sich auch, dass sich das Eis selbst nach sehr eisarmen Sommern wie 2007 und 2012 immer wieder sehr stark erholt hat – das heißt, zurück zum abnehmenden Trend. Deswegen bin ich der Meinung, dass die winterliche Veränderung der Eisausdehnung ein viel besserer Klimaparameter ist, auch wenn er weniger spektakulär ist als die sommerliche Eisausdehnung. Weil das Meer

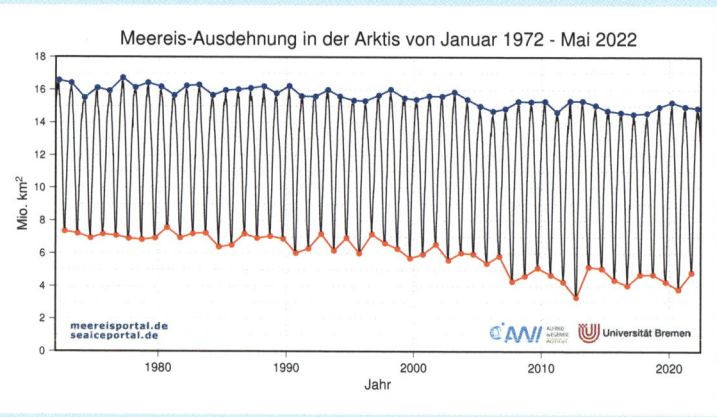

dann den mittleren Zustand des Klimasystems ohne Rückkopplungseffekte widerspiegelt.

Kurz muss man hier den großen Widerspruch mit dem Meereis in der Antarktis erklären, welches sich im gleichen Zeitraum lange nicht verändert oder sogar leicht zugenommen hat – aber jetzt werden seit 2016 auch immer neue Rekordminima erreicht. **In der Antarktis ist aber alles anders;** das ganze Klimasystem ist anders: Die Antarktis liegt im Zentrum und ist von Ozeanen umgeben, während in der Arktis der Ozean im Zentrum liegt und von Land umgeben ist. Die Arktis ist viel offener für Wärmetransporte aus den mittleren Breiten nach Norden, während die Antarktis vom Rest der globalen Atmosphäre und Ozeane stark isoliert ist und durch ihren kalten Eisschild selbst die Wärme von sich abhält.

Zur Veränderung der **Eisdicke** gibt es wesentlich weniger Daten als zur Ausdehnung. Sie stammen aus Flugzeugmessungen, Messungen mit U-Booten, die seit dem Kalten Krieg gemacht wurden, und erst seit etwas mehr als zehn Jahren werden genauere Satellitenmessungen gemacht. Sie alle zeigen, wie die Dicke des Eises abnimmt. Die verlässlichsten Messungen, würde ich sagen, sind

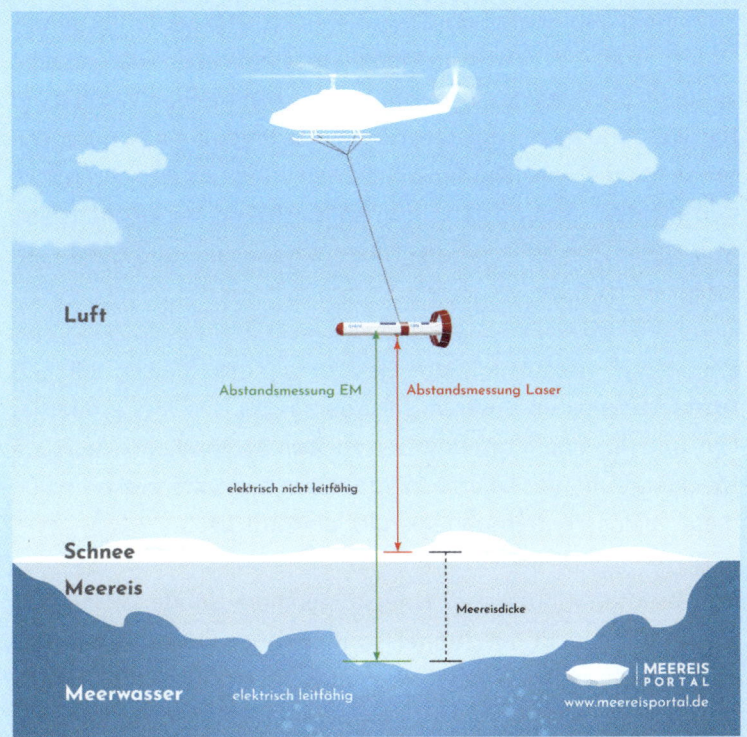

Grafische Darstellung des EM-Bird, der mithilfe von Elektromagneten und Laser die Eisdicke misst.

unsere eigenen In-situ- und Flugzeugmessungen, weil sie am besten verifiziert sind. **Sie zeigen, dass in den Neunzigerjahren die sommerliche Eisdicke am Nordpol mehr als 2,5 Meter betrug und dass sie bis heute auf etwa einen Meter abgenommen hat, also auf etwa 40 Prozent.**

Wir messen hier am AWI die Eisdicke im Rahmen des Langzeitprogramms IceBird. In diesem Programm verwenden wir unsere Sonde EM-Bird, die die Eisdicke mithilfe der elektrischen Leitfähigkeit des Untergrunds misst. An Land wird das schon seit Langem in der Geophysik angewendet, um Rohstoffe oder Grundwasser zu finden, also überall dort, wo die elektrische Leitfähigkeit des Untergrundes variiert. Beim Meereis machen wir uns die Tatsache zunutze, dass das Eis einen sehr großen elektrischen Widerstand hat, während das salzige Meerwasser darunter ein sehr guter Leiter ist. Mit diesem elektromagnetischen Induktionsverfahren können wir den Abstand von unserem Messgerät zur Eisunterseite, also dieser Grenze zwischen großem Widerstand und guter Leitfähigkeit, messen.

Vereinfacht gesagt: Mit der Elektromagnetik messen wir den Abstand zwischen unserem Messgerät und der Wasseroberfläche, und mit einem Laser messen wir den Abstand zwischen dem Messgerät und der Oberfläche des Eises. Die Differenz zwischen diesen beiden Entfernungen ergibt die Eisdicke.

Was konnten wir mit diesen Messungen herausfinden?

Das Eis ist nicht nur dünner, sondern auch jünger geworden; es gibt nicht mehr so viel dickes, altes Eis. Das wird dadurch ver-

Der EM-Bird bei einem Messflug über das Eis

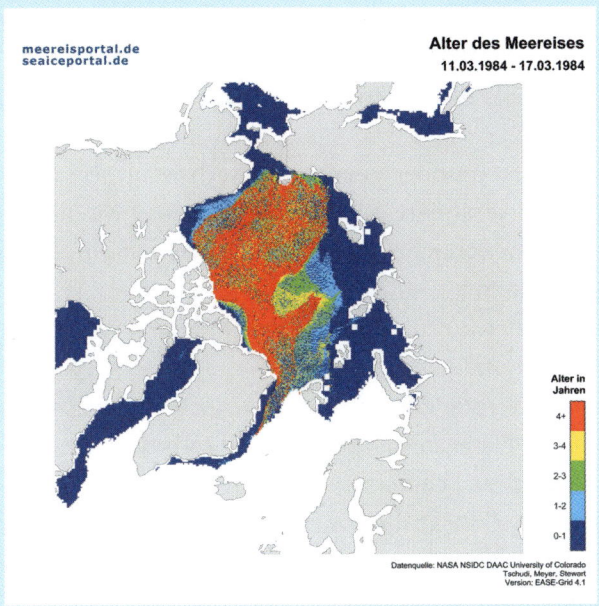

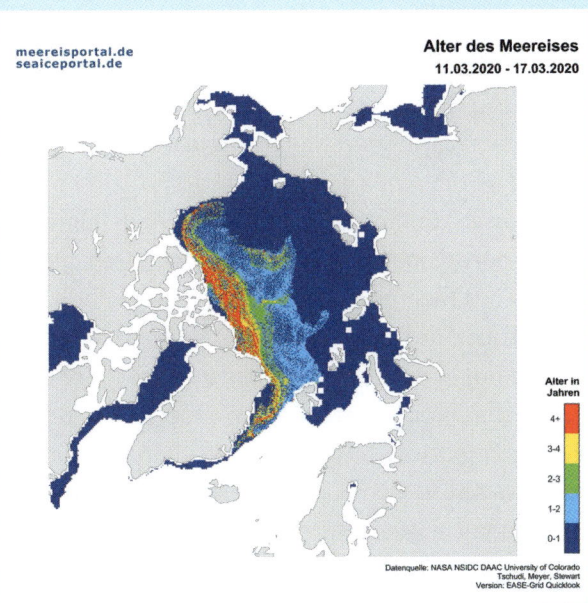

Die Grafiken zeigen die »Verjüngung« des Meereises: Auf der oberen Grafik von 1984 sieht man in Rot und Gelb mehrjähriges, kompaktes Eis. Auf der unteren Grafik von 2020 ist dieses dicke, ältere Eis beinahe verschwunden.

ursacht, dass es an jedem Sommerende immer weniger Eis gibt, das überlebt hat. Also gibt es immer mehr offenes Wasser, in dem sich neues Eis bildet – und so wird es insgesamt jünger.

Das Eis ist auch mobiler geworden: Auch wenn sich der Wind nicht deutlich verändert hat, hat die Driftgeschwindigkeit des Eises stark zugenommen. Das kann man darauf zurückführen, dass das Eis dünner und damit weicher geworden ist und deswegen einfacher auf die Winde und Strömungen reagiert, als wenn es dicker und härter wäre.

Eine weitere Veränderung, die man durch die Satellitenbeobachtung feststellen kann, ist **ein früherer Zeitpunkt des Anfangs des sommerlichen Schmelzens**.

Traditionell schmilzt das Eis im Arktischen Ozean von unten sehr wenig; das Hauptschmelzen und die Hauptmassenabnahme finden oben statt. Der Grund: Das Wasser ist so geschichtet, dass von unten keine oder nur ganz wenig Wärme ankommt, weil sich oben das kalte, süßere und weniger dichte Wasser befindet, also das polare Wasser. Das warme Wasser aus dem Atlantik befindet sich ja erst in ein paar hundert Metern Tiefe *(Anm. d. Autorin: wie uns auch Bodil Bluhm schon so schön erklärt hat)*. In Kontakt mit wärmerem Wasser kommt das Meereis nur an den Rändern, an der Eiskante – dort schmilzt es dann auch von unten, gleich nach dem Eintreten des Meereismaximums, das heutzutage meistens im Februar beobachtet wird. Das sommerliche Schmelzen von oben aber beginnt in dem Moment, in dem der Schnee nass wird und die Schmelztümpel entstehen, ein Prozess, der überall auf der Meereisdecke auftritt, nicht nur an den Rändern. Der Beginn dieses Prozesses hat sich um einige Wochen nach vorne geschoben; früher begann er etwa Mitte Juni und jetzt gegen Ende Mai. Das hängt mit der Sonneneinstrahlung zusammen, aber auch mit dem Wärmezustand der Atmosphäre, des Eises und des Schnees:

Wenn all das am Anfang des Sommers schon wärmer ist als früher, entsteht bei der gleichen Sonnenstrahlung zur gleichen Zeit logischerweise schon mehr Schmelzen als früher, als es grundsätzlich noch kälter gewesen ist.

Bei der großen MOSAiC-Expedition haben wir untersucht, warum das Eis sich immer wieder so gut erholt, warum also auch nach eisarmen Sommern wieder sehr viel neues Eis wächst. Das liegt einerseits an der langwelligen Auskühlung im Winter: Schnee strahlt stark im langwelligen infraroten Strahlungsbereich – die Schneeoberfläche ist einfach eisig kalt, das kennt man vielleicht auch aus den Bergen, da hat man immer eine oberflächennahe Inversion, bei der es direkt an der Schneeoberfläche viel kälter ist als in 100 Metern Höhe. Direkt über dem Schnee ist es also sehr kalt, und deswegen friert das Eis besonders stark. Vielleicht weniger als früher, aber es friert eben auch nach warmen Sommern sehr stark.

Der andere Effekt, den wir jetzt noch ein bisschen mehr untersucht haben, ist: Es ist immer noch so, dass im Winter, teils durch diese Inversion, aber auch grundsätzlich, die Lufttemperaturen deutlich kalt genug sind, damit dem Meer so viel Wärme entzogen wird, dass es nicht einmal durch das Eiswachstum kompensiert wird. Das heißt, das Eis kann gar nicht so schnell wachsen, wie dem Wasser Wärme entzogen wird. Wir haben jetzt die Entdeckung gemacht, dass das Wasser unter dem Eis unterkühlt ist; es ist kälter als der Gefrierpunkt. Das bedeutet wiederum, dass sich theoretisch noch viel mehr Eis bilden könnte, als es dem momentanen Klima entspricht. Aber das passiert nicht, weil im Wasser nicht genügend Schwebstoffe sind, die als Kondensationskerne dienen können, um das Eiswachstum zu unterstützen.

Im Prinzip heißt das: Die Schichtung des Wassers ist immer noch so stark – oder wird durch das verstärkte Schmelzen im Sommer noch verstärkt, weil dann ja Süßwasser in den Ozean gelangt –, dass nicht genügend Wärme von unten aus dem tieferen Ozean an das Eis gelangt, um das Eiswachstum deutlich zu schwächen. Das kann man generell für den Arktischen Ozean sagen, überall dort, wo am Ende des Sommers noch Eis übrig ist.

Ein anderes wichtiges Thema, das auch mit der Eisdicke zusammenhängt, ist der Schnee. Es ist unklar, wie sich die Dicke der Schneedecke verändert hat. Das ist aber wichtig, denn Schnee ist erstens selbst ein Klimaindikator, und zweitens isoliert der Schnee das Meereis vom Gefrieren – also je dicker der Schnee ist, umso dünner bleibt das Meereis. Dazu gibt es wenige Daten. Die Schneedicke versuchen wir auch mit Satellitendaten abzuleiten, aber die verschiedenen Verfahren sind alle immer noch nicht gut genug.

Die Abnahme der Eisdicke hat mehrere Konsequenzen: Dünneres Eis schmilzt schneller, und es verschwindet schneller beim gleichen Schmelzen. Dünneres Eis ist außerdem weniger hart, es driftet schneller und deformiert leichter – also bricht es schneller und bildet wahrscheinlich mehr Presseisrücken. Für Schiffe ist es leichter zu passieren; die Dicke beeinflusst also maßgeblich die Themen Schifffahrt, Ressourcen und Rohstoffextraktion.

Meereis ist auch ein wichtiges Süßwasserreservoir im ozeanografischen Sinne: Je dünner das Eis, umso weniger Süßwasser ist enthalten und fließt aus der Arktis durch die Framstraße in den Nordatlantik, wenn das Eis schmilzt. Und als Letztes beeinflusst die Eisdicke auch die Biologie, denn sie beeinflusst beispielsweise, wie viel Licht ins Eis und Wasser kommen kann.

Das Besondere an unserem Forschungsgebiet ist, dass es sehr weit weg von allem und schwierig zu erreichen ist. Man nutzt deswegen manchmal auch unkonventionelle Wege, um an Daten zu kommen.

Als ich in Kanada gearbeitet habe, haben wir Eisdickenmessungen zusammen mit Inuit gemacht, vor allem auf Festeis, also Eis, das mit dem Land verbunden ist. Wir sind mit ihnen Tausende Kilometer mit Skidoos übers Eis gereist und haben die elektromagnetischen Eisdickensonden hinter uns hergezogen. Es gibt auch noch ein anderes Projekt in Kanada, SmartICE heißt das, um auch für die Inuit neue Wege zu finden, die Sicherheit des Eises zu beurteilen. Die Inuit haben ja über kulturelle Zeiträume auf dem Eis gelebt, heutzutage sind aber viele nicht mehr in der Lage, auf dem Eis zu reisen und das Eis zu lesen; sie sind dem Eis völlig entfremdet – und mithilfe dieser neuen Technologie wollen wir versuchen, sie auf das Eis zurückzuführen und das Eis mit diesen neuen Augen zu sehen. Die, die sich immer noch auskennen, brauchen das nicht, aber auch ihnen kann man mit Technologie helfen, das Eis auch anders zu sehen. Ich habe nur die Eisdickenmesstechnologie beigetragen, aber das ist extrem erfolgreich; jedes Dorf in der kanadischen Arktis hat mittlerweile so ein Messsystem. SmartICE ist eine sogenannte Social Enterprise, es ist also auch ein pädagogisches Projekt angekoppelt, die Menschen werden ausgebildet und bezahlt, um diese Messungen durchzuführen.

Mit den Inuit zusammenzuarbeiten, ist sinnvoll, denn einige von ihnen wissen sehr viel über die Variabilität und Arten des Eises in verschiedenen Gebieten. Mit ihnen haben wir gezielt nach Orten gesucht, an denen das Eis extrem dünn ist und wo fast den ganzen Winter Polynjas existieren.

❋❋❋ Polynja ❋❋❋

Eine Polynja ist ein Gebiet mit permanent offener Wasserfläche oder sehr dünner Meereisschicht, das ansonsten von dickerem Meereis bedeckt ist. Polynjas können mehrere Tausend Quadratkilometer groß sein. Sie entstehen durch Wind, Gezeiten oder durch aufsteigendes wärmeres Meerwasser und bestehen über lange Zeiträume, manchmal über Jahre. Polynjas tragen zur Bildung von Tiefenwasser bei: Das Wasser kühlt an der Oberfläche ab, und es bildet sich ständig neues Meereis, aus dem sich das Salz abspaltet. Somit entsteht sehr kaltes, salzreiches und dichtes Wasser, das in große Tiefen absinkt. Für das Leben in den Polarmeeren haben Polynjas Bedeutung, weil sie beispielsweise Atemlöcher für Säugetiere wie Robben oder Wale bieten, außerdem sind sie ein guter Lebensraum für kleine Algen, da sie hier mehr Licht als unter dem Eis bekommen. Polynjas sind wegen der vielfältigen Prozesse, die dort stattfinden, häufig das Ziel von Polarforschern.

Auf Satellitenbildern kann man diese kleinen Polynjas nicht so gut erkennen, aber die Inuit wissen ganz genau, wo dünnes Eis ist. Wir sind bevorzugt zu diesen Stellen gefahren, weil man durch sie Rückschlüsse für die Ozeanografie ziehen kann, beispielsweise über die Strömungen unter dem Eis.

Ich habe auch einigermaßen **verrückte Sachen** versucht, um Daten zu erhalten. **2007 beispielsweise wollte der französische Polarabenteurer Jean-Louis Etienne anlässlich des Internationalen Polarjahrs mit einem Luftschiff über den Nordpol fliegen.** Er hatte mich ausfindig gemacht, weil wir aus der Luft Eisdicken messen können, und gefragt, ob wir diesen Flug für Eisdickenmessungen nutzen wollen. Da habe ich natürlich Ja gesagt.

Das hat sich dann leider alles verzögert mit der Logistik für das Luftschiff, und so haben wir 2007 erst einmal eine Testexpedition gemacht. Von der russischen Drifteisstation Barneo aus haben wir anstatt per Luftschiff mit dem Hubschrauber tolle Eisdickenmessungen gemacht, mehrere Hundert Kilometer Richtung Kanada und in die russische Arktis. Die Expedition mit dem Luftschiff hat dann leider nie stattgefunden, weil es in Frankreich bei einem Sturm losriss und abstürzte.

Der Reiz der Arbeit ist immer noch, dass man etwas Einmaliges macht. Unsere Arbeit ist extrem erfolgreich, weil die ganze Welt jetzt darüber spricht, auch wenn sie sich über die Quelle nicht bewusst ist. Das wirklich Faszinierende ist, wenn man merkt, wie privilegiert man ist, das zu machen: diese wichtigen Messungen auszuführen und diese wichtige Forschung zu betreiben, bei der man in Gebiete kommt, wo niemand sonst hinkommt. Mir persönlich sind auch diese Landschaft und diese Freiheit dort sehr wichtig;

vorzustoßen in Gebiete, in die noch nicht viele Menschen vorgestoßen sind, um dann Veränderungen zu dokumentieren.

Dieses Freiheitsgefühl ist besonders groß, wenn man nicht auf dem Schiff, sondern in kleinen Teams auf dem Eis arbeitet, wie beispielsweise bei Ellesmere Island, nördlich von Ward Hunt oder Alert. Dort haben wir schon oft Eiscamps gemacht. Oder wenn man mit den Inuit reist und teilhat an deren Leben, in den Jagdhütten, wenn man erlebt und lernt, wie man sich bewegt und überlebt im Eisbärland. Wobei ich das nicht romantisieren will, man muss sich auf solche Projekte auch sehr einlassen.

Ich würde gern mit **einer sehr guten Nachricht** abschließen: **Beim Meereis gibt es keine Kipp-Punkte, also keinen Punkt, nach dem das Eis unaufhaltbar verschwinden wird.** Das ist in erster Linie überraschend, wegen der Eis-Albedo-Rückkopplung. Aber es gibt die Kipp-Punkte nicht, weil sich das Eis im Winter immer noch weitgehend erholen und wiederkommen kann, und das bedeutet: Wenn wir die Treibhausgaskonzentration stabilisieren, stabilisieren wir auch das Meereis. Und sobald die Treibhausgaskonzentrationen zurückgehen, wird sich auch das Meereis wieder erholen. Das ist natürlich ein sehr weiter Weg. Aber er ist möglich, und das kann uns alle motivieren.

❄

Christian Haas führt ein Leben für Eis und Schnee, das kann man wohl so sagen. Als ich mit ihm rede, kommt er gerade von einigen Hochtouren in den Alpen zurück, von denen er begeistert erzählt – ein Mensch, der sich beruflich also ausschließlich mit Eis beschäftigt, verbringt dann auch noch seinen Urlaub darin, aber so ist das wohl mit diesen Menschen, die dem Eis so verfallen sind, wo sonst sollte man Urlaub machen? Er erzählt mir vom Vernagtferner, den er jeden Sommer für Schulungen besucht. Die Veränderung, die er da sehen könne, sagt er, nähmen ihn viel mehr mit als die Veränderungen des Meereises – weil sie so viel sichtbarer seien.

Dieser Ansicht stimme ich uneingeschränkt zu. Als ich noch wenig über das Eisbrechen und seine Folgen nachdachte, arbeitete ich auf russischen Eisbrechern, die jeden Sommer mit Gästen zum Nordpol fuhren. Auf diesen Reisen blieben wir am nördlichsten Punkt der Erde immer stehen, um die Gäste einen vollen Tag lang aufs Eis zu lassen. Bei manchen Reisen konnten wir direkt am Nordpol anhalten. Manchmal war dort aber auch offenes Wasser, und wir mussten suchen, bis wir eine geeignete Scholle fanden, an der unser schwerer Eisbrecher festmachen konnte. Dafür fanden wir bei der nächsten Reise dort schon wieder Eis vor. In einem dieser Jahre schaffte es ein Foto einer amerikanischen Touristin in sämtliche Medien um den Erdball, das Wasser am Nordpol zeigte, entsprechend waren die Überschriften: Der Nordpol schmilzt! Wasser am Nordpol! Hätten all diese Journalisten auch nur bei einem Meereisexperten nachgefragt, sie hätten gehört, wie normal das ist – und von welch kurzer Dauer. Denn hätte die amerikanische Touristin ein bisschen dort gewartet, auf ihrem Schiff, hätte sie auch gesehen, dass bald wieder dickes Eis den Pol bedeckte, der abgesehen davon ja sowieso überhaupt nicht schmelzen kann, sondern nur das ihn umgebende Eis. Diese gesamte riesengroße Eisfläche bewegt sich eben.

Die Erzählungen von Christian Haas sind für mich an manchen Stellen wie eine Reise in die Vergangenheit. Jean-Louis Etiennes Versuch, mit dem Luftschiff zum Nordpol zu reisen, ist mir noch sehr gut in Erinnerung. Ich habe ihn damals besucht und für die *Süddeutsche Zeitung* mit ihm über das Projekt gesprochen, vor dem Sturm. Luftschiffe brauchen große Masten zum »Parken«, an denen sie festgemacht werden können, und von einem solchen Masten in Südfrankreich hatte es sich im Sturm losgerissen und war auf eine Villa niedergestürzt, die danach aussah wie ein Kunstwerk von Christo: Ein Haus, eingepackt in die Hülle eines silbrigen Zeppelins. Die Fotos zeigten damals einen sich die Haare raufenden Jean-Louis Etienne vor dem Trümmerfeld; er wusste, dass damit sein Traum abgestürzt war. Auch für mich ein bisschen, denn ich hätte Etienne auf der Drifteisstation Barneo wiedertreffen sollen, bei seinem Nordpolflug. Daraus wurde nichts, zwar war ich in Barneo, aber ein Zeppelin kam dann leider nicht.

Etienne aber machte seinen Traum, nur mit Wind über das Polarmeer zu fliegen, dann doch noch wahr, wobei man hier dann von »fahren« sprechen muss: Nachdem das Luftschiff zerstört und ein Neubau zu kostspielig war, ersann er sich einen Ballon, gefüllt mit einem Gemisch aus Heißluft und Gas. 121 Stunden und 30 Minuten fuhr er über das Polarmeer, wetterbedingt aber nicht genau über den Pol. Es bleibt also immer noch was zu tun, sollte jemand eine Herausforderung suchen.

Beinahe ironisch mutet schließlich an, dass ich mit so vielen Wissenschaftlern spreche, die teils so tief verzweifelt sind – aber ausgerechnet der Meereisforscher Haas, dessen Forschungsgebiet von Jahr zu Jahr deutlich kleiner wird, ist von allen der am positivsten gestimmte. Weil es eben keine Kipp-Punkte gibt, nach denen das Eis unaufhaltsam verschwindet. So lange, wie noch Schollen auf dem Polarmeer treiben, besteht noch Hoffnung: Gelingt es uns, die Erwärmung unserer Erde aufzuhalten, bremsen wir auch den Meereisschwund, und wir bewahren gleichzeitig das Kühlsystem, das so wichtig ist für unseren Planeten.

Abgesehen von der Funktion, die das Meereis für unser Klima hat, hat es aber auch noch eine ganz andere Bedeutung: Es ist nicht nur diese gigantische Kühlfläche, die so viel Wärme ins All reflektiert, die saisonal wächst und wieder schmilzt. Das arktische Meereis, so unglaublich das für einen Mitteleuropäer klingen mag, ist Lebensraum für Tiere und Pflanzen – und gar nicht so wenige! –, die sich an dieses Meereis angepasst haben, an seine Kälte und Salzigkeit, und nirgendwo anders leben möchten oder können als eben in diesem eiskalten Habitat.

Natürlich denken hier die meisten Menschen zuerst an die Eisbären, die auf den weiten Eisflächen dahinziehen, auf Schollen auf Robben lauern und das Eis zum Überleben brauchen. Aber noch viel mehr Tiere hängen vom Eis ab. Die Elfenbeinmöwe beispielsweise, eine vollkommen weiße Möwe, folgt dem Eisbären gerne und frisst dann nach oder mit ihm an den erlegten Robben. Der junge Polardorsch lebt in Höhlen und Spalten des Meereises und zwischen Eisschollen; ihn haben wir schon oft gesehen, wie er sich an den Rändern von Schollen entlangschlängelte und in die Spalten hineinschwamm, um dort das Plankton zu fressen. Erst wenn er größer ist, wagt sich der Polardorsch aus diesem geschützten Buffet heraus und in größere Meerestiefen hinab. Und schließlich eben das Plankton, die kleinen Pflanzen und Tiere, die im und am Meereis leben.

Bei meiner Anreise nach Spitzbergen hatte ich diesmal einige Tage in Tromsø bei meiner Freundin Miriam, einer Meeresbiologin, haltgemacht. Durch sie traf ich auf Rolf Gradinger, einen Meereisbiologen und Phytoplanktologen, der seit Jahrzehnten erforscht, was warum im Meereis lebt und welche Bedeutung diese Lebewesen und das Meereis für das marine Ökosystem haben. Ich treffe ihn an Norwegens Arktischer Universität UiT in Tromsø – an der auch Bodil Bluhm arbeitet – an einem verregneten Nachmittag im Juli. Wir gehen in die Cafeteria in einem anderen Gebäude; dort nimmt er sich beinahe zwei Stunden Zeit, mir von seiner Arbeit und den Veränderungen zu erzählen, die er während seiner Zeit als Forscher selbst erlebt hat.

❄

Professor Rolf Gradinger,
Meereisbiologe und Phytoplanktologe

»Menschen, die vom Meereis abhängig sind, merken:
Ihr Zuhause ist nicht mehr richtig.«

Rolf Gradinger arbeitet am Department für Arktische und Meeresbiologe an Norwegens Arktischer Universität (UiT) in Tromsø. Er forscht seit den Achtzigerjahren darüber, wie und warum Algen im Meereis wachsen und welchen Einfluss das Meereis auf Tiere und Pflanzen hat. Lange Jahre arbeitete Gradinger in Alaska. Als ich später abhöre, was Rolf erzählt, fällt mir auf, dass er an mehreren Stellen, an denen er von Meereis redet, bereits in der Vergangenheit spricht.

Ich kam 1984 zur Arktisforschung, als ich die Gelegenheit bekam, meine Diplomarbeit über Phytoplankton in der Framstraße zwischen Spitzbergen und Grönland zu schreiben. Dafür hat sich damals niemand interessiert, aber ich schon. Diese erste Reise auf dem deutschen Forschungsschiff *Polarstern* startete im Juli in Tromsø, und ich weiß noch genau, wie wir in der Framstraße in die Eisregionen kamen. Wenn man durch das Eis fährt und dann brechen die Schollen hoch, und **plötzlich siehst du, dass die Schollen völlig verfärbt sind von Millionen Mikroalgen, die dadrin leben!** Das hat mich so fasziniert, dass ich mich dieses Themas annahm – und es hat mich nie wieder losgelassen. Seitdem arbeite ich in der Arktis.

In dieser Zeit hat sich die wissenschaftliche Arbeit im Bereich der Meereisbiologie sehr verändert. Wir waren damals in der ganzen Welt vielleicht zwanzig Leute, die sich damit beschäftigt ha-

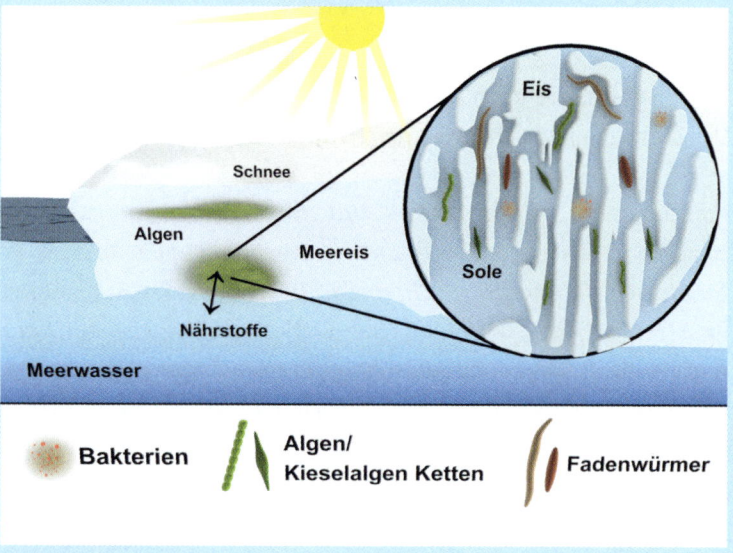

Im Meereis ist viel Leben

ben – einfach, weil es wissenschaftlich interessant ist. Aber damals hat noch niemand darüber nachgedacht, dass das Meereis in der Arktis verschwinden könnte. Es war auch überhaupt nicht klar, welche Rolle die Biologie im Meereis für das Ökosystem spielt.

Dann sind zwei Sachen passiert: der schnelle Verlust von Meereis im Arktischen Ozean, sowohl in seiner Ausdehnung – viele Teile der Arktis sind im Sommer jetzt eisfrei – als auch in seiner Form. Und das Eis selbst ist heute völlig anders. 2017 war ich wieder auf der *Polarstern*, nördlich von Spitzbergen, in einer Region, wo ich 30 Jahre zuvor schon gewesen bin. Und es gab dort einfach gar kein mehrjähriges, sondern nur noch einjähriges Eis. Ich war wie vom Donner gerührt. Das Eis ist jetzt viel dünner; es hat eine völlig andere Struktur, **der Lebensraum für viele Eis-endemische Arten ist weg** – also das ist wirklich … *(stockt und reibt sich über die Augen).*

In den ersten Arbeiten, Anfang, Mitte der Neunzigerjahre, wurden Theorien aufgestellt, dass 2100 vielleicht ein großer Wechsel im arktischen Eissystem passieren würde. Diese Arbeiten basierten auf U-Boot- und Satellitenmessungen. **Aber das Ausmaß von Veränderung, das wir jetzt schon erleben – das haben wir so nicht vorhergesehen.** Das war wirklich … überraschend ist das falsche Wort, es ist einfach erschreckend. Als Wissenschaftler hatte ich mich gefreut, dass ich mal wieder dort arbeiten konnte. Aber für mich persönlich war es schockierend.

Ich habe früher im Sommer an der Ostküste von Grönland über Meereis-Systeme geforscht, an Orten, an denen es im Sommer jetzt kein Eis mehr gibt. Da sind große Areale einfach verloren. Sie sind als Eis-Habitat nicht mehr da.

Diesen drastischen Verlust von Lebensraum und die dramatischen Veränderungen der Rahmenbedingungen in der Arktis zu sehen, wo man doch gedacht hat, die Arktis sei so ein ursprüngliches, unbeeinflusstes, natürliches System – das bewegt einen. Da kann man nicht so leicht drüber hinweggehen *(schweigt kurz)*. Das ist also der eine Punkt, warum Meereisforschung so zugenommen hat. Dieser dramatische Verlust, der viel schneller geht, als wir dachten. Dass uns die Realität so links und rechts überholt.

Der andere Punkt ist, dass wir jetzt immer mehr verstehen, dass Meereis in der Arktis eine zentrale Rolle spielt: für das Klima, den Wärmehaushalt, die Luftfeuchtigkeit, für Wellen – für alles, was ein marines System ausmacht. **Ob es in einem solchen System Meereis gibt oder nicht – das macht einen riesigen, riesigen Unterschied.**

Wir wissen jetzt auch, wie bedeutsam Meereis als Lebensraum ist und wie stark Prozesse selbst am Meeresboden und in der Wassersäule an das, was im Eis passiert, gekoppelt sind.

Im Eis wuchsen früher diese dichten Lagen von Mikroalgen, dann, wenn im Wasser noch nichts passierte. Das war eine Nahrungsbasis, die auch, wenn das Eis saisonal geschmolzen war, immer noch vorhanden war. Tiere haben da oben dran geknabbert und Kotballen produziert, die zum Meeresboden sanken – und diese haben dann den Meeresboden mit ernährt. Das ging über das ganze Nahrungsnetz, bis hoch zu den Vögeln und Robben. Wir wissen mittlerweile, dass das organische Material, das beispielsweise Robben rund um Spitzbergen in sich haben, seinen Ursprung in der Regel zu etwa 50 Prozent im Meereis hat.

Das zeigt deutlich, wie wichtig Meereis ist.

Das war in den Achtzigerjahren, als ich anfing, ein Randphänomen. Einige Meereis-Interessierte wollten wissen: Wie ist das möglich, dass diese Algen im Eis wachsen, wieso frieren die nicht ein, wie kommen die durch den dunklen Winter? Das sind lauter biologisch hochinteressante Fragen – wenn man neugierig ist, will man das wissen.

Heute treibt uns nicht mehr nur die Neugier, sondern auch die

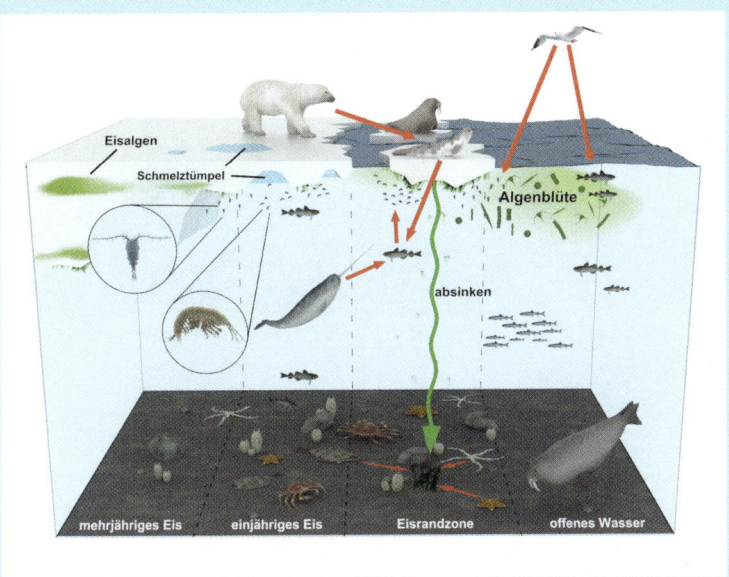

Das arktische Nahrungsnetz mit seinen drei Lebensräumen: das Meereis, die Wassersäule und der Benthos (die Meeresbodenzone), mit Beispielen von darin lebenden Tierarten

Notwendigkeit, das zu wissen. Es gibt so viele Fragen: Wohin geht die Arktis, was bedeutet die Veränderung für die Fischerei, was bedeutet sie für die Menschen, die in der Arktis leben?

Als ich in Barrow in Alaska gearbeitet habe, hat dort ein Ureinwohner zu mir gesagt: »Unser Garten ist das Meer.« Weil, kurz gesagt, dort an Land nichts wächst. Die Menschen dort fangen Fische, jagen Wale und Robben, fangen Vögel – und die Nahrungsbasis für all diese Tiere ist das Meer. Wenn das Meer sich ändert, kann das für diese Leute extrem schwierig werden. In Alaska leben so viele Menschen an den Küsten, und dort ist nun die Küstenerosion ein riesiges Problem. Früher war die Küste durch die Festeisdecke geschützt, aber nun sind die Küsten den Wellen aus-

gesetzt, und die Menschen müssen mit ihren Siedlungen umziehen. Sie verlieren ihr Zuhause.

Diese Menschen waren die Ersten, die gesagt haben: »Irgendwas ist anders.« Die Wanderungszeiten der Tiere haben sich verändert, das Meereis ist instabiler, es ist ein größeres Risiko, auf dem Eis jagen zu gehen. Wir sind dort ja nur Besucher, aber diese Leute sind dort zu Hause. Und die merken: **Ihr Zuhause ist nicht mehr richtig.**

Wenn einem diese Menschen das erzählen, ist das für mich sehr berührend. Mir selbst gibt das Motivation, weil ich merke, was ich mache, ist wichtig für Menschen. Es ist nicht bloß wissenschaftlich wichtig. Die Menschen wollen wissen, was mit ihrer Umwelt passiert, weil sie die Veränderungen erleben und verunsichert sind und sich fragen: Was passiert mit uns? Man bekommt eine völlig andere Perspektive, wenn man mit Leuten zusammenkommt, die vom Meer und Meereis abhängig sind.

Eine große Veränderung, die passiert, ist folgende: Früher gab es diese faszinierende Algenlage im Eis, die die erste Nahrungsquelle gewesen ist. Das Wasser unter dem Eis war kristallklar; die Taucher haben immer geschwärmt, dass sie Sichtweiten von 40–50 Meter hatten, weil so wenig Material im Wasser war. Und jetzt ist es so: Das Eis und der Schnee sind dünner geworden; im Sommer gibt es viel mehr Tümpel auf dem Eis, und die offenen Wasserflächen zwischen den Eisschollen sind häufiger geworden. Dadurch kommt mehr Licht ins Wasser, und dadurch wachsen die Algen unter dem Eis jetzt schneller. Das nennen wir die Untereisalgenblüte.

Viele Jahre haben wir die Zeitabläufe der Saison ganz schematisch bezeichnet: Erst haben wir die Blüte im Eis, dann haben wir Leben im Wasser, dann kommen die Copepoden und fressen daran, dann sinkt etwas nach unten, dadurch haben die Tiere am Meeresboden was zu fressen – alles schön geordnet. **Diese ganze schöne Ordnung ist jetzt kaputt. Die Algenblüte kommt jetzt früher.**

Es ist aber so, dass sich ein Teil der Copepoden an den arktischen Winter so angepasst hat, dass sie in eine Art Winterschlaf gehen, zum Teil in großen Wassertiefen von mehr als 1000 Metern. Im Frühling werden sie wach, kommen nach oben, legen Eier, und die Jungen schlüpfen. Es ist durchaus möglich, dass dieser interne Rhythmus, der sich evolutionär passend zu den Blüten in Eis und Wasser entwickelt hat, nicht mehr zum neuen System passt. Wenn die Copepoden kommen, ist die Algenblüte schon vorbei, und es gibt nicht mehr genug zu fressen. Das gibt dann das, was wir einen *mismatch* nennen. **Die lebenswichtigen, ursprünglich aufeinander abgestimmten Abläufe passen nicht mehr zusammen.**

Nun kann man sagen, was interessieren einen diese Copepoden. Aber ebendiese Copepoden sind extrem wichtig im Nahrungsgefüge: für höhere trophische Ebenen, also für die Vögel, die Fische – und schlussendlich damit auch für uns.

Wir wissen nicht, wie die Tiere im Wasser und am Meeresboden auf diese neue Ordnung reagieren. Es kann auch sein, dass andere Arten plötzlich gewinnen. Oft ist es so, dass bestimmte Arten verlieren, aber andere gewinnen. Wer ist der Gewinner in diesem neuen System?

Es gibt im Arktischen Ozean, im Eis, vielleicht 1200 Arten von Mikroalgen und kleinen Einzellern und vielleicht 50, 100 Tierarten, die vom Eis leben. Am Meeresboden leben sicher 5000–6000 Arten und in der Wassersäule ebenfalls einige Tausend. Über viele dieser Arten wissen wir eigentlich gar nichts. Wir wissen, dass es sie gibt, aber wenn du für genau diese Art wissen willst, wie alt sie wird, wann sie reproduziert, welchen Nahrungsbedarf sie hat, was ihr Nahrungsspektrum ist – das wissen wir für viele Arten einfach nicht, und deswegen ist es auch so schwierig zu sagen, was jetzt passieren wird.

Wir können Hinweise geben, in welche Richtung der Wandel gehen kann: Der Meereisverlust wird weiter fortschreiten, und die Periode des offenen Wassers wird länger sein. Es ist sicher, dass die Küstenerosion noch stärker wird, dass südliche Arten weiter nach Norden vordringen werden – aber **wie dieser Konkurrenzkampf ausgeht, darüber kann man nur spekulieren.**

Für mich sind drei Sachen erschreckend, weil ich überhaupt nicht erwartet hatte, dass das in meiner eigenen Lebenszeit überhaupt passiert:

Die erste ist dieser Verlust des arktischen Eises. Das war etwas, über das wir in den Neunzigerjahren als etwas nachgedacht haben, das vielleicht die Generation unserer Kindeskinder erlebt – und jetzt sind wir mittendrin. In meiner eigenen Lebensspanne, und ich bin noch nicht mal Rentner.

Die zweite ist die zeitliche Veränderung der Untereisalgenblüte. Das war gar nicht auf dem Radar.

Und die dritte ist, dass da, wo ich früher selbst am Meereis gearbeitet habe, niemand mehr arbeiten kann. In dieser Region im Osten Grönlands zwischen 77 und 71 Grad Nord ist im Sommer kein Eis mehr. Diese Vorstellung, dass das, was für mich damals normal war, heute gar nicht mehr möglich ist, gibt mir einen Einblick, wie sich Leute fühlen müssen, die dort leben. Dieses Gefühl, dass ihr Zuhause anders geworden ist. So ist das ein bisschen für mich: Mein wissenschaftliches Zuhause ist anders geworden.

Ich persönlich finde die Dimension des Geschehens erschreckend: dass wir einen ozeanweiten Wandel haben, der vom Menschen ausgelöst wurde, dass wir die Dimension des momentanen Artensterbens auf der Erde gar nicht kennen. Das finde ich eine Katastrophe. **Unsere Arten sind ein Schatz, den wir haben. Und wir gehen ganz schlecht mit diesem Schatz um.**

Mit diesem Wandel angemessen umzugehen, ist die Herausforderung, die die Allgemeinheit übernehmen muss und die sich im politischen Feld widerspiegeln muss. Das passiert in den verschiedenen Ländern mit sehr unterschiedlichem Ausgang, wie man leider sieht. Einer der großen Unterschiede zwischen Natur und Politik ist aber: **Mit der Natur kann man nicht verhandeln.** Man kann nicht sagen, ach, warte mal mit deinem Artenverlust noch fünf Jahre, bis dahin haben wir eine Lösung – was weg ist, ist weg. Und basierend auf den wissenschaftlichen Daten, die wir haben, wird das nicht langsamer werden.

Ich glaube, jetzt ist für viele Menschen in industriellen Regionen eine Aufwachdekade. Sie begreifen, dass sich nicht nur die ferne Arktis verändert, sondern auch ihr Zuhause. Ich bin hoffnungsvoll, dass die jungen Generationen das wahrnehmen. Ich bin kein Pessimist. **Ich habe viel Hoffnung, dass Leute gegensteuern.** Aber es wird nicht so sein, dass wir einen magischen Schalter umlegen, und alles ist wieder gut.

❋

Als wir zurück zu Rolfs Institut gehen, bleiben wir kurz stehen, damit ich ihn fotografieren kann. Im Nieselregen sage ich zu ihm, dass ich seine Schilderung, wie wenig über die Mikroalgen überhaupt bekannt sei, sehr erstaunlich fände. Er erzählt mir dann, wie aufwändig die Forschung daran sei, wie viel sie koste, wie komplex die Logistik sei. Die Zeit auf den Forschungsschiffen, sagt er, sei wie die Olympischen Spiele. Man bereite sich ewig darauf vor, und dann müssten alle Projekte funktionieren, denn wenn sie schiefgingen, komme man ohne Daten nach Hause, und alles sei umsonst gewesen. Selbst wenn alles glattliefe, sagt er, dann nehme man beispielsweise Bodenproben vom Meeresgrund, so groß wie ein Fußabstreifer. Das könne man dann analysieren, aber angesichts der riesengroßen Ozeane seien dies eben immer nur Ausschnitte. Und so sei das Wissen, das man bisher über das arktische Ökosystem erlangt habe, sehr wertvoll, aber eben alles andere als vollständig.

»Ist es also so, dass ein System, noch bevor man es verstanden hat, schon am Verschwinden ist?«, frage ich ihn beim Hineingehen.

Er hält kurz inne.

»Ja. Das kann man schon so sagen«, antwortet er.

Als ich an jenem Julinieseltag von der Universität mit dem Bus zurück in die Stadt schaukelte, dachte ich daran, wie Rolf sein erschrockenes Erstaunen beschrieb, ob der grundlegenden Veränderungen, die er erlebt hatte. Die er nicht für möglich gehalten hatte in der Spanne seines Berufslebens. Meine Gedanken glitten weiter, zu einigen Gletschern, die ich dahinschmelzen sehe, Jahr für Jahr. Ich erschrak bei dem Gedanken, dass ich in deutlich weniger Zeit als Rolf auch selbst schon so viele so enorme Veränderungen erlebt hatte. Ich sah eine Nachricht vor mir, eines Sommertages in ein paar Jahren: »Der Arktische Ozean ist nun ohne Eis«, wenn die letzte weiße Scholle geschmolzen sein würde und alles nur noch schwarzes Wasser wäre. Der Arktische Ozean wäre dann ein anderer, ein Ozean wie die anderen. Ich dachte an meine Nichten, an all die jungen Menschen, die in dieser Welt leben würden. In einer Welt, in der es bestimmte Dinge einfach nicht mehr gäbe. Tiere und Landschaften und ihre Melodien. Ich versuchte, mir das vorzustellen, unseren Globus ohne sein weißes Schild im Norden, in dem das Singen des Eises in den kalten Monaten des Winters jedes Jahr schneller verhallte und irgendwann gar nicht mehr zu hören war. Es gelang mir nicht.

❉

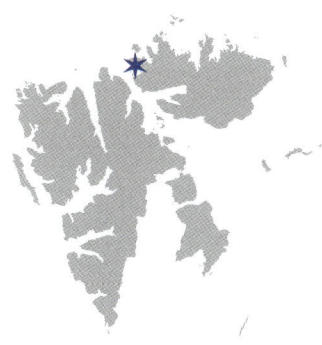

Mit der *Cape Race* also fahren wir dieses Mal nicht ins Eis hinein, wir würden zu viel Zeit verlieren für all das andere, das wir noch vorhaben. Das Gebiet, in das wir jetzt einfahren, ist aber nicht weniger faszinierend: der Murchisonfjord auf Nordaustlandet.

Das ganze Nordaustlandet oder Nordostland, die große Insel im Nordosten Spitzbergens, ist für mich eine der spannendsten Regionen der ganzen Inselgruppe. Die Region Spitzbergens, in der ich das am ehesten verspüre, was die Arktis ausmacht. Das Gefühl, an einem Ort zu sein, der weit weg von allem ist, an dem noch nicht viele Menschen waren, der irgendwie geheimnisvoll erscheint. Seit ich zum allerersten Mal auf Franz-Josef-Land war, jenem noch viel verbor-

Ins Eis

generen Archipel, das zu Russland gehört, elektrisiert mich der Gedanke, Land zu betreten, auf dem vielleicht noch niemals jemand vor mir gegangen ist. Denn dieses Gefühl war dort an einigen Stellen sehr präsent.

Auf Nordaustlandet sieht man, was arktische Wüste bedeutet, dort sind die Landestellen meist steinig, felsig, was jedes Blümchen, das dort überlebt, umso wertvoller erscheinen lässt. Im Jahresmittel ist es dort viel kälter als im vergleichsweise geradezu lieblich erscheinenden Westen Spitzbergens, denn hier beeinflusst nicht mehr der wärmere Westspitzbergenstrom, sondern der kühlere Ostspitzbergenstrom das Klima. Wie auch in vielen Küstengebieten Grönlands hat das Eis die Küste lange Zeit so gut geschützt, dass kaum Menschen auf diese Insel vordrangen – und das ist im Grunde immer noch so. Viele Fjorde sind immer noch so unzureichend kartiert, dass man kaum in sie einfahren kann und die Insel deshalb weiter in Ruhe daliegen darf. Fährt man in die navigierbaren Fjorde der Insel ein,

sieht man von beinahe überall aus das, was das Nordaustlandet vor allem ausmacht: seine Eiskappen. 80 Prozent der Inselfläche sind mit Eis bedeckt, und auf der ganzen Nordhalbkugel gibt es keine längere Abbruchkante als die des Austfonna, der großen, östlichen Eiskappe der Insel. 190 Kilometer ist sie lang; mit der *Cape Race* würde man etwa 15 Stunden brauchen (bei einer Geschwindigkeit von sieben Knoten), um an ihr entlangzufahren. Sehr viel Eis also.

Eis und Fels. Viele Menschen verstehen überhaupt nicht, was man an solchen Orten so interessant finden kann. Und dann gibt es einige Menschen, denen man keine größere Freude machen könnte, als sie hier eine Weile auszusetzen. Dazu gehöre ich.

Wir fahren in den Fjord hinein, in dem viele kleine Inselchen liegen, allein diese Einfahrt finde ich immer wieder aufregend. Viele Abenteuergeschichten haben sich hier zugetragen, vereinzelt findet man noch ihre Spuren; der deutsche

Abenteurer und Polarforscher Hauke Trinks hatte hier 2002 in der Bucht Kinnvika überwintert, zum Beispiel.

Der Fjord zeigt uns heute aber sein ungastlichstes Gesicht, es nieselt und nebelt und graut. Ganz hinein fahren wir, bis beinahe in den letzten Winkel, die Nordvika, wo sich unser Landeplatz als wenig einladende nass glänzende Steinwüste präsentiert. Die Unerschrockenen unter uns hält das keinesfalls davon ab, hier an Land zu gehen, und so knirscht bald die arktische Wüste unter unseren Gummistiefeln, die heute so unwüstig ist, dass uns während unserer Wanderung das Wasser nur so in unsere Jackenkrägen rinnt. Wie immer ist auch hier alles eine Frage der Betrachtung: Der Berg, an dem wir unterwegs sind – wir erinnern uns, in der Steinwüste –, trägt den stolzen Namen Floraberget, der Blumenberg. Tatsächlich finden wir wunderbar tapfer weißgelb blühenden Arktischen Mohn, der beladen mit Wassertropfen im Wind vor sich hin wippt.

Der Floraberget würde in den Alpen trotzdem eher Felsenberget heißen, aber hier hat schon so manches kleinstes Zeugnis von Leben zu geradezu orgiastischen Namensnennungen geführt. So gibt es in Spitzbergen zum Beispiel auch Salatberge, aber Chinakohl und Kopfsalat wird man vergeblich darauf suchen.

Wir umrunden einen kleinen See, den Florabergpytten, fotografieren uns auf dem Florapynten und kehren vom Winde verweht zur *Cape Race* zurück. Der Anker wird gelichtet, und an einem Abend, der tatsächlich fast ein Abend ist, so wenig Licht fällt in dem Nebelregen noch in den Salon, fahren wir aus dem Inselgewirr wieder hinaus.

Würden wir uns nun nördlich von Nordaustlandet nach Osten wenden und einfach immer weiter nach Osten fahren, kämen wir irgendwann nach Kvitøya, die Weiße Insel. Nur selten ist dieses Eiland bisher erreichbar gewesen, Wind oder Eis sprachen meistens dagegen, aber das wird sich nun wohl verändern. Mit der *Antigua* ist es uns einmal gelungen, ein Freudentag sondergleichen, als wir die vergletscherte Insel erreichten, die östlichste des Archipels, auf der sich tragische Geschichten ereignet haben, die ein andermal erzählt werden sollen. Für mich ein Traumland, ein magischer Ort.

Auf dieser Reise aber haben wir anderes vor und machen uns weiter nach Westen auf.

❄

Klimafragen und philosophische Antworten

An diesem Abend auf See ist viel Zeit für gemütliche Unterhaltungen. Wir schauen die Eiskarte des heutigen Tages an und reden über die immer kleiner werdenden Eisminima im September, die immer dünner werdende Eisdecke, und logischerweise geht es dann bald um Klimafragen. Jemand sagt, »aber was sollen wir denn machen, wir können ja nicht nur noch zu Hause bleiben?«, und damit sind wir mitten in der ethisch-philosophischen Diskussion angelangt: Welche Rechte hat denn eigentlich der Einzelne, was ist mit diesem oft bemühten Recht auf Freiheit, das viele Menschen beispielsweise durch ein Tempolimit beschnitten sehen würden, und was ist eigentlich Freiheit?

Bei meinen Plastik-Vorträgen wird mir auch immer wieder, und manchmal auch recht verzweifelt, dieselbe bestimmte Frage gestellt: Was soll man denn tun, wenn man es doch gar nicht richtig machen *kann?* Damit beziehen sich die Frager auf ein Problem, das ich mittlerweile das »Gurkendilemma« nenne, ein sehr einfaches Problem, das aber für sehr viel mehr steht: In vielen Supermärkten hat man immer noch die Wahl zwischen in Plastik verpackten Bio-Gurken und unverpackten Gurken aus konventioneller Landwirtschaft. Wie macht man es richtig ob dieser Alternativen? An der Lösung dieser Gurkenfrage wird das Klima nicht genesen. Aber sie steht stellvertretend für viele Situationen, in denen man sich gerne anders verhalten würde, sein Konsumverhalten ändern, es aber nicht kann – weil man gar keine Wahlmöglichkeiten hat oder in unserer Gesellschaft bestimmte klimaschädliche Verhaltensweisen schlicht notwendig oder einfach so vorgesehen sind – zum Beispiel, mit dem Auto zur Arbeit zu fahren, weil es auf dem Land keine öffentlichen Verkehrsmittel gibt.

An diesem Abend beschloss ich, all diese Fragen einem Philosophen zu stellen. Ich hätte keinen besseren finden können als den Schweizer Christoph Rehmann-Sutter, dessen Artikelserie zur Klimaethik mir schon vor einer Weile aufgefallen war und die ich hochinteressant fand. Mit Christoph Rehmann-Sutter spreche ich im November 2021 über Zoom.

Professor Christoph Rehmann-Sutter,
Philosoph

»Wenn wir künftigen Generationen keine Freiheitseinschränkungen zumuten wollen, die wir selber nie akzeptieren würden, müssen wir jetzt anders leben. Wir müssen uns radikal ändern – und wir können das.«

Christoph Rehmann-Sutter hat zurzeit eine Professur für Theorie und Ethik der Biowissenschaften an der Universität zu Lübeck inne. Einer seiner Forschungsschwerpunkte ist die Klimaethik; er hat in mehreren Aufsätzen maßgeblich den Begriff des Klimakolonialismus geprägt. Ihm stelle ich auch die Frage nach dem richtigen Umgang im bereits erwähnten Gurkendilemma: Wie bleibt man ein guter Mensch, wenn man es doch nur falsch machen kann?

Der Eisbär ist das Symbol des Klimawandels – für viele Menschen ist dadurch der Klimawandel aber auch etwas sehr Abstraktes und wie der Bär sehr weit weg. »Was ist denn so schlimm, wenn es keine Eisbären mehr gibt«, ist eine Aussage, die ich immer wieder höre. Wie ist so eine Aussage einzuordnen?

An dieser Aussage symbolisiert sich eine ganz große Frage. Was ist so schlimm, wenn Natur nicht mehr in einer Biosphäre zusammenstimmt und zusammen funktioniert? Es gibt zwei Wege einer Antwort.

Der eine ist das Eigeninteresse: Wenn es keine Eisbären mehr gibt, gibt es auch viele andere Tiere und Pflanzen nicht mehr, und die Lebensgrundlagen für die Menschen werden erheblich verschlechtert. Die Nahrungsproduktion und die klimatischen Bedingungen für Menschenleben werden schwieriger, es gibt Dürren und Überflutungen. Das sind menschliche Katastrophen einer Größenordnung, die in der Vergangenheit zu Kriegen geführt haben – wenn es um die Konkurrenz um Nahrung und Leben geht.

Der zweite Weg ist, dass die Eisbären eine Lebenswirklichkeit sind, die in sich wertvoll ist. Wir haben sie nicht gemacht. Wenn wir einen Wolkenkratzer einreißen, mag das ästhetisch schade sein, wenn der Wolkenkratzer schön war, aber mehr ist dann auch nicht verloren gegangen.

Bei den Eisbären hingegen geht eine ganze Wirklichkeit verloren, ein Lebenszusammenhang von Tieren, die wir nie wieder ermöglichen können. Wir können ihn nur zerstören. Und das ist eine Gewalttat an der Natur, an dieser biotischen Gemeinschaft, die wir nicht rechtfertigen können.

Es ist zudem zwar eine rein anthropozentrische Sichtweise, aber wiederum nur von einer bestimmten Art von Menschen: Menschen, die mit Eisbären zusammenleben, Inuit zum Beispiel, würden diese gleichgültige Haltung dem Eisbären gegenüber ja nicht einnehmen. Für sie sind Eisbären wichtig. Mitteleuropäer sehen Eisbären nur auf schönen Bildern; sie sind weit weg und berühren uns nicht, wenn sie nicht mehr da sind.

Es ist also nicht nur eine anthropozentrische, sondern auch eine kolonialistische Haltung, weil eine Gesellschaft sich anmaßt, zu bewerten, wie wertvoll Eisbären sind, die selbst gar nicht in einer direkten Lebensgemeinschaft mit dem Eisbären lebt.

Der Mensch sieht sich gerne als die Krone der Schöpfung, nicht als Teil der Natur, sondern als ein höherstehendes Element. Sind wir das?
Dass die Menschen sich für besser als alle anderen Wesen auf der Erde halten, hat Ursprünge in unserer Kulturgeschichte. Daran muss man arbeiten. Ich glaube nicht daran, dass Menschen die besseren Wesen sind, oder zumindest sind sie es nicht voraussetzungslos. Man muss dann fragen: im Hinblick auf welchen Maßstab?

Es gibt für mich nur einen einzigen Maßstab, für den das zutrifft, und das ist der der Verantwortung. Menschen sind in der Lage, Verantwortung zu tragen für ihre Handlungen und Folgen von Handlungen zu antizipieren, bevor sie Entscheidungen fällen. Diese Verantwortung im Hinblick auf die biosphärischen Auswirkungen unserer Zivilisation ist aber nicht ausgeübt worden! Wenn diese Höherstellung oder vielleicht besser gesagt: diese Sonderposition der Menschen innerhalb der Biosphäre, der Natur, irgendwie sinnvoll sein soll, dann müssten wir diese Verantwortung auch wahrnehmen und einlösen. Ich sehe aber, dass das im Moment – von den industrialisierten Ländern zumindest – nicht gemacht wird. Oder zu wenig, nur zum Teil, nicht effizient genug.

Müssten wir, um dem Klimawandel entgegenzutreten, also zu der Einsicht gelangen, dass wir nicht über der Natur stehen, sondern ein Teil von ihr sind? Kann sich eine solche Haltung überhaupt wandeln?

Ich hoffe, dass sie sich wandeln kann. Sie *muss* sich wandeln, letztlich aus Überlebensgründen. Die ökologische Zerstörung – der Klimawandel ist ja nur ein Teil davon – ist mittlerweile auch für die Machthaber bedrohlich geworden. Noch denken viele, die an der Macht sind, sie könnten ihre Amtszeit noch absitzen und die, die darunter leiden, sind ja erst die, die nach ihnen kommen. Aber es gibt jetzt immer mehr Druck. Die Klimajugend mit Greta Thunberg als Sprachrohr dieser Generation sagt: Ihr nehmt uns die Zukunft. Und darauf muss man doch eine Antwort geben. Wir *müssen* diese Einsicht haben, wir *müssen* diese Illusion der Sonderstellung im Sinn von Höherwertigkeit demontieren; sie bringt uns nicht weiter, sie ist nur Selbstgefälligkeit, ohne Interesse am Reichtum des Lebens.

Ich glaube, es gibt auch einen Gewinn an diesem kulturellen Wandel. Hoffnungs- und Erlebnisräume, Erfahrungsmöglichkeiten entstehen, die uns auch bereichern können. Das sehen ja alle, die durch die Natur spazieren und sich an der Natur freuen, weil dort anderes Leben existiert.

Aber die Gesellschaft muss sich radikal ändern. Die Machtstrukturen, die sozialen Praktiken, die Weise, auf die man Lebensmittel und Güter produziert und weltweit transportiert – all das muss sich wandeln. In dieser Weise, wie es jetzt entstanden ist, wird es nicht weitergehen.

Wir erleben jetzt gerade, wie nur im Kleinen verändert wird, während die wesentlichen Gewohnheiten gleich bleiben. Es werden nur neue Tools verwendet, wie zum Beispiel E-Mobilität statt Verbrennungsmotoren. Das ist politisch machbar, man kann die Autoindustrie weiterlaufen lassen, jetzt machen wir halt E-Autos – aber das ist nichts weiter als *more of the same*. Das ist zu kurzfristig, zu kurzsichtig gedacht, um kurzfristig politischen Gewinn zu erzielen.

Brauchen wir ein neues Normen- und Wertesystem?
Wenn wir das Fliegen nehmen als Beispiel, dann muss man anschauen: Weshalb fliegen Menschen? Da gibt es Menschen, die machen das zum Vergnügen. Aber es gibt auch andere Gründe: Man muss Konferenzen oder Niederlassungen in Südostasien besuchen – es gibt heute viele Notwendigkeiten zu fliegen, die entstanden sind durch die Lebenswirklichkeiten und die wirtschaftlichen Verhältnisse. Das heißt, wenn man das Fliegen kritisiert, muss man diese Vernetzungen mit bedenken. Und auch mit ändern. Unter Corona haben wir nun die Erfahrung gemacht, dass es möglich ist – durch einen technischen Wandel, die Digitalisierung –, viele Treffen online abzuhalten. Das kostet auch CO_2, aber weniger. Man *kann* also Änderungen herbeiführen.

Gewohnheiten sind schwer änderbar, weil Menschen Gewohnheitstiere sind. »Gewohnheiten« klingt immer despektierlich, man denkt dann an die schlechten Gewohnheiten, aber Gewohnheiten sind ja auch wie Spuren, in denen wir gelernt haben zu leben, mit denen wir uns identifizieren. Wie eine bestimmte Art der Kleidung. Wenn ich mich nun völlig anders kleiden wollte, müsste ich mein Selbstbild ändern, ich müsste mich selbst ändern. Wäre ich nun mit Fellkleid im Wald, ich würde nicht lange überleben, ich wäre völlig aufgeschmissen. *(Wir lachen.)* Es ist auch gut, dass wir jetzt lachen, denn der gesellschaftliche Wandel muss auch die ganzen Menschen mitnehmen, Humor darf nicht verloren gehen dabei. Menschen können mehr als das, was sie in ihren Gewohnheiten als Lebensmöglichkeiten gelernt haben. Es ist möglich, dass Menschen auch neue Entdeckungen machen mit neuen Gewohnheiten – dass es eben zum Beispiel nicht schlimm ist, sich so zu treffen wie wir jetzt, virtuell. Das ist nicht schlimm!

Viele Menschen sehen in der geforderten Veränderung ihrer Gewohnheiten aber eine Bedrohung ihrer Freiheit. 180 auf der Autobahn fahren zu können, erscheint vielen Menschen als Grundrecht. Bedeutet Freiheit, immer alles tun zu dürfen?
Zunächst einmal: Mit Freiheit sind immer auch Pflichten verbunden. Und auch bei den Rechten, die tatsächlich beansprucht werden, muss man zweimal hinschauen. Sind es wirklich Freiheitsrechte?

Ein großes SUV fahren, mit 180 auf der Autobahn fahren, weil mein Auto das kann – das sind alles Konsummöglichkeiten. Das sind Spuren, die uns von der Industrie vorgelegt werden. Wir sind nicht wirklich frei. Wir nehmen das an, was uns angeboten wird. Und finden dann, das sei unsere Freiheit, wenn wir all das konsumieren können, was uns die Industrie anbietet. Aber wirkliche Freiheit ist das Recht, sich herauszunehmen und nur das zu konsumieren, was uns wirklich sinnvoll scheint. Uns selbst!

Und dazu gehört das ganze Denken und Empfinden. Was habe ich eigentlich davon, 180 auf der Autobahn zu fahren? Habe ich dadurch einen Gewinn? Es gibt vielleicht Situationen, wo man dadurch einen Gewinn hat, weil man sich abreagieren will oder größer sein, als man tatsächlich ist; SUVs symbolisieren Sicherheit, da sind vielleicht auch Ängste damit verbunden – die Psychologie des Autofahrens ist komplex. Aber die Konsumfreiheit hat mit wirklicher Freiheit nur ganz wenig zu tun.

Mit Freiheit sind auch Pflichten verbunden. Freiheit ist eine Freiheit zum verantwortlichen Handeln. Da bin ich Kantianer. Kant sagt: Du bist dann frei, wenn du wirklich das tust, worüber du nachdenkst und was du gut finden kannst, wenn du darüber nachdenkst. Du bist also frei, wenn du denken kannst. *Das* ist die Freiheit. Nicht, dass wir einfach ungehindert etwas tun können und von außen nicht behindert werden. Die eigentliche Freiheit ist, denken zu können und das wählen und wollen zu können, was wir gut finden. Also sich selbst reflektieren zu können.

Daran würde ich festhalten und von diesem Punkt aus auch diese sogenannte, ich nenne sie mal neoliberale Freiheit, diese Konsumfreiheit, kritisieren. Denn sie ist nur der Anschein von Freiheit.

Kann man überhaupt frei sein, wenn man in einer Gemeinschaft lebt?
Ja, Freiheit entsteht erst dadurch, dass andere frei sind – wenn man Freiheit nach dem Modell der Freiheit zur Verantwortung denkt. Diese Freiheit bezieht sich auf andere Menschen, Tiere, Pflanzen, also auf Mit-Leben. Diese Freiheit kann ich nur mit anderen ausüben.

In der Philosophie gibt es auch den Begriff der negativen Freiheit – die Freiheit, ungehindert tun zu können, was ich will, ohne darüber nachzudenken, wo dieser Wille herkommt. Diese Form der Freiheit stört je nachdem andere – also 180 fahren auf der Autobahn, um bei dem vorherigen Beispiel zu bleiben, birgt Gefahren für andere. Daraus ergibt sich ein Argument, Verkehrsregeln einzuführen – dass man nicht 180 fahren kann, sondern nur 130, zum Beispiel. Aber auch das ist ja noch mit gewissen Unfallrisiken verbunden. Also muss man einen Weg finden und ausbalancieren, wie viel Freiheitseinschränkung und Freiheitsmöglichkeiten man zulässt.

Hier ist John Stuart Mill in den letzten 200 Jahren die Richtschnur gewesen: Nach ihm sind Einschränkungen dann – und nur dann – legitim, um Schaden an anderen zu vermeiden. Heißt: 180 auf der Autobahn zu fahren, ist gefährlich für andere. Deswegen darf der Einzelne nicht 180 fahren, auch wenn er das will. Das ist die John-Stuart-Mill-Logik. Und die finde ich zunächst mal richtig.

Auf das Klima übertragen müsste man jetzt schon allein mit der Logik des John Stuart Mill *viel* weitere Einschränkungen rechtfertigen können, als de facto gemacht werden. Denn auch nach

Mill geht es nicht nur um die jetzt Lebenden, sondern auch um die im voraussehbaren Zukunftshorizont nach uns Lebenden, also mindestens unsere Kinder, Enkel und Urenkel. Wenn wir diesen Menschen keine Freiheitseinschränkungen zumuten wollen – die wir selber nie akzeptieren würden! –, müssen wir jetzt anders leben. Folglich muss man den Klimawandel verhindern, und zwar ganz radikal.

Dieser Logik ist das deutsche Bundesverfassungsgericht im Frühjahr 2021 in einem wegweisenden Urteil gefolgt, um zu begründen, dass gegenwärtige Freiheitseinschränkungen in Kauf genommen werden müssen, um größere Freiheitseinschränkungen in der Zukunft zu vermeiden.

❋❋❋ Das Urteil des Bundesverfassungsgerichts ❋❋❋

Am 29. April 2021 entschied das Bundesverfassungsgericht, dass das deutsche Klimaschutzgesetz in Teilen verfassungswidrig – weil nicht ausreichend – ist. Als Hauptbegründung nannten die Richter die Verletzung der Freiheitsrechte der teilweise sehr jungen Kläger. Weil in dem Gesetz nur bis zum Jahr 2030 Maßnahmen für eine Emissionsverringerung vorgesehen sind, würden die Gefahren des Klimawandels auf Zeiträume danach – und damit zulasten der heute jüngeren Generation verschoben. Die Einhaltung der Pariser Klimaziele, die Erderwärmung auf 1,5 Grad zu begrenzen, sei dann nur mit immer dringenderen, kurzfristigeren und drastischeren Maßnahmen machbar.

In der Begründung heißt es: »Von diesen künftigen Emissionsminderungspflichten ist praktisch jegliche Freiheit potenziell betroffen, weil noch nahezu alle Bereiche menschlichen Lebens mit der Emission von Treibhausgasen verbunden und

> damit nach 2030 von drastischen Einschränkungen bedroht sind.« Zur Wahrung grundrechtlich gesicherter Freiheit hätte der Gesetzgeber Vorkehrungen treffen müssen, »um diese hohen Lasten abzumildern«. Es fehle bislang an »Vorkehrungen zur Gewährleistung eines freiheitsschonenden Übergangs in die Klimaneutralität«.
>
> Die Richter verpflichteten die Gesetzgeber mit einer Frist bis Ende 2022, die Minderungsziele der Treibhausgasemissionen ab 2031 zu regeln. Grundlage der Entscheidung ist der Artikel 20a des Grundgesetzes: »Der Staat schützt auch in Verantwortung für die künftigen Generationen die natürlichen Lebensgrundlagen und die Tiere im Rahmen der verfassungsmäßigen Ordnung durch die Gesetzgebung (…)« In der Erklärung der Richter heißt es weiter, es dürfe nicht einer Generation zugestanden werden, »unter vergleichsweise milder Reduktionslast große Teile des CO_2-Budgets zu verbrauchen, wenn damit zugleich den nachfolgenden Generationen eine radikale Reduktionslast überlassen und deren Leben umfassenden Freiheitseinbußen ausgesetzt würde«. Die natürlichen Lebensgrundlagen müssten der Nachwelt in einem Zustand hinterlassen werden, »dass nachfolgende Generationen diese nicht nur um den Preis radikaler eigener Enthaltsamkeit weiter bewahren könnten«.

Allein diese Logik des Anderen-nicht-Schadens würde für einen sozialen Wandel schon genügend Argumente liefern. Weil das ein starkes Argument ist, müssten es auch viele Leute akzeptieren. Weil sie aber nicht daran denken, dass das ja auch die voraussehbare Zukunft betrifft, wird es nicht gemacht. Nur, weil man zu wenig nachdenkt.

Sind die Menschen heute zu egoistisch, um freiwillig einer Logik von John Stuart Mill zu folgen?
Diese Tendenz zum Egoismus gab es schon immer. Man findet ihn schon in der Bibel – der Egoismus ist ein altes Thema.

Aber es gibt auch in alten Texten die Gegenkräfte. Uns Menschen ist die Einsicht möglich, dass Solidarität und Gemeinsinn, das Ernstnehmen des Anderen und das Schicksal der anderen auch unser eigenes Wohl betreffen. Dass wir nicht selbst einfach glücklich sein können, wenn die anderen unglücklich sind – diese Verbundenheit ist uns Menschen möglich, immer schon möglich gewesen, und ich sehe nicht, warum das heute nicht mehr möglich sein sollte. Das glaube ich nicht.

Ich glaube, die Menschen haben mehr Solidaritätsressourcen und -anliegen, als man ihnen manchmal zubilligt. Ich würde auch viel mehr über diese Solidarität argumentieren. Die Solidarität ist ein Motivationsfaktor für Menschen, und viele Menschen können diese Solidarität gar nicht leben, weil sie Pflichten erfüllen müssen und gewissen Zwängen unterlegen sind (zum Beispiel zu Meetings fliegen müssen). Sie würden es aber gerne, und sobald man es ihnen ermöglicht, tun sie es auch (mit der Bahn reisen, wenn es praktikable Verbindungen gibt).

Höre ich daraus richtig, dass die Verantwortung für die Veränderung nicht nur beim Einzelnen liegt?
Ich denke strukturell. Einerseits ist es die Verantwortung der Einzelnen, aber andererseits bewegen sich die Einzelnen immer in Kontexten, in Spuren, in Bahnen, die andere – die Politik oder die Industrie – über Generationen hergestellt haben. Dieser Umstand bestimmt unser Handeln, das engt uns ein. Wir *müssen* dann fliegen; oder es gibt eben keine Alternative zu Plastik. Aber die Verantwortung dafür tragen nicht die Individuen, sondern die Industrien und die Politik. Sie liegt auf der kollektiven Ebene. Deshalb

müssen bei dieser Problematik beide Ebenen angesprochen werden, die individuelle *und* die politische.

Nach Kant soll man nur nach derjenigen Maxime handeln, von der man wollen kann, dass sie auch ein allgemeines Gesetz würde. Wie kann man dann nach Kant noch ein guter Mensch sein, wenn man gar nicht richtig handeln *kann*, weil man nur die Auswahl hat zwischen der in Plastik verpackten Bio-Gurke und der unverpackten konventionellen Gurke?
Das ist eine sehr wichtige Frage.

Man muss – aufgrund der Strukturen – bestehende Dinge tun, die wir, wenn wir darüber nachdenken, nicht gut finden können. Viele Menschen erkennen das und lassen sich dadurch auch motivieren zu kämpfen, um diese Strukturen zu ändern oder zumindest das ihnen Mögliche zu tun, um Änderungen möglich zu machen. Andere machen die Augen zu und sind überfordert, oder sie machen sich selbst einen Vorwurf und fühlen sich schlecht. Unserer Industrie sind die Zweiten lieber: Die erhalten den Konsum aufrecht und fühlen sich sogar noch selbst für die Probleme verantwortlich, die wir heute in der Welt haben.

Das sind arme Sünder – das Bild, mit dem auch die katholische Kirche gearbeitet hat –, die sind ganz praktisch, wenn man Machtstrukturen aufrechterhalten will! Wenn die Menschen sich als arme Sünder verstehen, brav zur Beichte gehen, als Pendant dazu brav ein bisschen ein schlechtes Gewissen haben beim täglichen Konsum – dann bleiben sie gute Konsumenten und arbeiten nicht daraufhin, dass man die politischen Verhältnisse so verändert, dass gewisse Firmen anders handeln müssen. Denn vielleicht müssen gewisse Firmen auch schlicht verschwinden. Ich sehe keine Zukunft für die Erdölindustrie auf dieser Welt. Sie muss verschwinden, ein anderes Businessmodell finden oder einfach untergehen.

Also muss man heute kämpfen, um ein guter Mensch zu sein?
Ja. Und aus diesem Kampf kann man dann auch wieder Selbstachtung gewinnen. Nicht nur blind ausführen, was man soll, sondern für das Gute kämpfen – das ist ein besseres Lebensmodell, als blind zu konsumieren und sich schuldig zu fühlen.

Sie verwenden häufig den Begriff des Klimakolonialismus. Was verstehen Sie darunter?
Der Begriff des Klimakolonialismus hat mehrere Ebenen.

Einmal geht es um die ganz konkrete Ungerechtigkeit im Verhalten der Länder, die historisch viel CO_2 produziert haben und dadurch den Klimawandel verursachen. Aber diejenigen, die unter den Folgen des Klimawandels leiden, sind mehrheitlich nicht die Länder, die durch die Emissionen den Reichtum gewonnen haben, sondern die Länder, die links liegen gelassen wurden – also der globale Süden. Der globale Norden wurde reich, hat den Klimawandel produziert, der globale Süden muss viel stärker darunter leiden.

Aber das, was ich gerne als Klimakolonialismus bezeichne, hat noch weitere Dimensionen: die Zukunft! Wir kolonialisieren die Zukunft, indem wir jetzt noch – verkürzt ausgedrückt – Profite herausholen, deren Auswirkungen diejenigen tragen müssen, die nach uns kommen. Im Raum unserer Atmosphäre spielt sich also eine Art kolonialistische Besetzung ab: Man besetzt durch die CO_2-Emissionen die Möglichkeiten, die Fassungskapazität der Atmosphäre an CO_2-Abgasen.

Denn diese Fassungskapazität hat ja ihre Grenzen, und jenseits dieser Grenzen würde das Klima so schlimm, dass man gar nicht mehr leben kann auf der Erde. Sehr wenige Generationen verbrauchen also die gesamten Möglichkeiten. Und den anderen bleibt nichts. Das ist nichts anderes als ein Kolonialsystem: Man erwirtschaftet den eigenen Vorteil auf Kosten anderer, die gar nicht mit am Verhandlungstisch sind – weil sie noch nicht existieren oder weil sie jetzt noch Kinder sind.

Man kann diesen Kolonialismusbegriff auch biologisch betrachten. Das ist die dritte Dimension des Klimakolonialismus. Die Menschen kolonisieren die Biosphäre: Sie schaffen Kolonien, nämlich Menschenkolonien, mit einer Lebensweise, die anderen Lebewesen das Leben unmöglich macht – das ist also ein Kolonialismus der Natur gegenüber.

Die Logik ist immer die gleiche, sei es nun bei der Kolonisierung von anderen Völkern, zukünftig Lebenden oder der Biosphäre: Die Struktur ist die Ausübung von Macht und Gewalt, um einen eigenen Vorteil zu sichern, während die negativen Auswirkungen ausgelagert werden – in die Zukunft, in die Natur oder in die nicht mächtigen Länder des globalen Südens.

Vom historischen Kolonialismus kann man lernen, dass auch etwas an die kolonialisierten Länder gegeben wurde: Menschenrechte, Kultur, Freiheit, ein besseres Leben, auch Religion. All das war mit viel Überheblichkeit verbunden, aber einiges wurde als Hilfe angeboten. Es ist nicht alles mit Gewalt oktroyiert worden, es wurde auch zumindest ein Teil davon bereitwillig angenommen. Das hat den Kolonisatoren wiederum das Argument gegeben, dass ihr Verhalten richtig oder zumindest gerechtfertigt ist. Aber das muss man genau anschauen: Das kann die Gewaltausübung nicht rechtfertigen – nie. Denn ein kultureller Austausch wäre auch ohne die Gewalt möglich, oder anders gesagt: Man muss nicht Gewalt ausüben, unterwerfen und ausbeuten, um zuletzt dann noch die Idee der Menschenrechte mitzubringen.

Was das Geben betrifft, gibt es das Argument, dass man künftigen Generationen ja die Wissenschaft und Technologie gibt, mithilfe derer sie künftige Probleme lösen können – und unsere heutige Wissenschaft und Technologie wären ja auch nicht möglich gewesen ohne die Geschehnisse und Emissionen des 18. und 19. Jahrhunderts. Da ist zwar ein bisschen was dran. Aber wenn nun das als Rechtfertigung genommen wird, um künftigen Generationen nun erst ein Problem zu machen, das sie nachher mit den Tools, die wir ihnen geben, lösen sollen – dann wird das zumindest scheinheilig.

Bei der Biosphäre aber kann man gar nicht diskutieren: Da geben wir nichts, da wird nur genommen.

Ist dieser neue Kolonialismus also noch verwerflicher als der, den wir schon einmal praktiziert haben?
Ich höre nun, wie Sie sagen: »… den *wir* praktiziert haben.« Sie und ich haben das ja nicht gemacht. Wir müssen differenziert hinsehen: Welche Kräfte haben das wirklich produziert? Wie wurde es ermöglicht, wer hat zugeschaut und nicht eingegriffen, wer hat wirklich profitiert – das ist komplex!

Ich lerne sehr viel durch diese Postkolonialsituation: Es ist nicht gut, kollektive Urteile zu fällen, weil dadurch Kraft für die Gesellschaftsveränderung verloren geht. Man fühlt sich dann schuldig, denn *wir* sind ja die Kolonisatoren gewesen, wir sind die Bösen, wir hätten ja all diesen Wohlstand nicht, wenn es nicht den Kolonialismus des 17., 18. und 19. Jahrhunderts gegeben hätte. Und wir profitieren alle von diesem Wohlstand, und deswegen sollen wir bitte schön still sein.

Deswegen ist eine differenzierte historische Aufarbeitung der Schuldfragen – wer hat was bewirkt oder zugelassen – auch retrospektiv wichtig, um prospektiv handlungsfähig zu sein. Die Handlungsfähigkeit ist ganz wichtig! Wir brauchen Handlungsfähigkeit, denn wir müssen uns stark fühlen und dürfen uns nicht schwächen lassen. Das System, in dem wir leben, macht sehr viel dafür, dass wir uns schwach fühlen und ohnmächtig.

Ist der Schuldbegriff hier hilfreich?
Ich glaube schon. Schuld ist ein moralischer Begriff, der sehr trennscharf ist. Wobei ich Schuld in einem sehr nüchternen, juristischen Sinn meine, um schlicht herauszufinden: Wer ist hier verantwortlich? Vielleicht muss man, um nicht missverstanden zu werden, mehr von Verantwortung sprechen. Diese Betrachtung hilft, die Verursachungsverhältnisse wirklich differenziert anzuschauen, wie im Krimi – man muss herausfinden: Wer war der Mörder? Denn das entlastet andere, die sonst im Verdacht stünden. Das ist wichtig! Es ist wichtig für die Gesellschaft zu sehen, wer hat kausal was bewirkt? Was waren die Ermöglichungsbedingungen? Wer waren die wirklichen Täter? Denn erst wenn man diese Verantwortung oder Schuld feststellt, werden alle die, die ungerecht verdächtigt werden, entlastet und können wieder frei handeln. Die Feststellung der Verantwortung ist also notwendig, um die Handlungsfähigkeit zu stärken, zu stützen und zu kultivieren, die wichtig ist. Sie ist alles, was wir haben.

Vielleicht ist dieses Gespräch der Kern dieses Buchs. Weil es das ganze Geschehen auf eine andere Ebene hebt, weil es alles von außen beleuchtet. Weil Rehmann-Sutter das große Ganze betrachtet, die Menschheit, die Erde, das Tun und die Wirkung. Mehrmals lachen wir in dem Gespräch; an der Stelle, an der er beinahe verzweifelt feststellt, dass das alles ja nur passiere, weil zu wenig gedacht würde, bleibt mir das Lachen aber im Halse stecken. Für einen Philosophen ist es wohl zwingend, so auf die Welt zu blicken; wer Denken zur Arbeit hat, dem fällt doppelt auf, wie wenig noch wirklich gedacht wird. Aber je öfter ich das Gespräch lese, umso mehr schockiert mich diese Stelle. »Weil zu wenig gedacht wird.« Wir sind also eine Spezies, die zwar großartige technologische Erfindungen ersonnen hat, die von den Bäumen in die Häuser gezogen ist und das Feuer nicht nur zu entzünden, sondern auch zu zähmen gelernt hat. Aber mit all dem, was wir können, rennen wir ungebremst und ohne Nachdenken auf einen Abgrund zu. Ist es so, sind wir das? Sind wir diese Spezies, die so viel kann, das ganze Können aber in einem grandiosen Feuerwerk verpuffen lässt, das den ganzen Planeten zerstört? Und je öfter ich es lese, umso mehr denke ich, wie unwürdig wir uns verhalten, unwürdig der Intelligenz, die wir entwickelt haben, wenn wir sie doch nicht dafür nützen, unser Raumschiff Erde und all seine Passagiere, Menschen wie Tiere, zu hegen und zu pflegen, auf dass das Leben gedeihen möge. Wir haben uns so hoch entwickelt, nur, um schließlich in rasender Geschwindigkeit unser aller Lebensgrundlage zu zerstören.

Den Kern dieses Buchs macht dieses Gespräch vielleicht auch wegen Rehmann-Sutters Gedanken zum Klimakolonialismus aus. Denn die Menschen haben nun Studien, Daten und Nachrichten über Nachrichten zum Klimawandel gehört – und es hat alles noch keine wirkliche Handlung hervorgerufen. Vielleicht ist es so, dass wir zuerst eine Haltung zu dieser Situation brauchen, in der wir uns befinden – und die im Grunde doch einfach ist: Treibhausgase verändern das Klima –, deswegen dürfen wir nur eine bestimmte Menge dieser Gase in unsere Atmosphäre einbringen, wenn wir unseren Planeten nicht unbewohnbar machen wollen. Nicht eine bestimmte Menge pro Jahr. Sondern insgesamt. Alles, was wir heute tun, verbraucht etwas von dieser Gesamtmenge. Alle Freiheiten, die wir uns heute nehmen, verringern die Freiheiten der Menschen in der Zukunft. Bei der Recherche zu diesem Buch habe ich zum ersten Mal wirklich das Urteil des Bundesverfassungsgerichts gelesen, das mich mit jedem Wort mehr beeindruckte. Schwarz auf weiß steht in diesem Urteil eigentlich alles, was wir wissen müssen, um verantwortlich zu handeln. Gerade der Freiheitsbegriff nimmt damit einen großen Raum ein, und Rehmann-Sutter erweitert diese Gedanken noch, indem er unser Verhalten mit dem der Kolonisatoren der Vergangenheit gleichsetzt.

Wenn Menschen nicht nur mit den Ergebnissen von Studien konfrontiert würden, mit den Dürren und den Fluten, dem Schmelzen und den Hungersnöten, wenn man ihnen intensiver von Freiheit erzählte, von ihrer eigenen, täglich ausgeübten und der Freiheit ihrer Kinder und Enkel – aber nicht in der Form der neoliberalen oder negativen Freiheit, wie Rehmann-Sutter sie nennt, der Freiheit also, einfach alles tun zu dürfen ohne Rücksicht auf andere – würde das etwas ändern? Würden die Menschen schneller umdenken und schneller handeln, wenn sie verstünden, dass es jetzt sehr intensiv um die Freiheit, um die künftige Lebenswirklichkeit ihrer Kinder geht? Würden sie dann eine fürsorglichere Haltung entwickeln, weil doch schlussendlich jede Handlung für unsere

Erde nichts anderes als eine Handlung für die eigenen Kinder ist? Vielleicht würde diese Fürsorge dann ja auch in der Einsicht münden, dass man kein gutes Helikopter-Elternteil ist, wenn man SUV fährt.

Manchmal denke ich, dass die allermeisten Menschen eben genau das noch nicht verstanden haben: dass wir nicht »weniger Kohlendioxid« emittieren sollen. Sondern nichts mehr. Weil jedes einzelne Gramm, tja – ein Gramm weniger, eine Tätigkeit weniger, eine Möglichkeit, eine Freiheit weniger ist für jene, die jünger sind als wir. Wir müssen jetzt ein Leben aufbauen, in dem kein CO_2 mehr emittiert wird. Denn nur so können unsere Kinder und Enkel noch existieren. Wer das erkennt – wird der nicht auch wütender, aktiver, lauter, wenn es um immer noch falsche, weil immer noch wirtschaftlich motivierte Entscheidungen von Regierungen geht? Würde dann nicht endlich noch viel mehr Druck aufgebaut, endlich Dinge anzugehen, die unsere Emissionen entscheidend verringern, würde dann nicht endlich der radikale Wandel gefordert, den Rehmann-Sutter als einzige Möglichkeit sieht?

Rehmann-Sutter blickt sehr klar auf das, was geschieht. Es gelingt ihm aber, dabei Optimist zu bleiben; er traut uns zu, dass wir doch noch umdenken, merken, worum es jetzt geht. Er traut uns zu, dass wir diesen radikalen Wandel herbeiführen. Zum Glück sagt er das.

Seitdem denke ich oft an seine Worte.

❉

Das Flüstern des Eises

Mit der *Cape Race* sind wir nun also im Westen angelangt, oder besser, in der Nordwestecke Spitzbergens. Und begeben uns ins Gletschereis, das es glücklicherweise ja immer noch gibt. Es wird einer jener Abende, die immer wieder ein Geschenk sind, die einen dankbar und demütig machen.

Wir fahren in einer stillen See in den Bjørnfjord hinein, blaues Wasser, blauer Himmel, spitze Berge, vor uns der Smeerenburgbreen. Die Luft so klar. Der Motor verstummt, alles ist Friede. Die Gäste starten zu einer Tour mit dem Schlauchboot, hinein ins Arktispanorama.

Ich bleibe auf dem ruhigen Schiff, setze mich auf das von der goldenen, tief stehenden Sonne gewärmte Holzdeck, die Luft ist wie zu Hause bei einer Skitour im Spätwinter, wenn die Sonne langsam wiederkommt und alles wärmt.

Kleine Eisstücke treiben um uns herum, sie stammen von dem Gletscher vor uns. Wenn wir mit dem Schiff im Meereis liegen, ist alles still, das Eis macht keine Geräusche. Hier knistert und plitschert und flüstert es überall, wo Eisstückchen treiben, das ist die Luft, die dem schmelzenden Eis entweicht. Vögel kreischen, flattern über uns hinweg, auf dem Weg zu der nahrungsreichen Gletscherabbruchkante. Auf einmal ein Plätschern und Rauschen, wie ein Bach oder Wasserfall. Ein Eisberg dreht sich, ganz in der Nähe. Ein Grollen aus den Tiefen des Gletschers rollt heran, so fern wie das Donnern eines Wintergewitters, dann ein Knall. Der Gletscher kalbt, gewaltige Massen drücken sich langsam, aber unerbittlich ins Wasser, verdrängen ganze Hochhäuser an Wassermassen und verursachen eine gewaltige Welle, auf denen Eisstücke tanzen. Es dauert nicht lange, dann hören wir ein hell sirrendes Rauschen, das ist der Tsunami, der am Ufer entlangwandert, ausgelöst durch das Kalben des Gletschers. Ich kann die Gischt sehen, die an den Ufern entsteht, die Gischt der Welle, die gleichmäßig nach Norden rollt. Rechts und links an den Ufern sehen wir die Welle am Strand, vor uns im grünen Wasser erkennen wir die herannahende Welle vor allem an den Bewegungen der Eisstücke, die im Wasser treiben. Die Welle hebt sie schaukelnd nach oben, das Wasser schwappt an ihren Seiten hinauf und fließt glitzernd und schäumend wieder an ihnen hinab. Dann erreicht die Welle das Schiff, das auch angehoben wird und sanft zu schaukeln beginnt, während das Wasser an den Fjordwänden rechts und links weiter entlangrauscht und -brandet.

Dann ist es wieder still; dann sind da wieder nur das Eis und das Meer und unser kleines Schiff vor diesen gewaltigen Wänden.

Den Bewegungen des Eises, des Meeres, der Wellen und des

Schiffs folge ich mit den Augen und dem Körper. Ich schaue den Vögeln zu, wie sie an der Gletscherkante immer wieder ins Wasser stoßen, manchmal mit, manchmal ohne Fischlein in ihren Schnäbeln. Ich nehme das Fernglas und suche nach Robben, Bären, Walen, die hier unterwegs sein könnten, und werde wieder gewahr, wie weit wir doch noch von der Eiswand entfernt sind, obwohl sie so nah scheint in der sauberklaren arktischen Luft.

Kann man sich sattsehen, satterleben an diesen Gletschern? Ich bin nach 15 Jahren in dieser Gegend nicht satt. Wie oft ich schon vor Gletschern staunte, ob nun auf dem Schiff oder im Schlauchboot, weiß ich nicht mehr, aber all diese Momente waren unterschiedlich, einzigartig, und haben mich jedes Mal berührt. Das Eis hat mich auf seine ganz eigene Art gefangen genommen, es ist klein und groß zugleich, es gibt dieses kleine

Rauschen und Rinnsaltröpfeln und gleichzeitig das große Krachen – alles ist immer in Bewegung und bleibt nie gleich.

Deswegen ist es, ohne das große Ganze, ohne die ganze Klimageschichte und ohne Ökosystemgedanken, einfach nur traurig, dass diese beflügelnde Schönheit einfach so dahinschwindet.

Ganz in der Nähe des Smeerenburgbreen aber machen wir auch noch andere, erstaunliche Entdeckungen, die mit einer dritten Art des Eises zu tun haben.

❆

Wenn Küsten zerbrechen

Am Morgen gehen wir an diesem Ort irgendwo im Nordwesten Spitzbergens an Land, den ich hier nicht verraten werde, damit ihn niemand anderer findet. Zu oft haben wir erlebt, wie Dinge verschwinden. In Spitzbergen gibt es einige historische Orte, auch Orte mit weniger schönem Hintergrund, wie deutsche Wetterstationen aus dem Zweiten Weltkrieg. Jahrelang sind die Überreste dieser Stationen geplündert worden, ist doch auf vielen dieser Überreste ein Reichsadler oder, für einige anscheinend noch attraktiver, ein Hakenkreuz zu sehen. Derlei Dinge verschwanden also, sodass sich die Stationsreste von Jahr zu Jahr immer weiter minimierten. Aber auch andere Objekte lösten sich in nichts auf, ein zwei Meter langer Narwalzahn zum Beispiel, den wir auf einer Fahrt am Strand gefunden hatten. Als wir ihn bei der nächsten Reise den neuen Gästen zeigen wollten, war er weg. Man darf das alles nicht, man darf nichts mitnehmen aus Spitzbergen, und das ist auch gut so. Verschwunden sind die Sachen trotzdem.

Diesen Ort also werde ich nicht verraten; es ist ein etwas gruseliger, durchaus auch trauriger Ort, einer dieser Orte, die mich in Spitzbergen immer etwas innehalten lassen. An diesem Strand fällt eine Klippe vielleicht drei oder vier Meter ins Meer hinab, senkrecht beinahe. Diese Klippe sieht instabil aus, und sie ist es auch; sie bricht langsam immer weiter ab, Stück für Stück erodiert sie fort, so wie die Klippe vor Wolfgangs Haus, die seiner Terrasse in jener Sturmnacht 2016 so nahe gekommen war. So wie viele Küsten der Arktis, die instabiler werden, weil der Permafrost taut, weil im Winter die Meereisdecke fehlt, über die die heftigen Winterstürme bisher hinwegfegen konnten, ohne dass das Meer aufgewühlt wurde. Als es noch Meereis gab, gab es im Winter keine Wellen, die sich an die Küsten warfen, alles lag still und starr, auch im größten Orkan, und selbst wenn einmal kein Meereis war, hatten die tiefgefrorenen Küsten den Stürmen etwas entgegenzusetzen, nur schwerlich ließen sie sich Trümmer entreißen; der Frost hatte alles im Griff.

Das ist jetzt vielerorts nicht mehr so. Das schützende Eis fehlt, die Stürme fahren in das Meer hinein, und die Wellen beißen in die geschwächten Küsten. Hier an diesem Ort geschieht genau das. Und mit jedem dieser Bisse, diesem Abrutschen von Sand und Gestein, kommt ein Stück mehr davon zum Vorschein, was einst an dieser Küste in diesem Sand vergraben wurde: Särge.

Holzsärge, erstaunlich kurz. Rechteckig zusammengezimmert aus dünnen Latten. Gut erhalten sind sie, denn in dem Kühlschrank, der die Arktis bisher war, haben Verrottungsprozesse viel länger gedauert als anderswo.

Wer wurde hier begraben? Ausnahmslos Männer, das weiß man aus vielen Untersuchungen anderer Gräber auf Spitzbergen. Es handelt sich um jene Walfänger, deren Spuren ich schon im Hornsund sah. Männer aus Großbritannien oder den Niederlanden, Norwegen oder Russland, die hier jagen und mit dem wertvollen Tran der Wale reich zurückkehren wollten. Aus den gut erhaltenen Kleidern in den tiefgefrorenen Gräbern weiß man, wie jämmerlich sie ausgerüstet waren, und die spärliche Nahrung tat ihr Übriges. Viele starben. Sie starben häufig schon auf See, aber nur in wenigen Ausnahmen wurden sie im Meer bestattet. Weil die meisten von ihnen sehr gläubige Christen waren, wurde immer versucht, die Verstorbenen an Land zu begraben, ihnen eine Ruhestatt mit Kreuz zu verschaffen, wenigstens das. Viele starben an Land, wo sie das Fett der riesigen Säugetiere zu Tran zerkochen sollten, in der arktischen Landschaft, mit Halbschuhen aus Leder, sockenlos und dünnen Wollpullovern, durch die der Wind pfiff bis ins Mark.

Hunderte dieser Gräber also gibt es auf den Inseln, es gibt ganze Gräberfelder an einzelnen Stellen und immer wieder auch einsame Ruhestätten. Einige dieser Gräberstellen sind mittlerweile gesperrt, weil manche offensichtlich auch nicht davor zurückschrecken, menschliche Gebeine als Souvenir mit nach Hause zu nehmen. Zumindest deuteten die geplünderten Grabstellen, aus denen vor allem Schädel verschwanden, darauf hin. Wo mögen diese Schädel geendet haben? Gibt es Wohnzimmerregale, in denen Walfängerschädel liegen, neben Plastikgondeln aus Venedig? Immer wieder frage ich mich das, wenn ich an Grabstellen stehe.

Wir nähern uns dem Klippenabschnitt seitlich und sehen dann in etwa zwei Metern Höhe einen Sarg, dessen Seitenteil bereits weggebrochen ist, im Sarg liegen auch Steine. Ein anderer Sarg liegt schräg vor uns, er ist heruntergefallen und liegt nun offen da, seltsamerweise ist er leer. Der Inhalt mag weggespült worden sein.

Wir Expeditionsleiter sind an solche Anblicke gewöhnt, wir wissen, dass es diese Gräber gibt. Und doch trifft es mich immer wieder, menschliche Überreste zu finden. Es ist keine Sensationslust und kein Sightseeing, solche Orte zu besuchen, zumindest empfinde ich es so. Diese Orte sind Teil dessen, was hier passiert ist, sie gehören zu diesem kalten Land wie das Eis und die Vögel. Ich stehe dann dort und denke an die Menschen, die hier ihre letzte Ruhe gefunden haben. Was mögen sie hier erlebt haben? Warum sind sie gestorben, und wann, wie alt waren sie, und wer wartete zu Hause auf sie und bekam anstatt einer Umarmung im Hafen bei der Rückkehr nur eine traurige Nachricht überbracht? Mit welchen Hoffnungen waren diese Männer aufgebrochen, welche Not hatte sie zu dieser harten und sehr verlustreichen Arbeit getrieben?

Darüber denke ich nach und versuche, diese Orte zu ehren und damit auch die Menschen; ihrer hier zu gedenken, an ihren Gräbern, die nie jemand besuchte. Das wird diese Menschen nicht mehr interessieren, aber irgendwie vielleicht doch. Ich versuche auch immer, meinen Gästen all das zu erklären, die Arbeitsbedingungen damals, bei dieser größten Jagd in der Geschichte der Menschheit, die Anstrengungen, Entbehrungen, und am besten funktioniert das, wenn wir frierend im Wind stehen und leichter Schneegriesel ins Gesicht beißt, wir aber in dicke Kleidung gepackt sind, wissend, dass ein warmes, heimeliges Schiff auf uns wartet. Stellt euch vor, ihr hättet nun Halbschuhe an, hättet nackte Hände, und ihr wärt immer nass. Das sage ich dann, und es wirkt immer sehr anschaulich, und auch damit will ich diese Menschen ehren, die hier ruhen und im Verborgenen gestorben sind, als Teil der Heerscharen von Menschen, die unter unwürdigen Bedingungen leben und arbeiten und sterben mussten, egal, wo auf der Welt und wann.

Was werden wir in den nächsten Jahren noch entdecken, an den Küsten, die zerbrechen, in den Böden, die abrutschen, die auftauen, einsinken, aus denen das Eis verschwindet?

Denn das Wegbrechen der Küsten findet nun beinahe überall statt. Aber nicht nur an den Ufern und Klippen wird das Tauen offensichtlich. Es gibt in Spitzbergen noch andere Landestellen, in denen sich in den letzten Jahren auf einmal Spalten im Boden geöffnet haben, weil der Permafrost taut, das Eis verschwindet und nun Löcher hinterlässt. Manche Landestellen sehen mittlerweile jedes Jahr anders aus. Und wenn Spitzbergen auch einer der Orte der Welt ist, die sich am schnellsten erwärmen, beschränkt sich dieses Tauen nicht auf diese Inseln. An den Rändern der gesamten Permafrostregion, deren Grenzen mal nördlich, mal weit südlich des Polarkreises verlaufen, hat es zu tauen begonnen, und wo es noch nicht taut, steigt doch vielerorts schon die Temperatur im Boden.

Auch in der russischen Arktis taut der Permafrost, Pipelines geraten in Gefahr, tiefgefroren konservierte Mammuts tauchen wieder auf. Eine spektakuläre Entdeckung machten Forscher 2021 in Jakutien: den ältesten Permafrost Sibiriens, der sogar frühere Warmperioden überdauert hat. In einer gewaltigen Grube taut aber nun auch dieser Boden auf. Thomas Opel, einer der Wissenschaftler, die diesen Ort erforschen, erzählt mir in einem Gespräch, was dort – und in vielen Permafrostgebieten – jetzt passiert und was das für Auswirkungen hat.

❋

Dr. Thomas Opel,
Paläoklima- und Permafrostforscher

»Ich bewege mich zwischen Faszination, Erschrecken und wissenschaftlicher Begeisterung.«

Thomas Opel arbeitet am Alfred-Wegener-Institut in Potsdam und hat sich schon während seiner Promotion mit dem Thema Paläoklima in der Arktis beschäftigt. Mit einer internationalen Forschergruppe hat er den ältesten Permafrost Sibiriens entdeckt und erforscht. Er ist dabei besonders an den Möglichkeiten interessiert, die sich durch den frisch freigelegten alten Permafrost ergeben: Er will die Bildungs- und Klimabedingungen zu der Zeit rekonstruieren, als dieser Permafrost sich bildete und stabil war.

Was passiert, wenn Permafrost taut?
Durch die zurzeit stattfindende Erwärmung der Atmosphäre erwärmen wir auch den Boden. Deshalb wird die Schicht des Permafrosts, die im Sommer immer auftaut, tiefer werden. Das heißt, das Eis dieser oberen Permafrostschicht kann dann schmelzen und ablaufen, und dadurch wird sukzessive die Oberfläche des Permafrosts erodiert. Das ist aus zwei Gründen sehr relevant für uns als Menschheit.

❊❊❊ **Permafrost** ❊❊❊

Als Permafrost wird jede Art von Untergrund bezeichnet, der mindestens zwei Jahre lang kontinuierlich gefroren ist – egal, ob es sich dabei um Hochgebirgsgesteine der Alpengipfel oder um gefrorene Lockersedimente in den sibirischen Tundralandschaften handelt. Auf der Nordhalbkugel bedeckt der Permafrost etwa 20 Prozent der Landoberfläche, also sehr große Landmassen in Sibirien, Kanada und Alaska, die nicht vergletscherten Randbereiche Grönlands, Teile Skandinaviens und der Hochgebirge.
Permafrost kann in den kältesten Regionen Sibiriens bis zu 1000 Meter tief sein, während an den Randbereichen der Permafrostzone nur wenige Meter tief gefroren sind.
Im Sommer taut die oberste Schicht des Permafrosts auf – Arktisreisende kennen das Phänomen, dass sich dann viel Wasser auf den Tundraebenen sammelt, das wegen des darunter weiterhin gefrorenen Erdreichs nicht oder nur langsam abfließen kann. Diese Schicht wird auch die »aktive Schicht« genannt. Ein bekanntes Phänomen ist hier, dass sich große Steine nach oben bewegen – wie wenn beim Schütteln eines Müslis die Rosinen nach oben transportiert werden. Diese Bewegung ist auch der Grund dafür, warum in Permafrost nur ungern Gräber gegra-

ben werden. Wie tief die Auftauschicht ist, ist von der Region, dem Bodenmaterial und der darauf befindlichen Vegetation abhängig: In den nördlichsten Breiten, den sibirischen Eismeerküsten, tauen etwa zwischen 25 und 40 Zentimeter auf, während es in den südlichen Bereichen auch zwei Meter sein können.

Permafrost ist also per Definition ein thermisches Phänomen – das heißt, er ist nur über Temperatur definiert –, und deswegen schmilzt Permafrost nicht, sondern er taut. Das Eis in Permafrost kann zwar schmelzen und seinen Aggregatzustand zu Wasser verändern, aber ebenfalls enthaltene Steine oder Sedimente nicht – egal, ob ihre Temperatur unter oder über dem Gefrierpunkt liegt.

Der eine Grund, warum uns das Tauen des Permafrosts interessieren sollte, ist: Wegen seiner großen Flächenausdehnung ist jede Menge menschliche Infrastruktur davon betroffen. Zig Millionen Menschen leben auf Permafrost. In Sibirien gibt es große Städte, Jakutsk zum Beispiel, deren gesamte Infrastruktur auf Permafrost steht. Viele Straßen und Bahnlinien verlaufen durch Permafrostgebiete. Wenn der Permafrost oberflächlich auftaut, wird die Landoberfläche instabil, und die ganzen Fundamente der Gebäude und Infrastrukturen ebenso. Das betrifft beispielsweise auch Pipelines: Diese Rohrsysteme sind auf Stelzen gebaut, damit sie von den saisonalen Auftauzyklen nicht beschädigt werden. Wenn nun aber immer mehr auftaut, werden die Stelzen instabil, und es kann zu Brüchen kommen. Deswegen wird dort nun bereits teilweise der Untergrund künstlich gekühlt. Man stelle sich diesen Aufwand vor.

Nicht zuletzt sind die Menschen, die in diesen Gebieten leben, in ihrer ganzen Lebensweise davon abhängig, dass der Permafrost bestehen bleibt. Im Norden besteht noch viel Subsistenzwirtschaft, Viehherden, gerade von indigenen Völkern. Aber auch in den Alpen gibt es noch Permafrost, und auch dort hat er eine große Bedeutung, weil er das ganze massive Gestein zusammenhält. Taut es, sind Steine plötzlich nicht mehr stabil, oder Wasser kann auf einmal in Klüfte eindringen und dort wieder gefrieren, was verstärkt zu Rutschungen oder Felsstürzen führt. Das passiert bereits.

Der zweite wichtige Grund, warum uns das Auftauen des Permafrosts alle etwas angeht, ist, dass vor allem die großen Permafrostgebiete in Sibirien und Nordamerika sehr viel fossilen Kohlenstoff beinhalten. Aus vergangenen Zeiten der Erdgeschichte ist dort viel Pflanzenmaterial – organische Masse – eingelagert worden, wie in einem großen Tiefkühlschrank. Wenn dieses Material jetzt auftaut, kommen Bakterien zum Einsatz, die es ganz begeistert auffuttern und Treibhausgase produzieren – CO_2 oder Methan, je nach den genauen Bedingungen vor Ort –, die dann wiederum die Klimaerwärmung weiter anheizen. Dadurch entsteht ein sich selbst verstärkender Kreislauf, der als Permafrost-Carbon-Feedback bezeichnet wird. Wenn wir die Erderwärmung nicht stoppen können, wird dieser eingelagerte Kohlenstoff also noch zusätzlich zu unseren anthropogenen Emissionen freigesetzt.

Die Auswirkungen des graduellen Auftauens des Permafrosts sind in den Klimamodellen bereits enthalten. Wichtig dabei ist aber, dass die Modelle in erster Linie auf den Kohlenstoffgehalt schauen, der sich in den ersten drei Metern unter der Erdoberfläche befindet, weil man diesen durch empirische Studien gut bestimmen kann. Wie viel Kohlenstoff tiefer gelagert ist, das ist eine große Unbekannte. Und noch etwas wird nicht von den Modellen berücksichtigt: Wenn es zusätzlich zu diesem graduellen Auftauen auch noch zu einem plötzlichen Auftauen kommt. Wenn wir zum Beispiel an der Küste steile Klippen mit großem Eisanteil haben, die im Sommer durch die Kombination aus Wärme und Wellen stark erodieren, dann wird hier nochmal sehr viel mehr an Kohlenstoff bereitgestellt. Aber solche Entwicklungen sind zu kleinskalig, um sie in großen Modellen berücksichtigen zu können. In der Summe werden sie aber sehr wohl relevant. Das bedeutet also, zu den in den Erdsystem-Modellen eingerechneten Emissionen aus Permafrost-Kohlenstoff kommt immer noch etwas hinzu, was schwer modellierbar ist.

Sie haben den wohl ältesten Permafrost Sibiriens erforscht, der schnell taut. Was hat es damit auf sich?
In der Nähe des sibirischen Orts Batagai gibt es eine sehr große kraterähnliche Tauzone. Sie ist mehr als 50 Meter tief und hat einen Durchmesser von etwa einem Kilometer, mit einer Steilwand, die etwa zwei Kilometer lang ist – das ist das weltweit größte bekannte Beispiel einer solchen Permafrost-Tauform.

Entstanden ist sie erst innerhalb der letzten Jahrzehnte. Es wurde dort zum einen großflächig Wald gerodet, wodurch natürlich die Beschattung wegfiel. Zum anderen wurde diese Gegend von Kettenfahrzeugen einer in der Nähe befindlichen Mine befahren. Die daraus resultierende Zerstörung der Vegetationsdecke hat dazu geführt, dass im Sommer die Erwärmung tiefer in den gefrorenen Untergrund eindringen konnte.

Wenn der Permafrost im Sommer auftaut, wird er instabil, das dann nicht mehr als Eis gebundene Wasser verwandelt alles in eine zähe Masse, und es kann zu Hangrutschungen kommen. Im Fall von Batagai war es so, dass sich wahrscheinlich zusätzlich ein schon existierendes kleines Tälchen, in dem zuvor wohl das Schmelzwasser abgeflossen ist, stark vertieft und verbreitert hat. In Batagai erreicht man in zwei bis drei Metern Tiefe Permafrost, der fast nur aus Eis besteht. Wenn dieses Eis schmilzt, entsteht in kurzer Zeit sehr viel Wasser, das dann das Erdreich, das Sediment, sehr leicht abtransportieren kann. Das hat dazu geführt, dass sich dieses Tal weiter vertieft und verbreitert hat und so über die letzten 30 bis 40 Jahre diese riesige Erosionsform entstand. Und dieser *slump*, diese Grube, wächst exponentiell weiter: Bis zu 30 Meter pro Jahr weicht ihre senkrechte, 55 Meter hohe Wand zurück.

Wie muss man sich diesen Ort vorstellen?
Ich war 2017 im Sommer und 2019 im Frühjahr dort – und das war beide Male völlig anders. Wir sind in dieser hochkontinentalen Region in Sibirien, mit extremen Temperaturunterschieden, im Winter bis -60 Grad, im Sommer bis +35 Grad Celsius.

Im Sommer muss man sich das so vorstellen: Weil in diesem Permafrost sehr viel Eis enthalten ist, laufen an dieser hohen Wand kontinuierlich Schmelzwasserbächlein oder kleine Schlammströme herunter. Zusätzlich hört man ständig größere Blöcke herunterfallen, man hört dieses Knacken, wenn es losbricht und wenn es dann einen Moment später in 50 Metern Tiefe wieder auf den Boden prallt. Das ist sehr beeindruckend, ein Ort, der nie zur Ruhe kommt. Es gluckert und plätschert und bröselt, und dazwischen können auch größere Brocken von der Größe eines Lastwagens herunterfallen.

Die Dimensionen dieser Wand werden auf dem Foto (auf der nächsten Seite) sehr gut sichtbar – in der Mitte unten stehen Menschen.

Im Winter dagegen, im März, wenn Minustemperaturen herrschen, ist der Ort einfach still, weil alles tiefgefroren ist. Still und schneebedeckt. Sowohl im Winter als auch im Sommer wunderschön.

Dieser alte Permafrost hat lange Wärmeperioden überdauert – gibt das Hoffnung für die Widerstandskraft des Permafrosts in der kommenden immer wärmer werdenden Zeit?

Jein. Der ganz alte, also mindestens 650 000 Jahre alte Permafrost hier befindet sich ganz am Boden dieser Steilwand in 50 Metern Tiefe. Das heißt, dieser Permafrost ist – wenn man ihn nicht seitlich anschneidet, wie das jetzt gerade passiert – gut abgepuffert, weil eben noch 50 Meter Permafrost darüber sind, die erst einmal tauen müssen. Das gibt nun den Eindruck, dass das relativ sicher ist. Gleichzeitig zeigt aber die Obergrenze dieser Schicht ganz deutliche Spuren von Erosion. Irgendwann in der Vergangenheit ist hier schon einmal eine massive Permafrostdegradation passiert. Diese Spuren vergangener Erosionsereignisse zeigen, wie vulnerabel das ganze System doch ist.

Wir können ganz sicher sagen, dass nicht aller Permafrost der Welt in den nächsten zehn oder 15 Jahren tauen wird. Der Permafrost in den Randgebieten, der weniger kalt und nicht so tief ist, wird nach und nach verschwinden. Aber dort, wo er einige hundert Meter mächtig ist, kann es gut auch noch ein paar Hundert oder Tausend Jahre dauern, bis er ganz getaut ist. Aber wenn wir das Klima weiter so verändern, wird er vermutlich tatsächlich irgendwann ganz weg sein.

Nehmen wir das letzte Interglazial vor etwa 130 000 Jahren: Das war auch nur ein paar tausend Jahre lang, hat aber zu massiven Degradationserscheinungen geführt, es ist damals also extrem viel Permafrost verschwunden. Und jetzt haben wir wieder eine natürliche Wärmeperiode plus unsere menschliche Komponente – und die sprengt sowohl die zeitliche wie auch die Temperaturdimension des letzten Interglazials. Das muss folglich noch massivere Auswirkungen auf den Permafrost haben.

Leider kann man somit auf keinen Fall von einer Entwarnung sprechen, nur weil wir da ganz alten Permafrost gefunden haben, der Wärmeperioden überdauert hat. Es zeigt eigentlich eher Folgendes: Dieser Permafrost liegt dort seit 650 000 oder 700 000 Jahren und hat mehrere natürliche Wärmeperioden überstanden. Dann sind wir Menschen gekommen und haben vor etwa 60 Jahren die Vegetation gestört. Und heute ist dieser alte Permafrost Teil der Degradation und ist danach einfach weg. Das zeigt einmal mehr, wie sensibel das ganze System ist und wie leicht wir Menschen das, was natürliche Klimavariationen gut überstanden hat, durch unser Handeln massiv bedrohen können.

Wie bewertet die lokale Bevölkerung diese Tau-Grube?
Die Bevölkerung ist zu einem großen Anteil indigen, also Jakuten, aber auch Russen leben dort. Es besteht durchaus eine gewisse Angst, was diese kraterähnliche Form angeht – weil man sie sich nicht so richtig erklären kann. Da gibt es dann Vorstellungen des Tors zur Unterwelt, weil das mit lokalen Mythen in den jeweiligen Kulturen verknüpft werden kann. Es gab vor einigen Jahren viele

Schlagzeilen in der internationalen Presse über das Tor zur Hölle und solche Geschichten.

Gleichzeitig haben die Menschen eher diffuse Ängste, dass da etwas freigesetzt wird, das zu einer Bedrohung für die Bevölkerung werden kann, Gifte, alte Viren oder was auch immer.

Einige Leute sehen in dieser Grube auch Potenzial, denn man findet darin Tierreste aus der Pleistozän-Fauna, also Knochen von Bisons oder vereinzelt auch Elfenbein von Mammuts – das ist natürlich eine willkommene Einkommensquelle, wenn so ein Mammutzahn gefunden wird.

Ist es realistisch, dass im Permafrost etwas Gefährliches eingefroren ist?
Zum einen weiß man, dass Bakterien sehr lange im Permafrost überleben können. Kollegen haben in 20 000 oder 40 000 Jahre alten Proben Bakterien gefunden, die wieder zu agieren ange-

fangen haben. Die waren also in einer Ruhepause. Gleichzeitig gibt es auch Berichte, dass im Norden auf der Jamal-Halbinsel Milzbranderreger von einem Ausbruch von vor 100 bis 200 Jahren durch Permafrost-Tauen wieder zugänglich und aktiv wurden und zu einem Milzbrandausbruch unter Rentierhirten und ihren Herden mit Erkrankungen und Todesfällen geführt haben. Prozesse, die solche Ängste hervorrufen können, die können per se also erstmal existieren.

Wie geht es Ihnen, wenn Sie diesen Ort besuchen?
Ich war dort schlicht total beeindruckt. Man braucht einige Zeit, bis man das alles sieht und einordnen kann.

Dann geht man aber auch sehr schnell in diesen Wissenschaftlermodus über, denn man fährt ja mit einer Grundidee dorthin, was man herausfinden könnte. Gleichzeitig ist einem sehr präsent, dass sich diese riesige Form in nur wenigen Jahrzehnten entwickelt hat und was das alles mit der Landschaft gemacht hat – wie viel Material jetzt eben einfach weg ist. Wenn man dann weiterdenkt: Wenn das nun also überall passieren wird, was wird das dann für Auswirkungen auf Landschaft, Menschen und schließlich auf das Klima haben – dann ist es sehr erschreckend, was man da sieht. Also ich bewege mich dort immer zwischen Faszination, Erschrecken und wissenschaftlicher Begeisterung.

❉

Die Fotos von dieser riesigen Grube beeindrucken mich sehr. Immer wieder sind die Dimensionen dessen, was passiert, so schwer zu fassen. Die Auswirkungen des tauenden Permafrosts auf die arktische und subarktische Infrastruktur habe ich in Longyearbyen selbst schon erlebt. Dort mussten nun schon mehrmals Freunde von mir ihre Häuser verlassen, weil die Fundamente instabil wurden. Dass Permafrost also in diesem Buch eine Rolle spielen muss, war lange klar. Thomas Opel hatte ich kontaktiert, weil ich von der Entdeckung des sehr alten Permafrosts gehört hatte. Und weil ich während meiner ganzen Recherche immer auch nach positiven, Hoffnung machenden Geschichten gesucht habe, dachte ich: Das ist eine! Hier gibt es so alten Permafrost, der beweist vielleicht, dass der Permafrost ab einer gewissen Tiefe gar nicht tauen wird. Nun, diese Hoffnung hat Thomas Opel sanft, aber doch sehr deutlich und am Ende vollständig zerstört. Eher sei seine Entdeckung ja noch mehr Anlass zur Sorge: Da friert etwas beinahe 700 000 Jahre vor sich hin. Dann kommt der Mensch, und innerhalb weniger Jahrzehnte beginnt es munter zu tröpfeln. Meine Hoffnung also, meinen Lesern wenigstens manchmal erzählen zu können: »aber in einigen Bereichen ist es nicht ganz so schlimm ...«, hat sich auch hier wieder nicht erfüllt.

Wärmere Temperaturen mögen an anderen Orten neue Möglichkeiten erschließen – wenn das Meereis verschwindet, gibt es neue Wasserwege, durch die Nordost- oder Nordwestpassage zum Beispiel. Oder Dörfer in Ostgrönland müssen irgendwann nicht mehr von September bis Juni auf das nächste Versorgungsschiff warten. Gleichzeitig aber entstehen durch den tauenden Permafrost Probleme an Land. Straßen und Eisenbahnstrecken werden instabil und die Landwege hin zu Küstenorten zerstört. Eine Übersicht hat dazu der Londoner Versicherer Lloyds erstellt, in der Studie »Arctic Opening: Opportunity and Risks in the High North«. Im Kapitel »New Access, New Vulnerabilities« wird darin das Beispiel der Siedlung Churchill in der kanadischen Hudson Bay genannt, die vor allem für ihre große Eisbärenpopulation bekannt ist. Weniger bekannt ist, dass von Churchill enorme Mengen an Getreide verschifft werden. Die Tage, an denen Churchill auf dem Seeweg erreicht werden kann, steigt in den letzten Jahrzehnten beständig an – gleichzeitig aber müssen enorme Summen aufgewendet werden, um die Tausende Kilometer lange Zugstrecke nach Churchill in Funktion zu halten, das Getreide also überhaupt erst nach Churchill zu bekommen. In dem Kapitel werden auch eisfreie Zeiten mit der Erosion von Küsten in Vergleich gestellt, Erosionen, wie sie Wolfgang Hübner-Zach in Longyearbyen erleben musste und wie wir bei den Särgen im Nordwesten von Spitzbergen gesehen hatten. In der Beaufort-See nahe der Küste von Alaska, so die Studie, ist die Zahl der eisfreien Tage seit den 1980er-Jahren bis zum Jahr 2009 von 63 auf 105 Tage angestiegen. Gleichzeitig hat sich die Erosion dieser Küste von 8,7 auf 14,4 Meter pro Jahr erhöht, durchaus unglaubliche Zahlen, sie stammen aber aus einer recht glaubwürdigen Studie des National Snow and Ice Data Centers der Universität von Colorado.

Selbst wenn also in dem wärmer werdenden Boden kein Urzeitmonster auftaut, wie es in etlichen eisigen Horrorfilmen schon geschehen ist – das Tauen des Permafrosts wirft etliche neue Probleme für Infrastrukturen auf, die die Vorteile der erleichterten Seewege wohl nicht wettmachen werden. Das sollte auch diejenigen interessieren, die diesen Prozess mit beschleunigen: Denn wenn entlegene Küstenorte nur noch über den Seeweg erreichbar sein werden, weil Eisenbahnstrecken oder Eisstraßen und Straßen über Permafrost nicht mehr nutzbar sind, wird es beispielsweise auch mit dem Transport von schwerem Gerät zu Ölfeldern oder Minen schwierig werden, ganz abgesehen davon, dass große Pipelines jetzt schon mit enormem Aufwand gekühlt werden müssen, damit der Boden unter ihnen gefroren bleibt und nicht wegsackt. So mancherorts wird es gar nicht möglich sein, die Ölreserven bis zu ihrem Ende auszubeuten.

Die *Cape Race* ist unterdessen an der Westküste weiter Richtung Süden und in den Krossfjord eingefahren. Wir machen halt in Ebeltofthamna.

Während die Gäste wandern, gehe ich an Land, um diesmal allein einen Strandabschnitt zu säubern und an Bord auszuzählen. In gemütlichem Nieselregen messe ich den Abschnitt aus und fange dann an, alles einzusammeln, was ich finden kann.

Zum Glück bekomme ich dabei Unterstützung von Kapitän Ali, denn es liegt doch wieder mehr herum, als aus der Ferne sichtbar war. Was uns hier besonders auffällt: Wir finden sehr viele bereits zermahlene Plastikteile, wenig Intaktes. Ein unvermeidlicher Nestlé-Deckel hat den Weg auch an diesen Strand gefunden, er ist noch beinahe vollständig, genauso wie zwei Arbeitshelme.

Wir sammeln die gesamte Zeit, in der die Gäste unterwegs sind, und gehen den Abschnitt noch einmal kontrollierend ab.

Erst an Bord nehme ich mir den Inhalt des Sacks dann vor und zähle ihn auf dem geschützten Deck aus. Auf den 2000 Quadratmetern haben wir diesmal 429 Teile eingesammelt. Das ist deutlich weniger, als wir in Kiepertøya gefunden hatten. Das passt sehr gut zu all unseren bisherigen Sammlungen. Es scheint, als würde der Müll an der Westküste an den Fjorden vorbei nach Norden transportiert und dort abgeladen werden – von wo er dann auch in die Hinlopenstraße gelangt, dort, wo wir unsere Rekordzählungen gemacht haben.

Unter den heutigen Funden ist auch eine Radio-

sonde. Wir legen sie zur Seite, denn heute Nachmittag geht es für uns nach Ny-Ålesund, die Forschersiedlung im Kongsfjord. Dort steigt jeden Tag ein Wetterballon in die Höhe, mit ebensolchen Sonden. Diese hier können wir ihnen zurückbringen.

❅

Besuch im Forscherdorf

Zivilisation. Häuser, Straßen. Holz, Beton. Langsam fahren wir unter tief hängenden Wolken auf Ny-Ålesund zu, das kleine Dorf im Kongsfjord, bestehend aus einer Handvoll Häuschen und einigen Wegen. Überall sonst auf der Welt wäre diese Siedlung ein winziges  Dörfchen. Hier wirkt sie wie eine Kleinstadt. So verschiebt sich die Wahrnehmung nach beinahe zwei Wochen in der Natur, in der es keine Zeichen menschlichen Daseins gab. Das einzig Fremde war unser Schiff, wenn wir von Berggipfeln über weite Fjorde blickten. Ein paar Häuschen erscheinen da schnell viel größer als anderswo.

Ny-Ålesund ist eine ehemalige Kohleminensiedlung; von dieser Vergangenheit zeugen heute noch riesige Kohleberge nahe der verlassenen Mine. 1963 wurde die Förderung nach mehreren verheerenden Unfällen eingestellt, und das Kohledorf wurde zum Forscherdorf, das von der Kings-Bay-Gesellschaft betrieben wird – in Anlehnung an die Kings Bay Kull Company, die frühere Kohlegesellschaft. Seit mehr als 50 Jahren ist Ny-Ålesund nun also ein Ort für Wissenschaftler, an-

fänglich vor allem für das Norwegische Polarinstitut, später aber für Forscher aus aller Welt. Das deutsche Alfred-Wegener-Institut kam 1991 mit der Koldewey-Station dazu. Seit 2003 betreibt es mit dem französischen Polarforschungsinstitut Paul Emil Victoire IPEV die gemeinsame Station AWIPEV. Noch in Deutschland hatte ich die Station kontaktiert und gefragt, ob ich auf meinem Stop in Ny-Ålesund mit jemandem über die Veränderungen hier sprechen könnte. Gleich zwei Mitarbeiter boten sich an, mir über Leben und Arbeit im Kongsfjord zu erzählen, Gregory Tran, der Leiter der Station, und Fieke Rader, die im atmosphärischen Observatorium tätig ist, dem Herzstück der deutschen Forschung in Ny-Ålesund. Beide werden hier oben überwintern.

Als wir uns nun an dem zugigen Augustnachmittag mit der *Cape Race* der Pier von Ny-Ålesund nähern, stehen Greg und Fieke schon dort und warten auf mich. Ich erkenne sie an ihren AWI-Jacken; wir hatten keine genaue Verabredung, aber so funktioniert das hier. Ny-Ålesund ist übersichtlich.

Als die *Cape Race* sicher festgemacht hat, springe ich auf die

Pier. Meine Füße mögen das Pflaster nicht, jedes Mal ist es das Gleiche, ob in Longyearbyen oder hier. Während der Saison gewöhnen sich die Sohlen an den weicheren Untergrund, doch an den Hafenanlagen gibt nichts nach, es federt nichts, es ist menschengemacht und hart. Ich habe die Radiosonde in der Hand, die ich heute Morgen in Ebeltofthamna gefunden habe. Stationsleiter Greg nimmt sie ein bisschen schuldbewusst entgegen. Wir verabreden uns für den Abend im Blauen Haus, dem Gebäude der deutschen und französischen Station, dann radeln die beiden auf der staubigen Straße wieder davon.

Ich habe noch eine weitere Verabredung im Ort, ebenso vage – mit Maarten Loonen, dem Leiter der niederländischen Station. Ich gehe also zuerst einmal zu den kleinen braun-orangefarbenen Häusern, die links am Ortseingang von Ny-Ålesund stehen und »die Londonhäuser« heißen.

In ihnen ist heute die niederländische Station untergebracht. Die gemütlichen Hüttchen stehen aber nicht schon immer hier – sie stammen von der Blomstrandhalvøya, einer Insel im Fjord. Auf ihr hatte die britische Northern Exploration Company ebenso maschinenintensiv wie erfolglos versucht, Marmor abzubauen, und dafür eine kleine Siedlung mit Namen Ny-London errichtet. Als die Versuche scheiterten, wurde diese Siedlung aufgegeben, und einige der Hütten wurden nach Ny-Ålesund gebracht und wieder aufgebaut, eine Form der Wiederverwendung, die in der Arktis häufig praktiziert wurde.

Ich klopfe an Haus London 2, öffne die Tür des Vorraums und rufe nach Maarten Loonen, aber niemand antwortet. Also gehe ich die paar Meter weiter zu dem einzigen Laden des Orts, dem Souvenirshop, in dem es auch Süßigkeiten und Zahnpasta gibt. Für die Einwohner Ny-Ålesunds ist dieser Laden zu bestimmten Zeiten zugänglich, daneben wird auch für ankommende Schiffe immer spontan eine halbe Stunde oder Stunde geöffnet. So auch jetzt. Unsere Gäste probieren viele Mützen und Wollpullover an; auch sehr gute Bücher und Landkarten von Spitzbergen gibt es in diesem Laden, und sehr schönen, natürlich eisbärlastigen Schmuck – alles in allem eine unerwartet schöne Auswahl an Souvenirs. Deswegen schaue auch ich immer wieder, was es in diesem kleinen Lädchen Neues gibt. Als ich an der Kasse stehe, blechert es aus dem Funkgerät des Ladens, dass östlich des Orts ein Eisbär gesichtet wurde. Das ist nicht ungewöhnlich, denn die vermeintliche Sicherheit, die man innerhalb von Siedlungen automatisch verspürt, ist eine trügerische. Eisbären wissen ja nicht, wo das Ortsschild steht, und dass das hier Menschenland sein soll, ist ihnen auch unbekannt. Eisbären kennen keine Grenzen, sie sind da generell anders als Menschen. Immer öfter also marschieren Eisbären durch die Straßen, vor einigen Jahren haben wir einen Eisbären erlebt, der uns durch den Ort beinahe bis zur Pier ge-

folgt war, bevor er von den Kings-Bay-Leuten an den Strand vertrieben wurde, wo er schließlich ins Wasser ging und Richtung Blomstrandhalvøya davonschwamm.

Ich bezahle und ziehe meine Schuhe wieder an – als Überbleibsel aus der Minenzeit Ny-Ålesunds muss man auch hier in einem Vorraum die Schuhe ausziehen – und gehe hinaus, wo es just in dem Moment, in dem ich die Tür zumache, knallt. Und dann gleich noch ein paarmal. Das bedeutet erstens, dass der Bär nicht mehr so richtig weit weg ist, und zweitens, dass ihn die ersten Schüsse aus der Signalpistole nicht sonderlich beeindruckt haben und er bisher wohl noch nicht erschrocken Reißaus genommen hat. Während ich zum Schiff zurückgehe, kann ich den Bären am Strand sehen, ein gutes Stück vom Ort entfernt allerdings, und zwischen Bär und Ort steht der schwarze Geländewagen der Sicherheitskräfte von Kings Bay. An Bord holt Kapitän Ali das Fernrohr, durch das wir den Bären abwechselnd dabei beobachten, wie er unschlüssig am Strand entlangspaziert, mal wieder auf Ny-Ålesund zu, mal doch wieder in die andere Richtung.

Es wird dann Zeit, dass ich mich aufmache zum Blauen Haus. Es ist kalt geworden, ein schneidender Wind zieht über die nassen Wege. Warum auch immer, finde ich es in Ny-Ålesund immer kälter als anderswo; Wind pfeift über Straßen anders als über Tundra, scheint mir. Das Blaue Haus heißt so, weil es wenig überraschend blau ist, ein zweistöckiges Holzgebäude, an dem an einer Hausecke ein Gartenzwerg hängt.

Hier war, bevor die deutschen und französischen Stationen zusammengelegt wurden, ein Teil der deutschen Koldewey-Station untergebracht, benannt nach dem deutschen Kapitän und Polarforscher Carl Koldewey, der 1868 die Erste Deutsche Nordpolar-Expedition geleitet hatte. Heute finden sich im Blauen Haus vor allem noch Unterkünfte und Büros.

So oft bin ich an diesem Haus vorbeigegangen und habe unseren Gästen erklärt, dass hier die deutschen Wissenschaftler wohnen und arbeiten – und das liebe ich so an der Kombination meiner Berufe, dass ich auf meinen Reisen, wann immer ich auf Interessantes stoße, dort anfragen und Menschen Löcher in den Bauch fragen kann; ich kann mir für all die Rätsel, denen ich begegne, immer Menschen suchen, die sie mir lösen. Ich bin also gespannt und freue mich darauf, einmal eines der Gebäude Ny-Ålesunds betreten zu dürfen. Das Blaue Haus entpuppt sich, gerade nach dem schneidenden Wind, als gemütliches Heim mit einem Wohnzimmer, das vollgestopft ist mit wissenschaftlichen Büchern aller Art, Landkarten, Gesellschaftsspielen und einer Gitarre – und einem sehr bequemen Sofa. Wer hier überwintert, hat auf jeden Fall viel zu lesen. Bei einem dampfenden Tee erzählen mir Greg und Fieke, wie sie ihre Zeit hier in Ny-Ålesund erleben.

❆

Gregory Tran und Fieke Rader,
Überwinterer auf der deutsch-französischen
Forschungsstation AWIPEV in Spitzbergen

»Wir wollen den Menschen klarmachen, dass sie etwas tun können.« *(Tran)*

Gregory Tran ist der Leiter der AWIPEV Forschungsbasis; er organisiert alle wissenschaftlichen Projekte, die aus Frankreich und Deutschland nach Ny-Ålesund kommen. Die Umweltwissenschaftlerin Fieke Rader arbeitet im atmosphärischen Observatorium der Basis.

Rader: In Ny-Ålesund werden wir Zeuge der »arktischen Verstärkung«: Die Arktis erwärmt sich schneller als alle anderen Regionen der Erde. Seit 30 Jahren lassen wir Wetterballons aufsteigen, dadurch haben wir aussagekräftige Langzeitdaten über die Temperaturentwicklung. In den 20 Jahren von 1995 bis 2015 wurde es um drei Grad wärmer; in jeder Dekade 1,5 Grad. Im Winter ist die Veränderung noch größer, hier wurde es sechs Grad wärmer, also **drei Grad in jeder Dekade. Es ist verrückt zu sehen, was passiert.**

※※※ **Polare Verstärkung** ※※※

Die Polarregionen sind die Gebiete der Erde, die sich am meisten erwärmen, und hierbei vor allem die Arktis. Dieses Phänomen nennt man polare Verstärkung oder polare Amplifikation. Die Gründe dafür sind vielfältig; hier seien drei Beispiele genannt.
Albedo: Die größten Auswirkungen hat die Veränderung des bereits erwähnten Albedo-Effekts. Schnee und Eis reflektieren bis zu 90 Prozent der eingestrahlten Sonnenenergie, während dunklere Meeres- oder Landflächen sehr viel Energie absorbieren. Nehmen Eis- und Schneeflächen ab und die dunkleren Flächen zu, wärmt sich die Erdoberfläche auf, was zu einer weiteren Verkleinerung der Eis-und Schneeflächen führt.
Meereis: Beim Schwinden des Meereises kommt neben der Veränderung der Albedo noch eine Veränderung des Wärmeaustauschs zwischen Ozean und Atmosphäre hinzu: Ist das Meer von einer Eisschicht bedeckt, ist es gegen die Luft isoliert.

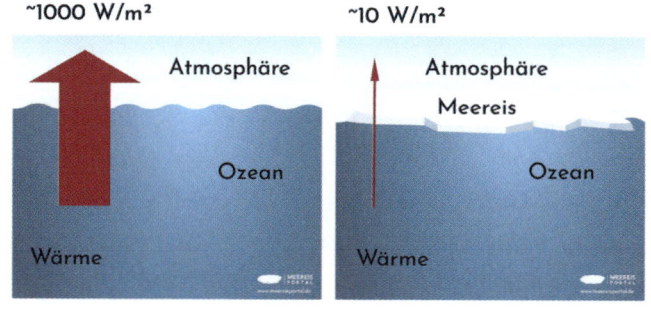

Fehlt das Eis, erwärmt sich das Wasser. Diese Wärme gibt das Wasser im Herbst an die im dann Vergleich zum Ozean kühlere Atmosphäre ab. Weil Wasser Wärme relativ gut speichert, dauert es vergleichsweise lang, bis sich erneut Eis bilden kann, und während der beginnenden Eisbildung wird weitere Wärme abgegeben. Im Herbst und Winter wird deswegen die Luft über dem Meer verstärkt erwärmt, was im Frühling dann auch zu dünnerem Eis führt.
Wolken: Offene Meeresflächen und eine höhere Verdunstung führen zu einem höheren Wasserdampfgehalt und mehr Wolken. Wolken haben in der Arktis einen wärmenden Effekt, da durch sie weniger Wärme ans All abgegeben wird.

Tran: Unser Permafrost-Observatorium beobachtet seit 22 Jahren, wie der Boden auf diese Temperaturveränderung reagiert. Die aktive Schicht des Permafrosts – also die oberste Schicht des Bodens, die jedes Jahr im Sommer auftaut – reicht heute 70 Zentimeter tiefer in den Boden; es sind jetzt zwei Meter anstatt 1,3 Meter wie früher. Auch die Temperaturen des Meerwassers steigen. Das sind Veränderungen, die ihrerseits andere weitreichende Veränderungen nach sich ziehen. Und sie sind sehr schnell.
Rader: Zum Beispiel zieht sich dadurch das Meereis zurück. Hier im Kongsfjord wächst nun nur noch nahe bei den Gletschern ein wenig Meereis, aber der Fjord selbst bleibt offen. Der Winter 2019/20 war eine Ausnahme dieses neuen Zustands, es war sehr kalt, und dann konnte man mit den Schneemobilen wiederhinüberfahren zu den Hütten von Ny-London auf der Blomstrandhalvøya. Zuletzt war das vor mehr als zehn Jahren möglich. **Das ist eine unfassbare Veränderung, dass sich hier überhaupt kein Meereis mehr bildet. Es ist nicht etwas weniger. Es ist weg.**

Tran: Auch die Gletscher hier verlieren sehr schnell an Masse. Der Austre Lovénbreen, den unsere französischen Wissenschaftler beobachten, ist nur ein Beispiel: Obwohl 2019/20 ein sehr kalter Winter war, verlor der Gletscher im Sommer 2020 noch einmal 50 Prozent mehr an Masse als beim zuvor verzeichneten höchsten Wert. **Der Gletscher hat allein im letzten Sommer zwei Prozent seiner gesamten Masse verloren.**

Rader: Man denkt, ein sehr kalter Winter sei gut. Aber wenn es sehr kalt ist, schneit es wenig, weil die Luft trocken ist. Früher hat das nichts ausgemacht, weil es im Sommer auch kalt war. Im Sommer 2020 aber war es sehr warm; der wenige gefallene Schnee ist deshalb sehr schnell geschmolzen, und dann ging es ans Eis, an die Substanz.

Tran: Es war so warm, dass wir hier bei mehr als 20 Grad neben dem Gebäude sitzen konnten, mit T-Shirt. Das war sehr irritierend. Wir sind von -30 auf +20 Grad gesprungen, eine Temperaturdifferenz von 50 Grad.

Diese Temperaturveränderungen beeinflussen auch unsere Arbeitsweise. Wir sind dafür verantwortlich, dass unsere Wissenschaftler auf ihrer Feldarbeit sicher arbeiten können – das ist in der Arktis immer eine Herausforderung, aber nun kommen immer wieder neue hinzu. Wenn beispielsweise Glaziologen zur Feldarbeit auf den Gletschern aufbrechen, müssen wir heute immer aktuelle Satellitenbilder ansehen, um Veränderungen am Gletscher zu erkennen. Wir können uns nicht wie früher auf Tracks von anderen Gruppen verlassen. Heute fragen wir: War irgendjemand in den letzten Wochen dort, wo früher die Frage war, war da in den letzten Jahren jemand.

Rader: Nicht nur die Arbeitsweise, auch manche Zielsetzung hat sich verändert. Das Wetterballon-Observatorium wurde eingerichtet, weil man Wetterdaten sammeln wollte. Jetzt sind diese Daten wichtig für die Dokumentierung des Klimawandels.
Tran: Wir haben hier am AWIPEV jedes Jahr etwa 50 Forschungsprojekte. Mir fallen eigentlich nur zwei Felder ein, die nicht vom Klimawandel beeinflusst wären: ein Geologie-Projekt über Millionen Jahre alte Steine und die Forschung über die Polarlichter.

Rader: Diese Veränderungen sind eine große Motivation für mich, hier zu sein. **Ich mache mir Sorgen um die Welt.** Ich will zu der momentanen Forschung beitragen und mit eigenen Augen sehen, was hier passiert, um darüber berichten zu können. Deswegen blogge ich auch von hier.

Aber manchmal fühlt es sich an, als würde alles in die falsche Richtung gehen. Es gibt schon so viele Daten über die Erderwärmung, es gibt jetzt den neuen IPCC-Report, und wir können die Auswirkungen der Klimaveränderungen ja schon sehen: weil das Wetter in vielen Regionen auf der ganzen Erde extremer wird. Es ist wichtig, dass wir weiter Daten liefern, aber es ist ebenso wichtig, dass diese Daten kommuniziert und von den Menschen verstanden werden. Dass reagiert wird. **Was geschieht, ist so offensichtlich – aber noch immer wird nichts unternommen.** Manchmal macht mich das wütend. Noch deprimiert mich diese Tatenlosigkeit nicht, aber ich fühle mich immer öfter ohnmächtig.
Tran: Deswegen ist es mittlerweile fester Teil unserer Arbeit geworden, über die alarmierenden Ergebnisse unserer Wissenschaftler zu berichten.

Alles verändert sich, es wird kaum jemanden geben, der in seinem privaten oder beruflichen Leben nicht von diesem Wandel beeinflusst werden wird. Ich möchte, dass die Menschen mehr verstehen. Wir wollen den Menschen auch klarmachen, dass sie

etwas tun können: ihren Konsum überdenken, ihr Reiseverhalten, so viele Dinge. Das ist meine Motivation.
Rader: An schlechten Tagen denke ich, wir haben doch schon alle Daten, alle Beweise – was sollen wir denn noch machen; es hat alles keinen Sinn mehr. **Aber an guten Tagen denke ich wieder, wir müssen unbedingt weitermachen, mit allem, was wir können.**

❇

In dem Gespräch mit Greg und Fieke sind ihr Enthusiasmus und ihre große Motivation zu spüren, die Botschaft weiterzugeben, dass sich wirklich etwas verändert – und dass wir alle etwas dagegen tun können. Fieke wird allerdings auch sehr nachdenklich. Man glaubt ihr, wenn sie von guten und weniger guten Tagen spricht. Wie ernüchternd es immer wieder sein muss, wenn man Daten um Daten sammelt und dann doch immer wieder mit Leugnern konfrontiert wird. Und falschen politischen Entscheidungen.

Als ich mir im Vorraum des Blauen Hauses meine Jacke wieder anziehe, sage ich zu Greg, dass es schon erschütternd sei zu hören, dass von ihrer Forschung nur noch ein Geologie-Projekt und die Polarlicht-Forschung vom Klimawandel unberührt sind. Dass man also sehr weit in der Zeit zurück oder ins Universum müsse, wenn man etwas ohne Klimawandelauswirkungen erforschen möchte. Das habe er noch nie so gesehen, antwortet er mir – aber man könne das tatsächlich so sagen.

Dann weht es mich wieder hinaus zur Türe.

Nach dem Abendessen an Bord versuche ich mein Glück noch einmal bei den Londonhäusern, und diesmal treffe ich Maarten Loonen an. Drei Stunden werde ich am Ende mit ihm reden; er erzählt mir viel von seiner Forschung, später dann aber auch einiges darüber, wie er seine Arbeit heute erlebt und wie schlecht es ihm ab und an durchaus geht. Weil nicht oder zu wenig gehandelt wird. Davon aber später mehr – erst einmal mit allem Enthusiasmus Gänseforschung in Ny-Ålesund.

Dr. Maarten Loonen,
Biologe, über die Gänse

»Die Jahreszeiten verändern sich, und damit auch die Zeiten, in denen Futter zur Verfügung steht.«

Maarten Loonen steigt beschwingt von seinem Rad und klappert mit seinen klompjes, seinen Holzschuhen, auf mich zu. »Aaah, Birgit«, sagt er, »we moesten nog even naar die beer kijken, wir mussten noch ein bisschen schauen, was der Bär macht. Aber jetzt passt es sehr gut.« Wir gehen also in sein gemütliches Häuschen, in der jede Ecke gefüllt ist mit Papier- oder Bücherstapeln, Ferngläsern und allerlei anderen Gerätschaften, die man wohl für die Gänseforschung hier braucht. Wir lassen zwei Bierdosen aufzischen, und dann geht es los.

Meine Arbeit mit den Gänsen liefert keine Daten, die von der Allgemeinheit als spektakulär angesehen würden. Aber **man kann anhand dieser Tiere sehr schön veranschaulichen, welche Auswirkungen schon kleine Veränderungen auf ein Ökosystem haben.** Wie alles mit allem zusammenhängt.

Die Gänse kommen in die Arktis, weil sie den Gräsern mit hohem Proteingehalt folgen – und in der Arktis sinkt wegen der niedrigeren Temperaturen der Proteingehalt nicht so sehr wie im Süden. Sie fliegen also aus Schottland nach Norwegen und von dort in die Arktis. Hier schlüpfen die Jungen, wenn es Frühling ist.

Alle Gänsepopulationen hier haben massiv zugenommen. 1943 gab es 253 Gänse. Jetzt sind es 40 000, also zweihundertmal so viel. Weil durch die Bauern im Süden viel Stickstoff in den Boden eingebracht und die Wintersterblichkeit reduziert wurde.

Als ich Anfang der Neunziger begann, mich mit dieser Zunahme der Gänsepopulation zu beschäftigen, war die Arktis aus zwei Gründen ein spannendes Gebiet für uns Biologen:

Der erste war: Es ist interessant was diese gestiegenen Zahlen für die Arktis bedeuteten. Wir dachten, die Begrenzung der Population würde sicher hier passieren, in der nicht flugfähigen Zeit. Wenn im Sommer die kleinen Gänse schlüpfen, mausern sich nämlich die Gänse-Eltern. Eltern und Kinder können also nicht gleichzeitig fliegen – das ist eine enorme Adaption an die kurze Saison in der Arktis. Normalerweise mausern sich Vögel nach der Brutzeit, aber hier kann man nicht so lange warten. Also müssen alle Gänse auf einer kleinen Fläche bleiben. Und diese Fläche wird dadurch überweidet.

Der zweite Grund war, dass wir in diesen alten Zeiten noch dachten, dass sich in der Arktis nichts verändert und man somit ein konstantes Untersuchungsgebiet haben würde. Über die Jahre stellte sich aber heraus, dass sich gerade die Arktis veränderte. Und damit gab es auch für die Gänse viele Veränderungen.

Zum Beispiel schwankt nun die Zahl der Füchse von Jahr zu Jahr. Wie viele Füchse es gibt, hängt mit der Wintermortalität der Rentiere zusammen. Je mehr Rentiere sterben, umso mehr Futter haben die Füchse dadurch. Die Wintermortalität der Rentiere wiederum hängt davon ab, ob es im Winter sehr viel schneit oder zwischendurch regnet. Sowohl viel Schnee als auch Regen, der dann einen Eispanzer auf dem Boden bildet, führen dazu, dass die Rentiere ihre Nahrung nicht erreichen können und verhungern. Und wie viel Schnee oder Regen fällt, hängt schließlich von den Temperaturen ab: Je wärmer es ist, umso feuchter ist die Luft, umso mehr Niederschläge fallen.

Früher war es konstant kalt im Winter, die Luft war trocken, wir befanden uns in der arktischen Wüste. Das ist nicht mehr so. **Jetzt variieren die Jahre sehr. Im Winter 2020/21 hat es sehr viel geschneit und zwischendurch geregnet.** 2021 ist deswegen ein extremes Jahr mit hoher Fuchspopulation. Die ganze Saison über schon sahen wir nach spätestens einer halben Stunde Gänsebeobachtung auch einen Angriff von Füchsen. 30 bis 50 Prozent der Angriffe waren erfolgreich. Dieses Jahr sind sogar einige erwachsene Gänse von Füchsen gefressen worden, was früher nicht vorkam.

Wegen dieses hohen Jagddrucks passiert nun Folgendes: Normalerweise gehen die Gänse dorthin, wo das Gras ist. Sie starten mit den kleinen Gänschen bei dem See hier am Ortsrand, der ihnen Sicherheit bietet, weil die Füchse nicht ins Wasser springen. Je mehr Gras dort abgegrast ist, umso weiter müssen sie sich vom See wegwagen. Aber jetzt werden sie jedes Mal, wenn sie mehr als 20 oder 30 Meter entfernt sind, von einem Fuchs gejagt und müssen zurück. Das bedeutet, dass rund um den See alles abgegrast ist. Und die Gänse sind alle sehr hungrig.

Die Jahreszeiten verändern sich also, und damit auch die Zeiten, in denen Futter zur Verfügung steht. Die Frage ist, wie sich die Tiere an die veränderten Jahreszeiten anpassen. Das ist bei den Gänsen sehr interessant, die ich seit 30 Jahren beobachte: In den ersten zehn Jahren gab es keine Veränderung – und dann kam die gesamte Population auf einmal eine ganze Woche früher. Daraufhin war wieder zehn Jahre lang keine Veränderung, und dann kamen sie erneut eine weitere Woche früher. Dieses Verhalten ist absolut erstaunlich, denn dieser Trend passt exakt zur Schneeschmelze, die jedes Jahr 0,4 Tage früher ist. Ich dachte lange, die Gänse reagieren nicht, und es kommt zu einem *trophic mismatch* – so nennt man das, wenn der Rhythmus der Pflanzen nicht mehr zu dem der Pflanzenfresser passt. Aber sie reagierten.

Warum aber mit diesen Sprüngen nach jeder Dekade?

Wir erklären uns das so: Bis zu einem gewissen Maß war es gut für die Gänse, wenn sie etwas später kamen – es stand dann bereits sehr viel Futter zur Verfügung, und sie konnten sehr schnell aufholen. Das war also eigentlich eine gute Strategie, die die Gänse so weit ausreizten wie möglich. Aber nach zehn Jahren machten sie diesen Sprung zurück zur alten Strategie – weil es einen Bonus gibt, wenn man früh dran ist: Die Gänschen schlüpfen dann, wenn die Fressfeinde noch nicht bereit sind oder sehr viel Auswahl haben, denn auch die Eiderenten bekommen dann ihre Jungen. Die frühen Gänse fressen also viel und werden weniger gefressen. Für die spät geborenen Gänse gibt es rund um den See weniger zu fressen, sie müssen sich weiter vom Wasser entfernen, und der Fuchs wartet dann auch schon auf sie. Und dann haben die zuerst geschlüpften Gänschen einen entscheidenden Vorteil: Sie haben die längeren Beine! Auf denen rennen sie schneller zurück zum See, die kleineren sind langsamer, und zack, der Fuchs bekommt sie.

Das ist für mich also der Grund, warum sie die Aufholstrategie nach jeweils zehn Jahren verlassen haben und wieder früher nach Spitzbergen kommen. Natur ist faszinierend, nicht wahr?

Und ich muss auch reagieren und früher anreisen! In den Neunzigern kam ich am 24. Juni nach Ny-Ålesund, und am 29. Juni schlüpfte die erste junge Gans aus dem Ei. 2021 kamen wir schon am 8. Juni. Aber dieses Jahr stellte sich als sehr seltsam heraus: Zum einen war da der viele Schnee. Die Gänse kamen, aber dann warteten sie zwei Wochen, bis sie ein Ei legten, und mussten dann immer noch im Schnee sitzen. Dieses Jahr waren sogar die Inseln im Fjord schneebedeckt, nicht wie früher in schneereichen Wintern, in denen die Inseln frei waren. Es gab keinen Platz, ein Nest zu bauen. Es gab dann auch weniger Eier pro Gelege, und viele Gänse bauten gar kein Nest oder brüteten nicht fertig aus, weil sie zu schwach waren.

Und zum anderen war seltsam, dass es in der Eierperiode keine Eisbären im Fjord gab. Sie kamen erst im Juli. Die Bären fraßen also keine Eier. Es wurden 2021 also zwar weniger Eier gelegt, aber der Schlüpferfolg war gut. Die Eiderenten, die kein Problem mit dem Schnee haben, weil sie ihr Futter im Meer finden, hatten durch die fehlenden Bären sogar ein Topjahr – anders als in den letzten vier Jahren, in denen entweder alle oder sehr viele Eier von Bären gefressen wurden.

Das nächste Jahr wird also sehr interessant werden: Die gesamte Gänsepopulation hat dieses Jahr festgestellt, dass sie zu früh hier waren – was werden sie also nächstes Jahr machen? Das Spannende dabei ist: Es gibt keine Möglichkeit für diese Gänse, in Norwegen zu wissen, wie das Wetter oder der Schnee hier ist.

Sie müssen diese 900 Kilometer fliegen. Die Gänse aus den Niederlanden und Deutschland fliegen über Land nach Russland. Sie könnten überall landen, während die Gänse, die von Schottland hierher migrieren, über Meer fliegen – das macht die Bestrafung für eine falsche Entscheidung deutlich größer.

Was ich damit veranschaulichen will, ist: wie in einem Ökosystem alles mit allem zusammenhängt und welche Auswirkungen es haben kann, wenn man auch nur an einer Stelle auch nur ein bisschen was verändert. Zurzeit aber verändern die Menschen nicht nur an einer Stelle ein bisschen was.

❆

Es ist spät geworden, beinahe Mitternacht, als ich wieder aus Maartens Tür trete. Die Wolken hängen immer noch tief, und ich gehe langsam zur Pier zurück. Wie anschaulich Maarten erzählen konnte. Wieder einmal belegte er, wie wichtig es für das angepasste Arktisleben war, dass es kalt blieb. Ein einziger Regenfall im Winter konnte so immense Auswirkungen haben. Weniger Rentiere, mehr Füchse, weniger Gänse. Was Maartens Gänse wohl im nächsten Jahr machen werden? Ich nehme mir vor, ihn danach zu fragen.

Auf halbem Weg zum Schiff zurück bleibe ich stehen und schaue in Richtung Kronebreen. Als Maarten Loonen in den Neunzigern nach Ny-Ålesund kam, endete dieser heute weit entfernte Gletscher noch beinahe am Ort. Aber auch darüber später mehr.

Als ich an Bord zurückkomme, sitzen Andreas und Ali auf der Brücke wieder über dem Wetterbericht. Und – es sieht sehr gut aus. Wie wir so sehr gehofft und wie die beiden dementsprechend geplant hatten. Denn morgen steht ein Höhepunkt

an, ein ungewöhnliches Tagesprogramm, für das alles stimmen muss. Wir haben Gäste an Bord, die gerne eine richtige Gletscherwanderung machen möchten. Und Andreas möchte von dem Gletscher, den er schon seit Jahren untersucht, Instrumente und Kameras abholen, die er vor einigen Wochen dort zurücklassen musste. Auf ihnen sind recht wichtige Daten für Andreas' Arbeit gespeichert. So war vor Wochen also schon der Plan entstanden, die Instrumente mit den wanderwilligen Gästen im Rahmen dieser Reise abzuholen. Etwa dreizehn Kilometer werden wir dafür über den Gletscher wandern müssen, dafür brauchen wir stabiles, gutes Wetter. Und weil das nun vorhergesagt ist, lässt sich unser Plan tatsächlich umsetzen. Andreas reibt sich die Hände, er freut sich. »Ich bin so neugierig«, sagt er, »wie es jetzt dort oben aussieht. Und was die Kameras aufgezeichnet haben.« Ein spannender Tag liegt vor uns.

❋

Mit Andreas hatte ich schon vor einiger Zeit ein langes Gespräch über die Gletscher Spitzbergens geführt. Andreas ist einer jener Menschen, die einer wandelnden Enzyklopädie gleichen, gleichzeitig kann er aber auch richtig mit anpacken. Bei seinen Forschungsprojekten seilt er sich in Gletschermühlen und Schmelzwasserkanäle ab, wühlt sich unter Gletschern hindurch und kennt das Eis von innen und außen und oben und unten. An seinem Computer nahm er mich bei dem Gespräch mit in die Welt seiner eisigen Daten:

Er zeigte mir auf dem Bildschirm eine digitale topografische Karte des norwegischen Polarinstituts. In dieser Karte sind die Gletscherverläufe von 2011 zu sehen, man kann auf

Landschaftsbilder umschalten und so einen faszinierenden Blick aus der Luft auf das Spitzbergen bekommen, wie es 2011 ausgesehen hat. An vielen Stellen gibt es dazu noch Luftbilder von 1936. Wer Karten mag, kann sich stundenlang verlieren auf dieser Seite, kann mit ihrer Hilfe in eine Welt blicken, die es nicht mehr gibt, und bekommt eine noch bessere Ahnung, wie sehr in diesen Breiten alles in Bewegung geraten ist. Und was für eine geringe Haltbarkeit Landkarten hier noch haben. Denn genau wie Gregory Tran vom AWIPEV erzählt hat, muss auch Andreas in seiner Arbeit immer vorsichtiger werden. Die einst so nützlichen Karten kann er heute nicht mehr zur Planung seiner Forschungseinsätze verwenden. »Das funktioniert nicht mehr«, erklärte er mir. »Wenn man jetzt mit dieser Karte plant und geht dann zu dem Gletscher, dann ist da oft gar kein Eis mehr.«

Am Kongsvegen, den wir morgen besuchen werden, hat Andreas viel Zeit verbracht. »Von 2011 bis 2020 hat dieser Gletscher etwa drei Kilometer verloren«, sagte er. »Und jetzt geht es noch schneller. Als wir im Sommer 2020 am Kongsvegen waren, sind im Minutentakt riesige Eisberge abgebrochen. Ich war noch niemals an einem Gletscher, der so häufig gekalbt hat, mit so enormen Eismassen. Was ich diesen Sommer gesehen habe, habe ich zuvor noch nie gesehen.«

Warum es zu diesen gewaltigen Abbrüchen kam, das wissen er und seine Kollegen noch nicht mit Sicherheit. »Wir glauben, dass warmes atlantisches Wasser in den Fjord eingedrungen ist«, sagte er – dass sie hier also Zeuge genau des Phänomens der Atlantifizierung wurden, das Bodil Bluhm erklärt hatte: dass die warmen Wassermassen nicht mehr wie früher gut geschichtet tief unten an den Fjordeingängen vorbeifließen, sondern dass sie nun den Weg in die Fjorde, zu den

Gletschern, zum Eis finden und die Gletscher von unten angreifen. Andreas zeigte auf dem Bildschirm auf die südliche Kurve der Gletscherkante des Kongsvegen. »Wir haben beobachtet, wie dieser gesamte untere Teil abgebrochen ist. In den zwei Wochen, in denen wir dort waren, hat der Gletscher an dieser Stelle etwa 50 Meter verloren. Was hier laut Karte noch ins Wasser ragt, ist weg. Der Gletscher endet in diesem Abschnitt jetzt an Land.«

Auf der Karte führte er mich auch noch zu einem weiteren Gletscher in der Nähe von Ny-Ålesund, dem Austre Brøggerbreen. Andreas wollte den wegen seiner Lage häufig für Forschungen genutzten Gletscher 2019 für eine neue Studie besuchen. Er sah sich Karten einer Studie von 1999 an, in der Gletschermühlen verzeichnet waren, vertikale Schächte, die vom Schmelzwasser ins Eis gefräst werden. »Im vorderen Teil des Gletschers war auf der Karte eine 50 Meter tiefe Mühle eingezeichnet. Die haben wir dann auch gefunden.« Er klickte auf

ein Foto, auf dem aus einem Gletschermund braunes Wasser strömte, umkränzt von Moränenresten und totem Eis.

Das ist der Rest des Gletschers, der kleine See der Rest der alten Gletschermühle. »An dieser Stelle war vor genau 20 Jahren der Ausläufer des Austre Brøggerbreen noch 50 Meter dick. Jetzt ist er weg.«

Nach diesen Beschreibungen schwieg Andreas damals eine Weile. Vielleicht, damit ich das Gesagte verdauen konnte. Ich weiß ja, dass es so ist. Ich sehe es ja selbst immer wieder. Trotzdem ist es noch einmal etwas anderes, die eigenen Beobachtungen dann mit Zahlen und Daten und Vermessungen so unbarmherzig bestätigt zu bekommen.

Gletscher sind immer in Bewegung, sonst wären sie keine Gletscher. Sie sind nicht still und starr, in Gletschern kracht und arbeitet es fortwährend. Gletscher sind zu Eis gepresster Schnee, der Berge hinabrutscht, so kann man das vereinfacht sagen. Im Winter bekommen sie Nahrung durch Schnee, und wenn der Schnee im Sommer nicht abschmilzt, wird er durch den Druck von mehr und mehr Schnee zu Eis. Das Schmelzwasser bahnt sich seinen Weg an der Oberfläche und im Innern des Eises, auch das ist immer so, es ist der normale Jahresrhythmus. Doch auch das ist jetzt anders, zeigte mir Andreas. »Zwei bis drei Meter breite Kanäle, in denen vor 20 Jahren in den Sommern das Schmelzwasser in 50 Metern Tiefe dahinplätscherte, werden jetzt zu 20 Meter breiten Canyons, die nur noch 20 Meter tief sind. Das darüber liegende Eis ist abgeschmolzen und schmilzt weiter. All dieses Wasser schießt mit hohem Druck durch den Gletscher und höhlt ihn dabei aus.« Die Fließgeschwindigkeit in solchen Canyons habe sich verzehnfacht, sagte er, so massiv sei die Schmelze, so viel Wasser fließe nun ab.

Der Austre Brøggerbreen, ein Gletscher, der ja schon lange nicht mehr in den Kongsfjord hinein kalbt, hat in den vergangenen zehn Jahren etwa 300 Meter an Länge verloren, maß Andreas auf der Karte aus. Nun wird es aber noch schneller gehen: Denn in etwa 400 Metern Entfernung und parallel zur Gletscherkante verläuft ein Kanal, der schon frei liegt, bei dem also das darüber liegende Eis bereits abgeschmolzen oder eingebrochen ist. »Ich nehme an«, sagte Andreas, »dass sich dieser Canyon bald bis zum Boden durchfressen wird. Damit wird er den unteren Teil des Gletschers vom oberen abschneiden. Dieses Eis hat dann keine Verbindung mehr zum Gletscher, es bekommt keine Nahrung mehr, es ist einfach totes Eis, das in der Landschaft liegt. Es wird in ein bis zwei Jahren abgeschmolzen sein, und dann ist der Gletscher in nur dieser kurzen Zeit um weitere 400 Meter kürzer geworden.«

Die schnelle Schmelze und die rasanten Veränderungen, die die Forscher bisher so noch nicht gewohnt waren, machen Andreas' Arbeit mittlerweile gefährlich. In Gletscher einzusteigen birgt immer Risiken, wer weiß schon, wann genau ein Eisturm einstürzt, wo sich eine Spalte öffnet. Bisher aber konnte man Risiken vor allem in Gletschern, über die es bereits Daten gab, doch einigermaßen abschätzen. Auch das ist nicht mehr so. 2019 untersuchten Andreas und seine Kollegen den Tellbreen nahe Longyearbyen. Sie stiegen im März in den Gletscher ein und wollten kartieren, wie sich der Permafrost unter dem Gletscher verändert. Dazu kletterten sie durch Kanäle bis auf den Gletschergrund und installierten Temperatursensoren. Auf den Bildern sieht man Andreas vollkommen verschlammt durch enge Spalten kriechen, über ihm gewaltige Eismassen.

Glaziologen sollten keine Klaustrophobiker sein. Sieben Monate später, Mitte Oktober 2019, kehrten Andreas und seine Kollegen zurück zum Gletscher und wollten die Sensordaten herunterladen. Andreas zeigte mir ein Foto dessen, was sie dort vorfanden: Alles Eis, das im Frühjahr noch über den Kanälen war, war kollabiert. Gewaltige Eisblöcke liegen übereinandergeworfen, aufeinandergestapelt, gebrochen, zerrinnend im Schlamm. Seit einigen Tausend Jahren gab es diesen Gletscher. Verglichen damit sind diese Kanäle nur einen Wimpernschlag nachdem Andreas wieder aus ihnen herausgekrochen war, zusammengebrochen. »Man muss es sich schon genau überlegen«, sagte er dazu gänzlich unaufgeregt, »wo man noch einsteigt.«

Und die Sensoren, die sie holen wollten? Auch davon hatte er Fotos. Die Sensoren, die sie einen Meter tief in den Permafrost gebohrt hatten, waren vollständig aus dem Boden gespült worden. Wieder hatte es stark geregnet im Sommer, einen Tag lang. »Bei diesem heftigen Regensturm floss sehr viel Wasser durch diese Kanäle, mit hohem Druck. Dieses Wasser hat den Permafrostboden schlagartig aufgewärmt und bis in einen Meter Tiefe weggespült«, erklärte er. »Das ist eine gewaltige Erosion. Und das ist nicht das erste Mal, dass ich so etwas sehe.«

Dass die Gletscher schmelzen, weiß man schon lange, es ist nichts Neues. Forscher messen, modellieren. Das Schlimme ist, dass die meisten Modelle zu defensiv, zu optimistisch waren: In den jüngsten Jahren ist der größte Teil von ihnen übertroffen worden. Das, was wir so lieben an diesen Eislandschaften, was die Abenteurer und Entdecker einst so wundervoll beschrieben, die Einfachheit, das unveränderlich scheinende Da-Sein einer massiven und doch so zarten Naturschönheit, ein Eis, das größer ist, als wir es mit Augen und Kameras erfassen können – das wird es mancherorts schon zu unseren Lebzeiten nicht mehr geben.

Warum rechneten alle Modelle mit weniger Eisverlust? Weil sich nun so viele Prozesse gegenseitig verstärken. Andreas erzählte als Nächstes vom Hansbreen, einem 20 Kilometer langen Gletscher im Hornsund, auf dem ein polnischer Kollege im Oktober 2016, wenn es normalerweise schneit und zehn Grad minus hat, nicht eine Flocke Schnee fand. Er zeigte mir Bilder, die aussehen, als seien sie im Juli aufgenommen. Was bedeutet das? Der Gletscher bekommt keine Nahrung mehr, er schmilzt von oben. Und wie Andreas und auch Bodil Bluhm so anschaulich erklärt hatten, durch den Regen und warme Meeresströmungen nun auch von innen und unten. Überdies geht nun auch im Winter die Schmelze weiter, einst undenkbar:

Aber der Regen und das Schmelzwasser, die durch das Eis laufen, gefrieren im Winter. Gefrierendes Wasser gibt Wärme ab. Schmilzt im Sommer also viel und regnet es im Winter, friert dieses Eis und erwärmt paradoxerweise den Gletscher zusätzlich. Es geht von jetzt an nur noch in eine Richtung.

Am Ende unseres damaligen Gesprächs sagte Andreas, es sei für ihn ebenso schockierend, wie schnell sich alles entwickle, wie es ihn schockiere, dass gleichzeitig politisch so wenig getan werde. Wo doch alles so offensichtlich sei. Es gebe heute Klimamodelle, die bis zum Jahr 2100 einen Anstieg des globalen Meeresspiegels von einem Meter errechneten, andere rechneten im gleichen Zeitraum sogar mit drei Metern. Und dann gebe es in der Antarktis einzelne Gletscher, deren Schmelze allein zu einem Anstieg von zwei Metern führen kann. Auch diese Gletscher bewegten und beschleunigten sich, in ihnen passiere etwas. »Der Punkt, an dem sich das alles nicht mehr aufhalten lässt, wird bald erreicht sein«, sagte Andreas. »Nicht nur die Arktis in ihrer heutigen Form wird dann aufhören zu existieren – wir gehen dann in die Geschichte ein als die Gene-

ration, die wider besseres Wissen nichts unternommen hat und deswegen dafür verantwortlich ist, dass ganze Länder von der Landkarte verschwinden.«

※

Das letzte Forschungsprojekt von Andreas ist noch nicht lange her: Die Monate Juni und Juli 2021, also kurz bevor er an Bord der *Cape Race* kam, hat er an einem Gletschersee am Kongsvegen verbracht. Das heißt, aus verwaltungstechnischen Gründen durfte er nicht an dem See übernachten, obwohl dort sogar eine perfekte kleine Hütte stünde. Er musste immer nach Ny-Ålesund zurückkehren und immer wieder aufs Neue hinwandern. Erst mit dem Boot ans Fjordende fahren und dann über den Kongsvegen bis zum Setevatnet, so heißt der See.

Zwischen 13 und 18 Kilometern hin und zurück, über Eis und Moränen, und das meistens auch noch mit sehr viel Ausrüstung. Für Andreas war das eine Plackerei. Wir haben davon nun den Vorteil, dass er den Weg über diesen Gletscher kennt wie andere den Weg von ihrer Küche ins Wohnzimmer.

Andreas und sein Forscherteam brachten zig Kameras an dem Hang oberhalb des Sees an, Drucksensoren im See, alle möglichen Gerätschaften.

Das Ziel: zu beobachten, wie sich der Gletschersee erst anfüllt, woher das Wasser kommt und was darin enthalten ist, wie und warum der See sich dann schlagartig entleert und welche Auswirkungen all diese Vorgänge auf den Gletscher, den Fjord und das dortige Ökosystem haben. Der See bildete sich jedes Jahr auf der Oberfläche des Gletschers durch Schmelzwasser, und jedes Jahr lief er irgendwann innerhalb weniger Tage ab. Zwei Monate verbrachte Andreas also an dem Gletscher, lief hin und her und her und hin. Und dann passierte eine ganze Menge und noch viel mehr, womit Andreas gar nicht gerechnet hatte: Als das Team am 29. Juni 2021 den Gletscher verließ und am 30. wieder zurückkam, trieben auf einmal gigantische Eisberge in dem Gletschersee. Ein absolut unwirkliches Erlebnis sei das gewesen, erzählt mir Andreas an Bord der *Cape Race,* am Abend vor der Wanderung. Eisberge, so weit vom Meer entfernt.

Die Kameras zeigten, dass in der Nacht plötzlich bis zu 100 Meter lange und 40 Meter dicke Eisberge innerhalb weniger Minuten vom Seegrund nach oben geschossen waren. Das waren Teile des Gletschers, der sich ja unter dem See befand – und der nun auseinanderbrach und in Teilen oben auf dem See zu treiben kam. Andreas konnte seinen Augen kaum trauen, als er an jenem Tag eine so vollkommen veränderte Landschaft vorfand. »Enorme Eisberge, sogar Tafeleisberge trieben da. Das konnte man erstmal gar nicht begreifen«, erzählt er. Nur, dass er sich einen wirklich interessanten See für sein Projekt ausgesucht hatte, das wurde jetzt schon sehr deutlich.

So hatte Andreas unerwartet spektakuläre Aufnahmen und Beobachtungen, aber das, weswegen er ja auch gekommen war – nämlich den Abfluss des Sees zu dokumentieren –, das passierte nicht. Der See blieb ein See, wenn auch nun mit Eisbergen. Und jeden Tag wuchs er noch weiter, immer tiefer und breiter wurde er; er überflutete die Landschaft und hob den Gletscher an. »Der See entwickelte sich zunehmend von einem kleinen zu einem immer größeren Monster, das die eigentlich weit vom See entfernten Instrumente stückweise verschlang«, sagt Andreas, »die gingen einfach unter«, und man merkt ihm seine Begeisterung und Faszination dabei sehr an.

Dann kam der letzte Tag seines Projekts, und Andreas und sein Team mussten abreisen. Einiges an Ausrüstung ließen sie zurück, teils geplant, teils erzwungen, durch den viel höheren Wasserstand des Sees als erwartet. Viele Ausrüstungsgegenstände an den Hangseiten lagen am Ende weit unter Wasser. Irgendwann, so die Hoffnung, würden sie sie schon holen können.

Später sollte sich herausstellen, dass der Abfluss des Sees nur drei Stunden nachdem Andreas mit seinem Team in der kleinen Propellermaschine über den Gletscher hinweg nach Longyearbyen geflogen war, begonnen hatte. »So ist das eben in der Gletscherforschung«, sagt Andreas. »Da macht man monatelang Feldarbeit, mit zum Teil Monaten vorausgehender Planung, und dann passiert die Hauptsache genau drei Stunden nachdem man weg ist.«

Wie der Zufall es aber will, hatten wir auf der *Cape Race* nun Schweizer Gäste, die gerne eine richtige Gletscherwanderung machen wollten. Wo sollten unsere Gäste mehr über Gletscher lernen können als genau hier? Mit ihnen zusammen, so der Plan also seit einigen Wochen, wollten wir die Instrumente holen. Und damit hatten wir wieder einmal eines jener Projekte, wie ich sie in der Arktis so liebe: irgendetwas möglich machen, das eigentlich ziemlich kompliziert ist. Aber wenn einige Faktoren und Menschen zusammenspielen, dann öffnet sich ein Fenster, und auf einmal ist alles ganz einfach.

Und jetzt sind wir also hier.

❋

Der sterbende Gletscher

Der nächste Morgen ist so prall-blauhell, wie er das nur in der Arktis sein kann. Man kommt an Deck und kann ohne Sonnenbrille die Augen nicht öffnen, so mächtig wirft die Sonne ihre Strahlen herunter, so mächtig wird das Licht von den Gletscherflächen reflektiert. Genau der richtige Tag für das, was wir heute vorhaben.

Früh haben wir an der Pier von Ny-Ålesund abgelegt. Wir fahren tief in den Kongsfjord hinein, bis an sein südliches Ende, wo die gewaltigen Gletscher Kronebreen und Kongsvegen von den Bergen herunter ins Meer fließen. Zwischen den Gletschern ragen Bergrücken aus dem Eis, sogar die Tre Kroner können wir heute sehen, die drei für dieses Fjordende so prägenden, pyramidenförmigen Berge Svea, Dana und Nora.

Langsam gleitet die *Cape Race* vor die Stelle der Gletscherfront des Kongsvegen, die Andreas beschrieben hatte, an der vor zwei Sommern so viel Eis abgebrochen ist. Auch wo das Schiff zum Liegen kommt und wo wir an Land gehen werden, war vor weniger als zehn Jahren noch Eis, aber jetzt sind hier Wasser und ein Strand. Und wieder ist es so: Weiß man nicht,

wie es vorher war, kann man nur stumm staunen ob dieser Schönheit. Weiß man, wie es vorher war, wird einem mulmig. Die *Cape Race* legt sich also mitten in diese Fototapete hinein, der Motor verklingt, der Morgen ist still und unser Freund.

Wir setzen mit allen Gästen an den Strand über, den der Gletscher freigelegt hat, und stehen auf Sand, der Tausende Jahre verborgen war. Es ist nur ein schmaler Abschnitt, dahinter geht es steil die Moräne und das Eis hinauf. Wir ziehen also, kaum sind wir aus dem Boot gestiegen, unsere Steigeisen an. Zwei neugierige Seehunde beobachten uns immer wieder dabei, stecken ihre Schnauzen aus dem Wasser und paddeln vorbei, uns aufmerksam beäugend, bevor sie mit einem Schwapper wieder unter Wasser verschwinden. Andreas kennt die beiden schon, sie seien regelmäßige Beobachter gewesen, erzählt er. »Was sich die wohl gedacht haben«, sagt er, als wir auf das zweite Boot mit Gästen warten. »Wahrscheinlich haben sie sich totgelacht über uns mit all dem Zeug, das wir hier herumgeschleppt haben.«

Wir machen uns dann auf den Weg die vereiste Seitenmoräne hinauf und haben bald das Niveau der Gletscheroberkante erreicht. Wir blicken nun über ein eisiges Meer, das sich vor uns bis zum Horizont erstreckt, eingebettet zwischen zwei Bergrücken.

Eine ganze Weile gehen wir bergauf, über vereistes Geröll und blankes, nasses Eis. Um uns gluckert und plätschert es, wir sehen viele kleine und große Rinnsale gen Meer ablaufen. Wenn ich stehen bleibe und niederknie und das Eis aus der Nähe anschaue, sehe ich, dass überall, wirklich überall, Wasser läuft.

Nach zwei Stunden und dem Erklimmen eines erhöhten Aussichtspunkts trennen sich unsere Wege. Ein Teil unserer Gruppe wandert nun zurück zum Schiff und wird sich dem Gletscher mit Booten annähern. Die Gletschergruppe macht sich auf zu dem See.

Wir kommen bald zu einer Gletschermühle, ein gewaltiger Einschnitt ins Eis, in dem sich das Wasser verwirbelt und immer tiefere Gräben ins Eis hineinschleift. Andreas wirft einen Stein hinein, und wir lauschen, wie überraschend lang es dauert, bis er auf Grund trifft. Im weiteren Verlauf stoßen wir auf immer weitere dieser Mühlen, auch welche, die sich laut Andreas innerhalb weniger Wochen neu gebildet haben. Immer wieder werfen wir Steine in diese Mühlen, dumpf prallen sie von den Eiswänden ab, bevor sie in der Tiefe aufplatschen – manchmal auf Eis, manchmal in Wasser, manchmal auf Schnee.

Andreas schleppt mit einer solchen Begeisterung immer wieder neue Steine heran, dass ich irgendwann sage, ich wüsste nun, warum Glaziologe ein Traumberuf aller Männer sei. Und Andreas lacht und sagt: »Na klar, endlich dürfen wir vollkommen legitimiert Steine ins Wasser und in Gräben werfen!« Er erzählt mir beim Weitergehen dann aber auch, dass das Steine-in-die-Spalten-Werfen wohl Frauen ebenso oder noch mehr interessiere, denn der Glaziologie-Kurs von 2022 an der Uni in Longyearbyen bestünde zu 80 Prozent aus Frauen.

Es wird warm, und wir legen Schicht um Schicht unserer Wanderkleidung ab. Die Sonne prallt heute auf den Gletscher

wie an den letzten Tagen meiner Grönlandüberquerung. Das Eis wirft die Strahlen auf uns zurück; in der klaren arktischen Luft wird es so hell, wie es überhaupt nur an einem Sommertag auf einem arktischen Gletscher werden kann. Wenn es im Wörterbuch je ein Bild neben dem Wort »gleißen« geben müsste, hier wäre das Foto dazu, die Sonne gleißt über dem Eis, und wir laufen immer weiter in dieses Traumbild hinein.

Rechts neben uns baut sich der Grensefjellet auf, ein bis auf 800 Meter ansteigendes Bergplateau, das den Kongsvegen vom weiter westlich liegenden Uversbreen trennt. Den Grensefjellet gehen wir entlang bis an sein südliches Ende. Hier ist ein Hochtal, bevor sich noch weiter im Süden der Gåvetoppen erhebt. Und genau in diesem vereisten Hochtal, das zwischen den beiden Bergen liegt und die beiden Gletscher miteinander verbindet, dort also war der Setevatnet, der See auf dem Eis.

Und jetzt ist er, wie erwartet, weg, abgeflossen.

Es ist aber nicht nur der Setevatnet weg. Und das ist nun gänzlich unerwartet.

Als wir den ersten Punkt erreichen, an dem sich ein freier Blick über dieses Tal öffnet, stößt Andreas einen Schrei aus und bleibt stehen. Wir sammeln uns neben ihm und verstehen überhaupt nicht, was wir da vor uns sehen. In dem Taleinschnitt, in dem bisher ein Gletscher floss, liegen riesengroße Eisblöcke. Mehrfamilienhaus- bis kleinstadtrathausgroße Eisbrocken. Sie liegen und stehen hier in der Landschaft, teilweise auch übereinander. Aufeinander. Es ist ein verwirrender, ein verstörender Anblick. Die Blöcke liegen nicht auf Eis, sondern auf Geröll.

Der Gletscher an dieser Stelle – ist weg.

Die Eisblöcke *sind* der Gletscher. Sie *waren* der Gletscher. Nicht nur Teile davon, sondern die ganze Gletscherzunge, die in diesem Tal verlief! Die Eisberge, die Andreas vor einigen Wochen im See schwimmen sehen hatte, waren also nicht nur einige Stücke aus dem Gletscher, die abgebrochen waren, sondern an diesen Stellen hier der gesamte. Die ganze Dicke.

Auf den Kameras, die wir nun noch suchen mussten, würden wir später sehen, wie der See abfloss, wie er seine Massen durch den Kongsvegen hindurch ins Meer fließen ließ – und die Eisberge zurückließ, die einmal ein Gletscher waren.

Wir laufen hinunter zu diesem Schlachtfeld. Es sieht hier aus, als hätten Bomben eingeschlagen und das Eis zerschmettert. Aber Bomben waren das nicht, es war der Sommer.

Andreas, der als Einziger weiß, wie es hier noch im Juni ausgesehen hat, kann es nicht fassen. Wir stehen eine Weile staunend hier, bevor wir ein Stück weit auf den Grensefjellet aufsteigen, wo nach etwa 150 Höhenmetern die Jensebu steht. Die Hütte, in der Andreas nicht übernachten durfte. Von dort eröffnet sich uns ein weiter Blick über Kongsvegen und Kronebreen. Eismassen, die sich langsam gen Tal schieben. Ein weiter Blick über sehr viel Eis. Und ein verwüstetes Tal.

Wir setzen uns windgeschützt neben die Hütte und essen. Während wir anfangs noch plaudern, wird es bald ruhiger, und wir lassen die Landschaft auf uns wirken. Wie wundervoll, dass das Wetter uns das erlaubt hat! Denn für eine solch lange Wanderung braucht man hier wirklich stabile Bedingungen.

Andreas wird dann bald unruhig und macht sich in den Geröllhang auf, in dem er seine Kameras deponiert hatte.

Freudestrahlend kommt er auch bald mit zweien wieder zurück. Nun machen wir uns auf und helfen suchen. Das ist anstrengender als gedacht, wir klettern über enorme Felsbrocken und suchen den steilen Hang ab nach den Kameras, die die Forscher mangels Bäumen eben an Felsen festgemacht hatten. Aber davon gibt es hier viele, und die meisten bewegen sich klappernd, wenn man über sie hinwegstakst.

Am Ende haben wir zehn von siebzehn Kameras, und Andreas ist zufrieden. Sie müssten den See aus vielen verschiedenen Winkeln aufgenommen haben. Wir steigen dann ab, hinunter zu den Eisbrocken, bis ganz hinunter zur tiefsten Stelle des Taleinschnitts. Wenige Wochen zuvor waren hier einige Meter Eis und mehr als 70 Meter Wasser. Jetzt ist alles anders.

Wir finden eine lange Stange, die Halterung für einen Drucksensor, den Andreas sogleich jubelnd einpackt. So sieht es aus, wenn Wissenschaftler sich freuen. Sein Jubel wurde später kurz etwas kleiner, dann, als er die Daten des Sensors auslas – denn es war genau der Sensor, der ihm schließlich verriet, dass er damals drei Stunden zu früh abgereist war.

Wir können uns nicht losreißen von diesem Ort, der so apokalyptisch anmutet. Ich stehe zwischen all diesen Eisblöcken. Und seitdem ich dort stand, suche ich nach Worten, um auszudrücken, was ich dort empfand, aber es will mir nicht recht gelingen.

Leere. Druck. Angst. Schuld?
Beklemmung.

Ich drehe mich zu Andreas. Ich sehe, dass es ihm auch so geht; ihm muss es doch noch viel mehr so gehen, er weiß ja nicht nur von Fotos, wie es vorher hier ausgesehen hat, er hat den ganzen Sommer hier verbracht.

»Um zu erfassen, was hier passiert ist, müsste ich drei Tage lang hier sitzen bleiben«, sage ich.

»Ja«, sagt Andreas, »ich auch.«

Wir werden hier Zeugen, wie ein ganzer Gletscherabschnitt stirbt. Kann man wirklich von Sterben reden, wenn ein Gletscher doch kein Lebewesen ist? Wie ein Gletscher verschwindet. Es ist sehr schwer zu begreifen. Gletscher sind aus hartem Eis, wer auf Blankeis ausrutscht, schlägt sich viele blaue Flecken, wer eine Eisschraube hineindrehen will, dreht sich schnell Blasen. Eis ist massiv. Eis wirkt so unabänderlich. So beständig. Eis ist.

Eis war.

Diese riesigen Blöcke, zwischen denen wir hier sitzen, sie sehen nur massiv aus, aber die Sonne nagt und bohrt und kratzt an ihnen, lässt sie schwitzen und schwinden und unaufhörlich, unmerklich, kleiner werden, Tropfen für Tropfen, was ist ein Tropfen an einem tausend Tonnen schweren Eisblock, aber so viele Tropfen, einer nach dem anderen, immer weiter und weiter, die lassen ihn dann doch am Ende zerronnen sein.

Eine trügerische Unschuld und nur scheinbare Wirkungslosigkeit liegt in diesem Getropfe; von poetischer Schönheit ist

das sonnige Glitzern der dünnen Wasserläufe und des sprühenden Nebels in den Spalten. Doch all diese Tropfen können sich vereinen, wie Andreas ja schon so anschaulich geschildert hat, all diese einzelnen Schmelzwassertropfen können miteinander eine zerstörerische Kraft entfalten und damit eines jener Ereignisse formen, die in vielen Prognosemodellen derzeit nicht erfasst werden. Andreas sitzt auf einem Eisbrocken und schaut über das verwüstete Tal. »Wie viel Eis bei steigenden Temperaturen schmilzt, das kann man mit Modellen errechnen. Aber schau dir das hier an – was das Wasser dann für Effekte hat, das können wir nur sehr schwer modellieren und vorhersehen. Dieser See ist ein super Beispiel für solch verheerende Wirkungen.«

Und so sitzen wir am Grund eines Sees, der keiner mehr ist, am Grund eines Gletscherteils, der keiner mehr ist. Wir hören dem Schmelzen zu, wie es tropft und plitscht, eifrig, plitschplitschplitschplatsch, die Tropfen kommen manchmal so schnell, dass das Geräusch ineinanderfließt, zu einem Rauschen wird, weil die Tropfen zum Rinnsal werden. Diese Welt, in der wir hier sitzen, wird morgen schon anders aussehen, und übermorgen und nächstes Jahr.

In einem der nächsten Jahre wird dieses Tal einfach nur noch ein Tal sein. Die Eisbrocken werden geschmolzen, die Gletscherzunge fort sein, es wird ein ganz gewöhnliches, gerölliges Tal sein, zum ersten Mal – seit Jahrhunderten, Jahrtausenden? – wird hier kein Eis mehr sein.

Wir sitzen hier in dem einzigartigen Moment, in dem die Landschaft von der eisbedeckten in die eisfreie Periode wechselt, vielleicht ist es das, was diesen Anblick so anstrengend macht, weil wir in einen Einschnitt zwischen Jahrhunderten

blicken, in einem Moment, in dem etwas sehr Großes, lang Bestandenes aufhört zu existieren und etwas Neues offenlegt.

In diesem Tropfen liegt etwas Unerbittliches, Unabänderliches, etwas, das einem davonläuft, das wir nicht kontrollieren können, etwas, das einfach passiert und sich nicht dafür interessiert, was wir tun und denken; es interessiert sich nicht für Geld und nicht für Menschen, es geschieht und geschieht und geschieht einfach, und das Wasser läuft weg, und – das wird einem hier so übermächtig deutlich – dann ist es einfach weg, vorerst für immer, denn es wird sich hier kein neues Eis mehr bilden. Was weg ist, ist weg. Dieses Tropfen in dieser grellen, tiefstehenden, auf den Steinen flimmernden Sonne beginnt nach einer Weile, seltsam in meinem Kopf widerzuhallen.

Ohnmacht.

Vielleicht ist Ohnmacht das beste Wort.

Ein halbes Jahr später erzählt mir Andreas, was er nun an diesem Gletscher herausgefunden hat. Und noch so einiges mehr.

❋

Dr. Andreas Alexander,
Glaziologe

»Wir können nicht mehr so schnell arbeiten, wie die Gletscher verschwinden.«

Spitzbergen ist für Klima- und Gletscherforscher ein hochinteressantes Gebiet, weil Spitzbergen einer der Orte der Erde ist, die sich am schnellsten erwärmen. Dadurch ist das, was jetzt in Spitzbergen passiert, eine Vorschau auf das, was bald auch außerhalb der Arktis und innerhalb der Arktis auch in anderen Regionen passieren wird. In Grönland zum Beispiel, wo es wegen der viel, viel größeren Eismasse deutlich massivere Auswirkungen haben wird. Wir können hier jetzt schon beobachten, wie die Gletscher und die gesamte Natur auf massiv steigende Temperaturen reagieren.

Während wir global noch davon sprechen, die Klimaerwärmung bei 1,5 Grad aufzuhalten, haben wir es in Spitzbergen bereits mit ganz anderen Dimensionen zu tun: Hier sind die jährlichen durchschnittlichen Lufttemperaturen seit 1991 um 1,7 Grad pro Jahrzehnt angestiegen, also um mehr als fünf Grad in den vergangenen 30 Jahren. Auch die Permafrosttemperaturen in zehn Metern Tiefe steigen rund um Longyearbyen mit einem Grad pro Jahrzehnt an. Das ist hier bereits passiert, auch wenn kaum jemand davon Notiz nimmt. **Bis 2100 erwarten wir hier eine Erwärmung von zehn Grad.**

Momentan bin ich noch dabei, die Daten des Projekts am Kongsvegen und dem Setevatnet auszuwerten. Für die genaue Wassermenge beispielsweise fehlen mir noch die genauen Daten, aber nach der ersten Schätzung waren es etwa zehn Millionen Kubikmeter. Der See ist über eine Zeitdauer von 77 Stunden ausgelaufen; das ist sehr schnell. Unter anderem haben wir die chemische Zusammensetzung des Wassers untersucht. Es wurde sehr viel Silikat aus dem See in den Fjord eingetragen, ein wichtiger Teil für das Tierleben im Wasser, denn Silikat wird beispielsweise in die Kalkschalen von Kleinstlebewesen eingebaut. Hier haben wir schon einige Tage vor dem Abfluss des Sees einen Anstieg gemessen, genauso wie bei einem anderen Wert: beim seismischen Lärm. Dieser entsteht, wenn sich in einem Gletscher viel bewegt oder viel Wasser fließt. Mit den Messungen des seismischen Lärms wollten wir herausfinden, warum und wie der See abläuft: Wird der Druck aus dem See so groß, dass er sich sein eigenes Abflusssystem gräbt? Oder entsteht im Gletscher durch Schmelzwasser ein Abflusssystem, in dem dann irgendwann auch der See abfließen kann, wenn sich eine Verbindung dazu erstellt hat? Unter anderem durch die seismischen Messungen konnten wir feststellen, dass das Zweite der Fall ist. Und eben, dass der Anstieg des Lärms schon einige Tage vor dem Abfluss messbar war.

Hat man solche Daten von einem Gletscher, kann man ein Frühwarnsystem entwickeln. Anhand der Messwerte weiß man nicht nur, dass sich im Gletscher etwas verändert, sondern man kann auch erkennen, dass diese Veränderung einen Abfluss ankündigt. Solche Studien sind vor allem interessant für Gletscher und Gletscherseen oberhalb bewohnter Gebiete – deswegen werden solche Untersuchungen auch häufig in der Schweiz gemacht. Spitzbergen eignet sich für diese Forschung sehr gut, denn wir haben hier immer mehr solcher Gletscherseen, die schlagartig ablaufen.

Zur allgemeinen Situation der Gletscher in Spitzbergen kann man kurz gefasst sagen: Alle Gletscher auf Spitzbergen verlieren Eis. Und das sehr schnell.

Eine Studie hat anhand historischer Fotos von 1936 und neuerer Fotos von 2010 das jeweilige Eisvolumen der Spitzbergengletscher in diesen Jahren errechnet. **Demzufolge haben die Spitzbergengletscher in diesen 74 Jahren zwischen 1936 und 2010 2888 Quadratkilometer an Fläche, 746 Kubikkilometer an Volumen und 593 Gigatonnen an Masse verloren. Das sind eine größere Fläche als das Saarland und das Volumen von 746 000 Empire State Buildings.** Pro Jahr haben die Spitzbergengletscher in diesem Zeitraum 35 Zentimeter an Dicke verloren. **Jetzt allerdings sprechen wir von einem Verlust von ein bis zwei Metern pro Jahr,** und es gibt Modelle, die für das Jahr 2100 einen Verlust von sechs Metern pro Jahr vorhersagen. Die typischen Gletscher in der Nähe von Longyearbyen sind etwa 120 Meter dick – da ist dann schnell nichts mehr übrig. Auch der Kongsvegen verliert im unteren Teil, dort, wo wir hochgelaufen sind, zwischen einem und zwei Metern pro Jahr. Nur im oberen wächst er noch ein wenig.

Viele Menschen denken, es sei ja immer noch kalt in der Arktis, und es sei egal, ob es nun -10 °C oder -30 °C im Winter hat, Frost sei doch Frost. Das ist aber leider gar nicht so. Wenn die Durchschnittstemperaturen ansteigen, bedeutet das ja, dass es immer auch Temperaturen über diesem Durchschnitt gibt. Und das bedeutet in Spitzbergen, dass es hier nun häufiger und deutlich stärker auch im Winter regnet, was es früher in diesem Ausmaß so gut wie nie getan hat. **Schon ein einziges starkes Regenereignis kann aber fatale Auswirkungen auf einen Gletscher haben, und diese extremen Ereignisse haben bereits zugenommen.**

Was passiert bei einem solchen Winterregen? Das Wasser geht tief in den Gletscher und wärmt ihn von innen auf. Ende des Jahres *(Anm.: 2022)* wird eine Studie eines Kollegen erscheinen, der ein Regenereignis im Hansbreen im Hornsund dokumentiert hat. Er hat gemessen, dass ein einziges Regenevent ausreicht, um den gesamten Gletscher bis oben hin mit Wasser zu füllen. Dieser Gletscher hat eine riesige Oberfläche, und wenn es auf diese regnet, sammelt sich das Wasser und staut sich dann vorne in dem Abflusssystem und füllt den Gletscher auf.

Bei einem anderen winterlichen Regenevent an diesem Gletscher zeigen wir, wie sich seine Fließgeschwindigkeit durch den Regen deutlich erhöht hat. Dieses viel höhere Tempo geht dann zwar wieder zurück – bleibt aber doppelt so hoch wie vor dem Regenevent! Dabei werden Gletscher im Winter bisher eigentlich langsamer, weil kein schmierendes Wasser mehr da ist, und die Hauptbeschleunigung gibt es zu Beginn der Schmelzsaison und durch den Sommer hindurch. Jetzt können wir zeigen: Der Winterregen kommt, geht bis ins Gletscherbett hinunter, kann das Gletscherbett aufwärmen, komplett auffüllen, und er kann eben dann eine Verdopplung der Wintergeschwindigkeit verursachen, die dann anhält bis zum Sommer, in dem dann eine weitere große Geschwindigkeitsänderung hinzukommt.

Das weltweite Schwinden der Gletscher ist nun nicht nur optisch sehr schade. **Die globale Gletscherschmelze bringt in den verschiedenen Regionen eine ganze Reihe von Folgen mit sich.** Da wären lokal betrachtet erhöhte Geogefahren, also erhöhte Gefahren durch das Auslaufen von Gletscherseen, die je nach Lage ganze Orte zerstören können, mehr Steinschlag, Hangrutschungen und solche Dinge. Dann das Fehlen von Trinkwasser in Teilen der Alpen oder einigen Regionen Norwegens, in vergletscherten Gebieten der Anden oder des Himalayas. Und natürlich der Meeresspiegelanstieg.

Schauen wir uns diesen etwas genauer an: Derzeit steigt der Meeresspiegel jährlich laut NASA um etwa 3,4 Millimeter. Ein Drittel dieses Anstiegs kommt aus dem Schmelzen aller Gletscher weltweit, ein Drittel aus der Erwärmung und Ausdehnung der Ozeane und ein Drittel aus der Schmelze der Eisschilde Grönlands und der Antarktis. Würden nun alle Gletscher Spitzbergens abschmelzen, würde das zu einem Anstieg von 1,7 Zentimetern führen. Das ist nicht so viel, einfach, weil Spitzbergen eine relativ kleine Inselgruppe ist. Würden alle Gletscher der Welt schmelzen, wären das schon etwa 40 Zentimeter. Das Eisschild Grönlands würde sieben Meter beisteuern. Und die Antarktis schließlich etwa 60 Meter. Um hier nicht zu dramatisieren – denn das muss man auch gar nicht: Das sind Berechnungen. Das gesamte Eis der Antarktis wird sicher nicht in den nächsten Generationen wegschmelzen. Aber das, was abschmelzen wird, wird schon Folgen haben, die dramatisch genug sind:

Wir sprechen ja immer noch davon, dass wir die Erderwärmung bei 1,5 Grad aufhalten wollen und damit bis 2100 einen Meeresspiegelanstieg von »nur« etwa einem Meter haben werden. Diese Zahlen klingen leider immer sehr klein. Aber dieser eine Meter betrifft bereits 600 bis 700 Millionen Menschen, die dann unter dem Meeresspiegel leben. Die dann entweder, wie die Niederländer, höhere Deiche bauen können, wenn sie reich sind. Oder beispielsweise innerhalb ihres Landes mitsamt einer 30-Millionen-Einwohner umfassenden Hauptstadt umziehen müssen, wie es in Indonesien gerade passiert. Und es wird Menschen geben, deren Heimat dann gar nicht mehr existiert, wie die Fidschi-Inseln oder andere Inselstaaten.

Länder, die das Geld haben und rechtzeitig planen, können irgendwie reagieren. Aber wir werden ganz einfach sehr, sehr viele Flüchtlinge haben, die woandershin müssen.

Wenn der Meeresspiegel noch weiter ansteigt, kommen alle zehn Zentimeter noch etwa 60 Millionen Menschen dazu. Da ist man dann relativ schnell bei mehr als einer Milliarde Menschen, deren Zuhause unter Wasser liegt, in weniger als 80 Jahren. Hinzu kommen mehr Extremereignisse, mehr Sturmfluten, die Springfluten werden größer, es wird mehr Meerwasser in Grundwasserreservoirs eindringen und auch hier die Trinkwasserknappheit verstärken.

Was man bei all diesen Prognosen auch beachten muss: **Das alles sind Modelle, und leider werden wegen auftretender Zusatzeffekte diese Modelle aktuell häufig übertroffen.** Man kann zum Beispiel nicht mehr nur in Spitzbergen sehen, dass Gletscher anfangen, sich ungewöhnlich zu verhalten. Man sieht jetzt auch Phänomene, dass nach Regenereignissen oder wenn es sehr warm ist, ganze Gletscherzungen abbrechen, wie es in der Schweiz schon passiert ist, oder dass sich, wie im Kaukasus und Himalaya beobachtet, gesamte Gletscher ablösen und in einer gewaltigen Eismasse zu Tal rauschen.

In der Antarktis hat in den vergangenen Monaten der Thwaites-Gletscher in der Amundsen-See in der Westantarktis für viel Aufmerksamkeit gesorgt. Zusammen mit dem Pine-Island-Gletscher wirkt er wie ein Korken für den Abfluss des großen westantarktischen Eisschilds. Man beobachtet dort, dass die Erosion des Gletschers durch wärmeres Ozeanwasser größer ist als gedacht. Es gibt nun Annahmen, dass innerhalb des nächsten Jahrzehnts dieses Schelfeis kollabiert. Als Folge beschleunigen die dahinter liegenden Gletscher und fließen schneller ins Meer; das kann bis zu 65 Zentimeter Meeresspiegelanstieg verursachen. In welchem Zeitraum? Wer weiß. Theoretisch kann dieser eine Gletscher einen Anstieg zwischen einem und drei Metern verursachen.

Auch in der Ostantarktis – in der jetzt gerade eine ungewöhnliche Hitzewelle herrscht – gibt es Gegenden, in denen es zu einem ähnlichen Kollaps kommen könnte. Die ebenfalls für einige Meter mehr Anstieg sorgen würden.

All die Prognosen in den Weltklimaberichten stützen sich darauf, wie warm die Atmosphäre wird und wie viel Eis aufgrund der warmen Luft schmelzen wird. **Aber was passiert, wenn sich die Ozeanströmungen ändern und das Wasser dann unter dem Gletscher wärmer ist? Das ist in den Prognosen weitgehend nicht enthalten, weil man es noch nicht versteht, aber wir sehen ja jetzt, dass das schon passiert.** Deswegen gibt es zusätzlich zu den Prognosen noch sehr viele Unbekannten, die sämtliche Werte leider noch deutlich erhöhen und vor allem auch zeitlich deutlich nach vorne rücken können. Es kann dann einfach sein, dass bestimmte Dinge schon viel früher passieren als berechnet.

Im letzten Weltklimabericht von 2021 steht, dass wir die 1,5 Grad in den 2030er-Jahren überschreiten werden. Und die zwei Grad werden wir mit hoher Sicherheit nach derzeitigem Trend in den 2050er-Jahren überschreiten. Also 50 Jahre vor 2100. Laut Pariser Klimaschutzabkommen will die ganze Welt die Erwärmung bei 1,5 Grad stoppen, die Realität ist aber, dass wir diese Marke wahrscheinlich schon in etwa sieben, acht Jahren überschreiten werden.

(Anm.: siehe S. 54: Es ist wahrscheinlich, dass die 1,5-Grad-Grenze temporär bereits bis 2026 überschritten wird.)

Andere Konsequenzen aus der Gletscherschmelze wären die Trinkwasserknappheit in den Alpen oder im Himalaya und ganz wichtig auch das Thema Wasserenergie: In der Schweiz, in Frankreich und in Norwegen sind die Gletscher eine wichtige Quelle für die Wasserkraft. Wenn es 2100 in den Alpen und Norwegen keine Gletscher mehr gibt, dann stehen für diese Form der Energiegewinnung nur noch die Schneeschmelze und eben der normale Niederschlag zur Verfügung. Gleichzeitig werden die Sommer aber immer trockener. Es wird dann nicht nur das Trinkwasser knapp, es gibt auch nur noch wenig Wasser zur Energiegewinnung.

Einen Vorgeschmack darauf erleben wir in Norwegen gerade: 2021 war in Norwegen ein recht trockener Sommer, die Wasserspeicher haben einen eher niedrigen Füllstand – obwohl es heutzutage ja noch die Gletscherschmelze gibt. Aber der wenige Niederschlag gepaart mit den hohen Energiepreisen in Europa haben hier nun zu einem Anstieg der Strompreise von drei Cent auf zeitweise mehr als einen Euro pro Kilowattstunde geführt. Wegen der energetisch schlechten Bauweise der Häuser hier – ohne Isolierung – und des Heizens mit Strom haben Privathaushalte im Dezember und Januar nun so hohe Stromrechnungen, dass die Regierung bereits unterstützend einspringen musste. Seit Januar übernimmt die Regierung hier 80 Prozent des Preises, der über sieben Cent hinausgeht. Aber immer noch haben die Menschen teilweise eine Stromrechnung von mehr als 1000 Euro. Skilifte und andere Betriebe haben deswegen beispielsweise schon schließen müssen. Das nur am Rande, als Illustration, an welchen Stellen in unserem Leben sich das Fehlen von Gletschern dramatisch auswirken wird. **Es ist ganz und gar nicht unbedeutend für unser aller Leben, ob oben auf unseren Bergen weiterhin Gletscher sind oder nicht.**

2015 ist auch für mich das Jahr, in dem hier auf Spitzbergen gefühlt etwas gekippt ist. Weil man so deutlich zu spüren bekam, dass etwas Grundlegendes nicht mehr stimmt. In dem Sturm am Jahresende ist das Dach des Hauses, in dem ich gewohnt hatte, davongeflogen. Meine neue Unterkunft ist im darauffolgenden November nach einem Starkregen wegen der Gefahr einer Schlammlawine evakuiert worden. Eine Schlammlawine im Winter in der Hocharktis! Wo doch alles steinhart gefroren sein sollte. Das nächste Haus wurde dann wegen Permafrostbewegungen evakuiert, und danach wegen Lawinengefahr. In anderthalb Jahren habe ich also mehrmals meine Bleibe wechseln müssen, weil etwas passiert ist, das nicht passieren soll. Das sind meine Erfahrungen.

Aber die Menschen wollen all das nicht wahrhaben. Immer kommt das Argument, es habe schon immer klimatische Schwankungen gegeben. Ja, es gab immer schon Schwankungen in der Erdgeschichte – aber absolut nie in diesem Tempo. Wir machen an den Gletschern auch Eiskernbohrungen – anhand dieser kann man historisches CO_2 messen, Atmosphärendiagramme erstellen, das geht hoch und runter in 500 000-Jahres-Zyklen – aber jetzt sind wir bei diesen Diagrammen außerhalb aller Skalen. Es gab auch früher schon Massensterben, aber die dauerten Jahrmillionen. Jetzt reden wir von Jahren, in denen das passiert. **Es passierte einfach noch niemals so rasend schnell. Ich kann nicht begreifen, wie solch monströse Vorgänge nicht mehr Reaktionen bei den Menschen hervorrufen.** Wir können nur weiter Daten liefern, darauf hinweisen, hinweisen, hinweisen, aber es wird einfach nicht gehandelt. Und wir können gar nicht mehr so schnell arbeiten, wie die Gletscher verschwinden. Als Wissenschaftler ist das faszinierend! Als Mensch finde ich es sehr beunruhigend.

❇

In meinem ersten Gespräch mit Andreas Alexander hatte er mir eindrucksvoll geschildert, wie schnell derzeit Prognosen von der Realität überholt werden und wie schnell Veränderungen stattfinden. Dabei hatte er auch zwei Gletscher in der Antarktis erwähnt, an denen es besorgniserregende Beobachtungen gebe. Bis zum zweiten Gespräch mit ihm, anderthalb Jahre später, hatte sich an dem einen, dem Thwaites-Gletscher, tatsächlich bestätigt, wie dramatisch er Eis verliert. Und nur eine halbe Stunde nach unserem zweiten Gespräch schickte er mir eine Nachricht mit einem Link: Das Conger-Eisschelf in der Ostantarktis war, nach der dort andauernden Hitzewelle, nun vollständig kollabiert. Beides betrifft jene Regionen, die bei einer weiteren Schmelze zu unvorhersehbaren Anstiegen des Meeresspiegels führen können. Noch während wir sprachen, hat sich das Gesprochene also laufend bestätigt.

✳

Als wir im Sommer 2021 über den Kongsvegen zurück zum Schiff wandern, wissen wir von Andreas' Feldforschungsergebnissen noch nichts, und all diese Vorgänge sind uns in diesen Einzelheiten nicht präsent. In meinem Magen habe ich dennoch wieder jenes dumpfe, hässliche Gefühl. Weil sich die Welt so stark und schnell veränderte, dass mir das Leben auf dem Planeten, auf dem wir durch das Universum reisten, auf einmal so fragil, so gefährdet, so leicht zu zerstören erschien, vor allem, weil auf diese monströsen Veränderungen, wie Andreas es nennt, so geringfügig reagiert wird. Die Stimmung in unserer kleinen Gletscherwandergruppe ist nun, obwohl wir ja erfolgreich waren – wir hatten unser Ziel erreicht, hatten eine wunderbare Wanderung über den Gletscher und auch

viele von Andreas' Instrumenten gefunden –, erst einmal gedrückter als auf unserem Hinweg. Als wir von dem Trümmereisfeld aufbrechen, zieht zudem dichter Nebel über den Sattel zu uns heran, der auf mich wirkt wie das Unheil, das sich auf uns alle zubewegt.

Und doch tut die arktische Landschaft dann wieder ihr Übriges. Wir laufen über das knirschende Eis und können uns der Wirkung dieser Schönheit nicht entziehen. Wir blicken bergab über die weite Gletscherfläche, wir laufen knirschend über dieses immense Eismeer, an dessen Ende der mit Eisstücken gesprenkelte Fjord liegt, glatt und still. Die Weite, das Licht, die Menschenleere. Es liegt ein Zauber über diesen Landschaften, wie ich ihn nirgendwo anders erlebt habe. Ein Dschungel wird in mir nie das hervorrufen, was eine solche stille, reduzierte, klare Eiswelt mit mir macht.

Wir werfen noch einige Steine in Gletschermühlen, sehen das Gluckern nun auch mit anderen Augen – hier plätschert auch das Wasser, das weiter oben aus den Eisblöcken geplitscht war – und fühlen uns dem Kongsvegen schon seltsam vertraut.

In der tiefstehenden Sonne machen wir Gruppenfotos und nehmen uns die Zeit, die Umgebung weiter auf uns wirken zu lassen. Dann geht es die letzten Meter die Moräne hinunter, und wir halten einen letzten Moment inne, um uns von diesem Ort zu verabschieden.

Nach zehn Stunden sind wir wieder zurück am Strand, wo schon ein Schlauchboot auf uns wartet. Wir reinigen uns vom Moränenschlamm, ziehen die Steigeisen ab und fahren über die stille See zurück zum Schiff. Wunderschön ist auch diese Bootsfahrt durch das so glatt daliegende Meer, in das nur wir nun kleine Wellen malen.

Dieser Tag ist für mich von all den Tagen, die ich in Spitzbergen verbracht habe, einer der eindrücklichsten. Widerstreitend sind auch an diesem Abend wieder meine Gefühle. Einerseits bin ich sehr froh, dass ich diesen Tag erleben konnte, dass alles geklappt hat, dass wir diese lange Wanderung machen konnten, dass es überhaupt all diese Umstände gegeben hatte, die zu diesem einmaligen Erlebnis geführt haben. Andererseits ist das, was wir gesehen haben, sehr bedrückend. Wenn

das doch die Menschen sehen könnten, die Entscheidungen treffen. Wenn das doch alle Menschen sehen könnten! Das, was hier passiert, dass es echt ist, dass es geschieht und dass das deswegen geschieht, weil wir immer noch zu viel CO_2 ausstoßen.

Zurück an Bord, setze ich mich auf die Brücke und lade meine Fotos von meiner Kamera herunter, während wir langsam wieder aus dem Kongsfjord hinausfahren. Die Traumlandschaft gleitet an uns vorbei, und in meinem Kopf laufen all die Eindrücke der letzten beiden Tage durcheinander. Die Bedrücktheit beginnt zu überwiegen, als wir an Ny-Ålesund vorbeifahren. Ich schaue hinüber und sehe die braun-orangefarbenen Londonhäuser, in denen ich erst gestern Abend noch mit Maarten Loonen saß. Und Maarten Loonen hat mir nicht nur über die Gänse erzählt. Sondern auch über den Wandel, den er hier erlebt – und was das mit ihm macht.

❄

Dr. Maarten Loonen,
Biologe, über den Wandel

»Wir müssen etwas von dem Schmerz auf uns nehmen, der den nächsten Generationen blühen wird.«

Wenn es um den Klimawandel geht, denke ich an viele kleine Dinge. **Als ich hierherkam, trug ich draußen immer dicke Handschuhe mit Fingerhaube.** Die hatte ich dieses Jahr kein einziges Mal an. Früher war die Gletscherfront des Kongsbreen so nahe am Ort, dass man jedes Abbrechen, jedes Kalben hören konnte. Die Gletscher im Fjord waren dreimal so dick, wie sie heute sind. Es sah ganz anders aus. 1991 kam ein Kollege zu mir und sagte, die Blomstrandhalvøya, die hier im Fjord ja einst ganz vom Blomstrandbreen bedeckt war, ist jetzt keine Halbinsel mehr, sondern eine Insel. Der Gletscher hatte sich so weit zurückgezogen, dass er jetzt um sie herumsegeln konnte. Das sind Momente, die vergisst man nicht. Von da an sind bestimmte Dinge für immer anders.

Was den Klimawandel für mich ausmacht, sind die unerwarteten Dinge. Unerwartet, weil wir nicht bereit sind.

Man hat lange über den tauenden Permafrost gesprochen, und jetzt passiert es. Hier in Ny-Ålesund wurde ein großes neues Gebäude erstellt, die Kongshallen – und es sank sofort ein. Es waren Millionen nötig, um neue, viel tiefere Fundamente bis zum Felsen zu bauen, weil im tauenden Permafrost darüber nichts mehr hält. Auch die Kantine und das Haus hier nebenan, London 3, sind gesunken und brauchten umfangreiche Stabilisierungsarbeiten. Hier verlaufen schlecht isolierte Warmwasserleitungen im Boden und in die Häuser hinein. Das hat dem Permafrost früher nichts ausgemacht, aber jetzt schon. Jetzt gibt es Schmelzwasserflüsse dort, wo die Leitungen verlaufen, weil der Grund nicht mehr friert. Das hat einen großen Einfluss auf die Stabilität der Straßen und Häuser. Wir bekommen langsam den Eindruck, dass dieser ganze Ort verloren ist – es wird enorm viel Geld kosten, all das am Leben zu erhalten. Diese Erkenntnisse sind beängstigend.

In Longyearbyen ist es nicht besser. Man denke an all die Häuser, die versetzt werden mussten, einmal wegen der Küstenerosion und dann wegen der großen Lawinen. Der Lebensraum dort wird vom Meer und von Land attackiert.

Plötzlich geht es also nicht mehr nur um Biologie oder Ökologie, und wie sie sich weiterentwickelt. Plötzlich sind jetzt Menschen betroffen, ohne dass sie Zeit hatten, sich darauf einzustellen. **Viele Menschen dachten, ein bisschen wärmer – das ist gar nicht so schlecht. Nun, das war falsch.**

Du hast ja auch mit Professor Stefan Rahmstorf vom Zentrum für Klimafolgenforschung in Potsdam gesprochen – er hat schon

❋❋❋ **Blomstrandbreen und Blomstrandhalvøya** ❋❋❋

Die Blomstrandhalvøya ist ein traurig-berühmtes Beispiel für den Gletscherrückzug auf Spitzbergen. Der Blomstrandbreen schob sich einst bis zu dieser Insel und verband sie mit dem Land – weswegen sie ursprünglich auch den Namen »-halbinsel« erhielt. Mit der zunehmenden Gletscherschmelze wurde dann aber deutlich: Die Halbinsel war gar keine Halbinsel. Sondern eben: eine Insel. Jeder Spitzbergenbesucher kennt diese Geschichte, viele Schiffe fahren extra, um die Schmelze zu veranschaulichen, einmal um die Insel herum – damit man das Ausmaß des fehlenden Eises erkennen kann.

In der Grafik (S. 341) sieht man nicht nur den schwindenden Blomstrandbreen (links oben), sondern auch den Rückgang der anderen Gletscher im Kongsfjord seit 1860. Rechts unten noch ein Stück des Kongsvegen, auf dem wir bei unserer Wanderung unterwegs waren.

2009 während einer Präsentation gesagt, dass es deutlich weniger Niederschläge im Mittelmeerraum und deswegen mehr Waldbrände in Griechenland geben wird. Jetzt passiert das, aber bereit sind wir nicht. Obwohl die Wissenschaftler all diese Dinge bereits lange vorhersagten.

Zum ersten Mal steht nun auch im IPCC-Report sehr detailliert und sehr klar: Wir verursachen es. Es ist alles hier, keine Zweifel. Das ist gut. Ich bin froh über diese Klarheit. Aber gleichzeitig bin ich auch wütend *(weint)*! Wütend, weil unsere Botschaft nicht ankommt. Und weil wir – noch – nicht – genug – handeln! Das ist der Stand.

Für lange Zeit liebten die Menschen meine Geschichten. Sie

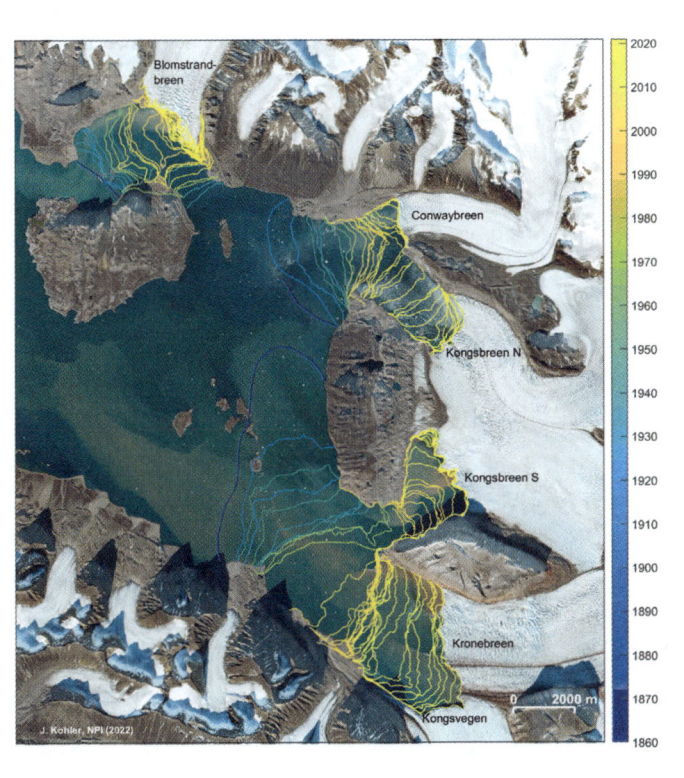

sagten, ach, das ist so schön, dass du immer mit einem positiven Ende aufhörst. Zuletzt war mein positives Ende, dass wenigstens die Jugend etwas unternimmt. Aber sie sind ja noch nicht an der Macht! **Jetzt denke ich, ich verliere diese Positivität. Ich kann nicht mehr zuversichtlich sein. Weil wir nichts tun.**

(weint und sagt lange nichts)

Die Leute sind einfach nicht bereit zu akzeptieren, dass sie bremsen müssen. Dass einige Dinge einfach nicht mehr möglich sind. Aber all unsere Reden, all unsere Beispiele werden nicht gehört, und es geht einfach viel zu langsam.

Der Klimawandel ist unser größtes Problem; er wird das Leben von Milliarden Menschen verändern. Erste Einblicke haben wir jetzt: Durch die Überschwemmungen in Deutschland oder die Feuer in Griechenland haben Menschen alles verloren. Wir sind betroffen und spenden zehn Euro, und dann feiert man den Zusammenhalt. Aber es wird eine Katastrophe der anderen folgen, und wir können sie nicht immer auf diese Weise lösen. Wir in den Niederlanden haben das Geld, Deiche zu bauen. Aber die Welt um uns wird sich ändern, und nicht auf eine freundliche Weise!

Ich wünschte, es wäre anders.

Drei Milliarden Menschen, heißt es im IPCC-Report, werden ihre Heimat verlassen müssen – daraus werden Kriege entstehen! Große Migrationen waren immer Kriegsgründe, und das wird wieder so sein, besonders wenn man sich anschaut, wie wir heute schon mit der Flüchtlingsproblematik umgehen. Wir müssen uns also bewaffnen und Zäune bauen. **Wir sind durch den Klimawandel jetzt sehr nahe an globalen Kriegs- und Friedensfragen.**

Die große Dummheit dabei ist: Wenn wir 1980 begonnen hätten gegenzusteuern, müssten wir heute gar nicht so viel tun. Weil das ausgeblieben ist, heißt es nun, all diese großen Veränderungen seien zu teuer. Es *wird* uns sehr viel Geld kosten, das dann die Generationen nach uns werden bezahlen müssen. Und **Kinder werden fragen, warum habt ihr nichts gemacht, wenn ihr doch wusstet, dass das passiert? Warum habt ihr einfach weitergemacht?**

Deswegen fühle ich das Bedürfnis, meine Geschichte zu erzählen. Wir müssen unseren Lebensstil verändern. Das ist einfach essenziell *(weint)*.

Wir haben jetzt nur eine einzige Aufgabe: den CO_2-Ausstoß zu verringern. Darauf müssen wir uns konzentrieren. Es gibt keine andere Lösung. Jede Person, jede Industrie, jeder Politiker muss das tun. Und das können wir, indem wir die Menge der benötigten Energie reduzieren, in erneuerbare Energien investieren und aufhören mit fossilen Brennstoffen. Alles, was dem dient, muss Top-Priorität haben.

Wir müssen etwas von dem Schmerz auf uns nehmen, der den nächsten Generationen blühen wird. Wir müssen das tun, wissend, dass es dann weniger Schmerz für diese geben wird. Es wird nicht ohne Schmerz gehen. Das müssen wir akzeptieren. So oder so.

❇

Das Bild von 1918
und ein Ausflug 2022

Als ich im Juni 2022 noch einmal Maarten Loonens Erzählung vom ersten Umsegeln der Blomstrandhalvøya lese, erinnere ich mich an ein berühmtes Foto des Blomstrandbreen, ein Mann in einem Ruderboot vor der Gletscherfront, oder besser gesagt: Er blickte seitlich von Westen auf den Gletscher, der sich den Berg hinunter und hinüber zur Blomstrandhalvøya schob. Wer sich das besser vorstellen möchte, kann noch einmal auf die Karte von Seite 341 schauen. Ich suchte und fand die alte Aufnahme im Archiv des Norwegischen Polarinstituts, es war von 1918. Nur ganz knapp lugten auf dem Bild die Gipfel des Skreifjellet, der Bergrücken neben dem Gletscher, hinter den Eismassen hervor. Ich schickte die Aufnahme, eine Landkarte und die große Bitte, die Aufnahme nachzustellen, an meinen Mann, der wiederum nun gerade als Kapitän auf der *Cape Race* in Spitzbergen unterwegs war. Mann und Besatzung versprachen, ihr Bestes zu versuchen, machten aus der Aktion ein Event für die Gäste, und ich bekam bald eine Neuauflage des Fotos von 1918 gesendet. 104 Jahre liegen zwischen diesen beiden Aufnahmen also.

Warum wir es nicht wahrhaben wollen

Unter all den Wissenschaftlern, mit denen ich für dieses Buch gesprochen habe, war Maarten Loonen der verzweifeltste. Oder er hat mich seine Verzweiflung zumindest am deutlichsten sehen lassen. Ganz deutlich nimmt er am Ende Bezug auf die Freiheitsfrage, auch wenn er es anders formuliert und davon spricht, den kommenden Generationen etwas von dem Schmerz nehmen zu wollen. »Jeder, der Kinder hat«, sagt er, »wird sich in einigen Jahren die Frage gefallen lassen müssen, was er denn getan hat, als man alles schon wusste. Ich will dann eine Antwort haben.«

Am Ende des Gesprächs, als wir schon wieder draußen vor seiner Tür stehen, sagt er, dass er ein begeisterter Wissenschaftler sei, dass er aber sehe, dass seine Wissenschaft wenig helfe, um Menschen zu überzeugen. »Meine Daten beeindrucken die Menschen nicht«, sagt er. »Ich kann noch 30 Jahre Gänse zählen, es wird niemanden zu einem Umdenken bringen, weil es nicht dramatisch genug ist. Deswegen engagiere ich mich jetzt eher im Bereich *Outreach*, also im Verbreiten unserer Botschaften. Vielleicht kann ich da mehr bewirken. Ich hoffe es.« Er legt mir eine Hand auf die Schulter und sagt: »Schreib was Gutes, mach etwas Gutes aus alldem. Sodass es die Leute verstehen.« In der tiefstehenden Sonne, die die Farben um uns so intensiv scheinen lässt, erscheint mir dieser Satz wie ein Auftrag, den ich nun mit nach Hause nehmen und erfüllen muss. Maarten bleibt mit seinen *klompjes* auf dem Platz vor den Londonhäusern stehen und schaut mir nach, als ich zum Schiff zurückgehe.

Dass er mir seine Verzweiflung so offen zeigte, liegt vielleicht auch an dem Zeitpunkt: Denn im August 2021 war gerade der sechste IPCC-Report erschienen, von der breiten Weltöffentlichkeit nahezu unbemerkt. Dies sind die schwierigsten Momente für alle Forscher, für alle Menschen, die sich mit dem Klimawandel beschäftigen: Wenn man immer wieder denkt, nun muss er doch kommen, der Aufschrei, die Reaktion, der Wandel. Aber dann wird nicht einmal groß berichtet, einen Tag lang in den Abendnachrichten, einige Artikel, und dann ist es wieder vorbei.

Die wechselnde Wut, Verzweiflung und auch Angst, die Loonen in dem Gespräch spüren ließ, haben bei mir in Verbindung mit der Gletscherwanderung einen tiefen Eindruck hinterlassen. Denn auch ich kenne diese Gefühle mittlerweile. Jeder, der sich mit dem Klimawandel beschäftigt, kennt die Momente, in denen man sich hoffnungslos fühlt – wenn man mangelnde Reaktionen auf katastrophale Nachrichten beobachtet. Oder noch schlimmer, wenn man in sozialen Netzwerken manche Kommentare unter solchen Nachrichten liest.

Als wir in Spitzbergen auf dem ersten Stück des Gletschers alle zusammen unterwegs waren, blieb ich eine Weile mit einem Gast stehen, und wir blickten über den Kronebreen. Andreas hatte zuvor wieder einmal das Abschmelzen der Gletscher erklärt.

Ich unterhielt mich mit dem Gast, ein gebildeter Mann jenseits der siebzig. Über das Eis blickend meinte er, es sei ja alles gut und schön, was Andreas da sage. Aber unser aller Leben klimafreundlich zu gestalten, das sei einfach viel zu teuer. Woher solle denn das Geld kommen?

Das sagte dieser Mann leichthin, einige Wochen nach der Katastrophe im Ahrtal. Wenn ich mich heute daran erinnere, klingen diese Worte zynisch in meinen Ohren nach. Wenige Tage bevor ich diese Zeilen nun schreibe, sind 100 Milliarden Euro in unsere Rüstung geflossen. Geld ist offensichtlich vorhanden. Es ist nur, wie immer, politischer Wille, wofür es ausgegeben wird. Überdies ist ja die große Frage, wie teuer uns eine Transformation überhaupt kommt, wenn wir an deren Ende vor allem erneuerbare Energie beziehen und keine sündhaft teuren – und gefährlichen – Atomkraftwerke mehr finanzieren müssen.

Zu dem Gast sagte ich damals, dass die Natur wenig Verständnis für unsere Geldsorgen haben wird. Sie wird sich nicht deshalb nicht zu unserem Nachteil weiterentwickeln, nur weil wir unser Geld lieber nicht für den schnellen Ausstieg aus fossilen Brennstoffen ausgeben. Sondern wird uns dann eher jedes Jahr zwei Ahrtal-Katastrophen und noch mehr finanzieren lassen, was uns wiederum an anderer Stelle fehlt. Der Gast sagte darauf nichts mehr, aber das bedeutet sicher nicht, dass ich ihn überzeugen konnte.

Warum leugnen Menschen den Klimawandel? Wobei leugnen ja schon ein hartes Wort ist. Warum wollen so viele das Problem, über das sich die gesamte (seriöse) Wissenschaft seit Jahrzehnten einig ist, nicht wahrhaben? Warum wird so oft aufgestöhnt, das Thema gewechselt mit dem seufzenden Schlusssatz: Was können wir schon machen? Oder: Mehr kann man halt nicht machen?

Genau das habe ich eine Fachfrau gefragt, die sich intensiv sowohl mit der Angst vor dem Klimawandel als auch mit seiner Leugnung oder dem Nichtwahrhabenwollen dieses großen Problems befasst hat: die Psychologin Katharina van Bronswijk. Sie ist Sprecherin der *Psychologists and Psychotherapists for Future.* Sie erklärt mir in einem langen Zoom-Gespräch zunächst, warum der Mensch so blind ist für ein Problem, das gerade zu einer Bedrohung für seine gesamte Spezies wird.

❉

Katharina van Bronswijk,
Psychologin, über die Leugnung des Klimawandels

»**Die Klimakrise ist als Problem so gestrickt,
dass Menschen sie nicht so gut verarbeiten können.**«

Katharina van Bronswijk ist eine Psychologische Psychotherapeutin, die schon an mehreren Studien zur Psychologie der Klimakrise mitgearbeitet hat. Zusammen mit zwei weiteren Autoren hat sie das Buch Climate Action – Psychologie der Klimakrise *herausgegeben, das einen tiefen Einblick in den menschlichen Umgang mit dem Klimawandel gibt. Van Bronswijk hat so viel Wissen über dieses Thema angehäuft und spricht in dem Gespräch über Zoom so schnell und viel, dass ich die Audiodatei beim Abtippen in der langsamst möglichen Geschwindigkeit laufen lassen muss, weil ich sonst nicht mitkomme.*

Der größte Teil der Menschen erkennt an, dass es die Klimakrise gibt. Umfragen zeigen Zustimmungsraten von 66 bis 80 Prozent, und weitere rund zehn Prozent der Befragten sagen, sie wissen es nicht. Es bleiben also wenige Leugner.

Wenn man nun vom Bereich des Lobbyismus absieht, in dem geleugnet wird, um Businessmodelle zu schützen, dann gibt es zwei verschiedene **Stufen der Leugnung**: Ein Teil der Menschen erkennt den Klimawandel an, aber nicht, dass er menschengemacht ist – und lehnt damit leider auch jede Handlungsnotwendigkeit oder -möglichkeit ab. Ein anderer Teil der Menschen leugnet den Klimawandel als Ganzes.

Da befinden wir uns dann schon im Bereich der Verschwörungsmentalität. Das sind Menschen, die Wissenschaft generell als Quelle nicht anerkennen. Diese Menschen empfinden auf der systemischen Ebene Ohnmacht und Kontrollverlust. Deswegen erkennen sie öffentliche Institutionen nicht an, sie bauen gedanklich Verschwörungen mit diesen als mächtig wahrgenommenen Gruppen auf und unterstellen ihnen, der Gesamtheit der Menschen oder bestimmten Teilen der Gesellschaft schaden zu wollen. **Durch das Basteln dieser Verschwörungserzählungen erleben sie ein gefühltes Wiedererlangen von Kontrolle** – weil sie überzeugt sind, diejenigen zu sein, die »es« verstanden haben und sich auch dementsprechend wehren können. Diese Mentalität ist deswegen auch assoziiert mit narzisstischen Bedürfnissen, also dem Bedürfnis danach, etwas Besonderes zu sein – weil man versteht, was andere nicht verstehen.

Schaut man sich an, auf welche Weise der Klimawandel geleugnet wird, kann man verschiedene Strategien definieren. Kürzlich ist eine Studie erschienen, **die vier Kategorien von Verzögerungsdiskursen** benennt, mit denen Menschen sich aus einer Handlungsnotwendigkeit herausreden und die deshalb auch eine Form des Verleugnens darstellen – entweder der Größe des Problems, der Größe der benötigten Lösungen oder der Möglichkeiten, die wir haben.

Der erste ist, **Verantwortung weiterzuleiten**. Erstmal müssen andere etwas tun, die Chinesen, die Amerikaner, wer auch immer. Oder man schiebt es auf individuelle Verhaltensänderungen, anstatt auf der systemischen Ebene zu denken: Dann musst aber als Erstes du auf dein Auto verzichten. Das ist auch etwas, das die CDU sehr gerne macht, beispielsweise die ehemalige Landwirtschaftsministerin Julia Klöckner, die sagte, der Verbraucher entscheide mit seinem Einkaufszettel. Nein, das tut er nicht. Denn wir haben schlicht gar keine Möglichkeit, in unserer Gesellschaft CO_2-neutral zu leben. Wenn man die keineswegs optimale Wahl hat zwischen einer in Plastik eingepackten Bio-Gurke und einer konventionellen Gurke mit Pestiziden, kann man es gar nicht richtig machen. Seit dem wunderbaren Coup von BP, die den individuellen CO_2-Fußabdruck promotet haben, wird aber genau das immer wieder versucht: **die Verantwortung auf die Ebene des Endverbrauchers abzuschieben.**

※※※ **Der individuelle CO_2-Fußabdruck** ※※※

Es hört sich gut an: Man berechnet seinen eigenen CO_2-Fußabdruck und kann dann seinen Treibhausgasausstoß gezielt verringern. Hinter einem solchen Konzept vermutet man Klimaschützer. Erfunden hat es aber die Fossilindustrie, konkret im Jahr 2004 der Mineralölkonzern BP. Geschickt wurde damit die Aufmerksamkeit weg von den riesigen CO_2-Emissionen der Mineralölkonzerne hin zu Privatpersonen gelenkt – und die Verantwortung gleich mit. Die Botschaft: Der Einzelne verursacht den Klimawandel und kann und muss das verändern. Doch selbst bei vermeintlich großen Unterschieden – ein Vielflieger im Vergleich mit einem Radfahrer – haben Endkonsumenten nur wenig Einfluss auf nationale und weltweite Emissionen. Die Hauptverursacher in Deutschland sind 2021 laut Umweltbundesamt, in Millionen Tonnen CO_2-Äquivalenten: Energiewirtschaft (247), Industrie (181), Verkehr (148), Gebäude (115), Landwirtschaft (61), Abfallwirtschaft und Sonstiges (10), was 762 ergibt. Zum Erzielen großer Effekte setzt man folglich besser bei den größten Verursachern an. Erinnern wir uns zudem an die Worte Rehmann-Sutters: Es sei unbedingt nötig, retrospektiv festzustellen, wer die Schuld oder Verantwortung an den bisherigen Entwicklungen trägt – um die »Unschuldigen« zu entlasten und prospektiv handlungsfähig zu machen. Wer sich aber seinen CO_2-Fußabdruck errechnet, belastet sich und richtet seine Aufmerksamkeit auf sich selbst – und ist damit prompt weniger handlungsfähig, was das Kämpfen für Veränderungen des großen Ganzen angeht. Genau das war das Ziel.

Die zweite Kategorie ist **das Propagieren nicht transformativer Lösungen**. Dafür ist der ehemalige Minister Peter Altmaier (CDU) ein gutes Beispiel, der auf die rettenden Lösungen der deutschen Ingenieure warten möchte; die Technikgläubigkeit verhindert also eine sofortige Handlung und Veränderung. Eine Taktik ist hier auch, viel zu reden und wenig zu tun – wenn man beispielsweise jahrelang ein perfektes Gesetz erarbeitet.

Die dritte Kategorie ist, **negative Effekte zu betonen**, zum Beispiel immer wieder die finanzielle Belastung für sozial Benachteiligte anzuführen, was bestimmte Politiker nur in der Klimadiskussion, aber in keiner anderen politischen Debatte tun.

Die vierte Kategorie schließlich ist einfach: **aufgeben.** Also die Untergangsstimmung zu verbreiten, die Transformation sei sowieso nicht zu schaffen, somit könnten wir es gleich lassen.

Diese Verzögerungsdiskurse haben gemeinsam, dass bei ihnen immer auch **Fehlinformationen** vermittelt werden. Aus diesen Fehlinformationen resultiert ein **mangelndes Problembewusstsein**, das verschiedene Gruppierungen ganz gezielt produzieren wollen. Teilweise auch unter Zuhilfenahme der Dynamiken in den sozialen Medien, wenn Trolle oder kleine Gruppen von Menschen, mit Bot-Unterstützung und sehr gut vernetzt, Fehlinformationen verbreiten.

Denn zu verstehen, dass man ein Problem hat, bedeutet noch nicht, dass man ein tatsächliches Problembewusstsein hat. **In der Psychologie unterscheidet man zwischen tatsächlicher und wahrgenommener Gefahr.** Wenn man beispielsweise aufgrund bestimmter Informationen denkt, die Politik habe alles im Griff und werde tolle Lösungen finden oder dass wir ja noch lange Zeit haben, hat man nicht das entsprechende Bewusstsein. Wir können das Problem dadurch leugnen oder uns damit wohlfühlen.

Hierbei lohnt sich ein Blick darauf, wie wir Probleme wahrnehmen: Nach dem transaktionalen Stress-Modell von Richard Lazarus schauen wir erst einmal, was eigentlich los ist. Dann bedenken wir unsere eigenen Ressourcen: Können wir damit umgehen?

Und wenn wir nicht damit umgehen können, sind wir gestresst und versuchen Coping, also Bewältigungsverhalten. Es gibt dann die eine Möglichkeit, am eigenen Verhalten etwas zu verändern – was extrem mühsam ist in Bezug auf die Klimakrise. Zudem haben wir, gerade wenn es um systemische Veränderungen geht, wenig Wirksamkeitserfahrung. Wir wissen nicht, wie man als Individuum systemischen Wandel macht.

Die andere Möglichkeit ist **die emotionsorientierte Bewältigung, mit der man die Situation umdeutet – also sich ein Stück weit schönredet. Und dafür sind die erwähnten Fehlinformationen natürlich der absolut beste Ausgang:** Sie liefern die Rechtfertigung, selbst untätig zu bleiben oder eben nicht vehement Lösungen einzufordern.

Und schließlich ist eine gewichtige Ursache für mangelndes Problembewusstsein der **False-Balance-Effekt:** In den Medien wurde jahrelang versucht, ausgewogen zu berichten. In Talkshows wurde neben den Klimawissenschaftler also immer jemand gesetzt, der die Wissenschaft infrage stellte. Trotz der überwältigenden Evidenz, dass es die Klimakrise gibt, war diese »Objektivität« der Medien hier irreführend. Sie resultierte in einer verzerrten Problemwahrnehmung. **Es gibt nicht ebenso viele Wissenschaftler, die den Klimawandel infrage stellen, wie Wissenschaftler, die das nicht tun. Das ist schon lange nur eine mediale Diskussion, in der Wissenschaft hingegen unumstritten.**

Das mangelnde Problembewusstsein bietet einen großen Vorteil: Es ist angenehmer. Denn dann muss man sich nicht mit **unangenehmen Klimagefühlen** auseinandersetzen – und die menschliche Psyche ist sehr gut darin, unangenehme Gefühle abzuwehren. Es gibt ganz viele unangenehme Gefühle, die im Zusammenhang mit dem Klimawandel abgewehrt werden. **Scham** zum Beispiel, wobei Scham die Angst vor der Abwertung wäre, weil man gegen soziale Normen verstößt – und das würde bereits die Anerkennung dessen beinhalten, dass die Mehrheit der Gesellschaft der Meinung ist, dass man sich klimafreundlicher verhalten sollte.

Schuldgefühle beziehen sich darauf, dass ich gegen meine Werte verstoßen oder anderen wehgetan habe. Das ist das, was viele ältere gegenüber jüngeren Menschen empfinden.

Und dann haben wir ganz groß das Thema Angst. Angst vor einer unangenehmen Zukunft, die wir heute *eco anxiety* nennen, oder Wut, vor allen Dingen auf untätige Politik oder Leute, die sich fehlverhalten. *(Anm.: Dazu folgt ein eigenes Interview auf S. 412.)*

Und schließlich noch **Trauer** um das, was verloren gehen wird oder was wir schon verloren haben, oder Trauer um das, was wir nicht mehr erleben werden können.

Mit dieser Krise sind also ganz viele unangenehme Gefühle verbunden, mit denen wir umgehen müssen. Unsere Gesellschaft ist in diesem Umgang aber nicht so gut – und dann setzt wieder die Regulierung der Psyche ein, bei der dann häufig eine Klimawandelleugnung rauskommt.

Neben den Emotionen gibt es aber ja auch noch die Kognition, das Denken. Und **gerade im Umgang mit komplexen Problemen haben die Menschen verschiedene kognitive Verzerrungen**.

Wir sind beispielsweise nicht gut darin, **Entscheidungen unter Unsicherheit** zu treffen – also schon mal anzufangen, wenn wir noch nicht genau wissen, was die Optionen und die Effekte sind. Wir wollen Dinge gerne komplett und bis zum Ende verstanden haben, um eine Entscheidung zu treffen – und das funktioniert bei so komplexen Problemen wie dem Klimawandel leider nicht.

Ein anderes kognitives Beispiel ist der *optimism bias*: **Es wird schon nicht so schlimm werden** und mich schon nicht treffen. Genauso wie jeder Mensch davon ausgeht, dass er nicht derjenige Raucher sein wird, der einen Herzinfarkt oder Lungenkrebs bekommt – man nimmt gerne an: »Ich bin die eine Ausnahme!« Aber das stimmt nicht.

Und schließlich tun wir uns auch beim **Einordnen völlig neuer Informationen** schwer. Wir verstehen neue Informationen immer basierend auf unseren bisherigen Lernerfahrungen. Und wenn wir beispielsweise noch keine Erfahrung mit Extremwetterereignissen haben, können wir uns nicht vorstellen, wie das ist. Zusätzlich klingt es auch nicht dramatisch, dass es durchschnittlich zwei Grad wärmer werden wird. Wir haben keine Erfahrung, wie wir das Ausmaß dieser Katastrophe richtig einsortieren können.

Der **Lerneffekt aus Katastrophen** wie der im Ahrtal hängt davon ab, wie die Erfahrung verarbeitet wird. Die Wissenschaft formuliert ja immer sehr vorsichtig, dass der Klimawandel die Wahrscheinlichkeit und das Ausmaß solcher Ereignisse größer macht, und nicht, dass dieses oder jenes Ereignis direktes Resultat des Wandels ist. Wenn mir das als Formulierung ausreicht, um für mich anzuerkennen: So sieht die Klimakrise aus – dann würde ich sagen, dass man dazulernt. Aber auch da können wieder *biases* ins Spiel kommen: Ich wohne ja ganz woanders, und mich trifft das nicht. **Wir schaffen es immer gut, uns herauszureden.** Die Klimakrise ist als Problem so gestrickt, dass wir als Mensch sie nicht so gut verarbeiten können.

Darüber hinaus interpretieren wir Informationen noch basierend auf unseren **Ideologien** und unserem Weltbild und haben eine selektive Wahrnehmung. Wir nehmen also gerne Informationen besonders bewusst wahr, die unser bisheriges Weltbild bekräftigen, und andere Informationen, die dem widersprechen, verarbeiten wir eher nicht. Das machen wir gar nicht absichtlich, **aber wir sind gedanklich so ausgestattet, dass wir versuchen, unser Weltbild möglichst zu unterstützen.** Deswegen verhindern Ideologien und politische Einstellungen, dass wir Informationen objektiv verarbeiten – besonders, wenn Themen so politisch aufgeladen sind. Selbst wenn also gute Wissenschaftskommunikation gemacht wird, durchlaufen die Informationen den Filter der Ideologie. Dadurch ist beispielsweise bei CSU-Wählern in Bayern ein Vorschlag, der von den Grünen kommt, von vornherein sowieso schlecht. Wenn der gleiche Vorschlag von der CSU käme, würde er dagegen für gut befunden. Da sind Menschen, ich würde sagen, sympathische Mängelwesen. Und das ist ja auch gut. Denn wenn wir jedes Mal, bei jeder Information, unser ganzes Weltbild hinterfragen würden, wären wir nicht lebensfähig. Es ist ein evolutionärer Vorteil, wenn wir Informationen selbstwertdienlich verarbeiten, sonst wären wir sehr instabil. Aber in diesem Fall steht es leider der notwendigen Handlung im Weg.

Häufig wird auch der Einfluss sozialer Normen unterschätzt, also, was wir denken, was die meisten anderen denken und von uns erwarten. Es gibt dazu tolle Versuche. Es wurden beispielsweise einmal zwei verschiedene Stadtwerksbriefe versendet. In dem einen wurde ein Durchschnittsenergieverbrauch in der Nachbarschaft angegeben, mit der Anregung, Energie zu sparen. Im anderen wurde nur allgemein zum Energiesparen aufgerufen, mit dem Argument, dass sich damit Geld sparen lässt. Die Empfänger des Briefs mit dem Durchschnittswert haben tatsächlich versucht, sich diesem Wert anzunähern, während der allgemein gehaltene Aufruf nicht so viel Wirkung zeigte. Wir versuchen eben immer gerne dazuzugehören, wie die anderen zu sein.

Hier liegt ein Problem: Viele klimarelevanten Handlungen sind noch keine soziale Norm. **Kein Auto zu haben ist nicht die soziale Norm, schon gar nicht in Deutschland.** Wir wollen aber nicht die komischen Ökos sein. Schon deswegen finde ich es hilfreich, dass Nachhaltigkeit ein immer größeres Thema ist, dass auch Werbung damit gemacht wird – selbst wenn es oft nur *Greenwashing* ist. Aber solche Dinge prägen soziale Normen, und das macht mir wieder Hoffnung. **Denn die Notwendigkeit von Klimaschutz ist ja bereits eine Mehrheitsmeinung – also eigentlich ist das schon eine soziale Norm. Wir nehmen es nur noch nicht so wahr.**

Ich glaube, dass wir derzeit an einem sozialen Kipp-Punkt Richtung Nachhaltigkeit stehen. Wir sind jetzt noch in einer Übergangsphase, in der wir Nachhaltigkeit zwar wollen, aber noch nicht wissen, wie genau. **Mir macht das sehr viel Hoffnung.**

❄

Der Mensch, ein sympathisches Mängelwesen also. Ein Ausdruck, der mir sehr gut gefällt, bei uns zu Hause gibt es das geflügelte Wort: »Die Perfekten wohnen woanders.« Was van Bronswijk beschreibt, hilft in der Tat zu verstehen, warum so viele Menschen unbequeme Wahrheiten oder übergroß erscheinende Probleme nicht wahrhaben wollen oder können und allerlei Strategien anwenden, sie auch wirklich nicht sehen zu müssen. Die ein oder andere Strategie, die van Bronswijk erwähnt, hat man vielleicht auch schon an sich selbst entdeckt. Ohne einen gewissen *optimism bias* (»wir fallen ganz sicher nicht in eine Gletscherspalte, obwohl es Trillionen davon gibt«) hätte ich auch kaum Grönland durchqueren können.

Das Verstehen dieser Mechanismen hilft aber auch dabei, in Gesprächen mit verhalten klimawandelskeptischen Menschen an den richtigen Punkten anzusetzen. Denn wie van Bronswijk beschreibt, geht es häufig ja um unangenehme Gefühle, die man vermeiden will, indem man ein Problem ignoriert. Man wird also bei einem vielleicht gar nicht mal so kleinen Anteil von Klimawandel-ignorierenden Menschen nicht damit weiterkommen, dass man weiterhin allerlei Probleme, Gefahren und drohende Veränderungen thematisiert. Genau das könnte sogar kontraproduktiv sein und die bereits in Anwendung befindlichen Abwehrstrategien noch verstärken. Im schlechtesten Fall so weit, dass die Person überhaupt nichts mehr von einem Klimawandel hören will. Besser ist es da vermutlich, positive, optimistische Lösungen aufzuzeigen, Chancen und Wege – sei es auf persönlicher oder gesellschaftlicher Ebene –, und die Menschen durch die eigene Zuversicht aus ihrer Passivität zu holen und im besten Fall sogar zu einem eigenen Engagement zu aktivieren.

Van Bronswijk sieht unsere Gesellschaft ja ohnehin an einem

Kipp-Punkt hin zur Nachhaltigkeit – das wäre also eine gute Nachricht, die Hoffnung macht. Vielleicht wäre es ja in der Tat so: Würde man all die »Gurkendilemmas« auflösen, würde also immer auch eine wirklich gute, niedrigschwellige Lösung zur Verfügung stehen, sei es bei Produkten oder bei Handlungen (Zugfahren versus Fliegen), vielleicht würden sich dann ja tatsächlich auch jetzt schon immer mehr Menschen für die nachhaltige Variante entscheiden, was dann irgendwann automatisch das Aus für nicht nachhaltige Lösungen bedeuten würde. Auch Christoph Rehmann-Sutter ist ja dieser Meinung. Dann wäre auch das endlich der Fall, was die ehemalige Ministerin Klöckner jetzt schon unterstellt: dass der Verbraucher mit seinem Einkaufszettel entscheiden kann, wie Produkte aussehen oder welche Dienstleistungen angeboten werden sollen.

Momentan aber ist es so, dass man bei vielen Produkten des täglichen Bedarfs keine Variante wählen kann, die weder den Planeten über Gebühr strapaziert, noch den Geldbeutel oder die Zeit des Verbrauchers, weil man nach guten Alternativen geradezu fahnden muss.

Warum ist das so? Um diesen Umstand und seine Ursachen werden sich die nächsten Seiten drehen. Warum dürfen in Supermärkten immer noch mit Pestiziden besprühte Tomaten aus süditalienischer sklavenähnlicher Arbeit verkauft werden? Warum gibt es immer noch Billig-Kleidungsläden, in denen es schon beim Betreten nach Gift riecht, wo man also sofort vor seinem inneren Auge sieht, wie fürchterlich die Produktion dieser Kleidung wohl für die dortigen Arbeiterinnen und Arbeiter sein muss und dass diejenigen, die die Kleidung dann tragen, später irgendwelche seltsame Krankheiten bekommen. Warum sind Verbraucher nicht besser geschützt?

Als ich während eines Vortrags in einer Schule in Sachsen einmal über Kleidung sprach und derlei Billigläden anprangerte, fragte mich ein Schüler, was denn ein Familienvater machen solle, der 1500 Euro netto im Monat verdiene und zwei Kinder habe. »Wenn da alle einen neuen Pullover brauchen, kann man die eben nur dort kaufen«, sagte er, um diese Kaufentscheidungen zu verteidigen.

Damit hatte der Schüler den Finger an eine sehr wichtige Stelle gelegt: Dieser Familienvater ist also dazu verdammt, minderwertige und giftige Kleidung zu kaufen, weil er nicht »genug« verdient. Aber haben denn nicht wir alle – und unsere Erde – das Recht auf Produkte, die weder uns noch unserer Welt schaden? Nicht der Verbraucher trägt die Verantwortung, sondern der Hersteller. Und weil Hersteller sie nicht freiwillig tragen, muss der Gesetzgeber die Rahmenbedingungen so gestalten – unter anderem beispielsweise mit einem Lieferkettengesetz –, dass pestizidbesprühte Tomaten aus sklavenähnlicher Arbeit einfach nicht mehr angeboten werden können.

Der Hersteller soll Verantwortung übernehmen, damit der Verbraucher (und die Welt) nachhaltigere Produkte bekommt? Hier wären wir also erneut bei den professionellen Klimawandelleugnern, den PR-Maschinen wie dem Heartland Institute – denn diese wollen ja das Gegenteil: Hersteller sollen einfach nur produzieren dürfen, und zwar mit der von Christoph Rehmann-Sutter »negativ« genannten Freiheit: Es soll sie nicht interessieren müssen, welche negativen Konsequenzen für andere durch ihre Handlungen und Produkte entstehen. Die Verzögerungsdiskurse, die van Bronswijk nennt, beschreiben einmal mehr, mit welchen Strategien dieses Ziel verfolgt wird: Verantwortung wird an den Einzelnen weitergeleitet; unter der Vorgabe, emsig am Problem zu arbeiten, wird endlos an perfekten Gesetzen gebastelt – und somit nicht gehandelt –, oder es werden immer nur die negativen Effekte alternativer Lösungen betont: Baumfällungen wegen Windkraftanlagen! Kinderarbeit bei den Akkus für Elektroautos! Die vollständige Landschaftsvernichtung beim Braunkohleabbau oder die Akkuproduktion für Mobiltelefone werden dagegen weniger intensiv diskutiert.

Weil das so ist, lohnt es sich, nach dem Blick zu Beginn dieses Buches auf den amerikanischen Klimawandelleugnungs-Lobbyismus – der einen großen Einfluss auf Deutschland hat – auch einen Blick zu uns zu werfen. Wer sind die Protagonisten in Deutschland, und wie hat dieser Lobbyismus bisher die deutsche Energiepolitik beeinflusst?

❄

Die deutsche Energie

Kann man sich heutzutage noch vorstellen, dass sich ein Umweltminister freut, wenn der Ausbau von erneuerbaren Energien einbricht? Eigentlich nicht, oder? Genau das aber hat Umweltminister Peter Altmaier (CDU) getan. Am 11. September 2012 verkündete er es im Deutschen Bundestag als Erfolg, dass der Ausbau der Photovoltaik (PV) eingebrochen war. Bis dahin war Erfolg anders definiert – im In- und Ausland wurde der Ausbau der erneuerbaren Energien als eine deutsche Erfolgsgeschichte geradezu gefeiert. Aber nicht von allen. Und deswegen änderte sich das im Jahr 2012. Schauen wir also ein bisschen weiter zurück:

Deutschland war, was den Ausbau der erneuerbaren Energien angeht, ein Vorbild für die ganze Welt – das deutsche Erneuerbare-Energien-Gesetz, das im Jahr 2000 in Kraft trat, wurde in mehr als hundert Ländern der Welt kopiert, was einen unschätzbaren Beitrag zur globalen Abkehr von fossilen Energieträgern und der Kernenergie leistete.

> **✳✳✳ Das Erneuerbare-Energien-Gesetz (EEG) ✳✳✳**
>
> Das Erneuerbare-Energien-Gesetz hat im Jahr 2000 das seit 1991 geltende Stromeinspeisungsgesetz ersetzt. Es verfolgt laut § 1 den Zweck,
> - »insbesondere im Interesse des Klima- und Umweltschutzes eine nachhaltige Entwicklung der Energieversorgung zu ermöglichen,
> - die volkswirtschaftlichen Kosten der Energieversorgung auch durch die Einbeziehung langfristiger externer Effekte zu verringern,
> - fossile Energieressourcen zu schonen und
> - die Weiterentwicklung von Technologien zur Erzeugung von Strom aus Erneuerbaren Energien zu fördern«.

Das Gesetz hatte weitreichende Auswirkungen: Waren in Deutschland im Jahr 2000 im Bereich Solarenergie 9000 Menschen beschäftigt, war diese Zahl bis zum Jahr 2011 auf 156 700 angestiegen; das ist mehr als eine Versiebzehnfachung. Die jährlich neu installierte Photovoltaikleistung stieg von 0,04 Gigawatt im Jahr 2000 bis auf mehr als acht Gigawatt im Jahr 2012; deutsche Unternehmen beherrschten mehr als 20 Prozent des Weltmarkts. Der jährliche Zubau entsprach damit der Menge, die es brauchte, um zum Atomausstieg ein Drittel der Kernenergie zu ersetzen.

Dann aber gab es im Sommer 2012 eine Änderung in der PV-Förderung. Die Fördersätze wurden gesenkt und die Förderung von Solarzellen gedeckelt. Der Grund: Private Haushalte und Gewerbe mussten die Kosten der Energiewende über die EEG-Umlage tragen – besonders stromkostenintensive Unternehmen allerdings waren privilegiert und zahlten weniger, und deren Zahl wurde ständig erweitert. Das führte nicht nur dazu, dass gerade die Unternehmen, die am meisten Strom verbrauchen, die Energiewende nicht mitfinanzierten, wie jeder normale Bürger. Sondern dass die steigenden Kosten dadurch auch auf immer weniger Zahler umgelegt wurden. Denn weil immer mehr PV-Anlagen installiert wurden, stieg die Umlage, bis sie politisch »zu hoch« und die grüne Energie »zu teuer« wurde. Als Ausweg ersann man sich jedoch keine sinnvolle Änderung der EEG-Umlage oder ein Überdenken der Privilegierungen, derentwegen zwischen vier und sechs Milliarden Euro jährlich zusätzlich auf private Stromkunden umgelegt wurden. Stattdessen wollte man die Zahl der Neuinstallationen senken. Also strich man die Förderungen, um die hohe Motivation der Deutschen, sich ihre Dächer mit Solarzellen zu belegen, zu bremsen.

Genau das passierte auch. Die Folgen dieser Novelle waren gewollt verheerend: Von den mehr als acht Gigawatt Zubau an jährlicher Leistung 2012 brach der Wert 2013 auf unter drei Gigawatt ein, 2014 kam er gerade noch über ein Gigawatt, und dort blieb er bis 2017 – zu wenig, um eine Kompensation bis zum Ausstieg aus der Kernenergie zu erreichen. Als Folge büßte Deutschland seinen Weltmarktanteil in der Solarzellenproduktion ein, und mehr als 100 000 Arbeitsplätze gingen verloren.

Diese Entwicklung, die Deutschland seine Vorreiterrolle nahm, auf die die ganze Welt staunend bis bewundernd geblickt hatte, wird seitdem allgemein »die Altmaier-Delle« oder der »Altmaier-Knick« genannt. Die langfristige Folge davon spüren wir heute noch sehr deutlich, in einer Zeit, in der Abhängigkeiten im Energiesektor ein sehr großes Thema geworden sind. Deutschland, das keine großen eigenen Öl- und

Gasvorkommen besitzt, hätte seit 2012, während einer ganzen Dekade also, nicht nur weiter an einer der weltweit führenden Positionen im Solarsektor und der Reduktion seiner CO_2-Emissionen arbeiten können, sondern damit auch weiter an seiner wachsenden Unabhängigkeit von ausländischen Energielieferanten und fossilen Energieträgern. Stattdessen hat man eine neue Abhängigkeit geschaffen und wichtige Zeit beim Erreichen der Klimaziele verloren. Denn um die derzeit herbeigesehnte Unabhängigkeit von bestimmten Energielieferanten zu beschleunigen, kann Deutschland nun nicht seine eigenen PV-Anlagenproduktionen hochfahren und damit auch seiner eigenen Wirtschaft einen Boom verschaffen. Jetzt ist Deutschland auch hier abhängig von ausländischen Herstellern, in diesem Fall vor allem aus dem Land, das die Solarzellenproduktion mit Freuden übernommen hat: China. Und das ist besonders bitter, weil es so vermeidbar gewesen wäre.

Warum sind solche Entwicklungen möglich?

Die Antwort ist einfach: weil es natürlich auch in Deutschland ganz gezielte Lobbyarbeit gibt, die die alten Technologien stark macht: Öl, Gas, Kohle.

Das Erneuerbare-Energien-Gesetz hatte die großen Netzbetreiber dazu verpflichtet, Strom aus erneuerbaren Energiequellen wie Wind-, Solar- und Biomasseanlagen abzunehmen. Der durch die Förderungen angestoßene Boom dieser Energiequellen führte folglich dazu, dass den bisherigen Stromproduzenten Einnahmen verloren gingen. Es ging also, wie immer, um Geld. Die lange verteilten Stücke des Energiekuchens sollten nicht zugunsten des neuen Marktteilnehmers kleiner werden, um es ganz einfach zu sagen. Also wurde in Politik und Öffentlichkeit dafür geworben, eine solche Verkleinerung auch nicht passieren zu lassen. Da man genau dieses Wachstum aber brauchte, um die dringend notwendige Energiewende hin zu weniger klimaschädlichen Emissionen zu vollziehen, mussten folglich auch Ausmaße und Folgen des Klimawandels heruntergespielt werden.

Wer spielte und spielt dabei eine Rolle?

Machen wir einen kleinen, sehr unvollständigen Ausflug in die deutsche Lobby-Landschaft. Erinnern wir uns zuerst an das Kapitel über die Klimawandelleugnungs-Maschine Heartland Institute in den USA und die Mercer Family Foundation, die maßgeblich zum Wahlerfolg Trumps beigetragen hat. 2019 wurde der Kanadier Patrick Moore zum Vorsitzenden der US-amerikanischen CO_2-Coalition ernannt, die unter anderem eben von der Mercer Family Foundation unterstützt wird. Moore wurde immer wieder zu Vorträgen nach Deutschland eingeladen, sei es von ehemaligen Bundestagsabgeordneten der FDP, CDU-Bundestagsabgeordneten wie Klaus-Peter Schulze oder CDU-Kreisverbänden in der Lausitz, die Moore zu Veranstaltungen in der Braunkohleregion holten. Die beiden Journalistinnen Susanne Götze und Annika Joeres haben in ihrem sehr empfehlenswerten Buch *Die Klimaschmutzlobby: Wie Politiker und Wirtschaftslenker die Zukunft unseres Planeten verkaufen* derlei Verstrickungen und noch viel mehr sehr detailliert offengelegt.

Hier sei zu Beginn nur ein kleines Beispiel dafür genannt, dass hierzulande die gleichen Strategien angewendet werden, die schon in dem Kapitel über die USA erwähnt wurden: Es gibt in der Lausitz den Kohlelobbyverein »Pro Lausitzer Braunkohle«. Dieser Verein gibt unter anderem auch das Familienmagazin *Lausebande* heraus, in dem es die Kategorie »Die kleine Klimaschule« gibt, mit gleichnamiger Website. Auf dieser gibt es laut eigenen Angaben Informations- und Unterrichtsmaterial für Schüler ab der achten Jahrgangsstufe. Das Problem an diesem Angebot: Darin wird der Eindruck erweckt, die Wissenschaft sei sich über die Klimafolgen nicht einig, beziehungsweise die Erkenntnisse seien nicht eindeutig oder nicht verfügbar. So heißt es auf der Seite: »Die Komplexität im Bereich Energiewende und Klimaschutz macht dem heutigen Initiativbündnis hinter der Kleinen Klimaschule ein absolut wertneutrales, in allen Angaben durch verlässliche Quellen belegtes Informationsangebot schwer möglich.«

Klimaschutz sei außerdem nur ein zu berücksichtigender Aspekt von mehreren, wenn es um Energie gehe – neben der Versorgungssicherheit und der Bezahlbarkeit, beispielsweise. Klimaschutz wird hier also als lässliche Möglichkeit und nicht als dringende Pflicht dargestellt. Interessant ist auch, dass diese Seite durch Steuergelder unterstützt wird: Das Land Brandenburg fördert die »Kleine Klimaschule« mit 40 000 Euro pro Jahr; das Geld fließt direkt an den Verein »Pro Lausitzer Braunkohle«. Ein perfektes Modell: Kohlelobbyismus, von Steuergeldern finanziert, damit man die Bevölkerung von Anfang an, schon in der Schule, erreicht. Eine Strategie, die ja auch das Heartland Institute mit seinen klimawandelskeptischen Unterrichtsmaterialien verfolgt. Was dabei noch auffällt: Zwar heißt der Verein »Pro Lausitzer Braunkohle«. Die Internetseite allerdings heißt »Pro-Lausitz.de«, und auch auf dieser Seite nennt sich der Verein stets nur »Pro Lausitz«. Er beschreibt sich als Bürgerverein, der sich für die Interessen der Lausitz starkmache, auch von Liebe zur Lausitz ist die Rede. Die Lausitzer Braunkohle wird also zum Kern der Lausitz selbst, die Lausitzer Braunkohle *ist* die Lausitz, die Braunkohle stiftet die Identität der Region und ihrer Menschen. Zudem werden konkrete

Ängste geschürt: Ohne die Wertschöpfung aus Energie und Industrie, das steht so auf der Seite, habe die Lausitz keine Perspektive. Ein echter Lausitzer also ist für Braunkohle. Gedanken, dies alles sei in Wahrheit unter Umständen sogar contra Lausitz, finden hier keine Erwähnung.

Denn vielleicht wäre es besser, in zukunftsfähige Industrien zu investieren, um Arbeitsplätze zu schaffen, anstelle eine todgeweihte am Leben zu halten? Denn dass die Energiewende unterm Strich Arbeitsplätze schafft und nicht vernichtet, belegen Studien. Das Bundeswirtschaftsministerium hat diese Frage der Beschäftigungsentwicklung während der Energiewende von mehreren Instituten berechnen lassen. Bei unterschiedlichen Szenarien kommen die Berechnungen alle zu einem langfristig positiven Beschäftigungseffekt, heißt, zusätzliche Arbeitsplätze in der Größenordnung um 200 000. Trotzdem wird die Angst vor dem Verlust von Arbeitsplätzen aufgrund der Energiewende immer wieder gezielt geschürt.

Anteil daran haben auch andere Organisationen, beispielsweise das Europäische Institut für Klima und Energie (EIKE) mit Sitz in Jena. Hinter diesem seriös klingenden Namen verbirgt sich ein Verein, der den wissenschaftlichen Konsens über den menschlichen Anteil an der Klimaerwärmung leugnet. Auf der Homepage von EIKE steht im Kopf der Slogan: »Nicht das Klima ist bedroht, sondern unsere Freiheit!« EIKE verbreitet Publikationen zur Klimaforschung, in denen laut eigenen Angaben »Klima- und Energiefakten ideologiefrei« dargestellt werden. EIKE ist unter anderem mit mehreren großen Klimawandelleugnungs-Denkfabriken in den USA verstrickt, es arbeitet beispielsweise eng mit dem Institut für unternehmerische Freiheit (IUF) – ein sehr ehrlicher Name! – zusammen, einem neoliberalen Thinktank, der ähnliche Positionen vertritt und Verbindungen zu den Koch-Brüdern in den USA pflegt. EIKE richtet gemeinsam mit dem Heartland Institute Klimakonferenzen aus, beispielsweise 2019 parallel zur Klimakonferenz von Madrid ein eigenes »Climate Reality Forum«, das zum Ziel hatte, die Welt wehrhafter gegen den »Klima-Alarmismus« zu machen. Patrick Illinger, der damalige Leiter des Ressorts Wissen der *Süddeutschen Zeitung*, besuchte Ende 2011 die »4. Internationale Konferenz über Klima und Energie«, die EIKE gemeinsam mit dem IUF veranstaltete, das sich vorübergehend auch Berlin Manhattan Institut nannte. Sein Urteil fiel anschließend vernichtend aus: Auf dieser Konferenz gehe es um »knallhartes Leugnen, um das kategorische Verneinen jeder wissenschaftlichen Erkenntnis, die menschengemachtes Treibhausgas mit der globalen Erwärmung in Zusammenhang bringt. Auch ist spürbar viel Wut im Spiel. Wut auf den Weltklimarat, auf Al Gore, auf die Politik und besonders auf die willfährigen Medien. (…) Den Klimawandel gilt es als riesige Lüge zu entlarven, eine drohende grün-sozialistische Weltdiktatur abzuwenden und die Menschheit von den düsteren Szenarien des Weltklimarats IPCC zu erlösen.«

Als ich Patrick Illinger – der vor 22 Jahren mein Vorgesetzter bei der SZ war – im Mai 2022 kontaktiere, erinnert er sich noch gut an diesen Konferenzbesuch. »Am erstaunlichsten fand ich das Phänomen«, sagt er, »dass einige der Konferenzteilnehmer den Klimawandel grundsätzlich leugneten, andere nur den menschengemachten Anteil, und wieder andere bestätigten den menschlichen Anteil und sagten: Macht aber nichts. Diese drei Positionen widersprechen sich und sind, logisch betrachtet, unvereinbar. Aber alle waren in einer ›Hauptsache dagegen sein‹-Haltung vereint.«

Der EIKE-Gründer Holger Thuß wird auf der Seite des

Heartland Institute als Umweltexperte genannt; er arbeitete vor der Gründung von EIKE für CFACT, dem *Committee for a Constructive Tomorrow*, das über Konzerne finanziert wird. Die ExxonMobil Foundation und ExxonMobil haben zwischen 1998 und 2007 insgesamt 582 000 Dollar an CFACT und seinen europäischen Ableger CFACT Europe gespendet, allein 2008 bekam CFACT 600 000 Dollar von ExxonMobil und gehörte damit zu den größten Spendenempfängern des Konzerns.

Wenn man auf der Seite des Instituts auch schnell den Eindruck gewinnt, es hier nicht mit einer ernstzunehmenden Organisation zu tun zu haben, so unterschätzt man diesen Verein und seine Einflussnahme auf die deutsche Politik. Genau wie beim Heartland Institute sind die Videos, Texte und Argumente zwar schon auf den ersten Blick wenig wissenschaftlich und häufig polemisch, auch ähnelt die Sprache stellenweise eher Stammtischvokabular. Umso verblüffender ist aber, dass EIKE-Mitglieder immer wieder als Redner bei politischen Tagungen eingeladen werden und umgekehrt Politiker auf den fragwürdigen EIKE-Konferenzen auftreten – und EIKE-Mitglieder schließlich selbst Politik machen. So geschehen laut *Lobbycontrol* am 29. April 2019, als die Thüringer Landesfachkommissionen »Energiepolitik« und »Wirtschaft und Innovation« des Wirtschaftsrats der CDU den EIKE-Pressesprecher und AfD-Mitglied Horst Lüdecke zum Thema »Klima und Energiepolitik« sprechen ließen. Lüdecke ist nicht das einzige AfD-Mitglied bei EIKE: Unter anderen auch der stellvertretende EIKE-Vorsitzende Michael Limburg gehört dieser Partei an; er hat als Mitglied des »Bundesfachausschusses Energiepolitik« der AfD maßgeblich die Energie- und Klimapolitik der AfD mitgestaltet, da die AfD große Teile der Positionen des 82-Jährigen in ihr Parteiprogramm übernahm. Nach einem Faktencheck der Klimaplattform klimafakten.de enthält dieses Programm in Bezug auf Klima »fast keine Aussage, die mit dem Stand der Forschung zu Klima und Klimawandel vereinbar ist«. Auf Einladung der brandenburgischen AfD-Landtagsfraktion konnte Limburg bereits im Brandenburger Landtag als Experte zum Klimawandel sprechen und dort äußern, dass es keine Beweise dafür gebe, dass Kohlendioxid das Klima erwärme. Die AfD lud Limburg 2019 sogar in den Umweltausschuss des Bundestags, wo er prompt verkündete, dass der Klimawandel nicht existiere.

2016 trat der damalige Bundestagsabgeordnete Philipp Lengsfeld (CDU) auf der 10. EIKE-Klimakonferenz auf und würdigte das Engagement von EIKE als »Dienst an Wissenschaft und Demokratie«. Philipp Lengsfeld wiederum gehört dem Berliner Kreis in der Union an, der nach eigenen Angaben einen »Beitrag zur Selbstvergewisserung und Bestimmung wertkonservativer Überzeugungen in der Moderne« leisten will, mit dem Ziel, »dass die konservativen, die christlich-sozialen und die liberalen Wurzeln der Unionsparteien besser als bisher erkennbar und im politischen Alltag umgesetzt werden«. Interessant ist das Positionspapier zu Klima und Energie des Berliner Kreises: Darin wird (Stand Mai 2021) gefordert, den unkontrollierten Ausbau der erneuerbaren Energien zu stoppen, das EEG abzuschaffen und den Ausstieg aus der Kernenergie rückgängig zu machen. Die Arbeit des internationalen Klimarats IPCC wird als »beileibe nicht so wissenschaftlich, wie es für ein Beratungsgremium notwendig wäre« bezeichnet; der IPCC sei ein »Weltrettungszirkus«, weswegen es sinnvoll sei, »die Frequenz der IPCC-Aktivitäten zu senken und ihren Charakter wieder auf den Kernauftrag einer wissenschaftlichen Politikberatung zurückzuführen. Dazu scheinen eine primär wissenschaftliche Fach- und Arbeitskonferenz alle fünf Jahre und wissenschaftliche IPCC-Berichte alle zehn Jahre ausreichend (…)« Sowohl die Inhalte als auch das verwendete Vokabular ähneln hier sehr deutlich den Positionen von EIKE und der Ausdrucksweise der AfD.

Noch ein weiterer Unions-Kreis verwendet Positionen und Vokabular von EIKE und AfD zum Klimawandel: Die »WerteUnion in Bayern«, oder, wie sie sich seit Kurzem wieder nennt, der »Konservative Aufbruch für Werte und Freiheit« in Bayern, die für eine »Erneuerung der CSU auf christlich-konservativer und marktwirtschaftlicher« Basis eintritt. Deren »Klima-Manifest 2020« liest sich auf den ersten Blick, als sei es als Bierdeckelkritzelei an einem Stammtisch entstanden: »Die Sonne steuert unser Klima, nicht das CO_2. Für eine stabile, bezahlbare und sichere Energieversorgung – Gegen Ökodiktatur und pseudo-wissenschaftliche Untergangspanik« ist es überschrieben. Im Vorwort des Manifests wird die deutsche Klimapolitik dann als »Deindustrialisierungsprogramm« bezeichnet und die Einführung eines europaweiten »grünen« Sozialismus befürchtet. Das sind genau die Worte der AfD-Bundestagsabgeordneten Alice Weidel, die beispielsweise im September 2019 in einem Beitrag in *The European* die damalige Regierung so kritisierte: Deren wirtschaftsfeindliche Politik habe eine im Kern grün-sozialistische Ideologie; »ihr vorgeblicher ›Klimaschutz‹ ist nichts anderes als ein monströses Deindustrialisierungsprogramm – verbunden mit veritabler Arbeitsplatzvernichtung«. Auch im Weiteren werden in dem Unions-Manifest Positionen von EIKE und der AfD wiedergegeben. Fast hat man den Eindruck, das Manifest sei ein von EIKE, Union und AfD gemeinsam herausgegebenes Papier, denn in der Pressemeldung der Union zum Manifest wird auch wieder auf Argumente des EIKE-Vizepräsidentem und AfD-Mitglieds Limburg verwiesen.

Die deutsche Energie

Eine andere Organisation, die neoliberale Ziele verfolgt und jegliche Regulierungen, die mit einer klimafreundlichen Politik einhergehen, ablehnt, ist die *Initiative Neue Soziale Marktwirtschaft* (INSM). Das mag wenig verwundern, denn die INSM wurde im Jahr 2000 vom Arbeitgeberverband Gesamtmetall gegründet und wird von Arbeitgeberverbänden der Metall- und Elektroindustrie finanziert, nach eigenen Angaben mit einem Jahresetat von sieben Millionen Euro. Sie ist ein Tochterunternehmen des Instituts der deutschen Wirtschaft, ein arbeitgebernahes Wirtschaftsforschungsinstitut.

Die INSM sorgt immer wieder mit bundesweiten Kampagnen für Aufsehen, in denen sie auf ganzseitigen Anzeigen in Tageszeitungen oder mit Plakatierungen des Berliner Regierungsviertels beispielsweise für Kürzungen der staatlichen Renten oder gegen eine Reichensteuer eintritt.

Seit 2011 sind auch die Förderung von Ökostrom und das Erneuerbare-Energien-Gesetz Ziele solcher Kampagnen geworden. Sehr große Aufmerksamkeit bekam 2019 die Kampagne zur CO_2-Bepreisung, in der die INSM »12 Fakten zur Klimapolitik« lieferte, die sich für eine langsamere Energiewende aussprachen und die auf den ersten Blick plausibel klangen. Mehrere Experten und Medien unterzogen diese Fakten allerdings einem Faktencheck und warfen der INSM im Anschluss vor, die Öffentlichkeit täuschen zu wollen, Fake News zu verbreiten und mit einer gezielten Verhinderung notwendiger politischer Maßnahmen die Energiewende zu blockieren. Im Bundestagswahlkampf arbeitete die INSM gegen Olaf Scholz und erreichte einen vorläufigen inhaltlichen wie geschmacklichen Tiefpunkt in einer Anzeigenkampagne gegen Annalena Baerbock. Die grüne Kanzlerkandidatin wurde darin mit Gesetzestafeln im Arm, einem Mose ähnelnd, dargestellt. Unterstellt wurden Verbote wie »Du darfst nicht fliegen«. Diese Kampagne sorgte zwar bundesweit für Furore und wurde von mehreren Seiten heftig kritisiert – doch an dem Umstand, dass mehrere Tageszeitungen diese Anzeige abgedruckt hatten und Klimapolitik einmal mehr als Verbotspolitik und Angriff auf die persönliche Freiheit dargestellt wurde, änderte das wenig. Denn es ist durchaus zu bezweifeln, dass ein Leser einer Anzeige in der BILD auch den anschließenden intellektuellen Diskurs zu einer in Ton und Inhalt vollkommen entglittenen Anzeige in gleichem Maße aufnimmt. Der Schaden ist dann bereits angerichtet.

Interessant ist ein Blick auf Kuratorium und Vorstand der INSM. Einst geleitet hat das Kuratorium der mittlerweile verstorbene ehemalige Wirtschaftsminister Wolfgang Clement (SPD). Daneben findet sich beispielsweise Oswald Metzger, der ehemalige Grüne und heutige CDU-Politiker, der auch für den rechtspopulistischen Blog *Tichys Einblick* publiziert, und die ehemalige Familienministerin Kristina Schröder (CDU), dies als eine von zwei Frauen unter den insgesamt 21 »Botschaftern«. Überhaupt wähnt man sich in einem Deutschland des vorigen Jahrhunderts, blickt man sich auf der Seite des INSM um: Allüberall beinahe ausschließlich sauber krawattierte Männer, Frauen tauchen, wenn überhaupt, in der Rolle von Assistentinnen und Sekretärinnen auf. Es ist das Bild des alten Deutschlands, das einem hier entgegenblickt, scheint es, das Deutschland der Kohle und der fossilen Brennstoffe, das Deutschland, in dem die Zuständigkeiten und das Geld klar verteilt sind, und genau um diese Verteilungen geht es: Sie sollen nicht verändert werden. Weil die einzelnen Protagonisten zu mutlos sind, selbst aktive Rollen in einer Transformation zu übernehmen, soll es eine Transformation einfach gar nicht geben – es wird am Alten festgehalten. Das Deutschland, das man bei der INSM sieht, ist nicht das Deutschland, das mutig nach vorne blickt, Herausforderungen angeht und an Lösungen für kommende Generationen arbeitet. Es ist das Deutschland, das für die Erhaltung alter Machtstrukturen steht – und eine Klimakrise und auch ein Urteil eines Bundesverfassungsgerichts sind kein Grund, daran etwas zu verändern.

Ein letztes, im Frühjahr 2022 sehr aktuell gewordenes Beispiel für eigentlich gar nicht so verdeckte Lobbyarbeit sind die Geschehnisse um die Gaspipeline Nord Stream 2 und besonders die Stiftung *Klima- und Umweltschutz Mecklenburg-Vorpommern*. Auf deren Homepage wird die mecklenburg-vorpommerische Ministerpräsidentin Manuela Schwesig (SPD) mit den Worten zitiert: »Es geht uns darum, mit dieser Stiftung Umwelt- und Klimaschutzprojekte voranzubringen. Projekte von Unternehmen, aus Bildung und Wissenschaft, aus Vereinen und Verbänden. Aber auch Initiativen von Bürgerinnen und Bürgern, die den Klima- und Naturschutz mit guten Ideen voranbringen wollen.« Das klingt zunächst einmal sehr gut und ist das, was man von einer Klimaschutz-Stiftung erwarten würde. Medienwirksam wurden denn auch mit Kindern aus 463 Kitas Bäume gepflanzt und Seegraswiesen in der Ostsee untersucht. Kinder wie Seegras wurden hier jedoch zum *greenwashing* eines ganz anderen Projekts benutzt: dem Bau der Gaspipeline Nord Stream 2, in der russisches Gas nach Deutschland fließen sollte. Unter anderem sollten mithilfe der gemeinnützigen Stiftung US-Sanktionen umgangen werden, weswegen beispielsweise der 5600-Tonnen-Frachter *Blue Ship* gekauft wurde, der direkt zum Bau der Pipeline eingesetzt wurde.

Mecklenburg-Vorpommern ließ 200 000 Euro in die Stiftung fließen, der russische Energiekonzern Gazprom 20 Millionen, aus denen später 60 Millionen werden sollten. Dieses Geld schlängelte sich in unzähligen Kanälen wie die Tinte eines giftigen Kraken in das ganze Land Mecklenburg-Vorpommern, was den *Spiegel*-Autor Markus Feldenkirchen zur schönen Wortschöpfung »Mecklenburg-Gazprommern« inspirierte: Die Klimaschutz-Stiftung unterstützte laut *Katapult Magazin* Organisationen und Veranstaltungen in Wirtschaft, Kultur und Sport in Mecklenburg-Vorpommern, unter anderem einen jährlichen Russlandtag in Rostock. In der *Süddeutschen Zeitung* ist von alten Seilschaften die Rede, die in Verbindung mit Nord Stream 2 und der Stiftung überall im Land auftauchten. Wie alt diese Seilschaften sind, zeigt ein Blick auf den Stiftungsvorstand: Vorstandsvorsitzender der Stiftung ist der ehemalige Ministerpräsident Mecklenburg-Vorpommerns, Erwin Sellering, weitere Vorstandsmitglieder sind der frühere CDU-Europaabgeordnete Werner Kuhn und Katja Enderlein. Enderlein ist die Tochter und Mitarbeiterin des Medizinunternehmers Dietmar Enderlein, ehemaliger Oberst der Nationalen Volksarmee und Informeller Mitarbeiter des Ministeriums für Staatssicherheit.

Von Anfang an haben Lobby-Kontrollorganisationen und Umweltverbände gegen die Stiftung protestiert, die Liste der Kritiker ist lang: Transparency International vertritt die Meinung, dass die Landesregierung mit der Stiftung gegen das Geldwäschegesetz verstieß, laut NABU wird mithilfe der Stiftung Klimaschutz als Feigenblatt für fossile Infrastruktur benutzt, die Deutsche Umwelthilfe sieht eine Fake-Stiftung in ihr. *Spiegel*-Autor Feldenkirchen nennt die Stiftung »eine der größten Dummdreistigkeiten der deutschen Nachkriegsgeschichte« und ihre Gründung durch Manuela Schwesig eine »Unverschämtheit kriminellen Ausmaßes«. Schwesigs Eintreten für die Pipeline allerdings blieb ungebrochen.

Mit dem Beginn der russischen Kriegshandlungen gegen die Ukraine implodierte dieses ganze Konstrukt allerdings. Die Bundesregierung stoppte die Genehmigung der Pipeline, und Schwesig beeilte sich, die Auflösung der Stiftung zu verkünden. Vertuschen ließ sich die ganze Sache nun aber nicht mehr, denn urplötzlich erhielt diese ganze Stiftungsgeschichte – jetzt, wo Gas und Russland nicht mehr so populär waren – so viel kritische und auch bundesweite Aufmerksamkeit wie nie zuvor. Im April 2022 wurde vom Landtag Mecklenburg-Vorpommern ein Untersuchungsausschuss zu den Vorgängen um die Stiftung und die Rolle von Schwesigs Regierung eingerichtet.

Damit könnte in diesem Fall ein gewaltiges Lobby-Projekt gescheitert sein. Aber können wir damit zufrieden sein? Oder sollten wir uns nicht eher fragen, was es über den Zustand unseres Landes aussagt, dass solche Verstrickungen und Seilschaften, solch irritierend unverhohlene Eingriffe gleich welcher Wirtschaftsunternehmen in politische Entscheidungen und Eingriffe in unser tägliches Leben bis hinein in Kindertagesstätten möglich sind – und dass es einen Krieg gebraucht hat, um in diesem Fall diesen einen Vorgang zu stoppen? Was ist los mit unserem Land, dass die Aufschreie, die es gab, nicht gehört wurden – und dass es überhaupt keine größeren Aufschreie gab?

Derlei Seilschaften können sich in Deutschland offensichtlich in großer Sicherheit wiegen. Es existiert in Bezug auf diese tiefen Lobby-Verstrickungen wenig bis kein Unrechtsbewusstsein, sie scheinen im Gegenteil ein akzeptierter Bestandteil unserer Gesellschaft zu sein. Anders ist kaum zu erklären, dass beispielsweise der Stiftungsvorsitzende Sellering nicht einmal nach der nun laut gewordenen massiven Kritik an den Vorgängen Asche auf sein Haupt streut, sondern sich auch noch nach diesbezüglichen Gerichtsurteilen weigert, seiner Auskunftspflicht gegenüber Bürgern und Journalisten nachzukommen, und sich weigerte, einer Auflösung der Stiftung zuzustimmen, bis er im Mai 2022 schließlich zurücktrat.

Anhand dieser Beispiele sind einige der Strategien und Mechanismen, die Katharina van Bronswijk in dem Gespräch über die Leugnung des Klimawandels anschnitt, sehr gut zu erkennen. Wie Mythen in die Gesellschaft gestreut und Änderungen gebremst werden, wie Zeit gewonnen wird und Strukturen erhalten werden. In den Monaten der Recherche zu diesem Buch ist mir auch klar geworden: Ich selbst kann mich nicht ausnehmen – diversen Mythen bin ich auch aufgesessen. Nicht den Behauptungen, der Klimawandel existiere nicht – das natürlich nicht. Wohl aber hat sich bei mir wenig Zuversicht eingestellt, die Energiewende sei im notwendigen Zeitraum möglich. Denn die Stimmen der Skeptiker waren bisher in Deutschland viel lauter, sind viel häufiger multipliziert worden als die Stimmen derer, die fähig sind, Lösungen zu erdenken, oder sie bereits haben. In den letzten Monaten hat sich deswegen bei mir häufig ein unangenehmes Gefühl eingeschlichen, vor allem auch nach dem Gespräch mit Christoph Rehmann-Sutter, der sagte, in vielem folgten wir ja nur Spuren, die uns vorgelegt werden. Warum denke ich das, was ich denke? Wer hat mein Denken zu Windkraft oder Elektromobilität auch schon beeinflusst, ohne dass ich es bemerkte? Denn ist es nicht so, dass in Deutschland, sobald eine mögliche Lösung verkündet wird, sofort mindestens zehn Leute aufstehen und verkünden, warum das ganz sicher *nicht* geht? In Deutschland gibt es keine Aufbruchsstimmung – obwohl man diese sehr wohl haben könnte.

Neue Arbeitsplätze schaffen, Innovationen fördern, Investieren für eine bessere Zukunft – auch so könnte das Hauptnarrativ der Energiewende aussehen. Stattdessen wird Angst vor Verboten, lauten Windrädern und Versorgungsengpässen geschürt und Probleme über Probleme thematisiert. Das aber auch nicht in einer anpackenden, sondern ermüdend entmutigenden Weise.

Was tun wir nun damit? Rehmann-Sutter hat uns noch etwas anderes zum Denken gegeben: Um nach Kant ein guter Mensch zu bleiben, müsse man heute kämpfen. Das »Gurkendilemma« nicht mehr akzeptieren, sondern einfordern, dass uns Besseres angeboten wird. Vielleicht ist es einer der lohnendsten Kämpfe überhaupt, sich nicht mehr einverstanden zu erklären mit diesen beschriebenen Einflussnahmen. Auf meinen Vorträgen zur Plastikvermeidung begegnen mir unzählige Frauen, die im Bestreben, selbst so wenig wie möglich »falsch« zu machen, nun wieder anfangen, ihre eigenen Seifen und Shampoos zu sieden, Putzmittel selbst herstellen und absurden Aufwand betreiben, um möglichst umweltfreundlich zu leben. Es ist auf den ersten Blick natürlich gut, dass sie das tun. Auf den zweiten Blick erscheint es mir nicht mehr sinnvoll, dass mittlerweile viele Menschen all diesen Aufwand für sich zu Hause betreiben, während gleichzeitig an Projekten wie einer Nord-Stream-2-Pipeline gearbeitet wird, deren negative Auswirkungen all die Einzelbemühungen niemals werden aufwiegen können.

Sinnvoller wäre doch, all diese Energie zu bündeln. Sich gemeinsam zu engagieren. Die Stimmen lauter zu erheben für den Weg, den es nun einzuschlagen gilt. Stefan Rahmstorf sagte in unserem Gespräch, wenn man selbst gar nichts unternehmen wolle, aber an Wahlurnen für Klimaschutz wählen würde, hätte man auch schon viel getan. In einer Schule wurde ich von einem Schüler vor Kurzem gefragt, was man denn noch tun solle, alles Reden helfe ja nichts. Eine schwierige Frage, dachte ich damals. Was soll man wütenden und in so jungen Jahren schon so enttäuschten Jugendlichen sagen, die diese Frage stellen und einen dabei ziemlich anklagend ansehen, eine Antwort fordernd? Ich habe, ähnlich wie Rahmstorf, damals gesagt, dass ja nun bald Wahlen anstünden und zuallererst das Richtige gewählt werden müsse – das Programm, das damit übereinstimmt, was sie, die jungen Erwachsenen, sich für ihre Zukunft wünschten. Der Schüler war damit aber nicht zufrieden.

Ich auch nicht, denn auch ich denke: Das reicht nicht mehr.

Der Verein *Lobbycontrol* hat zehn interessante Thesen zum Lobbyismus in unserem Land aufgestellt, die zu dem Schluss kommen, dass nichts Geringeres als die Demokratie in Deutschland in Gefahr ist und Lobbyregulierungen und die Begrenzung von Machtkonzentrationen Zukunftsaufgaben sind – gerade in Deutschland, das schon lange schlecht abschneidet im Vergleich mit anderen Ländern und dafür sogar vom Europarat schon gerügt worden ist. *Lobbycontrol* hat sich gemeinsam mit dem Portal *abgeordnetenwatch.de* jahrelang für ein Transparenzregister in Deutschland eingesetzt, das nun Anfang 2022 eingeführt wurde – nur eine von vielen Maßnahmen, die in anderen Ländern längst umgesetzt wurden.

Es gibt hier also noch viel zu tun, beim Lobbyismus, seiner Kontrolle, den Bestrebungen nach Transparenz, auf vielen Ebenen, an vielen Orten – und genauso viele Möglichkeiten, sich zu engagieren. Unsere Demokratie und unsere Kinder sind es wert – und unsere wunderschöne Welt auch.

❊

Im Isfjord

Wir sind mittlerweile wieder im Isfjord angekommen, dem großen, weiten Fjord, in dem der Hauptort Longyearbyen liegt. An der Nordseite des Fjords ragt der gut 400 Meter hohe Alkhornet wie ein Wächter über die Einfahrt. Hier gehen wir  noch einmal an Land, erklimmen die Tundraebene, die dem hohen Vogelfelsen vorgelagert ist. Das Alkhornet heißt nicht umsonst so, Alken und Dreizehenmöwen wohnen an dem steilen Felsen; sie düngen die Umgebung des Vogelfelsens hier so gut, dass die weichen Moose prächtig gedeihen. Grün und rot wächst es in satten Farben. Die Vögel kann man lange gar nicht sehen, sie nisten hoch oben an dem Felsen, aber man hört sie immer wieder; sie legen ihr Rufen und Kreischen als Hintergrundmusik auf unsere Wanderung. Das Alkhornet ist ein wunderbar sonderbarer Ort, der immer wieder anders ist. Viele Besucher denken, wir seien nun ja wieder im Isfjord und damit beinahe in der Zivilisation – nicht mehr viel zu erleben also. Gegenüber, auf der Südseite des Fjords, erkennt man bereits die Schlote und Gebäude der russischen Siedlung Barentsburg, man spürt, man ist nicht mehr so weit weg von allem wie drüben auf der Kiepertøya. Das spüren *wir*, aber Bären spüren das nicht, und die Gegebenheiten der Arktis ändert es auch nicht. »Nichts ist so trügerisch wie die Sicherheit einer Bergstation«, sagte einmal ein Bergunfallforscher zu mir, »wenn du 20 Meter neben ihr stehst, bist du trotzdem im Hochgebirge.« Umso mehr sind wir Kilometer von Longyearbyen entfernt immer noch mitten in der Arktis.

Ich mag diesen Platz sehr, er ist manchmal so lieblich; wenn die Sonne scheint, dann ruht der Isfjord hier vor uns wie das Versprechen eines sicheren Hafens, und gleichzeitig sieht man weit aufs Meer hinaus, das daliegt wie eine Verheißung. Wenn aber der Wind über das Meer fegt und den Wellenbergen weiße Kronen aufsetzt, bevor er hier an die Klippen prallt, dann ist dieser Ort nicht mehr lieblich, sondern wild, und was ich schöner finde, weiß ich gar nicht.

Bald öffnet sich uns auf unserer Wanderung ein wunderbarer Blick über den Isfjord und seinen Seitenarm Trygghamna. Wir federn über wunderbar weiche Tundra auf die große Ebene zu. Hier habe ich in der Vergangenheit schon Fuchsfamilien angetroffen, die uns ein sagenhaftes Schauspiel lieferten.

Junge Füchse in Natur übertreffen die süßesten Katzenvideos bei Weitem, wenn es um den Niedlichkeitsfaktor geht, und die schlanken, kleinen Polarfuchsjungen sowieso, die uns mit neugierigen Augen anschauten, immer wieder hinter Felsen hervorlugten und wieder verschwanden, nur, um sich munter weiter mit den Geschwistern zu balgen. Sie sind ein starker Aufmerksamkeitsmagnet; wer am Anfang einer Wanderung auf eine Fuchsfamilie trifft, kann sich eine um die Hälfte gekürzte Route überlegen, so lang wird man bei den Tieren verweilen. Auch eine Rentierherde wohnt hier am Alkhornet; die

Tiere sind die bunten Besucher schon gewohnt – setzt man sich hier ins Moos, muss man beinahe achtgeben, nicht mit weggeäst zu werden.

Außer Rentieren und Füchsen finden wir in den jüngsten Jahren aber noch etwas anderes am Alkhornet: Furchen öffnen sich jedes Jahr neu in der Ebene, Höhlen brechen auf, Unebenheiten werden immer tiefer, wie kleine Schluchten. Der Boden reißt auf. Die Ebene, die einst ein einziges großes Moosbett war, sieht immer mehr so aus, als sei ein riesiger Traktor brutal durch sie hindurchgepflügt. Braune Erde und Wurzeln, wo vorher feuchtes Moos war, in dem das Wasser stand, das über dem Permafrost nur langsam abfloss. Hier habe ich mich schon oft mit Gruppen niedergelassen, zu einer letzten ruhigen Pause, in der wir nichts außer den Geräuschen der Arktis lauschten. In den letzten Jahren sitze ich hier und kann an diesen tiefen Gräben nicht mehr vorbeischauen. Der Permafrost taut, das Eis schmilzt aus dem Boden heraus und tröpfelt ins

Meer; zurück bleiben Löcher, die zu Schluchten werden, kleinen zumindest. Jedes Jahr werden es mehr, jedes Jahr müssen wir von neuem herausfinden, wie man über diese Ebene noch wandern kann.

Ein Funkspruch von Kapitän Ali stört uns beim Kontemplieren über die zurückliegende Reise; die Crew hat einen Eisbären gesichtet, der vom gegenüberliegenden Ufer auf das Alkhornet zuschwimmt. Natürlich wollen wir nicht abwarten, bis er hier an Land tapst, und so begeben wir uns zurück zu unseren Schwimmwesten und werden von Ali und Mario sicher zurück an Bord gebracht. Von dort können wir den Bären dann noch ausgiebig beobachten: Er hat es sich doch noch einmal anders überlegt und ist auf der anderen Seite geblieben. Dort bewegt er sich nun fjordeinwärts. Wir schauen ihm eine ganze

Weile zu, wie er an dem schmalen Ufer unter einer Steilstufe entlangschreitet, ein ums andere Mal ins Wasser ausweichen muss, weil zu wenig Platz ist für einen guten Eisbärweg. Von uns nimmt er keine Notiz, hat er sich anfänglich ein paarmal umgedreht, läuft er nun völlig ungerührt dahin. Irgendwann verschwindet er aus unserem Blickfeld.

Wir hieven den Anker und machen uns langsam auf in die nächste Bucht, um den schmalen Landrücken herum in die Ymerbukta hinein. Ich setze mich an Deck und schaue zurück zum Alkhornet. Selbst dieser Ort, an dem es ja gar keinen Gletscher oder Meereis gibt, verändert sich also sichtbar mittlerweile. Und schnell. Noch, so die deutliche Botschaft aus dem IPCC-Report, so die Botschaft von Christian Haas, Maarten Loonen, Stefan Rahmstorf, ließen sich viele Prozesse aufhalten.

Was müssen wir tun, damit das geschieht? Und welche Rolle hat Deutschland dabei? Das habe ich die bekannteste Wirtschaftsexpertin auf den Gebieten Energieforschung und Klimaschutz befragt, die es in Deutschland gibt: Professorin Claudia Kemfert. Kemfert leitet seit 2004 die Abteilung »Energie, Verkehr, Umwelt« am Deutschen Institut für Wirtschaftsforschung und ist Professorin für Energiewirtschaft und Energiepolitik an der Leuphana Universität Lüneburg Für ihre Forschungsarbeit ist sie mit zahlreichen Preisen ausgezeichnet worden, unter anderem als Spitzenforscherin von der Deutschen Forschungsgemeinschaft. Als ich Anfang Februar 2022 mit Claudia Kemfert spreche, frage ich sie nicht nur danach, was wir tun müssen, sondern spreche mit ihr auch über all jene Mythen, die aus den genannten PR-Maschinen stammen: »Was ist, wenn kein Wind weht und keine Sonne scheint? Ökostrom ist doch viel zu teuer. Was sollen wir denn ausrichten, wenn es doch so viele andere Länder gibt, und überhaupt: die Chinesen.« Auf alles gab sie eine Antwort.

❇

Professorin Claudia Kemfert,
Energieökonomin

»Deutschland muss wieder Vorreiter beim Klimaschutz werden!«

Claudia Kemfert, das merkt man sogar über Zoom, ist eine jener unbeirrbar optimistischen Kämpferinnen für eine Idee, die sich auch nach Jahrzehnten der Rückschläge nicht von ihrem Weg abbringen lassen. Kemfert, unter anderem Präsidiumsmitglied der Deutschen Gesellschaft des Club of Rome, ist Co-Vorsitzende des Sachverständigenrats der Bundesregierung für Umweltfragen und überzeugt, dass Klimaschutz ein Wirtschaftsmotor ist, aus dem sich etliche andere positive Effekte ergeben. Aus den gesellschaftlichen Veränderungen der letzten Jahre schöpft sie aktuell – ich spreche im Februar 2022 mit ihr – viel neue Hoffnung auf Veränderungen.

Deutschland war einmal das Vorzeigeland, wenn es um Klima- und Umweltschutz ging. Warum ist das heute nicht mehr so?
Als wir vor mehr als 20 Jahren begonnen haben, erneuerbare Energien zu fördern und aus der Atomenergie auszusteigen, hat Deutschland Pionierarbeit geleistet und wurde zum Vorreiter im Klimaschutz. Leider aber ist das schon lange nicht mehr so. Das hat mehrere Gründe.

Da wären einmal die Strukturen und Rahmenbedingungen: Die politischen Vorgaben waren in der Anfangszeit gut – und immer, wenn das der Fall ist, entsteht Neues, und auch die Gesellschaft macht mit. In Deutschland sind damals die Energiegenossenschaften gewachsen, der ganze Energiemarkt hatte sich umstrukturiert, es entstand mehr Wettbewerb. Die Akzeptanz für die Energiewende war sehr groß, weil automatisch viel Partizipation entstand. Wenn man dagegen Rahmenbedingungen hat, die solche Entwicklungen nicht zulassen, sondern im Keim ersticken und sich eher am Lobbyismus orientieren – dann wird es problematisch. In diese Spirale ist Deutschland leider geraten.

Grund dafür sind orchestrierte PR-Kampagnen, mit denen Mythen verbreitet, Ängste geschürt und Zweifel gesät wurden und werden. Es geht bei der Verbreitung dieser Mythen und Ängste vor allem darum, Zeit zu gewinnen. Und diese Taktik ist aufgegangen: Wir haben tatsächlich mehr als zehn Jahre mit unnützen Debatten verloren.

In dieser Zeit wurde – auch staatlicherseits – weder Geld in den Bereichen investiert, die für die Transformation wichtig sind, noch wurden die notwendigen Rahmenbedingungen geschaffen. Es wurde zum Beispiel viel zu wenig in die für den klimafreundlichen Umbau unseres Landes notwendigen Infrastrukturen investiert.

Andere Länder sind hier mittlerweile viel, viel schneller – beispielsweise bei der Verkehrswende mit mehr Elektromobilität oder bei energetischen Gebäudesanierungen. Da werden dezentrale Lösungen für »grüne« Städte umgesetzt, mit mehr Grünflächen und einer emissionsfreien Stadtmobilität; da gibt es bezahlbare Mobilität für alle; da findet ein Ideenwettbewerb statt.

In Deutschland passiert das leider alles nicht. Also sind wir ursprünglich gut gestartet, müssen jetzt aber mit einem echten Turbo sehr viel aufholen. Dafür allerdings haben wir beste Ausgangsvoraussetzungen.

Einer der von Ihnen angesprochenen Mythen ist, dass Klimaschutz sehr teuer ist. Ist er das?
Zunächst einmal ist es so, dass der Klimawandel sehr viel Geld kostet. Der Klimaschutz spart langfristig dieses Geld. Wir sehen an den jüngsten Extremwetterereignissen auf der ganzen Welt, welch enorme Kosten entstehen. Dieses Geld ist einfach weg! Es fließt in Reparaturen, steht aber nicht zur Verfügung, um die Transformation zu einer neuen Wirtschaft zu ermöglichen.

Wir brauchen darüber hinaus mehr Kostenwahrheit. Die Umwelt- und Klimaschäden, die aus Produktionsprozessen oder Gütern entstehen, müssen eingepreist werden. Das Umweltbundesamt rechnet mit einem Klimaschaden von 195 Euro pro Tonne CO_2. Das sind die wahren Kosten, die in jedes Gut, das CO_2 generiert, einberechnet werden müssten.

Dazu kommt: Wir zahlen immer noch hohe Subventionen für fossile Energien. Wir subventionieren also das Falsche; und das Richtige, Neue, Grüne, also das, wo wir hinwollen, ist eine Komplikation. Diese Schiefstellung erweckt den Eindruck, dass der Umstieg unbezahlbar und nicht machbar ist. Das ist aber eben eines dieser gezielt gestreuten Narrative. Wenn wir über echte Kosten, über Kostenwahrheit reden, sieht das ganz anders aus.

Ein weiteres dieser Narrative ist, dass Klimaschutz die ärmeren Schichten unproportional belastet. Stimmt das?
Hierzu eine Seitenbemerkung: Die soziale Frage wird immer nur von denjenigen angesprochen, die Klimaschutz verhindern wollen – und von eben diesen Gruppen auch immer nur beim Klimaschutz. Dabei spielt soziale Verteilung immer eine Rolle, bei allen Themen.

Um diese Verteilungsfrage zu lösen, gibt es gute Möglichkeiten. Wir schlagen ein sogenanntes Klimageld oder eine Klimaprämie vor. Mit diesem würde man die Einnahmen aus der CO_2-Bepreisung pro Kopf rückerstatten. Das würde insbesondere Niedrigeinkommensbezieher sogar bevorteilen, und man würde diese Schieflage vermeiden. Diejenigen, die propagieren, dass Niedrigeinkommensbezieher stärker belastet würden, sind eben gleichzeitig auch diejenigen, die solche sozialen Lösungen meistens nicht mit angehen. Es gehört zum Mythos, dass behauptet wird, es würden nur die sozial Schwachen belastet.

Das Gegenteil ist der Fall: Es geht hier um die Abschaffung von Privilegien für die Privilegierten – und deshalb ist die Gegenreaktion so stark. Denn es sind die Reichen und Privilegierten, die einen hohen Klima-Fußabdruck haben, in großen Wohnungen wohnen, oftmals mehrere Fahrzeuge besitzen und mehrmals im Jahr in den Urlaub fliegen. Arme Haushalte haben einen kleinen CO_2-Fußabdruck, dennoch trifft sie eine CO_2-Bepreisung überproportional gemessen an ihrem Einkommen. Kluger Klimaschutz schafft soziale Gerechtigkeit zwischen Arm und Reich, zwischen Stark und Schwach und zwischen den Generationen von heute und morgen.

Wer trägt die Verantwortung dafür, dass wir uns schnell zu mehr Klimaschutz bewegen?
Die Verantwortung der Veränderung liegt eindeutig in der Politik, die die notwendigen Rahmenbedingungen gestalten muss. Auch die Unternehmen sind in der Verantwortung, die Schäden, die sie anrichten, zu vermeiden und entsprechend in Zukunftstechnologien zu investieren. Um diese nicht wahrnehmen zu müssen, gab es ja auch zur Verantwortungsfrage eine gesteuerte Kampagne des Mineralölunternehmens BP, das den individuellen CO_2-Fußabdruck entwickelt hat, um von der eigenen Verantwortung abzulenken. *(Anm.: siehe Seite 353.)* Jeder Einzelne kann zwar etwas tun, aber die Verantwortung liegt nicht beim Einzelnen. Im Gegenteil, das Handeln des Einzelnen ist ein Add-on, eine wichtige Komponente. Zum Beispiel, um über Demonstrationen Dinge zu bewegen oder über das Kaufverhalten ganze Märkte zu verändern.

Wie wird die Energieversorgung der Zukunft aussehen? Können wir all unsere benötigte Energie »grün« erzeugen, ohne dass es zu Engpässen kommt?
Ja, das können wir, ohne Versorgungsengpässe oder Blackouts. Die eindeutige Lösung liegt in einer Vollversorgung aus erneuerbaren Energien. Das geht, auch versorgungssicher, zu jeder Sekunde, ohne Blackouts. Der Weg dorthin führt zum einen über den konsequenten Ausbau der erneuerbaren Energien: Erneuerbare Energien sind Teamplayer; man braucht alle von ihnen – von Sonne, Wind, Geothermie über Wasserkraft bis zu Biomasse; und zwar überall, auch und gerade dezentral.

Zum anderen geht es um Flexibilitäten. Das heißt, dass auftretende Schwankungen mittels intelligentem Energie- und Lastmanagements durch Digitalisierung ausgeglichen werden, beispielsweise mit sogenannten virtuellen Kraftwerken. Auch die sind schon im Einsatz. Wir reden immer über die sogenannte Dunkelflaute, die Zeit also, in der wenig Wind weht und keine Sonne scheint – aber diese Flaute kommt vergleichsweise selten vor und kann durch Flexibilisierung und Speicher überbrückt werden. Die überwiegende Zeit im Jahr haben wir mehr Energie, als wir brauchen, und diese müssen wir nutzen und speichern.

Der Ökostrom muss effizient genutzt – wie beispielsweise in der Elektromobilität oder Wärmepumpen in Gebäuden – und darf nicht verschwendet werden. Energiesparen in allen Bereichen ist zentral. Eine Vollversorgung aus erneuerbaren Energien halbiert den Primärenergiebedarf, erhöht aber den Strombedarf. Daher müssen wir schneller werden beim Ausbau der erneuerbaren Energien. Für all das benötigen wir auch eine gute Ausbildung in den relevanten Berufen, angefangen bei Heizungsbauern oder Elektrotechnikern bis hin zu den Energiewissenschaftlern.

Um diese Ziele umzusetzen, bräuchte es deutlich mehr Solarenergie. Wenn sich der Einzelne nun aber eine Photovoltaikanlage auf das Dach legt und seinen überschüssigen Strom an seinen Mieter verkaufen will – dann rennt er in Deutschland gegen scheinbar unüberwindliche Hürden an. Warum ist das immer noch so?

Es liegt an den eben schon beschriebenen gewollten Hemmnissen, aber auch an den noch immer viel zu komplizierten Genehmigungsprozessen, die dringend vereinfacht werden müssen. Man steuert derzeit durch die neue Regierung gegen, indem man attraktivere Bedingungen für Solaranlagen einführt, aber noch immer sind viel zu viele Verfahren zu kompliziert. Dabei benötigen wir dringend erleichterte Verfahren und Prozesse. Auch bei der Windenergie, wo nicht genügend Flächen ausgewiesen werden, weil man unnötige Abstandsregeln eingeführt hat, wie in Bayern oder Nordrhein-Westfalen.

✸✸✸ Die 10 H-Regel in Bayern ✸✸✸

Bisher galt in Bayern die Regel, dass Windkraftanlagen nur mit einem Mindestabstand zu den nächsten Häusern errichtet werden dürfen, der dem Zehnfachen ihrer Höhe entspricht. Da die meisten Windräder heute etwa 200 Meter hoch sind, entspricht dies einem Abstand von zwei Kilometern, was Windkraft in Bayern unmöglich macht. Während Wirtschaftsminister Robert Habeck diese Regelung kippen möchte, hat die CSU einen eigenen Vorschlag gemacht: Einen neuen Mindestabstand von 1000 Metern. Was oberflächlich gut klingt, ist in Wahrheit ein gutes Beispiel für bereits beschriebene typische Taktiken, die ins Leere führen sollen: Es wird verkündet, nun die Windkraft zu unterstützen – die Menschen bekommen also den Eindruck, es werde gehandelt. Doch die 1000-Meter-Regelung gilt gar nicht überall, sondern nur in sogenannten Sondergebieten, die die bayerische Regierung definiert: beispielsweise in Staats- und Privatwäldern, auf Truppenübungsplätzen, entlang von Bundesautobahnen, mehrspurigen Bundesstraßen oder Haupteisenbahnstrecken. Es ist also bei Weitem keine generelle Abstandshalbierung. Hinzu kommt: Es wird erneut ein kompliziertes bürokratisches Konstrukt aus Ausnahmen und Einschränkungen erschaffen, das nach Einschätzung von Fachleuten eine Fülle neuer Streitigkeiten auslösen wird. Damit ist das Strategieziel des Verhinderns und Verzögerns des Ausbaus erneuerbarer Energien erfüllt, bei gleichzeitiger Erweckung des Eindrucks, es werde gehandelt, zumindest beim weniger informierten Bevölkerungsteil – der dementsprechend auch keinen Anlass sieht, gegen diesen schädlichen Unsinn zu protestieren.

Oder bei komplizierten Prozessen, wenn man zu Hause eine Ladestation für Elektroautos installieren oder Strom verkaufen will. Dafür gibt es mittlerweile allerdings gute Unternehmen, die dem Einzelnen solche Dinge abnehmen können. Wir sind aber auf einem guten Weg, die aktuelle Regierung hat diese Dinge erkannt und arbeitet an Veränderungen.

Atomkraft und Erdgas sind nun als klimafreundlich eingeordnet worden. Was sagen Sie dazu?
Das ist ein Rückschritt für den Klimaschutz. Dass man zu diesem Ergebnis gekommen ist, ist sehr bedauerlich. Man braucht diesen Rahmen der Taxonomie dringend, um darzustellen, was grün, was wirklich nachhaltig ist – und Atomenergie ist das auf gar keinen Fall.

※※※ **Die EU-Taxonomie** ※※※

Taxonomie bedeutet zunächst nur die Einordnung in ein bestimmtes System. Bei der EU-Taxonomie soll es konkret darum gehen, Finanzprodukte einheitlich nach ihrer Nachhaltigkeit zu kategorisieren, damit Investoren besser einschätzen können, ob ein Unternehmen, in das sie investieren wollen, klimafreundlich arbeitet. Bisher gibt es viele verschiedene Labels für nachhaltige Geldanlagen, ein Überblick wegen der verschiedenen Standards ist schwierig. Durch die Vereinheitlichung und eine größere Transparenz – auch durch neue Berichtspflichten bei den Unternehmen – soll mehr Geld in wirklich nachhaltige Technologien und Unternehmen gelenkt werden. Hintergrund dieses Kategorisierungssystems: In der EU soll bis spätestens 2050 weitestgehend auf den Ausstoß von Treibhausgasen verzichtet werden. Um dieses Ziel zu erreichen, sind Milliarden-

investitionen von öffentlicher Hand und von Unternehmen in ökologisch nachhaltige Aktivitäten notwendig. Die EU-Kommission hat sechs Umweltziele in dem Taxonomie-Entwurf benannt:
1. Verhinderung des Klimawandels,
2. Anpassung an den Klimawandel,
3. nachhaltige Nutzung von Wasser- und Meeresressourcen,
4. Wandel zu einer Kreislaufwirtschaft,
5. Vermeidung und Verminderung der Umweltverschmutzung,
6. Schutz und Wiederherstellung der Biodiversität und der Ökosysteme.

Unternehmen müssen ihre Arbeit künftig mit mindestens einem der sechs Umweltziele in Einklang bringen, ohne gleichzeitig eines oder mehrere andere zu beeinträchtigen. Außerdem müssen Mindestanforderungen in sozialen Bereichen oder bei Menschenrechten erfüllt werden.

Im Juli 2022 hat das EU-Parlament beschlossen, auch Atomkraft und Gas in die Taxonomie aufzunehmen. Der sogenannte Rechtsakt zur Taxonomie tritt am 1. Januar 2023 in Kraft. Die Einstufung von Atomkraft und Gas als klimafreundlich ist sehr umstritten. Viele Staaten, darunter vor allem Frankreich, sind an der Nutzung der Kernkraft interessiert und erhoffen sich von der klimafreundlichen Einstufung, dass mehr Geld in den Ausbau der Atomkraftwerke fließt. Länder wie Österreich und Luxemburg sowie Umweltorganisationen planen jedoch, gegen die Einstufung zu klagen.

Atomenergie ist aufgrund der Risiken und des Atommülls weder grün noch nachhaltig; es ist ökonomisch wahnsinnig teuer und deswegen keine Technik der Zukunft, sondern eine Technik der Vergangenheit. Das ist das erste Problem.

Das zweite ist, dass auch fossiles Erdgas aufgenommen wurde, was ebenso falsch ist, denn bei der Förderung und der Verbrennung von fossilem Erdgas entstehen klimawirksame Treibhausgase. Um die Klimaziele von Paris zu erreichen, muss der Anteil von fossilem Erdgas zurückgehen und nicht zunehmen. Deswegen sind heutige Investitionen in diese Techniken nicht mehr zeitgemäß. Das behindert den Umstieg wieder einmal, und wir verlieren erneut wertvolle Zeit – mindestens ein Jahrzehnt – für rückwärtsgewandte Technologien, die uns nicht weiterbringen.

Ist durch diese Entscheidungen das Vertrauen in dieses Instrument nicht vollkommen zerstört worden?
Das ist ein großes Problem, und insofern ist der Aufschrei auch zu Recht groß. Diese Entscheidungen müssen korrigiert werden. Wir sehen hier wieder einmal ein Beispiel für sehr starke Lobby-Einflüsse, und wie schwer es selbst in Europa ist, über Länder hinweg eine gemeinsame Basis zu finden. Denn es gibt sehr unterschiedliche Interessen der einzelnen Länder, wie Energiepolitik umzusetzen ist. Man ist noch lange nicht an dem Punkt zu verstehen, dass die Zukunft weder in fossilen Erdgasen noch in Atomkraft liegt, sondern im Umstieg zu erneuerbaren Energien. Da ist noch ein langer Weg zu gehen, und auf diesem werden wir jetzt sehr stark aufgehalten.

Es hält sich aber auch hartnäckig der Mythos, dass Ökostrom teurer ist als Atomstrom und wir deswegen nicht nur wegen der Versorgungssicherheit, sondern auch wegen der Kosten weiterhin Atomstrom benötigen.
Ökostrom ist schon lange sehr viel billiger als Atomstrom, sowohl in der Strom-Entstehung als auch bezüglich der Strompreise an der Börse. Ökostrom ist so billig wie keine andere Technologie, weil es keine variablen Kosten gibt: Sie stellen eine Anlage hin, und die Sonne schickt keine Rechnung. Das Narrativ, dass Öko-

strom teurer ist, war ja immer ein Mythos, der daraus entsteht, dass man investieren muss – aber das müssen Sie in ein Atomkraftwerk auch, und zwar gigantische Beträge. Deswegen sind die Stromentstehungskosten bei Atomstrom viel höher als bei allen anderen Technologien.

Beim Endkunden kommt das allerdings anders an. Wir haben in der Vergangenheit insbesondere die Förderung der erneuerbaren Energien über den Strompreis bezahlt, und daher kam der Mythos des Luxusgutes. Anders als bei anderen Technologien, bei denen man diese Investitions- und auch die Folgekosten nicht einpreist. Denn würde man das bei Atom oder Kohle machen, hätte man schon immer gigantische Strompreise, die wir aber nie bezahlt haben. Wir zahlen sie aber heimlich, über den Staatshaushalt.

Zusätzlich hat man die Bemessungsgrundlagen vor mehr als zehn Jahren extra so verändert, dass die EEG-Umlage noch einmal deutlich gestiegen ist. Somit konnte man dann auch politisch sagen: Jetzt wird es aber so teuer, jetzt müssen wir endlich abbremsen. Und genau das ist passiert.

Hinzu kommen noch weitere Faktoren: Wir haben sehr hohe Netzentgelte, üppige Netzrenditen, die den Netzbetreibern garantiert werden, die wir auch noch teuer über den Strompreis bezahlen – darüber redet aber keiner, weil es nicht lobbygetrieben ist.

Und schließlich haben wir auch noch eine Stromsteuer, bei der man auch noch darüber nachdenken könnte, sie zu senken.

Das heißt: Der Strompreis wird künstlich aufgebläht. Und so wird absichtlich der Eindruck erweckt, dass erneuerbare Energien teuer sind, sie sind der Sündenbock. All das führt dazu, dass wir sehr hohe Strompreise haben, die nicht so hoch sein müssten, wenn wir die niedrigen Stromentstehungskosten an die Verbraucher weitergeben würden.

Ich höre bei meinen Vorträgen sehr häufig: Was bringt es denn, wenn das kleine Deutschland sich beim Klimaschutz verbiegt, während China neue Kohlekraftwerke baut. Was entgegnen Sie diesem Argument?

Das ist auch einer dieser Mythen, die gezielt über PR-Kampagnen gesteuert wurden. Ich bezeichne das als das Klima-Karussell: Jeder zeigt mit dem Finger auf andere und sagt, »wenn die nichts machen, machen wir auch nichts«. So kommen wir ja nicht weiter. Wir brauchen Vorreiter. Und das wäre für Deutschland wichtig und gut, weil wir so auch Wettbewerbsvorteile für uns generieren würden und Märkte bespielen könnten.

Zu China selbst ist zu sagen: Ja, dort wird immer noch sehr viel Kohle verstromt, und es werden neue Kohlekraftwerke zugebaut – aber wir haben in China auch die höchsten Zuwachsraten an erneuerbaren Energien. China ist mittlerweile ein Vorreiter und der Marktführer im Bereich der Elektromobilität geworden. Dort passieren also zwei Dinge und nicht nur das eine.

Und gerade um den Mythos zu entschärfen, muss man immer auf die Pro-Kopf- und nicht auf die absoluten Zahlen schauen. Deutschland ist im weltweiten Vergleich aufgrund der hohen Emissionen Spitzenreiter – auch mit dem Rucksack, den wir schon seit Jahrzehnten mit uns tragen. Wir können wirklich sehr schlecht auf andere zeigen, sondern sollten erstmal bei uns die Hausaufgaben machen.

An dieser Stelle würde ich gerne noch etwas anfügen: In China ist mir bewusst geworden, was wir, also Deutschland, einerseits für eine Vorbildrolle haben und was wir andererseits bei uns auch schon geleistet haben. Wir haben in China viele Menschen getroffen, die geradezu Deutschlandfans sind. Junge Menschen, die hier studiert haben, kehren in ihre Heimat zurück und erzählen: In Deutschland ist die Luft sauber, und man kann überall das Wasser aus dem Wasserhahn trinken. Diese Menschen beginnen dann, Veränderungen in ihrem Land anzustoßen. Und genau das muss doch Deutschlands Ziel sein: andere für den Wandel mit zu begeistern! Schnell wachsende Länder machen uns bisher nach, was wir Jahrzehnte falsch gemacht haben. Deswegen sollten wir jetzt auch vormachen, wie es besser geht, zum Wettbewerb anspornen und dazu beitragen, dass die Vorteile des Klimaschutzes gesehen werden.

Bei alldem dürfen wir auch nicht vergessen, dass wir in Deutschland ja auch eine Vergangenheit mit sehr schmutziger Luft haben. Man erinnere sich an die Kampagne: »Der Himmel über der Ruhr soll wieder blau werden«, in den Sechzigerjahren. Und der Himmel ist dort wieder blau, wir haben diese Luftverschmutzung in den Griff bekommen, und nun ist es doch für alle dort viel, viel besser.

Dass wir hier schon viel Positives geschaffen haben, wird aber nicht mehr wahrgenommen. Jetzt wird aus einer Abwehrhaltung heraus auf andere Staaten verwiesen, und man fürchtet um den Verlust von Privilegien. Wir sollten uns lieber vorstellen, dass wir die Dinge anders angehen können – und dadurch aber nichts verlieren müssen, sondern dass es im Gegenteil hinterher sogar besser sein wird.

Ein Argument von Tierschützern ist, dass auch bei erneuerbaren Energien Schaden entsteht, wie Vogelschlag bei Windkraftanlagen zum Beispiel.
Die höchste Maxime muss natürlich immer sein, keinen Schaden anzurichten. Der Natur- und Artenschutz ist wichtig – und das Ersetzen von Kohle, Öl und Gas ist gelebter Natur- und Umweltschutz.

Man muss dabei immer auch auf die Details achten – es gibt beispielsweise genügend Flächen, in denen die Gefahr für Vogelschlag nicht so groß ist.

Und man muss zwei Dinge im Blick behalten. Erstens: Wie viele Flächen versiegeln wir täglich? Für Supermärkte auf dem Land, Autobahnen, Straßen? Diese Versiegelungen müssen wir aus meiner Sicht genauso intensiv adressieren, wie das bei jeder Windanlage oder bei Biomassekraftwerken angesprochen wird – da ist schon lange eine Schieflage vorhanden.

Zweitens: *Was* ersetzen wir? Für den Kohleabbau baggern wir in diesem Land noch immer ganze Landstriche um und reißen Kirchen ab, siedeln Menschen um und erschaffen eine Mondlandschaft; wir verursachen auch durch die Verbrennung der Kohle eine gigantische Umweltverschmutzung. All die Gesundheitsschäden, die dadurch entstehen, werden in Deutschland nie adressiert – erstaunlich übrigens!

Und das ersetze ich also unter anderem mit Windrädern. Da ist immer auch die Verhältnismäßigkeit gefragt. Es ist so, dass es ohne Windenergie und ohne Pumpspeicherkraftwerke nicht gehen wird – und ja, auch den Umwelt- und Artenschutz muss man dabei im Blick haben.

Viele Forscher und Forscherinnen, mit denen ich spreche, sind verzweifelt, einige weinen sogar in den Gesprächen, wegen der Datenlage und des ausbleibenden Handelns der Politik. Sie beschäftigen sich schon Jahrzehnte mit dem Klimaschutz – wie geht es Ihnen?
Ich bin optimistisch von Natur aus und bleibe das auch. Ich höre mit großem Bedauern von der Verzweiflung der Wissenschaftler*nnen, denn wir brauchen diese Menschen, damit sie der breiten Öffentlichkeit immer wieder deutlich machen, wo wir stehen, und auf positive Weise Auswege aufzeigen.

Ich bin wahnsinnig froh über den gesellschaftlichen Prozess, also *da* könnte *ich* weinen, aber vor Freude! Darüber, dass wir jetzt endlich Diskurse zulassen, dass sich immer mehr Menschen engagieren. Wir reden heute politisch ganz, ganz anders als noch vor ein paar Jahren, wir führen international andere Diskussionen, auch politische Akteure treten jetzt anders auf. Die Gesellschaft hat sich zum Guten bewegt. Es gibt ohne Frage auch eine Spaltung, die wir überwinden müssen. Deswegen ist es so wichtig, dass wir unsere neuen Möglichkeiten positiv nutzen – und dranbleiben.

Dranbleiben und mutig neu denken

Dranbleiben also. Unsere neuen Möglichkeiten positiv nutzen. Und vor allem: Mythen als Mythen erkennen. Claudia Kemfert legt in dem Gespräch sehr viel Nachdruck in ihre Worte, als es um die Möglichkeiten einer vollständigen Versorgung mit grüner Energie geht. Ja, sagte sie, das geht, und ließ wenig Raum für Zweifel an dieser Aussage. Diese Möglichkeiten, diese Realität, gilt es nun zu schaffen – das ist ihr eindeutiger Auftrag nicht nur an die deutsche Regierung.

Hört man Claudia Kemfert zu, ist alles möglich – und gar nicht so schwierig. Herausfordernd zwar, für die gesamte Gesellschaft. Vor allem aber: eine Chance. Zu diesem Schluss bin auch ich nach meiner langen Recherche gekommen. Der Klimawandel mit seinen Herausforderungen sollte uns nicht schrecken, sondern motivieren. Denn die Energiewende ist nicht nur nötig, sie ist keine lästige Bürde oder Pflicht. Sie ist auch kein Angriff auf unsere Freiheit. Sie bietet im Gegenteil zahlreiche Chancen, von einer saubereren, sichereren Umwelt ohne Kohle- und Atomkraftwerke bis hin zur Unabhängigkeit von ausländischen Energielieferanten und zur Schaffung von Arbeitsplätzen und mehr Gerechtigkeit im Inland. Davon werden alle profitieren. Man muss dankbar sein, dass es Menschen wie Kemfert gibt, die angesichts der Probleme, die vor uns liegen, ungebrochen eine – durch sehr viele Fakten begründete – Aufbruchstimmung zu verbreiten in der Lage sind.

Auch auf meinen Vorträgen zur Plastikvermeidung versuche ich, eine ähnliche Stimmung zu verbreiten. Oft wird dann geseufzt und gesagt: »Wir müssen einfach auf viel mehr verzichten.« Und schon ist da eine ganz bestimmte Schwere, das Gefühl einer Last, das ich nicht hilfreich finde. Hilfreich ist für mich das Einnehmen einer anderen Perspektive, die zu Leichtigkeit und Motivation führt. Verzichten ist für mich ein »altes« Wort, das Umstände falsch einordnet und kontraproduktive Gefühle hervorruft. Ich schlage einen neuen Umgang, eine neue Haltung zum Umgang mit unseren Ressourcen vor, die nicht von Verzichtsgedanken, sondern von Abwägungen in Bezug auf Sinnhaftigkeit geprägt ist.

Und so antworte ich den Verzichts-Seufzenden: Es ist nicht unbedingt Verzicht, wenn man etwas nicht mehr tut, sondern vielmehr: intelligentes und zeitgemäßes Verhalten. Auch wenn ich privat nicht mehr fliege und beruflich noch maximal dreimal im Jahr, meine Autokilometer auf unter 6000 pro Jahr gebracht habe, meinen Haushalt beinahe ohne Plastik führe und vieles mehr – ein Verzicht wäre all das nur, wenn ich darunter leiden würde, wenn ich Mängel oder eine Einschränkung verspürte. All das ist aber keine Einschränkung für mich, sondern logisches Verhalten, das sich an heutigen Gegebenheiten und dem Gemeinwohl orientiert. Dort setze ich meine Prioritäten. Produkte, die von weither eingeflogen, aufwendig verpackt oder anderweitig umweltschädlich sind, sind in dieser Sichtweise nicht mehr schlau und von daher auch nicht mehr erstrebenswert. Erstrebenswert sind schlaue Produkte. Zeitgemäße Produkte, die unsere Ressourcen nicht über Gebühr verbrauchen und auch in einer Vielzahl keinen großen Schaden anrichten.

Mit einem solchen Blick kommt man ganz automatisch und freiwillig in eine vermeidende Konsumhaltung: Man konsumiert dann nur noch, wenn man etwas wirklich braucht. Und bei dem wenigen versucht man gleichzeitig, dass es so wenig umweltschädlich wie möglich ist. So wird man der wahr gewordene Alptraum von Amazon: ein Nichtkonsument. Und das macht sogar Freude: so wenig zu brauchen wie möglich.

»Verzicht« impliziert außerdem noch etwas, das im Zusammenhang mit dem Klimawandel und den Ausführungen Christoph Rehmann-Sutters zur Klimaethik interessant ist. Verzichten ist laut Duden: »den Anspruch auf etwas nicht (länger) geltend machen, aufgeben; auf (der Verwirklichung, Erfüllung von) etwas nicht länger bestehen«. Erinnern wir uns an Rehmann-Sutters Worte über den Klimakolonialismus: Welchen Anspruch hatte man jemals, 180 auf der Autobahn zu fahren und dabei eine unnötige Menge an Kohlendioxid zu emittieren, während man gleichzeitig sich und andere Menschen über Gebühr gefährdete? Und ist ein solches Verhalten schlau? Anstatt in einem Tempolimit eine Beschränkung von Freiheit zu sehen, schlage ich diese Sichtweise vor: Derjenige, der langsam fährt, geht verantwortungsvoll und intelligent mit Ressourcen um, und derjenige, der weiterhin 180 fährt, nimmt unangemessene Ressourcen für sich in Anspruch. Mit dieser Haltung – seinen Anteil am großen Ressourcen-Verbrauchskuchen so weit herunterzuschrauben, wie man es selbst beeinflussen kann, um allen anderen Bewohnern der Erde möglichst ebenso große Stücke zu lassen – fallen diese Handlungsweisen nicht mehr schwer. Sie sind einfach nur logisch und eigentlich selbstverständlich. Diese Sichtweise also möchte ich vermitteln, mit all ihren Chancen und Potenzialen: Nachhaltig handeln bedeutet nicht, ein sich selbst geißelnder Verzichtstrauermops zu sein, sondern ein kritisch wirkender Nicht- oder Wenigkonsument mit hohen Ansprüchen an die Modernität von Produkten, der sein Umfeld aktiv gestaltet – der sogar neugierig ist und begeistert, wenn er auf Entwicklungen stößt, die diesen Anforderungen entsprechen. Bewusster zu konsumieren mündet also auch absolut nicht in freudloses Asketendasein, sondern im Gegenteil, in eine innovationsfördernde Haltung, die schlicht nicht mehr das tun will, um mit Rehmann-Sutter zu sprechen, was die Industrie von einem will. Wem es wichtig ist, der kann sich somit sogar als Revolutionär sehen.

So logisch viele der Handlungsweisen allerdings sind, so begrenzt sind sie auch in ihrer Wirkung. Alle von mir für dieses Buch Befragten waren sich einig, dass die Verantwortung für den richtigen Umgang mit dem Klimawandel bei den Regierungen liegt und nicht beim Einzelnen. Das Verhalten der Einzelnen sei ein Add-on, nannte es Claudia Kemfert. Der Weg aber, die Rahmenbedingungen, muss von den Regierungen geschaffen werden, damit die Einzelnen ihn auch gehen können. Wenn diese Rahmenbedingungen gegeben sind, gibt es unendlich viele Chancen, viele Möglichkeiten, Neues zu entwickeln. Gut ausgebildete Menschen werden jetzt gebraucht, im Energie- wie im Mobilitätssektor und an vielen anderen Orten. Wer jetzt jung ist, kann aktiv an einer neuen Zukunft mitgestalten und mitbauen. Eine Zukunft, die digitalisierter, flexibler, schlauer ist als das, was wir in den vergangenen 100 Jahren gemacht haben.

Ich bin überzeugt, dass das gelingen kann. Die Worte von Christian Haas motivieren doch: Wir können das Schmelzen des Meereises aufhalten! Auch Rehmann-Sutter ist überzeugt, dass wir fähig sind zu einem radikalen Wandel, der das Leben unserer Kinder und Enkel sichern wird. Ich weigere mich zu glauben, dass wir die letzte Generation sind, die diesen Planeten, so wie wir ihn kennen, bewohnt hat.

Ich weigere mich auch, Angst zu haben – beziehungsweise wandle Angst umgehend in Aktion um. Viele Menschen plagt mittlerweile aber etwas, das tatsächlich schon einen eigenen Namen bekommen hat: »Klima-Angst«. Besonders Jugendliche sind davon betroffen; die Herausforderungen, die vor ihnen liegen, scheinen so überwältigend, dass Ohnmachtsgefühle und Hoffnungslosigkeit entstehen. Vor allem, das ist interessant, entsteht dieses Gefühl, wenn Regierungen nicht im Sinne des Klimaschutzes handeln. Dieses noch junge Phänomen hat mir auch die Psychologin Katharina van Bronswijk erklärt, die schon so anschaulich die Strategien rund um die Klimawandelleugnung beschrieben hat. Angst, sagt sie, muss nichts Negatives sein – sie kann im Gegenteil sehr hilfreich wirken. Van Bronswijk hat außerdem auch noch einen anderen Rat parat, wie wir mit unseren Klimagefühlen und Zukunftsängsten umgehen können – und damit auch mit dem Klimawandel selbst.

❄

Katharina van Bronswijk
Psychologin, über Klima-Angst

»Klima-Angst ist kein Zeichen von Schwäche, sondern ein Alarmsignal: Sie zeigt uns, dass wir jetzt handeln müssen.«

Die Klima-Angst hat tatsächlich in wissenschaftlichen Kreisen angefangen. Das hat verschiedene Gründe: Wissenschaftler haben eigentlich an sich selbst den Anspruch, objektiv zu sein. Damit haben sie gebrochen, als sie begonnen haben, über ihre subjektive Wahrnehmung dessen zu sprechen, womit sie jeden Tag arbeiten. **Die Daten, mit denen viele Wissenschaftler konfrontiert sind, sind belastend.** Zudem suchen sich vor allem Menschen diesen Beruf aus, denen genau diese Themen wichtig sind, die eine Leidenschaft für sie haben. Die Belastung wird dadurch nicht weniger. Und schließlich fühlen viele Wissenschaftler eine große Verantwortung dafür, dass diese Ergebnisse so kommuniziert werden müssen, dass danach auch Handlungen folgen.

Klima-Angst ist aber nicht die Angst der Wissenschaftler geblieben. Umfragen zufolge haben bereits zwei Drittel der Deutschen Sorgen wegen der Klimakrise, bei den Kindern und Jugendlichen sind es tendenziell mehr. **Eine Studie mit 10 000 Kindern und Jugendlichen in zehn verschiedenen Ländern hat gezeigt, dass 60 bis 80 Prozent von ihnen Angst wegen der Klimakrise haben.**

Interessant ist, dass in der Studie auch ein korrelativer Zusammenhang hergestellt werden kann zwischen unangenehmen Klima-Gefühlen – also nicht nur Angst, sondern auch Wut, Hoffnungslosigkeit oder Trauer – und politischer Untätigkeit. Das politische Geschehen zieht an den Kindern und Jugendlichen also nicht einfach nur vorbei, sondern sie beziehen in ihr Denken und Fühlen mit ein, ob sie der Politik zutrauen, dieses Problem zu lösen oder nicht. Politisches Handeln kann also Gefühle verursachen, die zu einer psychischen Belastung werden können, die wiederum dazu beitragen kann, dass Kinder und Jugendliche zum Beispiel Depressionen entwickeln.

Das Konstrukt der *climate anxiety*, wie die Klima-Angst in der Fachwelt benannt ist, ist noch nicht final definiert. Man geht bisher davon aus, dass es sich hier nicht um eine Angststörung handelt, sondern um eine ängstliche Reaktion auf die Klimakrise, die im schlimmsten Fall ein Faktor in der Entwicklung einer psychischen Störung sein kann, einer Depression oder einer generalisierten Angst. **Die Erkenntnis darüber, wie groß das Klimaproblem ist, und die damit verbundene gefühlte Ohnmacht können also als so belastend wahrgenommen werden, dass man depressiv erkrankt.**

Es lohnt sich in diesem Zusammenhang ein Blick darauf, was

Angst ist und dass **ein anderer Umgang mit Angst nicht nur in der Klimakrise hilfreich sein kann.** Denn leider sehen wir Gefühle als Schwäche und nicht als Stärke. Viele Menschen in unserer Gesellschaft wissen nicht oder spüren nicht, dass Gefühle eigentlich ein Motivator sind.

Es gibt bestimmte psychische Grundbedürfnisse – beispielsweise unser Bedürfnis nach Bindung und Zugehörigkeit oder nach Orientierung und Kontrolle. Wenn diese nicht erfüllt sind, haben wir unangenehme Gefühle, die uns darauf hinweisen. Konkret: Wir sind in einer Klimakrise. Diese bedroht potenziell meine Zukunft. Dadurch ist mein Sicherheits-, Orientierungs- und Kontrollbedürfnis frustriert – und daraus resultierend habe ich Angst. **Die Angst ist also das Gefühl, das mich darauf hinweist: Achtung, hier geht gerade etwas schief.** Mit dieser Emotion geht auch körperliche Aufregung einher: Das Herz schlägt schneller, Energie wird bereitgestellt, um zu handeln. Das ist ein evolutionärer Mechanismus. Früher war die Gefahrenabwehr einfacher: Da ist eine Schlange auf dem Weg, und wenn ich weglaufe, bin ich sicher. Bei der Klimakrise ist das nicht so leicht, aber der Mechanismus ist immer noch der gleiche: **Angst weist uns auf Gefahr hin und macht uns handlungsfähig.**

Das ist eine Weisheit, die in unserer Gesellschaft nicht anerkannt wird. Es heißt eher, man solle keine Angst haben. Dabei kann man diese **Gefühle auch als Verbündete sehen, die uns erstens sagen, dass etwas schiefgeht, und uns dann auch die Kraft geben, uns für uns selber einzusetzen.**

Leider ist es aber in unserer Gesellschaft ein Stück weit ein Tabu, über Gefühle zu reden, oder zumindest ein Zeichen besonderer Vertrautheit, wenn man über Gefühle spricht. Menschen werden eher als schwach wahrgenommen, wenn sie Gefühle haben. Das ist so anerzogen, das sind unsere kulturellen Werte.

Wenn ich aber nicht gelernt habe, mit Gefühlen umzugehen und sie, wie man als Psychologe sagen würde, handlungsleitend einzusetzen – was mache ich dann mit ihnen?

Die Antwort vieler Menschen in unserer Gesellschaft ist, die Gefühle zu ignorieren, sich abzulenken, zu konsumieren, nur um das unangenehme Gefühl nicht haben zu müssen. Und das ist gerade in diesem Zusammenhang ein bemerkenswerter Teufelskreis, denn das sind ja genau die Muster, die uns in diese Krise gebracht haben.

Als Therapeutin würde ich sagen, im Umgang mit der Klima-Angst geht es darum, **Gefühle zu regulieren**, sodass man handlungsfähig ist. Man schaut sich also die eigene Haltung in Bezug auf die Klimakrise an und eruiert, was man dafür tun kann, dieses Problem zu lösen, das man ja als Problem wahrnimmt. Maria Ojala, eine psychologische Forscherin, beschreibt, dass sie eine Art **»konstruktiven Optimismus«** als die beste Lösung sieht. Also einerseits nicht davon auszugehen, dass das Problem sowieso gelöst wird, aber **als Grundeinstellung eine Zuversicht zu behalten, dass wir es schaffen können. Folglich sucht man also Handlungsoptionen, die es einem ermöglichen, Selbstwirksamkeitserfahrungen auf der individuellen, aber auch auf der politischen Ebene zu machen – dass man also dazu beiträgt, eine Lösung für das Problem zu bekommen.**

Ein Stück weit kann helfen, im individuellen Verhalten Anpassungen vorzunehmen. Wenn man sich beispielsweise vornimmt, sein Auto abzuschaffen, und das dann auch umsetzt. Man kommt dabei aber auch schnell an Grenzen, an denen man merkt: Ich kann ja gar nicht klimaneutral leben in unserem Land. Deswegen ist besonders wichtig, hier auf die kollektive Ebene zu blicken und zu überlegen, wie man systemische Veränderungen unterstützen kann. Das kann dann etwas sein wie Leserbriefe schreiben, mit

Politikern sprechen, sich der Klimabewegung anschließen oder an Demonstrationen teilnehmen. Viele Menschen berichten, dass es für sie sehr motivierend ist, Erfahrungen der Selbstwirksamkeit zu machen, deswegen sage ich immer: **Das Gegenteil von Angst ist Selbstwirksamkeit.**

Was laut Studienergebnissen auch hilft: Wenn man über diese Gefühle sprechen kann und wertschätzend angenommen wird. Deswegen bieten die *Psychologists and Psychotherapists for Future* **Gesprächskreise** an. Wichtig ist das vor allen Dingen für Menschen, die dafür in ihrem Umfeld wenig Möglichkeit haben. Die das Gefühl haben: Ich bin der einzige »seltsame« Mensch in meinem Freundes- oder Familienkreis, den das interessiert. Denn dieses Desinteresse ist dann gefühlt **eine andere soziale Norm,** und man fühlt sich ausgestoßen. Wenn man dagegen mit anderen Menschen in dieser Bewegung zusammenkommt, merkt man: Ich bin ja gar nicht so seltsam! Es gibt noch ganz viele andere Leute, die genauso denken. Das ist eine wichtige und stärkende Erfahrung: zu merken, **ich bin nicht allein mit diesem Problem. Man muss also raus aus der Isolation und rein in die Verbindung mit anderen Menschen** – denn gemeinsam geht es uns nicht nur besser, sondern gemeinsam können wir es auch schaffen!

❋

Ein alter Spruch, der angeblich von Inuit stammt – und der sich auf meiner Grönland-Durchquerung sehr bewahrheitet hatte, lautet: »Willst Du schnell gehen, geh allein. Willst Du weit gehen, geh gemeinsam.« Nun müssten wir gerade zwar tatsächlich auch schnell gehen, das tun wir am besten aber dennoch gemeinsam. Sich den erwähnten »konstruktiven Optimismus« zuzulegen, ist dafür sicherlich hilfreich. Es ist zu früh, viel zu früh, zu resignieren, und wie hat einmal ein österreichischer Skilehrer zu mir gesagt: »Aufgegeben werden nur Briefe.«

Bei der Recherche zu diesem Buch hatte sich bei mir allerdings vor allem anfangs auch ein Gefühl der Hoffnungslosigkeit eingestellt – weil ich mich mit sehr vielen negativen Entwicklungen beschäftigte. Wälder brannten, Korallen blichen, Gletscher schmolzen, und alles immer noch ein Stückchen schlimmer als befürchtet. Ich las in Zeitungen immer nur schlechte Nachrichten und sah mir Talkshows an, in denen so erbittert gestritten wurde, dass ich hinterher nicht schlafen konnte. Ich bekam das Gefühl, alles sei aussichtslos: Es geht immer schneller, getan wird nichts. Im weiteren Verlauf der Recherche allerdings, je mehr ich mit Menschen sprach, die sich wirklich auskennen mit der Energiewende, mit den Dingen, die nun getan werden müssen, veränderte sich meine Stimmung teilweise sogar zu Euphorie, was sicher auch mit dem Regierungswechsel zu tun hatte, da in der neuen Bundesregierung deutlich mehr Kompetenz und Wille vorhanden sind, die Wende voranzutreiben. Vor allem aber habe ich von meinen informierten Gesprächspartnern und Energiewende-Gruppen eine faktenbasierte Zuversicht gelernt, dass dieses Mammutprojekt noch machbar ist – und habe viel von meiner mythengesteuerten Skepsis verloren. Ich lernte etwas über neue, intelligente Lösungen, Innovationen, Möglichkeiten, und vor allem lernte ich: Es gibt mittlerweile eine riesengroße Anzahl an Menschen, die sich für erneuerbare Energien interessieren, die den Klimawandel verstehen und bekämpfen wollen. Es ist beispielsweise keine seltsame Öko-Haltung mehr, ein Tempolimit zu fordern, und eine große Anzahl von Menschen versteht den Effekt, den ein solch einfacher Schritt (mit ganz wenigen Schildern) auf unser CO_2-Budget hätte.

Neben vielen Nachteilen, die soziale Medien haben, liegen hier auch ganz klare Vorteile: Wertvolle Informationen sind sehr leicht zu bekommen, indem man einfach den richtigen Personen oder Gruppen folgt. Ich habe meinen Medienkonsum in den letzten Monaten deutlich geändert: Ich bewundere beispielsweise Claudia Kemfert, dass sie immer wieder in Talkshows auftritt, in denen sie es vorhersehbar mit inkompetenten Gesprächspartnern wie Moderatoren zu tun hat, und unbeirrt weiter ihr Wissen teilt. Nach einem absoluten Talkshow-Tiefpunkt allerdings, einer Ausgabe der Sendung *Hart aber Fair,* in der man sie kaum ausreden ließ und beinahe noch auslachte, beschloss ich, künftig nur noch zu lesen, was sie schreibt, und mir solche Sendungen nicht mehr anzusehen. Energiesparen ist manchmal auch beim Medienkonsum wichtig, um sich seine eigene Handlungsfähigkeit und Motivation zu erhalten, lernte ich. Nutzt man die Schwarmintelligenz der sozialen Medien aber richtig, so stößt man fortwährend auf Neuerungen, interessante Aspekte, Fachpublikationen, die neue Wege aufzeigen und Mut machen. Wenn man sich in solchen Gruppen auch noch selbst einbringt, dann ist auch das ein Weg des Kräftebündelns, oder wie es Katharina van Bronswijk sagt: raus aus der Isolation – und hin zum Wir. Denn schließlich ist die gute Nachricht laut Stefan Rahmstorf: Wir haben diesen Wandel verursacht – deswegen können wir auch etwas dagegen tun.

Dass es noch nicht zu spät ist und was wir ganz konkret tun können, das erzählt mir ein sehr beschäftigter, aber unglaublich motivierender Energieprofessor: Volker Quaschning. Mit ihm spreche ich im Mai 2022.

❉

Volker Quaschning,
Professor für Regenerative Energiesysteme

»Die Energiewende ist in 15 Jahren machbar.
Wenn man sie will.«

Volker Quaschning ist eines der Gesichter der deutschen Energiewende, ein unermüdlicher Werber für die Nutzung regenerativer Energien, der dabei (fast) immer positiv und optimistisch bleibt. 1996 bis 2000 habilitierte er zum Thema »Systemtechnik einer klimaverträglichen Elektrizitätsversorgung in Deutschland für das 21. Jahrhundert«; seit 2004 ist er Professor für das Fachgebiet Regenerative Energiesysteme an der Hochschule für Technik und Wirtschaft (HTW) Berlin. 2019 initiierte er unter anderen mit dem Botaniker Gregor Hagedorn, der Politökonomin Maja Göpel und dem Mediziner und Moderator Eckart von Hirschhausen die

Bewegung *Scientists for Future*. 26 800 Wissenschaftlerinnen und Wissenschaftler unterzeichneten eine Stellungnahme, die in der Bundespressekonferenz vorgestellt wurde. Sie stellten sich damit hinter die Bewegung *Fridays for Future* und empfahlen mit Nachdruck die aus Sicht der Wissenschaft nötigen Maßnahmen zum Klimaschutz.

Ihr neues Buch hat den Titel »Energierevolution JETZT«. Können Sie kurz erklären, warum die Energiewende so dringend passieren muss?
Warum wir handeln müssen, sehen wir jeden Tag in den Nachrichten. In Indien wurden jetzt im Frühjahr 2022 schon Temperaturen mit Werten bis 50 Grad gemessen. Das hat wahrscheinlich die Konsequenz, dass die Getreideernte dort dramatisch schlecht ausfallen wird. Als Folge wird sich die Ernährungssituation, die wegen des Ukrainekriegs bereits dramatisch ist, noch weiter verschärfen. In der Konsequenz werden Millionen Menschen verhungern. Die Klimakrise wird also auch dieses Jahr schon für Millionen Todesopfer sorgen. Deswegen müssen wir handeln.

Wie müssen wir handeln?
Handeln heißt, dass wir das Pariser Klimaschutzabkommen einhalten müssen und das tun, was die Klimaforschung empfiehlt: die globale Erwärmung auf deutlich unter zwei Grad, möglichst 1,5 Grad, begrenzen. Dazu gibt es ein Kohlendioxidbudget, das die Welt noch ausstoßen darf. Wenn man dieses 1,5-Grad-Budget pro Kopf verteilt, wäre der deutsche Anteil – aber nur, wenn wir jetzt sofort den Ausstoß vermindern würden – spätestens im Jahr 2030 verbraucht. Wenn wir 1,7 Grad zulassen, wäre es 2035 verbraucht. Das heißt, fehlende Klimaneutralität nach 2035 verletzt das Pariser Klimaschutzabkommen und katapultiert uns in eine globale Erwärmung mit existenzbedrohenden Werten.

Was müssen wir tun, um das nicht eintreten zu lassen?
Unseren Lebensstil verändern. Dazu müssen wir bereit sein. Wir werden es in dieser kurzen Zeit nicht hinbekommen, alles, was wir heute gewohnt sind, auf eine klimaneutrale Weise umzubauen, sodass jeder weiterhin eine Kreuzfahrt machen oder fliegen kann. Das sind Gewohnheiten, die wir verändern müssen. Heute *(Anm. d. Autorin: 20.05.2022)* wurde gemeldet, dass die Kreuzfahrtbranche wieder boomt. Das sind Schiffe, die mit Schweröl fahren und die man in absehbarer Zeit gar nicht klimaneutral machen kann. Außer dem Energiebereich ist auch die Ernährung ein großes Problem: Wir müssen den dramatisch hohen Fleischkonsum in Deutschland reduzieren. Ich finde es sehr dramatisch, dass die Menschen nach den ganzen Erfahrungen aus der Corona-Krise und jetzt auch aus dem Krieg in der Ukraine nach wie vor an ihren alten Mustern festhalten und gerade dabei sind, den Planeten zu verheizen. Die Klimaneutralität in Deutschland ist viel einfacher zu erreichen, wenn wir unsere Lebensstile ändern: weniger Auto fahren, weniger fliegen, weniger Fleisch essen.

Was passiert, wenn wir das nicht verändern?
Wenn wir daran nichts ändern, wird es eine Materialschlacht enormen Ausmaßes, um die erforderliche Menge an Solar- und Windenergie aufzubauen. Momentan werden etwa 20 Prozent unseres Energiebedarfs aus erneuerbaren Energien gedeckt. Um diese 20 Prozent zu erreichen, haben wir 30 Jahre gebraucht. Nun müssen wir von 20 auf 100 kommen, und das – je nachdem, welchen Wert man erreichen will – in zehn oder 15 Jahren. Das zeigt die Herausforderung. Wenn wir das schaffen wollen, müssen wir die derzeit installierte Solarleistung verzehnfachen, das, was wir an Land an Windrädern haben, etwas mehr als verdreifachen und offshore in der Nordsee um den Faktor 10 ausbauen. All das innerhalb kürzester Zeit.

Was muss passieren, damit das möglich ist?
Um überhaupt die Windenergie an Land zu verdrei- oder vervierfachen, brauchen wir auch Flächen von Ländern wie Bayern. Es kann nicht jeder sein eigenes Süppchen kochen und sagen, ach, das wird schon irgendwoher kommen. Aber das ist das, was momentan stattfindet: rein populistische Politik, und damit werden wir nicht klimaneutral. In Bayern wurden letztes Jahr acht Windräder gebaut, in Sachsen wurden Windräder abgebaut. Mir ist schleierhaft, wie wir so auch nur in die Nähe der Klimaneutralität kommen wollen.

Wir haben ausgerechnet, was wir zubauen müssen, um 2035 klimaneutral zu werden: Bei der Photovoltaik haben wir 2021 etwa fünf Gigawatt zugebaut; wir müssen pro Jahr aber auf 40 Gigawatt kommen. Bei der Windenergie haben wir etwas mehr als ein Gigawatt zugebaut, brauchen aber zehn. Das sind die Dimensionen.

Das, was Robert Habeck jetzt vorgeschlagen hat, ist nicht ganz so hoch, aber kommt dem schon nahe. Das Wirtschaftsministerium will hier einen großen Schritt nach vorne machen. Das reicht noch nicht ganz aus, aber ist schon mal die halbe Miete. Während die letzte Regierung ja noch dazu beigetragen hat, den Windenergie-Ausbau zu reduzieren – was sich jetzt bitter rächt.

Länder wie Bayern weigern sich aber weiterhin, Windenergie auszubauen, und wollen stattdessen große Leitungen bauen, um den Strom von Norden nach Süden zu bringen. Welche Konsequenzen hat diese Haltung?
Ja, diese Argumentation mit den Leitungen, das ist ein bayerisches Problem. Wenn ich den Strom nicht vor Ort erzeuge, muss ich ihn irgendwoher holen, das erfordert logischerweise Leitungen. Wir haben in Norddeutschland aber nicht ausreichend Flächen, es geht also ganz einfach nicht, dass Norddeutschland Süd-

deutschland mitversorgen könnte. Man kann zwar eine riesige Leitung bauen, aber das ersetzt den Windenergieausbau in Süddeutschland nicht. Ohne Windräder und Solaranlagen in Bayern werden wir nicht klimaneutral werden.

Man muss jetzt einfach bauen, vor allen Dingen in der richtigen Zeit. Wir können keine zehn Jahre weiter planen, bis wir ein Windrad aufstellen. Dazu gibt es jetzt Vorschläge vom Wirtschaftsministerium, aber mich wundert schon: Jetzt ist die Regierung schon ein halbes Jahr am Ruder *(Anm. d. Autorin: im Mai 2022)*, warum gibt es da noch keine Gesetze? Warum geht alles andere vor? Ja, wir haben Krieg in der Ukraine, und der Sprit ist teuer, das ärgert die Leute. Aber die Klimakrise hat ja eine ganz andere Dimension und hätte dementsprechend mit erster Priorität behandelt werden müssen.

Ist das nicht auch ein Eigentor für Bayern, da sich energieintensive Industrie künftig dort nicht mehr ansiedeln wird?
Das ist Herrn Söder egal, sowohl die Zukunft der jungen Generation als auch mittelfristig die Zukunft der Industrie. Ihm geht es nur um die nächste Landtagswahl. Denn die AfD hat ganz klar die Position besetzt: Die Klimakrise gibt es nicht, ergo brauchen wir keine Windräder. Das ist eine sehr simple populistische Position, die bei einigen Menschen wirkt, und diese Menschen möchte Herr Söder einfangen. Ihm geht es also darum, dass diese Menschen CSU statt AfD wählen, damit er seine Mehrheit behält. Diesem Ziel ordnet er alles unter, auch die Zukunft der jungen Generation.

Können Sie erklären, wie die Zeiten, in denen wenig Wind weht und zu wenig Sonne scheint, überbrückt werden können?
Hier gibt es Kurz- und Langzeitspeichertechnologien. Bei den Kurzzeitspeichern setzen wir auf Batterien – auch auf Elektroautos beispielsweise. Elektroautos haben sehr große eingebaute

Batterien, die man intelligent ins Netz integrieren und somit bei wenig Wind auch mal Strom zurückspeisen kann. Damit können wir Zeiträume von Stunden oder einem halben Tag überbrücken.

Bei längeren Zeiträumen kommt die sogenannte *power to gas*-Lösung ins Spiel: Aus den Überschüssen von Sonne und Wind im Sommer wird zum Beispiel über eine Elektrolyse Wasserstoff hergestellt. Dieser wird in großen Gasspeichern, die wir in Deutschland schon haben, zwischengespeichert. In den Flautenzeiten wird er in Gaskraftwerken zurückverstromt. Damit schaffen wir – das zeigen ganz viele Studien – die Versorgungssicherheit in Deutschland. Technisch ist das kein Problem. Man muss es halt aufbauen.

Wie lange wird es dauern, das aufzubauen?
Unser Zeithorizont sind die besagten 15 Jahre, mehr haben wir ja nicht. Aber denken Sie mal Folgendes: Während des Zweiten Weltkriegs haben die Amerikaner festgestellt, dass sie den Japanern und Deutschen militärisch massiv unterlegen sind und nicht genügend Rohstoffe haben. Also gab es ein Gesetz, und Produktionen wurden umgeschichtet. Dann hat man auch die Automobilproduktion deutlich heruntergefahren, um Panzer und Waffen herzustellen. Das wollen wir ja gar nicht. Wir brauchen jetzt die Produkte und Güter für die Klimakrise. Da muss aufgrund unserer Versäumnisse der Vergangenheit jetzt halt auch mal das eine oder andere Wohlstandsprodukt zurückstehen. Wir reden immer darüber, dass wir zu wenig Rohstoffe und Fachkräfte haben, und die Politik lehnt sich da ein bisschen zurück und sagt, deswegen geht das nicht so schnell. Aber das lasse ich als Argument nicht gelten. Dieses Problem muss man doch mit Entschlossenheit angehen – denn die Folgen der Klimakrise werden eine ganz andere Dimension erreichen als die des Zweiten Weltkriegs. Warum schaffen wir es jetzt nicht, diese große Krise zu meistern, indem

wir die Ärmel hochkrempeln und alle an einem Strang ziehen? Dann geht das! Wenn ein Wille da ist, geht das sogar schnell. Wir können über Nacht 100 Milliarden Euro für die Bundeswehr zusagen, also kann man auch die Energiewende beschleunigen. Deswegen: 15 Jahre sind machbar, *wenn* man es will. Aber bei dem aktuellen politischen Willen brauchen wir wohl eher 30 Jahre.

Sind Sie da von den Grünen enttäuscht?
Das ist eine schwierige Frage. Ich sage es so: Robert Habeck macht derzeit die beste Wirtschaftspolitik, die wir in Deutschland bislang gehabt haben; im Vergleich mit seinen Vorgängern ist das Goldstandard. Die Frage ist nur: Ist das ausreichend zum Beenden der Klimakrise? Und das würde ich momentan noch mit Nein beantworten. Da fehlt der Mut. Herr Habeck hat offenbar den Eindruck, dass die deutsche Bevölkerung nicht bereit ist, die nötigen Schritte mitzutragen, um die Klimakrise zu bewältigen. Das finde ich schade.

Wie sieht es bei anderen Energieformen aus, wann ist Wasserstoff sinnvoll?
Wasserstoff ist für die Bereiche sinnvoll, in denen wir keinen Plan B haben. Denn die Herstellung von Wasserstoff ist teuer und braucht sehr viel Energie, also sehr viele Windräder und Solaranlagen. Deswegen werden wir Wasserstoff nicht zum Autofahren oder Heizen verwenden, das ist einfach viel zu schade. Wasserstoff ist sinnvoll in der chemischen Industrie, bei der Herstellung von Stahl, im Flug- und Schiffsverkehr. Da wissen wir nicht, wie wir das in absehbarer Zeit klimaneutral bekommen können, außer auf Wasserstoff zu setzen. Und wir brauchen den Wasserstoff natürlich noch für die Langzeitspeicherung. Diese Gebiete kommen an Wasserstoff nicht vorbei, und da müssen wir ihn auch ausbauen.

Kommen wir zum Verkehr: Welche Rolle spielt künftig das Auto?
Wir müssen erstmal versuchen, die Anzahl der Autos deutlich zu drosseln. Optimal wäre, sie zu halbieren. Das wird wahrscheinlich nicht klappen, aber wir müssen uns bemühen, dass es weniger werden. Denn allein die Herstellung eines Autos frisst ja schon etwa zehn Tonnen CO_2, und auch die Rohstoffmengen sind gigantisch. Wenn alle Menschen so viel Auto fahren wollten wie wir in Deutschland, brauchten wir drei Milliarden zusätzliche Pkw auf der Welt. Das muss man sich einmal vorstellen. Da wären wir also wieder bei der Frage der Lebensstile.

Alle Autos, die künftig noch unterwegs sein sollen, müssen elektrisch sein. Anstatt Elektroautos zu fördern, wäre es aber sinnvoller festzusetzen, dass es keine Benzin- und Dieselautos mehr geben darf. Wir müssen sofort aufhören, neue Benzin- und Dieselautos zu bauen, und dazu sollte man jetzt die Diskussion anstoßen, 2025 ein Zulassungsverbot für Benzin- und Dieselautos auszusprechen. Anders geht es nicht, denn schauen wir uns mal den Spritpreis an: Kraftstoff ist jetzt durch den Ukrainekrieg sehr teuer geworden – übrigens viel teurer, als er je durch eine CO_2-Steuer geworden wäre, gegen die ja massiv protestiert wurde –, und jetzt sehen wir, dass diese enorme Verteuerung nicht dazu führt, dass die Menschen erheblich weniger oder langsamer fahren. Es gibt einen sehr kleinen, lenkenden Effekt, aber nicht so, dass es uns bei der Klimakrise hilft.

Man muss sich auch einfach mal trauen, eine Innenstadt für den Autoverkehr zu sperren. In anderen Ländern geht das; da wird das Autofahren sehr unbequem gemacht: In Paris darf ich in zwei Jahren nicht mehr mit dem Diesel in die Innenstadt. Warum geht das in Deutschland nicht? Das müsste Standard in allen deutschen Städten werden. Dann klappt das auch. Natürlich ist der Aufschrei erstmal groß; das muss man politisch durchsetzen, und das traut sich die Politik momentan nicht. Aber wenn man darüber spricht, was erforderlich wäre, damit wir die Klimakrise noch schaffen können, dann wären das die Maßnahmen, die wir bräuchten. Wir brauchen eine Bewusstseinsänderung, denn sonst werden wir das nicht schaffen.

Parallel dazu müssen wir die Alternativen stärken: mehr öffentlichen Verkehr anbieten. Auf dem Land, solange der Bus einmal pro Woche kommt, kommt man am Auto noch nicht vorbei. Hier haben wir das Henne-und-Ei-Problem: Es gibt keinen Nahverkehr, weil alle mit dem Auto fahren, und weil alle mit dem Auto fahren, gibt es keinen Nahverkehr. Das kann man zwar durchbrechen, aber das ist sehr kostenintensiv und sehr aufwändig.

Also kurz gesagt: Die Autos müssen raus aus den Städten, auf dem Land müssen Alternativen ausgebaut werden. In der Übergangsphase gibt es schon einmal keine neuen Verbrenner mehr – die alten kann man noch bis 2035 zu Ende fahren –, aber neue Autos müssen alle elektrisch sein und mit Solar- und Windstrom betrieben werden.

Wie finden Sie Projekte wie das 9-Euro-Ticket?
Es gab im öffentlichen Personennahverkehr (ÖPNV) Versuche, bei denen man in einzelnen Kommunen den Nahverkehr kostenlos gemacht hat. Das hat jedoch nicht dazu geführt, dass die Leute, die Auto fahren, öffentlich fahren. Sondern die Leute, die vorher zu Fuß gegangen sind, benutzten dann den Nahverkehr. Daraus folgt: Wenn wir jetzt kostenlosen ÖPNV anbieten würden, wären alle Züge voll. Das würde dazu führen, dass die Leute sich genervt abwenden und wieder mehr Auto fahren. Ich muss also, wenn ich etwas kostenlos anbiete, erst einmal auch das Angebot ausweiten, weil die Nachfrage natürlich steigen wird. Wer soll das aber bezahlen? Meine Favorisierung wäre deswegen, dass man den ÖPNV nur bis zu einem gewissen Einkommen umsonst machen

sollte, aber nicht für alle. Leute, die sich Autos für 40 000 Euro kaufen können, brauchen kein 9-Euro-Ticket. Bei Menschen mit geringem Einkommen bin ich damit einverstanden, denn da werden diese Leute auch mit den steigenden Energiepreisen entlastet.

Wie bekommt man dann die Menschen mit höheren Einkommen dazu, vom Auto auf den öffentlichen Verkehr umzusteigen?
Man muss das Angebot des öffentlichen Verkehrs verbessern und das Autofahren unangenehmer machen. Ein Hauptgrund, nicht mit den öffentlichen Verkehrsmitteln zu fahren, ist nicht, dass sie zu teuer sind, sondern, dass sie zu unbequem sind. Deswegen muss ich erstmal die Baustelle »unbequem« beseitigen, bevor ich an den Preis rangehe. Und dann muss man einmal bestimmte Sichtweisen korrigieren, die in Deutschland sehr autogeprägt sind: Ein Auto ist ja schweineteuer. Das kann jeder für sein Auto beim ADAC nachschauen, was das so kostet. Das billigste Auto, ein Dacia, kostet etwa 9 000 Euro Neupreis. Wenn man die Vollkosten dieses Autos rechnet – mit Steuer, Versicherung, Sprit und Wertverlust – kommt man auf mehr als 4000 Euro im Jahr. Bei einem etwas größeren Auto kommt man leicht auf 10 000 Euro und mehr. Das heißt: Die Leute geben im Jahr bereitwillig 10 000 Euro für ein Auto aus, da spielen Kosten selbst bei Menschen mit geringem Einkommen keine Rolle, aber ein ÖPNV-Ticket für 500 Euro ist allen zu teuer.

Bei einem einkommensabhängigen Ticket gäbe es viel Verwaltungsaufwand. Gerade der Verwaltungsaufwand behindert aber bei der Photovoltaik massiv den Ausbau. Muss man die Energiewende nicht generell entbürokratisieren?
Das Ziel der letzten drei Regierungen war ja, den Ausbau der Solarenergie zu verringern und schwieriger zu machen. Das ist erfolgreich gelungen. Jetzt brauchen wir deswegen mehr Tempo, und deswegen müssen wir alle Maßnahmen beseitigen, die das Tempo reduzieren. Ich kann ja nicht einmal meinen Nachbarn oder meinen Untermieter an meiner Elektrosäule laden lassen. Warum hält sich der Staat da nicht raus? Hier müssen die Regeln so sein, dass ich relativ viele Freiheiten habe. Denn der Verwaltungsaufwand steht in keinem Verhältnis zum Nutzen. Ich weiß gar nicht, wie viele Finanzbeamte in Deutschland damit beschäftigt sind, Einfamilienhausanlangen mit 300 Euro Steuerabgaben im Jahr abzurechnen. Das ist ein gigantischer Aufwand, und der muss weg, weil er nur kontraproduktiv ist. Diese kleinen Anlagen zu installieren und zu betreiben, das muss auch Spaß machen. Der Aufwand schreckt zu viele ab, die sagen, ich würde es ja machen, wenn es nicht so ein bürokratischer Alptraum wäre.

An dieser Behinderung des Ausbaus haben in Deutschland starke Lobbykräfte mitgewirkt. Müsste man ganz grundlegend bei diesen Einflussnahmen ansetzen und diesen Lobbyismus mehr bekämpfen?
Der Lobbyismus ist auch durch die *Friday for Future*-Bewegung deutlich zurückgedrängt worden. Es gibt ihn noch, außerhalb Deutschlands noch mehr als bei uns, denn da gibt es ja noch die großen Öl- und Gaskonzerne. Wir haben den starken Lobbyismus noch gesehen bei den Geschehnissen rund um die Pipeline Nordstream 2 *(Anm.: siehe Kapitel »Die deutsche Energie«)*, aber das fliegt den Beteiligten jetzt auch richtig um die Ohren. Das

schreckt andere schon ab, so etwas noch weiterhin zu machen. Insofern hat sich da in den letzten zwei bis drei Jahren etwas sehr verschoben. Dazu haben wir jetzt auch massiven Druck aus der Wirtschaft. Es wird immer schwieriger, klimaschädliches Verhalten zu finanzieren. Ein neues Kohlekraftwerk könnte in Deutschland gar nicht mehr gebaut werden, weil man keine Kredite mehr dafür bekommen würde. Solche extremen Sachen sind bereits tabu. Natürlich, kleinere »Verbrechen« gehen immer noch, aber auch viele Wirtschaftsunternehmen sind mittlerweile eigentlich schon gut aufgestellt und schlagen nachhaltigere Wege ein. Vor zehn oder 15 Jahren waren wir hier noch in der Totalverhinderung festgehangen. Jetzt gab es auch einige interessante Aussagen. Der CDU-Ministerpräsident von NRW, Hendrik Wüst, sagte jetzt, er fände auch einen Kohleausstieg 2030 gut. Vor einigen Jahren gab es in der CDU noch viele Stimmen, dass man aus der Kohle gar nicht aussteigen kann. Dieser Kurs hat sich also stark verschoben, und ich weiß nicht, ob da noch stark Lobbyismus stattfindet.

Ich glaube, das größte Problem sind die Beharrungskräfte, nach dem Motto: Das haben wir doch schon immer so gemacht. Die Leute kaufen sich jetzt noch Benzin- und Dieselautos, weil sie es immer schon so gemacht haben. Ein Elektroauto, das ist ungewöhnlich. Und sie essen Fleisch, weil sie das schon immer gemacht haben, und probieren keine Alternativen aus. Gehen Sie mal in Oberbayern auf ein Dorffest und reden von der Reduzierung des Fleischkonsums. Da machen Sie sich sehr beliebt. Das ist das Problem. Politiker sind ja selbst auch Menschen und machen auch das, was sie schon immer gemacht haben. Auch sie haben Schwierigkeiten, wenn sie merken, es geht ja auch um ihre eigenen Lebensstile.

Wie kann man diesen Beharrungskräften entgegenwirken?
Eben wegen dieser Kräfte wäre Aufklärung so wichtig. Ein Beispiel: In Deutschland kommt jeden Tag vor der *Tagesschau* »Börse vor acht«, obwohl gerade mal 13 Prozent der Deutschen Aktien besitzen. Der Klimawandel betrifft aber alle, deswegen sollte man hier besser »Klima vor acht« senden. Und darin sollte man dann beispielsweise darstellen, dass 80 Prozent des Getreides in Deutschland an Tiere verfüttert werden, während anderswo die Leute verhungern, weil sie nicht genügend Getreide produzieren können. Das sind Dinge, die muss man kommunizieren – nur so hat man ja die Chance, die Leute auch zu erreichen und eine Veränderung zu bewirken. Es gab und gibt für »Klima vor acht« sogar eine Initiative, aber die ARD weigert sich bisher. Die öffentlich-rechtlichen Medien sind noch nicht in der Lage, hier ausreichend aufzuklären. Glücklicherweise gibt es durch soziale Netzwerke zwar auch andere Möglichkeiten, aktiv zu werden. Aber mehr Präsenz dieses Themas vor 23 Uhr im Fernsehen wäre dringend nötig.

Sie warnen seit Jahrzehnten vor den Folgen des Klimawandels und setzen sich für erneuerbare Energien ein. Wie geht es Ihnen?
Es ist ein Auf und Ab. Momentan bin ich deprimiert, weil wir auch nach einem so drastischen Geschehen wie dem Ukrainekrieg keine besseren Ideen haben, als Sprit zu subventionieren. Wir ergreifen Maßnahmen, die die Probleme noch verschlimmern. Wir hätten mit dem Krieg jetzt außer der Klimakrise noch einen zweiten bedeutenden Anlass, uns mal zusammenzuraufen, massiv Öl und Benzin einzusparen, langsamer zu fahren, vielleicht auch tageweise Fahrverbote auszusprechen – aber es passiert viel zu wenig. Auch von den Grünen. Die Beschleunigung des Ausbaus von Windenergie kommt erst nach dem Ausbau von LNG-Termi-

nals oder Spritpreis-Subventionen. Der Fokus liegt immer noch auf den alten Technologien; das ist ein ziemlicher Rückschlag.

Andererseits bin ich wesentlich hoffnungsfroher als noch vor zehn oder 20 Jahren, aus zwei Gründen: Wir haben jetzt eine sehr breite gesellschaftliche Bewegung mit *Fridays for Future,* das heißt, am Thema Klimaschutz kommt in Deutschland keiner vorbei. Selbst die CDU fordert heute Sachen, die vor zehn Jahren noch utopisch gewesen wären – da waren das Forderungen der Grünen. Das heißt, wir haben eine deutliche Verschiebung erlebt.

Wir haben außerdem Technologiesprünge gemacht: Solarenergie ist billig, und die Technologie ist verfügbar, das heißt, die Klimalösungen sind da und bezahlbar. Das Problem ist nur, dass wir durch die letzten Regierungen zehn bis 20 wertvolle Jahre verloren haben. Wären wir jetzt im Jahr 2000 oder 2005, dann würde ich sagen, super – wir haben die bezahlbaren Technologien und den Kompass verschoben, sodass wir eine Chance haben, bis 2030 oder 2040 klimaneutral zu sein, denn dann hätten wir noch 30, 40 Jahre Zeit. Jetzt haben wir aber nur noch zehn, 15 Jahre Zeit. Das heißt, wir müssten jetzt das, was wir eigentlich schon seit 15 Jahren gemacht haben sollten, noch obendrauf nachholen. Da sind wir aber meilenweit davon entfernt. Wir machen jetzt die gesellschaftlichen Veränderungen in der Politik, die wir vor 20 Jahren hätten machen müssen. Die jetzigen Veränderungen sind zwar okay, reichen aber nicht mehr aus – einfach, weil wir diese 20 Jahre durch Nichtstun verloren haben. Deswegen sind wir trotz der Anstrengungen, die wir jetzt in Deutschland machen, immer noch nicht auf dem Weg, unsere Klimaschutzziele zu erreichen. Und das beunruhigt mich natürlich.

❄

Volker Quaschning ist von allen meinen Gesprächspartnern wohl derjenige, der am deutlichsten ausspricht, wie schnell jetzt gehandelt werden muss, und der die letzten Regierungen am deutlichsten kritisiert. Das Ausbremsen der erneuerbaren Energien rächt sich jetzt so bitter, wenn man bedenkt, dass wir vor mehr als zehn Jahren schon den passenden jährlichen Zubau hatten bei der Solarenergie – vor dem Altmaier-Knick. Aber aus dieser Vergangenheit kann man ja lernen, und wenn man will, geht die Energiewende noch immer in der erforderlichen Zeit, das ist auch von Quaschning die gute Nachricht. Man muss nun eben nur noch mehr Gas geben und alles Versäumte aufholen.

Quaschning spricht mit mir sehr kurzfristig, während er auf einem anderen Termin ist. Das Gespräch noch möglich zu machen, ist ihm aber ein Anliegen, auch aus den Gründen, die er im Gespräch dann nennt: Der Klimawandel und seine dramatischen Auswirkungen würden immer noch zu wenig in den Medien behandelt, im Bildungsfernsehen nach 23 Uhr – und deswegen müsse man eben alle anderen Wege nutzen, auf die Krise, ihre Folgen, vor allem aber auch auf ihre Auswege aufmerksam zu machen. Denn wir *können* es ja ändern – wir müssen es nur tun. Und noch immer ist es so, dass vielen Menschen nicht richtig bewusst ist, worauf wir zusteuern. Erst, wenn man es ihnen also richtig erklärt, haben sie eine Chance, ihre Meinung, ihr Verhalten zu verändern.

Das ist auch meine Haltung und Erfahrung: Information schafft Veränderung. Sehr oft tun Menschen Dinge und sind sich gar nicht bewusst, welchen Schaden sie damit anrichten. Das sehe ich in meinen heimischen Bergen, wenn Wanderer durch Schutzgebiete marschieren – macht man sie darauf aufmerksam, reagieren die allermeisten eher erschrocken bis beschämt, nur wenige sind ja Rowdys, die sich nicht um die Natur scheren. Auf meinen Plastik-Vorträgen höre ich immer wieder: Das war mir gar nicht bewusst. Erst wenn das Problem bekannt ist, kann man ja etwas verändern. »Klima vor acht« wäre deswegen doch eine prima Idee!

✻

Zurück in Longyearbyen

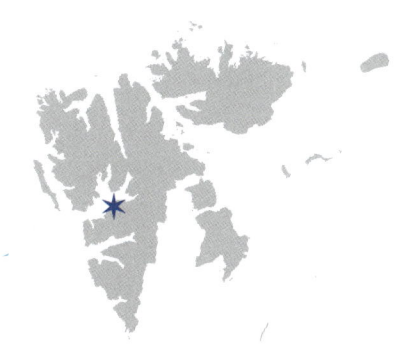

Langsam fahren wir auf Longyearbyen zu, zwei Wochen nachdem wir den kleinen Ort verlassen hatten. Aufbruch und Rückkehr, zwei seltsame Momente, jedes Mal wieder. Steuerbord taucht der Flughafen auf, der Campingplatz, Wolfgangs Haus und die Stelle, an der einmal seine Terrasse war und jetzt nur noch Pfähle stehen. Wir gleiten vorbei an den ersten Hütten, dahinter ragt auf halber Höhe des Platåberget der Eingang des Global Seed Vault aus dem Berg heraus ins Tal hinein, aus nacktem Beton, dicht verschlossen, mit einem Kunstwerk aus reflektierenden Dreiecken, das den abweisenden Eindruck dieses klobigen Baus noch verstärkt.

Das Global Seed Vault, der globale Saatgut-Tresor, wurde 2007 mit großer medialer Aufmerksamkeit in Betrieb genommen, »Doomsday Vault« wurde das Lager genannt, oder Arche Noah. Namen, die einem heute nicht mehr so dramatisierend erscheinen, sondern seltsam aktuell klingen. Sie klingen nach etwas, das man tatsächlich besser in petto hat, jetzt, wo die Welt beginnt, ein bisschen verrücktzuspielen. In dem

Tresor wird Saatgut aus aller Welt eingelagert, um die Artenvielfalt von Nutzpflanzen zu erhalten und zu schützen, nicht weniger als die Ernährung der Welt soll mit dieser und noch weiteren solcher Saatgut-Banken gesichert werden. Im Fall einer lokalen oder globalen Krise kann dadurch Samen von Reis, Weizen, Kartoffeln, Früchten, Nüssen oder Wurzelgemüse aufgetaut und nachgezüchtet werden. In einem alten Gang einer Kohlemine reicht der bunkerähnliche Bau 120 Meter in den Berg hinein, konstant 18 Grad unter null hat es dort, ein Grund für die Errichtung der Samenbank war die natürliche Kälte des Permafrosts. Schon ein Jahr nach dem Bau allerdings drang Wasser in das Lager ein, weil der Permafrostboden nicht so schnell wieder fror, wie die Bauplaner das dachten. Als ich damals für eine Zeitungsrecherche mit Gary Fowler, einem der maßgeblichen Köpfe hinter dem Seed Vault, sprach, seufzte er sehr, sehr tief, denn natürlich war die »auftauende Samen-

bank im ewigen Eis« ein mehr als gefundenes Fressen für die Weltpresse. »Auch wenn man ein Haus baut, passieren überraschende Dinge«, sagte Fowler damals zu mir, »wir haben noch nicht so viele Seed Vaults in Permafrostboden gebaut. Es war unmöglich vorherzusagen, wie schnell der Permafrost zurückkommen würde.« Die Idee, die Samenbank hier im Permafrost zu errichten, hielt er weiterhin für richtig: »Wir haben gar keine andere Wahl«, sagte er. »Unser Klima ändert sich, und wir müssen die Vielfalt der Kulturpflanzen erhalten, um adäquat auf diese Änderungen zu reagieren. Bauern können diese Aufgabe nicht leisten – Landwirte betreiben keine Gen-Museen.« Nutzpflanzen aus aller Welt also lagern hinter diesem schillernden Eingang – mit einer Ausnahme: »Svalbard darf als einzige Region Samen einlagern, die nicht von Nutzpflanzen stammen«, erzählte mir Gunnar Sand, der Direktor der Universität von Spitzbergen, als ich ihn damals an einem polarnachtschwarzen Novembermittag in der Universität traf, »wir haben um diese Ausnahme gebeten, da mit den steigenden Temperaturen viele unserer hocharktischen Pflanzen verschwinden werden.« In jenem November 2008 sprachen wir noch viel über die Errichtung der Samenbank, und wie die Pflanzen dort eingelagert werden. Niemand wusste damals, wann zum ersten Mal tatsächlich Samen daraus benötigt werden würden, die ganze Idee schien eine Vorkehrung für die ferne Zukunft. Aber schon acht Jahre später, im September 2015, brauchte man den Tresor: Der Bürgerkrieg in Syrien hatte nicht nur Menschen und Kulturgüter in Gefahr gebracht, sondern gefährdete auch die Arbeit der Samenbank des internationalen Zentrums für Agrarforschung in trockenen Regionen (ICARDA) in Aleppo. In ihr wurden hitzeresistente Getreidesorten des Nahen Ostens aufbewahrt. Die Wissenschaftler konnten die Proben nicht mehr an Züchter und Forscher weitergeben, und so musste ICARDA auf seine glücklicherweise bereits eingelagerten Samen aus Spitzbergen zurückgreifen. Dabei handelt es sich nicht um ein paar Samentütchen: Rund 116 000 Proben, hauptsächlich Weizen, Gerste und Kichererbsen, wurden aus dem Global Seed Vault abgeholt. Sie sind nun die Basis für neue Banken in Libanon und Marokko.

Welches Land wird das nächste sein – und was wird der Grund sein für die Entnahme? Jedes Mal denke ich daran, wenn ich zu diesem reflektierenden Eingang hinaufschaue.

Der Seed Vault verschwindet aus unserem Blickfeld, und wir sind bald im Hafen angelangt, der der Siedlung ein bisschen vorgelagert ist, es ist ein ganz und gar unlauschiger Ort, der nichts von der Schönheit verrät, die hier manches Mal auf einen wartet, auch mitten in Longyearbyen. Langsam bewegen wir uns auf den Anlegesteg zu, an dem die kleinen Schiffe wie unseres parken. Der Moment der Rückkehr ist immer wieder besonders, auf eine andere Art als der des Wegfahrens. Ist man bei der Abfahrt euphorisch, aufgeregt, neugierig, so ist man bei der Rückkehr angefüllt mit Eindrücken und Erlebnissen, immer dankbar und häufig demütig.

Ich stehe allein auf dem Achterdeck und schaue Richtung Longyearbyen, den Ort, in dem ich so viel erlebt habe; einiges davon hat mein Leben verändert. All die Ereignisse, die Veränderungen, von denen ich nun auf vielen Seiten erzählt habe, sind mir jedes Mal präsent, wenn ich nach Longyearbyen komme, vor allem jene von 2015, die ich eingangs beschrieb. Ich erinnere mich gerade hier auch immer an die blauen Nächte im März, in denen es so kalt und blau und klar war, so unerschütterlich wunderschön, wie das Licht nur ist, wenn es richtig kalt ist. Es wird nicht mehr lange dauern, dann wird diese polare Schönheit, diese Zeiten der Kälte und des blauen Lichts, deren Kombination eine einzigartige, stumm machende Atmosphäre schafft, die Ausnahme und nicht mehr die Regel sein. Der durchgängig kalte Lichtwinter, an dessen Ende die Schmelze alles auflöste und den Sommer brachte, ist jetzt schon Geschichte. Es gibt ihn nicht mehr.

15 Jahre bin ich in der Arktis unterwegs. Nur! Ich bin dankbar, dass ich so viele wunderschöne Momente erleben durfte in dieser arktischen Welt, in einer Zeit, als sie noch die Arktis von früher war. In dieser kurzen Zeit ist so vieles anders geworden. Die Arktis von morgen – wie wird sie aussehen? Wird es uns gelingen, wenigstens Teile ihrer Schönheit zu erhalten? Und schaffen wir es, auch unseren eigenen Lebensraum als Lebensraum zu erhalten?

Mit der *Cape Race* haben wir nun den Anlegesteg erreicht. Leinen werden geworfen, zum ersten Mal, seit wir in Ny-Ålesund an der Pier waren. Dann liegen wir fest, und der Motor verstummt.

❇

Gemeinsam können wir es schaffen

Nach dem Festmachen an dem Anleger herrscht erst einmal die übliche Geschäftigkeit, die an den Wechseltagen immer herrscht. Der Schiffsmüll wird weggebracht, dann auch unser Strandmüll.

Zurück an Bord, helfe ich mit, diese Reise abzuschließen und alles für die nächste vorzubereiten. Ich nehme die großen Boxen mit dem wissenschaftlichen Equipment aus dem Lagerraum und gehe alles durch, ordne und trockne die Gerätschaften, die noch feucht sind. Dieses Equipment ist eines der zentralen Elemente dieses Schiffs und ein großer Anreiz für mich, diese Schiffsarbeit noch zu machen. Wir erzählen unseren Gästen sehr viel, über die Tiere, die Pflanzen, das Klima, versuchen, so viel Information und Wissen wie nur möglich zu vermitteln. Als ich 2020 zum ersten Mal mit der *Cape Race* unterwegs war, zeigte mir ihr Eigentümer Nikolaus Gelpke diese Ausstattung; wir holten Wasser aus verschiedenen Tiefen nach oben, und er erklärte und erklärte. Dann schauten wir einige unserer Funde unter dem Mikroskop an, und ich war fasziniert. Es war, als würden wir mit einem U-Boot in den tiefen Wassern unterwegs sein und zum ersten Mal zu sehen bekommen, was es dort unten alles gibt. Zum ersten Mal bekamen wir an Bord direkten Einblick in das, was alles in dem Wasser um uns herum war. Mannschaft und Gäste waren begeistert, Gelpke zufrieden. Deswegen hatte er das Schiff ja gekauft: Damit Menschen dem Meer näherkamen. Verstanden, warum es unsere Ozeane zu schützen gilt. Auf der damaligen Reise hatte ich die wunderbare Gelegenheit, mich mehrmals mit Gelpke über Meere und Menschen zu unterhalten – und darüber, was wir jetzt bräuchten.

※

Nikolaus Gelpke,
Verleger und Meeresbiologe

»Wir brauchen ein neues Wir-Gefühl.«

Der Schweizer Nikolaus Gelpke kam durch die Tochter Thomas Manns, Elisabeth Mann Borgese, zur Meeresbiologie. Sein Lebensauftrag ist es, Wissen über die Meere zu vermitteln – deswegen hat er den Mareverlag gegründet und gibt alle zwei Jahre den World Ocean Review heraus. Seit einiger Zeit besitzt er außerdem ein eigenes Schiff, die Cape Race, *die Reisende für die Meere sensibilisieren soll.*

Die Sichtweise, die der Mensch auf seine Umwelt eingenommen hat, ist problematisch: Er nimmt die Umwelt eigentlich überhaupt nur dann wahr, wenn sie ihn direkt und offensichtlich betrifft oder berührt. Der Dorsch in der Ostsee stirbt aus, weil es ihm dort zu warm geworden ist, und irgendwann wird es ihm auch im nördlichsten Norden zu warm sein. Das alles passiert gerade. Aber zum Thema wird dieses Geschehen nur, weil es Nachteile für die Fischerei mit sich bringt. **Das Nachdenken über die Natur ist also vor allem anthropozentrisch.** Dabei hat doch zuerst das Ökosystem ein Problem – und erst dann die Fischerei.

Wir finden es schlecht, wenn es keine Wale mehr gibt, weil wir Wale mögen. Die Veränderung des Ökosystems hingegen finden wir Menschen erst einmal nicht schlimm; sie interessiert uns gar nicht, solange wir nicht moralisch, seelisch oder wirtschaftlich davon betroffen sind. **Das ist deshalb ein Riesenproblem, weil jede Veränderung des Ökosystems falsch ist, nicht nur das Sterben der Tiere, bei denen es uns auffällt** oder um die es uns aus moralischen oder wirtschaftlichen Gründen leidtut.

Was bisher also fehlt, ist eine Haltung, was diese Veränderungen angeht. Wir können ja auch beschließen: Es ist eigentlich gar nicht schlimm. Wir können sagen, wir sind amoralisch, und es ist uns egal – dann stirbt das Meer eben. Dann haben einige Generationen nach uns zwar erhebliche Ernährungsprobleme, aber jetzt ist es trotzdem nicht weiter schlimm.

Zyniker sagen: »Es ist eh gut, wenn einige Arten und auch Menschen verhungern, dann reguliert sich das System von selbst, so ist die Natur.«

Wenn man nicht so zynisch ist, kommt man um die ethische Fragestellung nicht herum. **Es ist ethisch nicht in Ordnung, dass wir auf diese Weise eingreifen.** Momentan aber verändern wir ein System mit unzähligen Einzelteilen, die genau aufeinander eingestellt sind, sehr tiefgreifend.

Nehmen wir die Versauerung der Ozeane: Unsere Meere nehmen mehr als 30 Prozent des CO_2 auf, das wir produzieren. Vereinfacht dargestellt, erhöht sich dadurch der pH-Wert der Meere. Das wiederum führt dazu, dass sich bei Organismen, die eine kalkhaltige Schale haben, ebendiese Schale auflöst. Verschiedene Organismen tun sich damit sehr schwer; zum Beispiel auch gepanzertes Phytoplankton. Dieses Phytoplankton bildet nun aber eine Basis des marinen Nahrungsnetzes. Wir reden hier von einer enormen Biomasse. Und damit von der größten Einflussnahme in ein Ökosystem, die man sich nur vorstellen kann. Das passiert jetzt, aber interessiert es jemanden? Bislang nur Wissenschaftler und einige sehr informierte – und deswegen ziemlich besorgte – Menschen.

Hier liegt ein weiteres Problem begraben: Diese Zusammenhänge sind sehr schwierig darzustellen, und im Unterschied zum traurigen Blick einer Robbe berührt es uns Menschen kaum, wenn das gepanzerte Phytoplankton oder eine Flügelschnecke es plötzlich schwer haben. **Weil wir bisher ja auch nie damit zu tun hatten – denken wir! –, brauchen wir weder das eine noch das andere. Was geht uns denn die Flügelschnecke an?** Komplexe Prozesse wie die Versauerung kann man nicht so plakativ darstellen, dass es bei den Rezipienten Sorge oder Betroffenheit auslöst. Für Wissenschaftler wie mich ist es äußerst deprimierend, zu sehen, wie schnell diese Prozesse vonstattengehen. Und wie wenig die Politik unternimmt.

Besser vermittelbar als Geschichten über kleine Organismen wie Copepoden sind dann wieder die großen Katastrophen: Dass nun bereits die Hälfte des Great Barrier Reef wegen der Erwärmung des Meeres tot ist und immer schneller weiterstirbt, lässt niemanden kalt. Weil der Tod hier sichtbarer ist. Weil das Riff ästhetisch ist, weil es an Gefühle geht.

Die Wissenschaft spricht heute zwar mehr mit Medien, und es macht Hoffnung, wenn Wissenschaftler nun Politik betreiben.

Allerdings stellt man auch sehr schnell fest, dass Menschen wissenschaftsskeptisch sind, wenn ihnen die Aussagen der Forschung nicht gefallen. Das Problem ist nicht die Wissenschaft, es ist der Mensch. Wir interessieren uns nur für uns, und deswegen sind die komplexen Probleme, die uns nicht gleich weh tun, nicht so wichtig. **Es schmerzt uns sehr viel mehr, wenn wir unseren SUV aufgeben müssen, als wenn irgendeine Schnecke keine Schale mehr hat.** Wenn die Menschen nicht betroffen sind, dann unternehmen sie nichts, und die Flügelschnecke betrifft erstmal niemanden.

Ich bin sehr frustriert und frage mich aus diesem Grund auch, ob es sich überhaupt lohnt, weiterzukämpfen, sich weiter zu engagieren in der Vermittlung von Wissen. Kollegen sagen dann, man darf nicht aufgeben. Aber man sieht ja in der Arktis so überdeutlich, dass alles bereits vor unseren Augen passiert und dennoch nichts unternommen wird, nichts Gravierendes.

Insofern überwiegt mein Pessimismus. Auch wenn ich mir ansehe, wie sich unsere Gesellschaften in den vergangenen 50 Jahren verändert haben: In dieser Zeit hat sich ein eiskalter angelsächsischer Kapitalismus gepaart mit einem eiskalten Darwinismus erfolgreich durchgesetzt, der nur auf der egoistischen Wahrnehmung basiert. Es gibt keine neuen Bewegungen mehr. Religionen oder der Sozialismus – egal, was man von ihnen halten mag – waren Ideen zur Formung einer Gemeinschaft; das Prinzip war, dass man in der Gemeinschaft überlebt. Diese Bewegungen sind gescheitert, und sie werden durch nichts ersetzt. **Es gibt keine neuen Ideen, Bewegungen oder Theorien, in denen es um eine Gemeinschaft geht, in der Kräfte gebündelt würden; es geht immer um das Einzelne, das Ego, und nicht mehr um ein Wir.** Das macht mich pessimistisch. Denn um etwas so Großes wie den Klimawandel zu bekämpfen – dafür braucht es ein Wir-Gefühl.

Auf eine Weise fasst Nikolaus Gelpke die Gefühle und Erlebnisse all der Wissenschaftler zusammen, mit denen ich gesprochen habe. Es wird geforscht und belegt, belegt und geforscht. Die Ergebnisse aber sind, trotz aller jüngsten Bemühungen, den Menschen nur sehr schwer nahezubringen. Und noch viel schwieriger ist es, adäquate Reaktionen hervorzurufen. Auch seine widerstreitenden Gefühle, dass doch alles keinen Sinn mehr habe, kenne ich nur zu gut. Ihnen überlassen will ich mich aber nicht. Auch Gelpke tut das sicher nicht, sondern er wird im Gegenteil nicht müde, Initiativen wie den *World Ocean Review* ins Leben zu rufen und in der Fachwelt zu etablieren oder in einer Neuauflage des monatlichen Mare-Podcasts »Übers Meer« eben das zu tun, was er so leidenschaftlich gut kann: »Übers Meer« zu reden. Aber die Zweifel plagen.

Gelpkes Gedanken über die heute mangelnden Bewegungen stimmen mich, anders als ihn, aber auf eine seltsame Weise optimistisch. Es mag heute keine gemeinsame Idee mehr geben und stattdessen einen um sich greifenden Egoismus, anstelle einer Identität als Teil einer Gemeinschaft nur noch nicht einmal mehr lose verbundene Elementarteilchen, die sich nur zufällig noch räumlich nahe sind. Vielleicht ist dieser mangelnde Gemeinschaftsgeist auch aus unserer nun doch einige Jahrzehnte lang dauernden relativen Problemlosigkeit entstanden, aus unserer Sicherheit und Sattheit, die wir im Nachkriegseuropa erleben durften. Wofür oder wogegen mussten wir denn unbedingt alle zusammen kämpfen, eine Gemeinschaft formen? Es ging ja alles gut – wenn auch für den aufmerksamen Betrachter an vielen Stellen sehr oberflächlich – und wurde erst einmal immer noch besser. Nun aber dringt doch langsam auch in die gemütlichsten Hygge-Höhlen das Gefühl vor, dass es mit dieser Bequemlichkeit bald vorbei sein könnte. Krieg, brennende

Wälder, verheerende Fluten, alles mitten in Europa, und obendrauf eine globale Pandemie, nagen an unserem Sicherheitsgefühl. Die unbequeme Frage, ob unser Raumschiff Erde – unser einziges – noch richtig gesteuert wird, stellen sich in den vergangenen Monaten doch immer mehr Menschen?

Können also nicht das mutige Agieren gegen den Klimawandel – das an vielen Stellen ja ein direktes Agieren für mehr Frieden und Gerechtigkeit wäre – und der Kampf für den Erhalt der Bewohnbarkeit unseres Planeten der Boden sein für eine neue Bewegung, angefeuert noch durch den spürbaren Verlust bisheriger Gewissheiten? Und schauen wir der Entstehung einer solchen Bewegung nicht schon seit einigen Jahren zu, jeden Freitag, seit jenes schwedische Mädchen seinen Schulstreik begann? Es sind in der Vergangenheit schon ganz erstaunliche Dinge passiert, wenn Menschen sich zusammenschlossen. Auf regionaler Ebene beispielsweise, wurde in den Achtzigerjahren der Bau der atomaren Wiederaufarbeitungsanlage im oberpfälzischen Wackersdorf aufgrund jahrelanger massiver Bürgerproteste verhindert, an die heute noch ein Erinnerungszentrum mahnt. In Deutschland wurde nach der Katastrophe von Fukushima der Ausstieg aus der Kernenergie beschlossen, auch wiederum nach zahlreichen Demonstrationen. Und global haben wir die Produktion von Gasen, die unsere Ozonschicht zerstören, relativ schnell gestoppt, worauf sich unsere Ozonschicht zwar langsam, aber doch erholt. Veränderung *ist* möglich.

Diesen Bewegungen war ein Wir-Gefühl gemeinsam. Es gab ein Ziel, hinter dem sich Menschen, die sonst vielleicht eher nicht gemeinsam kämpften, vereinten, in Wackersdorf waren unter den Protestierenden Grüne genauso wie CSU-Wähler zu finden, Hippies, Kirchgänger und der Pfarrer. Ihnen allen gemein war, dass sie keinen Atommüll in ihrer Region und sowieso überhaupt keinen Atommüll wollten. Ansonsten sehr unterschiedliche Ansichten wurden bei diesem Kampf vernachlässigt, zum Wohle und Nutzen des einen Ziels.

Kann das Ziel, unseren Planeten für die kommenden Generationen zu bewahren, uns nicht ähnlich einen? Müsste es uns denn nicht noch viel mehr vereinen? Es sollte doch ein jeder, vor allem wenn er Kinder oder Enkel hat, daran interessiert sein, dass diese Kinder und Enkel nicht schon in sehr kurzer Zeit neuen Kriegen ausgesetzt werden, diesmal um Wasser, um Ressourcen, um das blanke Überleben auf einem Planeten, auf dem das für den Menschen an immer weniger Orten möglich sein wird. Dieses eine Ziel, den kommenden Generationen ihr freies Leben zu ermöglichen – das sollten wir doch alle haben.

Wir leben in spannenden Zeiten, und ich traue der kommenden Generation viel zu. Ich traue ihnen zu, dass das derzeit vorherrschende neoliberale, darwinistische Element in unseren Gesellschaften, das Gelpke so verzweifeln lässt, bei den kommenden Generationen weniger Gewicht bekommen wird. Dass sie den Wandel, den es braucht, vollziehen und andere Prioritäten setzen werden. Dass sie die Welt in ihre Hände nehmen und besser auf sie achtgeben werden, als das in den vergangenen Jahrzehnten getan wurde.

Denn erst durch die Politik der vergangenen Jahrzehnte sind wir in diese Krise geraten; alle befragten Wissenschaftler sagen irgendwann mit demselben verzweifelten Bedauern zu mir: Hätten wir doch vor 20, 30 Jahren reagiert, dann wären die Einschnitte jetzt nicht so drastisch, die gemacht werden müssen. Aber leider. Leider! Nun sind wir in jenem Zeitalter angekommen, mehr noch, wir haben es selbst gestaltet, in dem die größten Probleme, die wir haben, Umweltprobleme sind. Bisher, so scheint es mir, sind wir unfreiwillige Passagiere dieses Wandels, so wie einst die Polfahrer manchmal zu unfreiwilligen Passagieren des Eises geworden waren, wenn ihre Schiffe eingeschlossen waren im Eis und der Drift und den Bewegungen des Eises ausgeliefert waren. Anders als die eingefrorenen Polfahrer können wir unseren Kurs jedoch ändern. Oder sind wir so eingefahren, gefangen in unseren hochkomplexen Systemen, dass ein grundsätzlicher Richtungswechsel nicht mehr möglich ist? Sind wir dem ausgeliefert, was den Polfahrern unweigerlich blühte – dass ihr Schiff zerquetscht wurde und unterging? Ich glaube das nicht. Es liegt jetzt an uns. Wir *können* uns befreien.

Diese Hoffnung habe ich. Ohne diese Hoffnung hätte ich dieses Buch nicht schreiben können, wozu dann auch. Ohne diese Hoffnung wären all meine Mühen, Plastik an arktischen Stränden zu zählen, vergebens, all meine Besuche an Schulen, all meine Vorträge, Texte – meine ganze Arbeit, mein ganzes Sein hätte keinen Sinn mehr. Doch ich bin ein unverwüstlicher Menschenfreund. Ich glaube, dass in jedem von uns viel mehr steckt, als er oder sie denkt, auch wenn wir manchmal fürchterliche Fehler machen, die uns ja nur Mensch sein lassen. Wenn Menschen sehen, dass ein eingeschlagener Weg falsch ist, sind sie fähig umzudrehen. Menschen können lernen. Deshalb tue ich, was ich kann. Und wenn das nun ein jeder täte, wenn ein jeder von uns täte, was er kann – wie viel könnte dann gemeinsam getan und erreicht werden.

Das ist die Bewegung, auf die ich warte und die ich erhoffe. Eine Bewegung, die sehr viele, die allermeisten, hinter sich vereint, des einen Zieles wegen.

❄

Nach Hause

Am nächsten Morgen verlasse ich die *Cape Race* sehr früh. Als das Flugzeug abhebt und sich über dem Adventfjord nach oben schraubt, blicke ich hinunter auf den Ort mit den bunten Häusern. Wie lange mache ich das noch – hierherfliegen, auf Schiffen arbeiten? So lange wahrscheinlich, wie der Nutzen aus meinem Plastik-Projekt und die Sinnhaftigkeit all des Wissens, das wir an Bord vermitteln, für mich den Schaden, den ich anrichte, noch zu überwiegen vermögen. Ich schaue noch einmal auf das kleine, starke Schiff zurück, das an der Pier liegt und sich bereit macht für die nächste Reise. Ich schaue hinunter auf die schwarzen Kohleberge, den Flughafen und schließlich wieder auf die Hütten und Wolfgangs verrutschtes Haus. Dann weht es weiße Wolkenfetzen gegen meine Fensterscheibe, und alles verschwindet ganz plötzlich. Ich werde keinen Blick mehr auf den Hornsund werfen können. Die ganze Südspitze ruht unter einer dicken Decke und bleibt uns verborgen.

Quellen und Möglichkeiten zum Weiterlesen

Im Folgenden ein Quellenverzeichnis, das zu den wichtigsten im Buch genannten Themen Belege und Hintergründe oder Studien liefert. Darüber hinaus nenne ich für interessierte Leserinnen und Leser viele weitere Studien, Websites oder Bücher zum Weiterlesen. Die Quellen sind analog zu den jeweiligen Buchkapiteln unterteilt.

Allgemein:
Empfehlenswerte Bücher zum Thema Klimawandel
Naomi Klein: *Die Entscheidung: Klima vs. Kapitalismus.* S. Fischer Verlag.
Bei Naomi Klein geht es vor allem um die politischen und wirtschaftlichen Verstrickungen im Klimawandel – sehr informativ.
Volker und Cornelia Quaschning: *Energierevolution Jetzt! Mobilität, Wohnen, grüner Strom und Wasserstoff: Was führt uns aus der Klimakrise – und was nicht?* Hanser Literaturverlage.
Das Buch der Quaschnings ist sehr gut lesbar und sehr empfehlenswert, wenn man sich schnell und fundiert über den Klimawandel und die ganz konkreten Gegenmaßnahmen informieren möchte.

Maja Göpel: *Unsere Welt neu denken. Eine Einladung.* Ullstein Buchverlage.
Die Transformationsforscherin Maja Göpel zeigt uns unsere Möglichkeiten einmal aus anderer Perspektive.
Claudia Kemfert: *Das fossile Imperium schlägt zurück. Warum wir die Energiewende jetzt verteidigen müssen.* Murmann.
Susanne Götze, Annika Joeres: *Die Klimaschmutzlobby. Wie Politiker und Wirtschaftslenker die Zukunft unseres Planeten verkaufen.* Piper.
Die beiden Journalistinnen Götze und Joeres haben die schmutzige Arbeit der Lobbyisten genau untersucht. Aufschlussreich!
Zu der Situation speziell in Longyearbyen hat eine norwegische Journalistin des *Svalbardposten* ein lesenswertes Buch geschrieben:
Line Nagell Ylvisåker: *Meine Welt schmilzt. Wie das Klima mein Dorf verwandelt.* Hoffmann und Campe.

Natur ist
Über den Treibhauseffekt:
www.umweltbundesamt.de/themen/klima-energie/klimawandel/klima-treibhauseffekt#grundlagen

Der große Wandel
Über die Folgen des Klimawandels:
Einen sehr guten und sehr verständlichen Überblick über den Klimawandel gibt das ursprünglich 2006 im Verlag C.H.Beck erschienene Büchlein *Der Klimawandel*
von Stefan Rahmstorf und Hans-Joachim Schellnhuber. Es wird immer wieder aktualisiert (zuletzt 2019).
Umfangreiche Informationen zu den Folgen des

Klimawandels findet man auch auf den Seiten des
Umweltbundesamts:
*www.umweltbundesamt.de/themen/klima-energie/
klimafolgen-anpassung/folgen-des-klimawandels-0#undefined*
Oder bei der Welthungerhilfe:
www.welthungerhilfe.de/informieren/themen/klimawandel/

Der Hornsund, I
Gespräch mit Stefan Rahmstorf
Stefan Rahmstorf hat eine sehr informative Internetseite am
Potsdam-Institut für Klimafolgenforschung, auf der man
beispielsweise seine letzten *Spiegel*-Kommentare nachlesen
oder Interview-Videos anschauen kann und zu sehr vielen
Klimafragen Wissenswertes findet:
www.pik-potsdam.de/~stefan
Stefan Rahmstorf kann man außerdem auf Facebook oder
Twitter unter @rahmstorf folgen.
Über den Weltklimarat:
www.de-ipcc.de/119.php
Der sechste IPCC-Report ist hier nachzulesen:
www.ipcc.ch/report/ar6/wg1
Es gibt ihn in unterschiedlichen Längen, wer sich nicht durch
die 1300 Seiten des vollständigen Reports lesen will, kann
auch die Zusammenfassung von 39 Seiten wählen. Deutsche
Übersetzungen des Berichts sind auf der Seite der Deutschen
Koordinierungsstelle des IPCC zu finden:
*www.de-ipcc.de/270.php#%C3%9Cbersetzungen%20zum%20
AR6-WGI*
Zum Rekordregen in Ligurien:
*www.zdf.de/nachrichten/panorama/unwetter-alpen-italien-100.
html*

Zum Aufschaukeln der Jetstream-Wellen in der Atmosphäre:
Dim Coumou, Vladimir Petoukhov, Stefan Rahmstorf, Stefan
Petri und Hans Joachim Schellnhuber: »Quasi-resonant
circulation regimes and hemispheric synchronization of
extreme weather in boreal summer«
idw-online.de/en/news598864
Über das Pariser Klimaschutz-Abkommen von 2015:
*www.bmwi.de/Redaktion/DE/Artikel/Industrie/
klimaschutz-abkommen-von-paris.html*
Über die historische Verantwortung Deutschlands, was die
Klimaerwärmung betrifft:
*www.carbonbrief.org/analysis-which-countries-are-historically-
responsible-for-climate-change/*
Über das wahrscheinliche temporäre Erreichen der 1,5-Grad-
Grenze innerhalb der nächsten fünf Jahre:
*public.wmo.int/en/media/press-release/wmo-update-5050-chance-
of-global-temperature-temporarily-reaching-15°c-threshold*
*www.zeit.de/wissen/umwelt/2022-05/un-globale-erwaermung-
hitzerekord-klimabericht*

Das Marketing der Mythen
Website des Heartland Institute: *www.heartland.org*
Annika Joeres, Susanne Götze: *Das Heartland Institute: Wie
US-Klimaleugner Politik in Europa machen*
*correctiv.org/aktuelles/2020/02/04/das-heartland-institute-
wie-us-klimaleugner-politik-in-europa-machen/*
Über Finanzierung und Einflussnahme des Heartland
Institutes bei Lobbypedia: *www.lobbypedia.de/wiki/
Heartland_Institute*
Über die Mercer Family Foundation bei Sourcewatch:
www.sourcewatch.org/index.php/Mercer_Family_Foundation

Über die Koch-Familie bei Lobbypedia: *www.lobbypedia.de/wiki/Charles_G._Koch*
Heike Buchler in der ZEIT über die Koch-Brüder: *www.zeit.de/wirtschaft/2015-11/us-praesidentschaftswahl-koch-brueder*
Die Broschüre des Heartland Institute für Schulen; das Beispiel der Aussagen über Grönland findet sich auf Seite 27: *www.heartland.org/_template-assets/documents/Books/CaaG-2022.pdf*
Das Video über die »Lüge«, die Wissenschaftler seien sich über den Klimawandel einig: »Why Scientists Disagree About Global Warming«: *www.heartland.org/multimedia/videos/why-scientists-disagree-about-global-warming-joseph-bast*
Newsletter Climate Change Weekly #429: »Climate Change Poses No Existential Threat. Nada. Not Any«: *www.heartland.org/news-opinion/news/climate-change-poses-no-existential-threat-nada-not-any*
Zur milliardenschweren Lobby-Arbeit von Exxon, Shell, BP, Chevron und TotalEnergies: Big Oil's Real Agenda on Climate Change. An InfluenceMap Report: *www.influencemap.org/report/How-Big-Oil-Continues-to-Oppose-the-Paris-Agreement-38212275958aa21196dae3b76220bddc*
Zu »Doubt is our product«: *www.researchgate.net/publication/7806937_Doubt_Is_Their_Product*
Über PR-Strategien der Ölkonzerne: *www.ardalpha.de/wissen/co₂-fussabdruck-carbon-footprint-shell-exxon-bp-taeuschung-100.html*
Über das Wissen von ExxonMobil über die Wirkung von CO_2: *www.exxonknew.org*

Der Vortrag von James F. Black aus dem Jahr 1977 in einer Niederschrift von 1978:
corporate.exxonmobil.de/-/media/Germany/Files/00Climate-change/19_James-Black-1977-Prasentation.pdf
Das Henry Dearborn Institute und Stopping Socialism, die beide vom Heartland Institute finanziert werden:
www.henrydearborn.org und *www.stoppingsocialism.com*

Spitzbergen
Gespräch mit Wolfgang Hübner-Zach
Wolfgangs Arbeit kann man auf Facebook unter ALT I 3 As oder auf Instagram unter @alti3as folgen.
Zum Wahlrecht in Spitzbergen:
www.polarkreisportal.de/bald-zweiklassengesellschaft-in-longyearbyen

Der Hornsund, II
Studie zum Rückzug des Hornbreen in Spitzbergen:
M. Grabiec, D. Ignatiuk, J.A. Jania, M. Moskalik, P. Głowacki, M. Błaszczyk, T. Budzik, W. Walczowski: »Coast Formation in an Arctic area due to glacier surge and retreat: The Hornbreen-Hambergbreen case from Spitsbergen«.
doi.org/10.1002/esp.4251
Studie zu den Rückzügen aller Gletscher im Hornsund:
Błaszczyk Małgorzata, Jania Jacek A., Kolondra Leszek. (2013). »Fluctuations of tidewater glaciers in Hornsund Fjord (Southern Svalbard) since the beginning of the 20th century«. *Polish Polar Research* (vol. 34, no. 4 (2013), S. 327–352).
doi 10.2478/popore-2013-0024
Studie zum Süßwassereintrag in den Hornsund:
Błaszczyk M., Ignatiuk D., Uszczyk A., Cielecka-Nowak K.,

Grabiec M., Jania J. A., Moskalik M., & Walczowski W. (2019). »Freshwater input to the Arctic fjord Hornsund (Svalbard)«. *Polish Polar Research*, 38., doi.org/10.33265/polar.v38.3506
Gespräch mit Bodil Bluhm über Fjordökologie
Über die Wirkung von Gletschern in Fjorden und auf Sedimente:
»Geomar: Sedimente als Nährstoff-Vermittler in arktischen Fjorden« *www.geomar.de/news/article/sedimente-als-naehrstoff-vermittler-in-arktischen-fjorden*
Bundesministerium für Bildung und Forschung: »Schrumpfende Gletscher verändern Nährstoffversorgung des Ozeans« *www.fona.de/de/aktuelles/nachrichten/2021/210527_Gletscher_big.php*
Über die unterschiedliche Wirkung von Gletschern auf die Produktivität, je nachdem, ob sie an Land oder im Meer enden:
Meire et al 2017: »Marine-terminating glaciers sustain high productivity in Greenland fjords«, doi.org/10.1111/gcb.13801
Gespräch mit Bodil Bluhm über Atlantifizierung
Über die Atlantifizierung des Arktischen Ozeans:
Hannah Hoag: »Wo das Meer sich völlig wandelt« *www.spektrum.de/news/das-nordpolarmeer-wird-wie-der-atlantik/1543661*

Die Reste der Welt
Einen sehr guten Überblick über die Eigenschaften von Plastik, die Produktion und die Probleme unseres Plastikkonsums bietet der Plastikatlas der Heinrich-Böll-Stiftung: *www.boell.de/plastikatlas*
Durch unser Citizen-Science-Projekt in Spitzbergen ist 2017 eine wissenschaftliche Publikation entstanden, weitere sind in Arbeit:

»Citizen scientists reveal: Marine litter pollutes Arctic beaches and affects wild life«. *Marine Pollution Bulletin,* Volume 125.
www.sciencedirect.com/science/article/pii/S0025326X17307919

Gespräch mit Melanie Bergmann über Plastikverschmutzung
Kostenloses PDF eines Buchs, das einen guten Überblick über Müll im Meer bietet: Bergmann, M., Gutow, L., Klages, M.: *Marine Anthropogenic Litter.*
link.springer.com/book/10.1007/978-3-319-16510-3
Studie zu Mikroplastik im Schnee:
Bergmann, M., Mützel, S., Primpke, S., Tekman, M., Trachsel, J., Gerdts, G.: »White and wonderful? Microplastics prevail in snow from the Alps to the Arctic«. *ScienceAdvances* 5 (8), eaax1157.
doi: 10.1126/sciadv.aax1157
Über unser Verlassen der planetaren Grenzen:
Persson, L., Carney Almroth, B. M., Collins, C. D., Cornell, S., de Wit, C. A., Diamond, M. L., Fantke, P., Hassellöv, M., MacLeod, M., Ryberg, M. W., Søgaard Jørgensen, P., Villarrubia-Gómez, P., Wang, Z., Hauschild, M. Z., 2022: »Outside the Safe Operating Space of the Planetary Boundary for Novel Entities«. *Environmental Science & Technology:*
doi/10.1021/acs.est.1c04158
Über Plastik und Klimawandel:
Ford, H. V., Jones, N. H., Davies, A. J., Godley, B. J., Jambeck, J. R., Napper, I. E., Suckling, C. C., Williams, G. J., Woodall, L. C., Koldewey, H. J., 2022: »Thefundamental links between climate change and marine plastic pollution«. *Science of The Total Environment* 806, 150392.
doi.org/10.1016/j.scitotenv.2021.150392
Zappitelli, J., Smith, E., Padgett, K., Bilec, M. M., Babbitt, C. W.,

Khanna, V., 2021: »Quantifying Energy and Greenhouse Gas Emissions Embodied in Global Primary Plastic Trade Network«. *ACS Sustainable Chemistry & Engineering* 9 (44), 14927-14936.
doi.org/10.1021/acssuschemeng.1c05236
Cabernard, L., Pfister, S., Oberschelp, C., Hellweg, S., 2021: »Growing environmental footprint of plastics driven by coal combustion«. *Nature Sustainability.* doi.org/10.1038/s41893-021-00807-2
Zheng, J., Suh, S., 2019: »Strategies to reduce the global carbon footprint of plastics«. *Nature Climate Change* 9 (5), S. 374–378.
doi.org/10.1038/s41558-019-0459-z
Melanie Bergmann erwähnt den Kinofilm *Don't look up,* der 2021 in die Kinos kam. Darin rast ein Komet auf die Erde zu, und Wissenschaftler versuchen, die Menschen davor zu warnen. Was dann passiert, mag Laien als sehr überzeichnet erscheinen. Wissenschaftler, die seit Jahrzehnten für einen anderen Umgang mit dem Klimawandel eintreten, bleibt das Lachen eher im Halse stecken. Ein sehenswerter Film, bei dem man unbedingt warten muss, bis der Abspann vorbei ist.

Plastik, nicht fantastisch
Zur Plastikproduktion seit dem Zweiten Weltkrieg:
Plastikatlas der Heinrich-Böll-Stiftung, Seite 15:
www.boell.de/plastikatlas
Mikroplastik erstmals in menschlichem Blut nachgewiesen:
www.spiegel.de/wissenschaft/mensch/mikroplastik-erstmals-in-menschlichem-blut-nachgewiesen-a-d34b4354-88e3-4216-9d51-d3d56fad3ade
Zum Rückgang der Spermienzahl:
Lisa A. Vrooman, Jon M. Oatley, Jodi E. Griswold, Terry J.

Hassold, Patricia A. Hunt: »Estrogenic Exposure Alters the Spermatogonial Stem Cells in the Developing Testis, Permanently Reducing Crossover Levels in the Adult«, PLOS. doi.org/10.1371/journal.pgen.1004949
Über Weichmacher und Unfruchtbarkeit –
Umweltbundesamt: Weichmacher
www.umweltbundesamt.de/themen/gesundheit/umwelteinfluesse-auf-den-menschen/chemische-stoffe/weichmacher#was-sind-weichmacher
Der Tagesspiegel: »Was hinter dem angeblichen Spermienschwund steckt«
www.tagesspiegel.de/wissen/befuerchtete-fruchtbarkeitskrise-was-hinter-dem-angeblichen-spermienschwund-steckt/27044094.html
Deutsche Hebammen Zeitschrift: »Machen Weichmacher unfruchtbar?«
www.dhz-online.de/de/news/detail/artikel/machen-weichmacher-unfruchtbar/
Zum Müll in Deutschland:
www.destatis.de/Europa/DE/Thema/Umwelt-Energie/Abfallaufkommen.html#:~:text=632%20Kilogramm%20Abfall%20pro%20Kopf,deutlich%20%C3%BCber%20dem%20EU%2DDurchschnitt
Zum Müllexport in Deutschland:
www.spiegel.de/wirtschaft/deutschland-ist-export-europameister-beim-plastikmuell-a-52785ee9-b6dc-4c22-a59b-bcdb48423b32
Zum Gehalt von Erdöl in Plastik:
»Ölwechsel. Fakten zu Erdöl und Plastik«
www.bund-sachsen-anhalt.com/themen/gesellschaft-gestalten/nachhaltiger-konsum/oelwechsel-fakten-zu-erdoel-und-plastik/

ESKP Wissensplattform Erde und Umwelt der Helmholtz Gesellschaft: »Vom Erdöl zum Plastik«
www.eskp.de/grundlagen/schadstoffe/bildergalerie-mit-infografiken-zu-erdoel-und-plastik-935457/
Plastik-Artikel auf der Heartland-Institute-Website:
www.heartland.org/multimedia/podcasts/plastics-benefit-humans-and-the-environment-guest-chris-dearmitt-phd
Zum Buch von Chris DeArmitt: *Plastics Paradox. Facts for a Brighter Future* gibt es auch eine Internetseite: *plasticsparadox.com*
Zum Verbrauch dünner Plastiktüten:
www.verbraucherzentrale.de/wissen/umwelt-haushalt/abfall/plastiktuetenverbot-das-aendert-sich-fuer-sie-12822
Zur Plastik-Lobby:
www.boell.de/de/2019/06/06/konzerne-die-aktivitaeten-der-plastik-lobby
Zum UN-Abkommen über Plastikmüll:
www.unep.org/news-and-stories/press-release/historic-day-campaign-beat-plastic-pollution-nations-commit-develop

Happy End für den Sack
Aus dem Müllsack sind Kunstwerke entstanden, bis Drucklegung unter anderem von den Künstlerinnen Swaantje Güntzel, *www.swaantje-guentzel.de oder auf Instagram* @swaantje_guentzel; und Carolin Seeliger, www.cseeliger.com oder auf Instagram @carolinseeliger.

Bären und Strandgut
Der Bär im Lomfjord in der Tagesschau: »Die Arktis ist voller Plastikmüll«
www.tagesschau.de/inland/arktis-plastikmuell-101.

html?fbclid=IwAR1rYRWp4Av-esx6DVvYPxdFoFYzneO7P8L5 zu4m_DD7rH-jzg4W7PkASng

Ins Eis
Seit einigen Jahren betreibt das AWI das Meereisportal, eine Internetplattform, auf der eine Fülle an Informationen zum Meereis zu finden ist: Von Entstehung und Bedeutung des Meereises für die Erde über Meereis als Lebensraum, Meereisbiologie und die aktuelle Forschung, Zeitreihen und Veränderungen durch die Erderwärmung – auf diesen Seiten kann man sich in beliebiger Tiefe informieren. Sehr interessant!
www.meereisportal.de
Gespräch mit Christian Haas über Meereis
H. Jakob Belter, Thomas Krumpen, Luisa von Albedyll, Tatiana A. Alekseeva, Gerit Birnbaum, Sergei V. Frolov, Stefan Hendricks, Andreas Herber, Igor Polyakov, Ian Raphael, Robert Ricker, Sergei S. Serovetnikov, Melinda Webster und Christian Haas:
»Interannual variability in Transpolar Drift summer sea ice thickness and potential impact of Atlantification«, *EGU*.
doi.org/10.5194/tc-15-2575-2021
Christian Haas, Andreas Pfaffling, Stefan Hendricks, Lasse Rabenstein, Jean-Louis Etienne und Ignatius Rigor: »Reduced ice thickness in Arctic Transpolar Drift favors rapid ice retreat«, *AGU*.
doi:10.1029/2008GL034457
Über das IceBird-Projekt:
www.awi.de/en/science/climate-sciences/sea-ice-physics/ projects/ice-bird.html
Über die EM-Bird-Sonde:
www.awi.de/im-fokus/meereis/fernerkundung.html

Über das Projekt SmartICE:
smartice.org
Gespräch mit Rolf Gradinger:
Erin Kunisch, Martin Graeve, Rolf Gradinger, Tore Haug, Kit Kovacs, Christian Lydersen, Øystein Varpe, Bodil Bluhm: »Icealgal carbon supports harp and ringed seal diets in the European Arctic: evidence from fatty acid and stable isotope markers.
doi.org/10.3354/meps13834

Klimafragen und philosophische Antworten
Gespräch mit Christoph Rehmann-Sutter
Rehmann-Sutters Gedanken zum Klimakolonialismus und zur Klimaethik sind lesenswert:
Rehmann-Sutter, Christoph: »Wer ist eigentlich schuld am Klimawandel?« Artikel publiziert am 20. Februar 2019 unter: *www.philosophie.ch/artikel/wer-ist-eigentlich-schuld-am-klimawandel*
Rehmann-Sutter, Christoph: »Die Klimaethik braucht eine postkoloniale Perspektive (und Kant)«. Artikel publiziert am 30. Juli 2018 unter *www.philosophie.ch/artikel/2018/die-klimaethik-braucht-eine-postkoloniale-perspektive-und-kant*
Rehmann-Sutter, Christoph: »Stoppt den Klima-Kolonialismus. Industrieländer verpesten die Umwelt, andere Länder leiden«. In: Artikel publiziert am 25. Juli 2019 unter: *www.tagesanzeiger.ch/kultur/diverses/stoppt-den-klimakolonialismus/story/13084897*
Der letztgenannte Aufsatz Christoph-Rehmann-Sutters ist Teil einer interessanten Serie zur Klimaethik, die weiteren Teile sind zu finden unter *www.philosophie.ch/artikel/sommerserie-2019-zur-klimaethik*.

Zum Urteil des Bundesverfassungsgerichts (BVG) zum Klimawandel:
»Verfassungsbeschwerden gegen das Klimaschutzgesetz teilweise erfolgreich«, Pressemitteilung des BVG vom 29. April 2021.
www.bundesverfassungsgericht.de/SharedDocs/ Pressemitteilungen/DE/2021/bvg21-031.html
www.tagesschau.de/inland/klimaschutzgesetz-bundesverfassungsgericht-101.html

Wenn Küsten zerbrechen
Gespräch mit Thomas Opel über Permafrost
Permafrostforscher Thomas Opel kann man auf Twitter unter @iso_topel folgen.
Über den Permafrost in Batagai:
Murton, J. B.; Opel, T.; Toms, P.; Blinov, A.; Fuchs, M.; Wood, J.; Gartner, A.; Merchel, S.; Rugel, G.; Savvinov, G.; Wetterich, S., 2022: »A multi-method dating study of ancient permafrost, Batagay megaslump, East Siberia«. *Quaternary Research* 105, 1–22. doi.org/10.1017/qua.2021.27
Über Eiskeile als Klima-Archiv:
Porter, T. J. und Opel, T., 2020: »Recent advances in paleoclimatological studies of Arctic wedge- and pore-ice stable-water isotope records«. *Permafrost and Periglacial Processes* 31, S. 429–441.
doi.org/10.1002/ppp.2052
Studie über Infrastruktur der Arktis im Klimawandel:
Lloyds of London und Chatham House: Arctic Opening. Opportunity and Risk in the High North
library.arcticportal.org/1671/1/Arctic_Opening%2C_ opportunity_and_risks_in_the_High_North.pdf

Studie über den Zusammenhang von Meereisverlust und Küstenerosion:
Irina Overeem, Robert S. Anderson, Cameron W. Wobus, Gary D. Clow, Frank E. Urban, Nora Matell: »Sea ice loss enhances wave action at the Arctic coast«, *AGU* doi.org/10.1029/2011GL048681

Besuch im Forscherdorf
Über das Leben in Ny-Ålesund: *kingsbay.no*
Über die Geschichte Ny-Ålesunds: *kingsbay.no/history*
Über die deutsch-französische Station AWIPEV:
www.awi.de/expedition/stationen/awipev-forschungsbasis.html
Gespräch mit Gregory Tran und Fieke Rader, AWIPEV
Fieke Rader kann man auf ihrem Blog unter *www.arcticreporter.com* oder unter @arcticreporter auf Instagram folgen.
Zur Temperaturzunahme in Spitzbergen:
Klimaprofil von Longyearbyen (deutsche Version per Klick auf DE):
klimaservicesenter.no/kss/klimaprofiler/longyearbyen
Über die arktische Verstärkung und globale Erwärmung:
www.meereisportal.de/meereisentwicklung/arktische-verstaerkung-und-globale-erwaermung
Studie zur polaren Verstärkung:
Michael Previdi, Karen L. Smith und Lorenzo M. Polvani: »Arctic amplification of climate change: A review of underlying mechanisms.
iopscience.iop.org/article/10.1088/1748-9326/ac1c29
Zur tiefer werdenden aktiven Schicht des Permafrosts:
Boike, J., Juszak, I., Lange, S., Chadburn, S., Burke, E.,

Overduin, P. P., Roth, K., Ippisch, O., Bornemann, N., Stern, L., Gouttevin, I., Hauber, E. und Westermann, S.: »A 20-year record (1998–2017) of permafrost, active layer and meteorological conditions at a high Arctic permafrost research site (Bayelva, Spitsbergen)«, *Earth Syst. Sci. Data,* 10, 355–390. doi.org/10.5194/essd-10-355-2018, 2018

Zum Masseverlust des Austre Lovénbreen gibt es eine Studie von 2017:

Marlin, Christelle & Tolle, Florian & Griselin, Madeleine & Bernard, Eric & Saintenoy, Albane & Quenet, Mélanie & Friedt, Jean. (2017). »Change in geometry of a high Arctic glacier from 1948 to 2013 (Austre Lovénbreen, Svalbard)«. *Geografiska Annaler: Series +A, Physical Geography,* Issue 2. 99. S. 115-138. doi.org/10.1080/04353676.2017.1285203

Eine neuere Studie der Equipe PRISM des IPEV mit dem Wissenschaftler Florian Tolle, die Gregory Tran erwähnt, war zum Zeitpunkt der Drucklegung noch nicht veröffentlicht.

Zum Sommertemperatur-Rekord 2020:
tagesschau.de/ausland/spitzbergen-temperatur-101.html

<u>Gespräch mit Maarten Loonen</u>

Maarten Loonens Arbeit kann man unter anderem auf Twitter @maartenloonen und Facebook verfolgen.

Die Karte des norwegischen Polarinstituts mit den Gletscherverläufen und Fotos, von der Andreas Alexander spricht, ist unter dieser Adresse zu finden:
toposvalbard.npolar.no

Permafrosterosionen unter Gletschern (von der Arbeit an dieser Studie erzählt Andreas Alexander):

Alexander, A., Obu, J., Schuler, T. V., Kääb, A. und Christiansen, H. H.: »Subglacial permafrost dynamics and erosion inside subglacial channels driven by surface events in Svalbard«, The Cryosphere, 14, S. 4217–4231.
doi.org/10.5194/tc-14-4217-2020
Über den globalen Meeresspiegelanstieg:
Martin Siegert, Richard B. Alley, Eric Rignot, John Englander, Robert Corell: »Twenty-first century sea-level rise could exceed IPCC projections for strong-warming futures«, *One Earth*, Volume 3, Issue 6, 2020, S. 691–703, ISSN 2590-3322, doi.org/10.1016/j.oneear.2020.11.002

Der sterbende Gletscher
Gespräch mit Andreas Alexander
Andreas Alexanders Arbeit kann man auf Instagram oder Facebook unter @icyscience folgen.
Über das Klima in 2100:
»Climate in Svalbard 2100 – a knowledge base for climate adaptation«
www.miljodirektoratet.no/globalassets/publikasjoner/M1242/M1242.pdf
Über den Masseverlust der Gletscher Spitzbergens bis 2100:
Emily C. Geyman, Ward J. J. van Pelt, Adam C. Maloof, Harald Faste Aas, Jack Kohler: »Historical glacier change on Svalbard predicts doubling of mass loss by 2100«. Nature 601, S. 374–379. (2022). doi.org/10.1038/s41586-021-04314-4
Über den Dickeverlust der Spitzbergengletscher:
Marzeion, B., Hock, R., Anderson, B., Bliss, A., Champollion, N., Fujita, K. et al. (2020). »Partitioning the uncertainty of ensemble projections of global glacier mass change«. *Earth's Future*. 8, e2019EF001470.

doi.org/10.1029/2019EF001470
Über den Anstieg des Meeresspiegels:
sealevel.nasa.gov
Martin Siegert, Richard B. Alley, Eric Rignot, John Englander, Robert Corell: »Twenty-first century sea-level rise could exceed IPCC projections for strong-warming futures«, *One Earth*
www.sciencedirect.com/science/article/pii/S2590332220305923
Über den Gletscherzungenabbruch in der Schweiz:
Egli, P. E., Belotti, B., Ouvry, B., Irving, J. und Lane, S. N. (2021). »Subglacial channels, climate warming, and increasing frequency of Alpine glacier snout collapse«. *Geophysical Research Letters,* 48, e2021GL096031.
doi.org/10.1029/2021GL096031
Über die Gletscher-Ablösungen in Tibet:
Kääb, A., Leinss, S., Gilbert, A. et al. »Massive collapse of two glaciers in western Tibet in 2016 after surge-like instability«. *Nature Geosci* 11, S. 114–120. (2018).
doi.org/10.1038/s41561-017-0039-7
Kääb, A., Jacquemart, M., Gilbert, A., Leinss, S., Girod, L., Huggel, C., Falaschi, D., Ugalde, F., Petrakov, D., Chernomorets, S., Dokukin, M., Paul, F., Gascoin, S., Berthier, E. und Kargel, J. S.: »Sudden large-volume detachments of low-angle mountain glaciers – more frequent than thought?«, *The Cryosphere,* 15, S. 1751–1785.
doi.org/10.5194/tc-15-1751-2021, 2021
Über das Kollabieren des Schelfeises in der Westantarktis
Paul Voosen: »Ice shelf holding back keystone Antarctic glacier within years of failure«, *www.science.org/content/article/ice-shelf-holding-back-keystone-antarctic-glacier-within-years-failure*
Wild, C. T., Alley, K. E., Muto, A., Truffer, M., Scambos, T. A.

and Pettit, E. C.: »Weakening of the pinning point buttressing Thwaites Glacier, West Antarctica«, *The Cryosphere,* 16, S. 397–417. doi.org/10.5194/tc-16-397-2022, 2022
Zur Erwärmung des Permafrosts auf Spitzbergen:
Bilt, Willem van der, Jostein Bakke, Lars H. Smedsrud, Monica Sund, Thomas Schuler, Sebastian Westermann, Wai Kwok Wong, Stein Sandven, Matthew James Ross Simpson und Morten D. Skogen: »Climate in Svalbard 2100«, 2019, bora.uib.no/bora-xmlui/handle/1956/19136
Über den Kollaps in der Ostantarktis:
»Satellite data shows entire Conger ice shelf has collapsed in Antarctica«
www.theguardian.com/world/2022/mar/25/satellite-data-shows-entire-conger-ice-shelf-has-collapsed-in-antarctica
Gespräch mit Maarten Loonen über die Gletscher
Über den Rückgang aller Gletscher in Spitzbergen:
Geyman, Emily C., J. J. van Pelt, Ward, Maloof, Adam C., Aas, Harald Faste, Kohler, Jack: »Historical glacier change on Svalbard predicts doubling of mass loss by 2100«, *Nature,* doi.org/10.1038/s41586-021-04314-4

Warum wir es nicht wahrhaben wollen
Gespräch mit Katharina van Bronswijk über die Klimawandel-Leugnung
Die *Psychologists for Future* haben eine informative Internetseite zum Umgang mit eigener Klima-Angst oder für Gespräche mit Klimawandel-Leugnern:
www.psychologistsforfuture.org
Das Buch zur Psychologie der Klimakrise:
Katharina van Bronswijk, Lea Dohm und Felix Peter: *Climate Action – Psychologie der Klimakrise.*

Handlungshemmnisse und Handlungsmöglichkeiten. Psychosozial Verlag.
Katharina van Bronswijk hat an einigen Studien mitgewirkt, die sich mit der Klima-Angst beschäftigen, unter anderem:
Peter, F., van Bronswijk, K., Rodenstein, B.: »Facetten der Klimaangst. Psychologische Grundlagen der Entwicklung eines handlungsleitenden Klimabewusstseins«.
Peter, F., van Bronswijk, K: »Die Klimakrise als Krise der psychischen Gesundheit fur Kinder und Jugendliche«.
Dohm, L., van Bronswijk, K, Niessen, P.: »Was hast du damals dagegen getan?« – Psychotherapeutische Perspektiven auf die Klimakrise.
Alle Studien sind hier abzurufen: *www.researchgate.net/ profile/Katharina-Van-Bronswijk*
Zu den Verzögerungstaktiken gibt es außerdem folgende Studie:
Lamb, W., Mattioli, G., Levi, S., Roberts, J., Capstick, S., Creutzig, F., Steinberger, J.: »Discourses of climate delay«, *Cambridge Core.*
doi:10.1017/sus.2020.13
Über BP und die Erfindung des individuellen Fußabdrucks:
mashable.com/feature/carbon-footprint-pr-campaign-sham
www.ardalpha.de/wissen/co2-fussabdruck-carbon-footprint-shell-exxon-bp-taeuschung-100.html
www.derstandard.de/story/2000129560418/wie-big-oil-konsumenten-fuer-den-klimawandel-verantwortlich-macht
Treibhausgase 2021 in Deutschland nach Kategorien:
www.umweltbundesamt.de/daten/klima/treibhausgas-emissionen-in-deutschland#treibhausgas-emissionen-nach-kategorien
internationalepolitik.de/de/mythen-und-irrtuemer-zum-thema-klimapolitik

Über das Wissen der Ölindustrie über den Effekt von CO_2 bereits 1968:
www.exxonknew.org
Die Studie von 1968, in der die Wirkung der Treibhausgase beschrieben ist: Robinson, E. und Robbins, R. C.: »Sources, abundance, and fate of gaseous atmospheric pollutants. Final report and supplement«. United States: N. p., 1968.
www.osti.gov/biblio/6852325

Die deutsche Energie
»Altmaier freut sich: Einbruch bei der Photovoltaik«
www.n-tv.de/politik/Einbruch-bei-der-Photovoltaik-article7193576.html
Zu den Beschäftigten der Solarenergie in Deutschland:
de.statista.com/statistik/daten/studie/13589/umfrage/anzahl-der-arbeitsplaetze-in-der-solarenergiebranche-in-deutschland/
Zum Ausbau der Photovoltaik in Deutschland:
www.solarbranche.de/ausbau/deutschland/photovoltaik
www.volker-quaschning.de/datserv/pv-deu/index.php
Über die Auswirkungen des EEG, Kosten von Strom, Subventionierung von erneuerbaren Energien und Atomkraftwerken und vieles mehr hat das Fraunhofer-Institut für Solare Energiesysteme ISE eine sehr interessante Publikation herausgegeben:
Fraunhofer ISE: Aktuelle Fakten zur Photovoltaik in Deutschland
www.pv-fakten.de
Das Erneuerbare-Energien-Gesetz (EEG):
www.gesetze-im-internet.de/eeg_2014/

Über den Altmaier-Knick:
»Wie weit ist Deutschlands Energiewende?«
www.spektrum.de/news/erneuerbare-energien-der-energiewandel-ist-moeglich/1556660
Über den Zusammenbruch der Solarbranche:
Die Klimaschmutzlobby, S. 171ff.
Über die Kohlelobby:
Die Klimaschmutzlobby, S. 166ff.
Das Beispiel Lausitz:
Der Lausitzer Kohlelobbyverein Pro Lausitzer Braunkohle:
www.pro-lausitz.de
Die Kleine Klimaschule:
www.kleine-klimaschule.de
Zu den Beschäftigungszahlen der Energiewende:
Gesamtwirtschaftliche Effekte der Energiewende, S. 110.
www.bmwk.de/Redaktion/DE/Publikationen/Studien/gesamtwirtschaftliche-effekte-der-energiewende.pdf?__blob=publicationFile&v=8
Das Beispiel der Klimaleugnungsorganisation Europäisches Institut für Klima und Energie EIKE:
Die Website von EIKE: *eike-klima-energie.eu*
Über die Ziele EIKES nach eigenen Angaben:
eike-klima-energie.eu/die-mission/grundsatzpapier-klima/
Lobbycontrol über EIKE:
lobbypedia.de/wiki/Europ%C3%A4isches_Institut_f%C3%BCr_Klima_und_Energie
Lobbycontrol über das Institut der unternehmerischen Freiheit:
lobbypedia.de/wiki/Institut_f%C3%BCr_Unternehmerische_Freiheit
Über das »Climate Reality Forum«, das EIKE parallel zum

Klimagipfel in Madrid veranstaltete: »Rechte US-Thinktanks torpedieren Klimaschutz: Die Zerstörer aus Übersee«
www.spiegel.de/wissenschaft/natur/klima-us-thinktanks-wollen-weltklimaabkommen-torpedieren-a-1301744.html
Patrick Illingers SZ-Reportage über die 4. Internationale Konferenz über Klima und Energie im Jahr 2011: Klimaskeptiker-Konferenz – »Bericht aus dem Zentrum des Zweifels«
www.sueddeutsche.de/wissen/klimaskeptiker-konferenz-bericht-aus-dem-zentrum-des-zweifels-1.1222209
Holger Thuß beim Heartland Institute:
www.heartland.org/about-us/who-we-are/holger-j-thuss
Über die Spenden von Exxon Mobil an CFACT:
»Exxon Continued Paying Millions To Climate-Change Deniers Under Rex Tillerson«
www.huffpost.com/entry/tillerson-exxon-climate-donations_n_5873a3f4e4b043ad97e48f52
Über das Referat von EIKE-Pressesprecher und AfD-Mitglied Lüdecke beim Wirtschaftsrat der CDU in Thüringen:
lobbypedia.de/wiki/Europ%C3%A4isches_Institut_f%C3%BCr_Klima_und_Energie
www.wirtschaftsrat.de/wirtschaftsrat.nsf/id/zur-klimadiskussion-breite-faktenbasis-heranziehen-de
Über den stellvertretenden EIKE-Vorsitzenden und AfD-Mitglied Michael Limburg und seine Aktivitäten in der AfD:
»Braun-grüner Wählerfang der AfD«
www.sueddeutsche.de/wissen/klimawandel-die-braungruenen-1.3658420
Der Klima-Faktencheck des AfD-Parteiprogramms:
www.klimafakten.de/meldung/was-sagt-die-afd-zum-klimawandel-was-sagen-andere-parteien-und-was-ist-der-stand-der

Über Michael Limburgs Auftritt im Umweltausschuss des Bundestags:
Redaktionsnetzwerk Deutschland: Ärger im Bundestag – AfD lädt Leugner des Klimawandels als Experten ein
www.rnd.de/politik/arger-im-bundestag-afd-ladt-klimaleugner-als-experten-ein-RNA6EWD6NRADVDEHEUXWJY4TMY.html
Über MdB Philipp Lengsfeld (CDU) auf der 10. EIKE-Klima- und Energiekonferenz:
eike-klima-energie.eu/2016/11/15/philipp-lengsfeld-mdb-cdu-wuerdigt-engagement-des-europaeischen-instituts-fuer-klima-und-energie-jena-als-dienst-an-wissenschaft-und-demokratie/
Über die Ziele des Berliner Kreises der Union:
berliner-kreis.info/ueber-uns
Das Positionspapier Klima und Energie des Berliner Kreises in der Union:
berliner-kreis.info/klima-und-energiepolitik
Das Klima-Manifest der WerteUnion in Bayern
konservativer-aufbruch.bayern/klima-manifest-2020/
Alice Weidel zu Klimapolitik als Deindustrialisierungsprogramm:
www.theeuropean.de/alice-weidel/vorgeblicher-klimaschutz-ist-nichts-anderes-als-ein-programm-zur-deindustrialisierung-und-arbeitsplatzvernichtung/
Das Beispiel Initiative neue soziale Marktwirschaft INSM
Die Initiative neue soziale Marktwirtschaft:
www.insm.de/insm
Die 12 Fakten zur Klimapolitik der INSM:
www.insm.de/insm/kampagne/klimaschutz/12-fakten-zur-klimapolitik

Der Faktencheck zu den 12 Fakten zur Klimapolitik der INSM
www.volker-quaschning.de/artikel/Fakten-INSM/index.php
Über die INSM-Kampagne gegen Annalena Baerbock zur Bundestagswahl:
Spiegel: INSM-Kampage gegen Baerbock: Industrielobby reagiert erst jetzt auf Vorwurf antisemitischer Untertöne
spiegel.de/wirtschaft/unternehmen/anti-baerbock-kampagne-insm-reagiert-erst-jetzt-auf-antisemitismus-vorwurf-a-b75b3e82-4ad2-46b3-b482-f48cd9b2dca8
Die Kuratoren der INSM:
www.insm.de/insm/ueber-die-insm/kuratoren-und-botschafter

<u>Das Beispiel Gaspipeline Nordstream 2</u>
Die Stiftung Klima- und Umweltschutz Mecklenburg-Vorpommern:
klimastiftung-mv.de
Die Baumpflanzaktion mit Kita-Kindern:
klimastiftung-mv.de/projekte/buddeln-fuer-baeume-2/
Über die Lobbyarbeit der Stiftung für den Bau der Pipeline:
Benjamin Fredrich: »Russland-Krise – Wie Putin MV kauft«
katapult-mv.de/artikel/wie-putin-mv-kauft?fbclid=IwAR1w83q ZzCZkEqfOjUmJMvu-kOU1m2hreZx5AvhzReZMHMhX3o8dl gIRG2c
Peter Burghardt: »Halbe Kehrtwende in Schwerin«
www.sueddeutsche.de/politik/schwesig-putin-nord-stream-2-1.5559178
Markus Feldenkirchen: »SPD-Ministerpräsidentin Schwesig und der Kreml: Mecklenburg-Gazprommern«
www.spiegel.de/politik/deutschland/stiftung-klima-und-umweltschutz-mv-mecklenburg-gazprommern-kolumne-a-1a8a57ee-581d-4eda-be89-6a147744412d

Über die alten Seilschaften:
Peter Burghardt: »Mecklenburg-Vorpommern – Handlanger des Kreml«
www.sueddeutsche.de/meinung/mecklenburg-vorpommern-nord-stream-2-manuela-schwesig-1.5568291?reduced=true
Über den Rücktritt Erwin Sellerings als Vorsitzender des Klimastiftung:
www.cicero.de/innenpolitik/klimastiftung-mecklenburg-vorpommern-sellering-schwesig-gazprom-spd-russland
Über Geldwäschevorwürfe an die Stiftung:
katapult-mv.de/artikel/vorwuerfe-gegen-klimastiftung
NABU klagt gegen Bau von Nordstream 2: Pipeline schädigt Meer und Klima
www.nabu.de/natur-und-landschaft/meere/lebensraum-meer/gefahren/23740.html
Die zehn Thesen des Vereins Lobbycontrol:
www.lobbycontrol.de/lobbyismus-hoehlt-die-demokratie-aus-zehn-thesen
Kritik des Europarats an mangelnder Transparenz in Deutschland:
www.tagesschau.de/investigativ/bundestag-transparenz-korruptionsbekaempfung-101.html
Über das neue Lobbyregister und seine Wirksamkeit
www.lobbycontrol.de/2022/02/lobbyregister-in-kraft-ein-erstes-zwischenfazit/

Im Isfjord

<u>Gespräch mit Claudia Kemfert</u>
Claudia Kemfert kann man auf Facebook und Instagram folgen, auf Twitter unter @CKemfert.

Jeden zweiten Mittwoch gibt es beim MDR »Kemferts Klima-Podcast«:
www.mdr.de/nachrichten/podcast/kemfert-klima/index.html
Auf Claudia Kemferts Internetseite *www.claudiakemfert.de* kann man Wochen mit der Lektüre zum Klimawandel und dem richtigen Umgang damit verbringen, auch zahlreiche Links zu Talkshows gibt es dort, in denen sie prägnant und anschaulich neue Wege erklärt. Dort sind auch ihre allesamt lesenswerten und vor allem sehr gut lesbaren Bücher zum Klimawandel beschrieben, unter anderem: Kampf um Strom. Mythen, Macht und Monopole, und: Das fossile Imperium schlägt zurück. Warum wir die Energiewende jetzt verteidigen müssen.
Über die 10-H-Regel in Bayern:
»Energiewende: CSU ringt sich zur Lockerung der 10-H-Regel für Windräder durch«
www.sueddeutsche.de/bayern/bayern-windkraft-10h-lockerung-csu-1.5574062
Zur EU-Taxonomie:
Deutschlandfunk: »Nachhaltige Klassifizierung – Worum es bei der EU-Taxonomie geht«
www.deutschlandfunk.de/taxonomie-104.html
www.bundestag.de/resource/blob/881552/1b4d4d18ed0e82de1a6 66c1d74f39783/EU-Taxonomie-data.pdf
Zur Abstimmung in Wirtschafts- und Umweltausschuss:
www.spiegel.de/wissenschaft/abstimmung-im-eu-parlament-vorschlag-zur-taxonomie-faellt-ueberraschend-durch-a-681ff121-6322-43eb-9379-34461966ffe2

Dranbleiben und mutig neu denken
Zur Klima-Angst
Studie mit 10 000 teilnehmenden Jugendlichen zur Klima-Angst:
Elizabeth Marks et al: »Young People's Voices on Climate Anxiety, Government Betrayal and Moral Injury: A Global Phenomenon«. *The Lancet*
papers.ssrn.com/sol3/papers.cfm?abstract_id=3918955
Die Studie zum »meaning-focused coping«, das Katharina van Bronswijk sehr frei übersetzt mit »konstruktivem Optimismus«, findet sich hier:
Maria Ojala: »Coping with Climate Change among Adolescents: Implications for Subjective Well-Being and Environmental Engagement«, *MDPI*
www.mdpi.com/2071-1050/5/5/2191
Die Problemwahrnehmung zur Klimakrise zeigt sich zum Beispiel im Eurobarometer vom 5. Juli 2021:
»Eurobarometer-Umfrage: Europäerinnen und Europäer sehen den Klimawandel als das größte Problem für die Welt an«, Europäische Kommission
ec.europa.eu/commission/presscorner/detail/de/ip_21_3156

Gespräch mit Volker Quaschning
Volker Quaschning kann man auf Facebook und Instagram folgen und auf Twitter unter @VQuaschning. Volker Quaschning hat außerdem eine Internetseite, auf der man sich umfassend über den Klimawandel, vor allem aber über die Gegenmaßnahmen und Technologien informieren kann:
www.volker-quaschning.de
Auf dieser Seite kann man auch seinen Podcast »Das ist eine gute Frage« anhören, außerdem hat Quaschning einen

Youtube-Kanal, in dem er in etlichen Videos sehr ansprechend und verständlich darüber informiert, wie man selbst autarker wird und vieles mehr.
Die Initiative »Klima vor acht« findet sich hier:
klimavoracht.de

Zurück in Longyearbyen
Der Global Crop Diversity Trust:
www.croptrust.org
Über die Entnahme von Samen aus dem Global Seed Vault in Syrien:
www.sueddeutsche.de/wissen/syrien-krieg-globaler-saatgut-tresor-wird-erstmals-benoetigt-1.2661681
Über die Lawine 2015:
»Kind stirbt nach Lawinenabgang auf Spitzbergen«
https://www.hna.de/welt/lawine-ueberrollt-dorf-spitzbergen-kind-mann-sterben-acht-verletzte-zr-5976037.html

Gemeinsam können wir es schaffen
<u>Gespräch mit Nikolaus Gelpke</u>
Seit 2010 gibt Nikolaus Gelpke mit der gemeinnützigen GmbH maribus den *World Ocean Review* (WOR) heraus, der gratis abgegeben wird. Es gibt die informativen Hefte sowohl als Printausgaben als auch online unter *worldoceanreview.com/de*
Die von Gelpke erwähnte Versauerung der Ozeane ist im WOR immer wieder Thema, beispielsweise:
worldoceanreview.com/de/wor-1/meer-und-chemie/ozeanversauerung/?wor-search=Versauerung&hilight=1
worldoceanreview.com/de/wor-1/meer-und-chemie/ozeanversauerung/wenn-die-kalkbildung-aus-dem-gleichgewicht-kommt/?wor-search=Versauerung&hilight=1

Der mare Podcast »Übers Meer« ist hier zu hören:
www.mare.de/maretv-radio/mare-podcast

Grafik- und Tabellenverzeichnis

S. 42: Jetstream im Winter: Wissensplattform Erde und Umwelt, www.eskp.de, Lizenz: CC BY 4.0

S. 48: Kumulierte Emissionen: selbst, Quelle: Carbon Brief: Which countries are historically responsible for Climate Change? www.carbonbrief.org/analysis-which-countries-are-historically-responsible-for-climate-change/

S. 90: Gletscherrückzug Hornsund: Błaszczyk et al. Fluctuations of tidewater glaciers in Hornsund Fjord (Southern Svalbard) since the beginning of the 20th century. Polish Polar Research (2013) 34(4): 327–352.

S. 134: Die Bedrohung des Weltklimas durch Plastik: Plastikatlas / Ciel, IPCC, CC BY 4.0

S. 135: Wie Plastik zur Klimakrise beiträgt: Plastikatlas / Zheng, CC BY 4.0

S. 142: Der Kunststoff-Planet: Plastikatlas / Geyer, CC BY 4.0

S. 144: Die unsichtbare Gefahr: Plastikatlas / Heal, CC BY 4.0

S. 147: Die Beseitigung des Plastikmülls in Deutschland: Plastikatlas / Conversio, CC BY 4.0

S. 150: Die größten Plastikkonzerne: Plastikatlas / PP, CC BY 4.0

S. 152: Zu Gast auf dem Plastikparkett:
Plastikatlas / CE, CC BY 4.0

S. 158: Plastiktabelle von Anna: AWI/Anna Natalie Meyer

S. 176: Eisdrift. AWI/meereisportal.de
S. 178: Eiskarte. Istjenesten, Norwegian Meteorological Institute, cryo.met.no
S. 186: Der Eis-Albedo-Effekt. AWI/meereisportal.de
S. 282: Erwärmung der Atmosphäre. AWI/meereisportal.de
S. 192 Arktische Meereisausdehnung 1972–2022. AWI/Meereisportal, Institut für Umweltphysik, Universität Bremen, seaice.uni-bremen.de

S. 188: Meereiskonzentration 2021, mit Angaben der Werte von 1979 und 2012. AWI/meereisportal.de
S. 193: Funktionsweise des EM-Bird. AWI/meereisportal.de

S. 195: Alter des Meereises 1984 und 2020. AWI/meereisportal.de

S. 208: Meereis als Lebensraum für Algen. AWI/meereisportal.de

S. 211: Lebensraum Ozean mit und ohne Meereis. AWI/meereisportal.de

S. 341: Kongsfjord: Jack Kohler, Norwegian Polar Institute 2022, Sentinel-2 Satellitenaufnahme des ESA Copernicus Sentinel Programms.

Fotonachweis

Alle nicht anders genannten Fotos: Birgit Lutz.

S. 36 (Stefan Rahmstorf): Felix Amsel
S. 71 *(MS Cape Race):* Tanja Bayer
S. 74 (Wolfgang Hübner-Zach): Max Schweiger
S. 93 (Bodil Bluhm): Eric Jorda Molina
S. 94 (Copepoden): Andrei Savitsky, CC BY-SA 4.0
S. 103 (Bodil Bluhm): Yasemin Bodur
S. 111 (Gåshamna): Thomas Schaltegger
S. 129 (Plastiksammlung): Andreas Alexander
S. 133 (Melanie Bergmann): Strathclyde University/ Deonie Allen
S. 155 (Verladung des Sacks): Anika Wolff
S. 156 (Container): AWI/Anna Natalie Meyer
S. 157 (Anna im Container): AWI/Anna Natalie Meyer
S. 160 (Kunst): Carolin Seeliger
S. 170 (Bär mit Plastik): Andreas Alexander
S. 194 (EM-Bird): AWI/Stefan Hendricks
S. 189 (Christian Haas): privat
S. 190 (Christian Haas): privat
S. 201 (Christian Haas): Justin Beckers
S. 220 (Austfonna): *MS Cape Race*

S. 221 (Inseln): *MS Cape Race*
S. 229: (Christoph Rehmann-Sutter): Luzia Sutter Rehmann
S. 249 (Smeerenburgbreen): *MS Cape Race*

S. 258 (Thomas Opel): Melnikov Permafrost Institute Yakutsk/Igor Syromyatnikov
S. 264 (Batagai): AWI/Thomas Opel
S. 266/67 (Batagai): Moscow State University/ Alexander Kizyakov
S. 268 (Batagai): Moscow State University/ Alexander Kizyakov
S. 274 (Müllsortierung): Andreas Alexander
S. 298 (Austre Broggerbreen): Andreas Alexander
S. 300 (Tellbreen): Andreas Alexander
S. 302/303 (Panorama Setevatnet): Andreas Alexander
S. 304 (Kongsvegen Material): Andreas Alexander
S. 306/307 (Setevatnet Eisberg): Andreas Alexander
S. 323 (Andreas Alexander): Mike Haldin

S. 346 (Blomstrandbreen 1918): Norwegisches Polarinstitut
S. 346 (Blomstrandbreen 2022): Maarten van der Duijn Schouten/Neil Drake
S. 351 (Katharina van Bronswijk): privat

S. 391 (Claudia Kemfert): Thorsten Futh
S. 420 (Volker Quaschning): Cornelia Quaschning
S. 438 (Seed Vault): Svalbard Global Seed Vault/ Riccardo Gangale
S. 445 (Nikolaus Gelpke): Mathias Bothor

Danke

Bruno Ziauddin vom Magazin des *Schweizer Tagesanzeigers*, der im Sommer 2020 bei mir anfragte, ob ich einen »Nachruf auf die Arktis« schreiben wolle. So ist die Idee zu diesem Buch entstanden. Nikolaus Gelpke, für die Recherchemöglichkeiten und die Unterstützung meines Plastik-Projekts an Bord der *Cape Race*. Dr. Andreas Alexander, für den Tag am Gletscher und viele Gespräche und Erklärungen, wertvolle Korrekturen am Text und fachlichen Rat. Dr. Miriam Marquardt, für großartige Gesprächspartnerfindung und fachlichen Rat.

Dr. Melanie Bergmann, Prof. Bodil Bluhm, Prof. Rolf Gradinger, Prof. Christian Haas, Wolfgang Hübner-Zach, Prof. Claudia Kemfert, Prof. Maarten Loonen, Dr. Thomas Opel, Prof. Volker Quaschning, Fieke Rader, Prof. Stefan Rahmstorf, Prof. Christoph Rehmann-Sutter, Gregory Tran und Katharina van Bronswijk, für die Zeit für Gespräche, den fachlichen Rat und die wertvollen Korrekturen der Texte, trotz manch übervollen Terminkalenders.

Danke an den Plastikatlas Deutschland der Heinrich-Böll-Stiftung, das Meereisportal des Alfred-Wegener-Instituts, das Norwegische Polarinstitut, das Norwegische Meteorologische Institut, die Universität Bremen und Polish Polar Research für die Erlaubnis zur Verwendung von Grafiken.

Für die Unterstützung des AWI-Citizen-Science-Projekts danke ich den Eignern, Besatzungen und Gästen aller Schiffe, auf denen ich bisher Plastiksammlungen ausführen konnte – nur dank der tatkräftigen Mitwirkung all dieser Parteien konnten die Daten gesammelt werden. Danke also an die *SV Antigua* der Tallship Company, die *SV Noorderlicht, SV Rembrandt van Rijn* und *MV Plancius* von Oceanwide Expeditions und die *MS Cape Race*.

Sollte diese Publikation Links auf Webseiten Dritter enthalten, so übernehmen wir für deren Inhalte keine Haftung, da wir uns diese nicht zu eigen machen, sondern lediglich auf deren Stand zum Zeitpunkt der Erstveröffentlichung verweisen.

Verlagsgruppe Random House FSC® N001967

1. Auflage
Copyright © 2022 btb Verlag
in der Penguin Random House Verlagsgruppe GmbH,
Neumarkter Straße 28, 81673 München
Vor- und Nachsatzkarte, Spitzbergenkarten: Peter Palm
Satz: Uhl + Massopust, Aalen
Druck und Einband: Alcione Litotipografia S.r.l.
Printed in Italy
ISBN 978-3-442-77194-3

www.btb-verlag.de
www.facebook.com/btbverlag